DINHEIRO

modo de usar

FLÁVIO LEMOS, CMT

DINHEIRO
modo de usar

Guia prático de finanças pessoais para você investir,
transformar sua vida e ser bem-sucedido

Benvirá

Direção executiva Flávia Alves Bravin
Direção editorial Renata Pascual Müller
Gerência editorial Rita de Cássia S. Puoço
Aquisição Tatiana Vieira Allegro
Edição Paula Craveiro
Produção Rosana Peroni Fazolari

Preparação Julia Pinheiro
Revisão Maurício Katayama
Diagramação Adriana Aguiar Santoro
Capa e imagem de capa Tiago Dela Rosa
Impressão e acabamento Edições Loyola

Dados Internacionais de Catalogação na Publicação (CIP)
Angélica Ilacqua CRB-8/7057

Lemos, Flávio
  Dinheiro : modo de usar - guia prático de finanças pessoais para você investir, transformar sua vida e ser bem-sucedido / Flávio Lemos. São Paulo: Benvirá, 2020.
  520 p.

Bibliografia
ISBN 978-85-5717-376-7

1. Finanças pessoais. 2. Educação financeira. 3. Investimentos. I. Título.

20-0482	CDD 332.024
	CDU 330.567.2

Índice para catálogo sistemático:
1. Finanças pessoais

1ª edição, outubro de 2020

Todos os direitos reservados à Benvirá, um selo da Saraiva Educação.
Av. Paulista, 901, 3º andar
Bela Vista - São Paulo - SP - CEP: 01311-100

SAC: sac.sets@somoseducacao.com.br

CÓDIGO DA OBRA 700768   CL 670932   CAE 733484

Aos meus filhos, Alexandre e Pedrão,
para que eles trilhem os caminhos financeiros corretos.

Os homens me surpreendem...
Os homens perdem a saúde para juntar dinheiro,
depois perdem dinheiro para recuperar a saúde.
E, por pensarem ansiosamente no futuro,
esquecem do presente de tal forma que acabam
por não viver o presente nem o futuro;
e vivem como se nunca fossem morrer, e
morrem como se nunca tivessem vivido.
Então busquemos o equilíbrio, a harmonia!
Dalai Lama

Sumário

Apresentação

A vida é uma soma de escolhas. Em seu decurso, você se deparará com inúmeras decisões – financeiras, inclusive – vitais, que podem mudar sua vida para sempre. Para melhor ou pior... O que você escolheu ontem pode mudar hoje. Sem carma, sem destino; a escolha é unicamente sua.

O investidor brasileiro segue firme no seu intuito de diversificar seus investimentos para além do "feijão com arroz" da renda fixa. Com as taxas de juros Selic nas mínimas históricas (pelo menos no momento em que escrevo este livro, 2020), a popularização dos investimentos financeiros é inevitável, sendo uma questão de sobrevivência para muitas pessoas.

Neste guia de finanças pessoais, procurei abordar todas as importantes ocasiões na vida das pessoas que de alguma forma envolvem dinheiro, como desemprego, casamento, separação, aposentadoria, entre outros. Também expliquei quase todos os tipos de investimentos e tratei de assuntos usuais (alguns considerados polêmicos), enfatizando minha experiência no mercado financeiro nacional e internacional. Decisões como comprar ou alugar um imóvel, trocar o carro por táxi ou alugar um carro, como abrir uma empresa e economizar com impostos, casar ou "juntar"... Tudo sempre com o foco na parte financeira e, às vezes, me permitindo emitir algumas opiniões pessoais.

Este livro é repleto de histórias que mostram a você o mundo das finanças em uma linguagem clara e livre de "economês". É uma obra para consultar ao longo da vida adulta, pois, ao contrário das leis, os ensinamentos não mudarão.

Vale lembrar que a obra está atualizada de acordo com as novas legislações e impostos que regulam investimentos, imóveis, aposentadoria, abertura de empresa e temas relevantes do século 21, como bitcoins, investimentos alternativos e startups.

Organização do livro

Uma importante característica deste livro é que você pode lê-lo do início ao fim, de modo sequencial, ou pode ler cada capítulo de modo avulso e aleatório, sem precisar ver o que vem antes para compreender o conteúdo. Quer conselhos sobre compra de imóveis, por exemplo? Vá até a Parte III. Vá de lá para cá, daqui para lá, conforme a sua vontade. Além disso, referências cruzadas convenientes direcionarão para outros lugares do livro para que você obtenha mais detalhes sobre determinado assunto.

O conteúdo está distribuído da seguinte forma:

- **Parte I – Como avaliar sua situação financeira:** aqui é a massa de nosso bolo. Se você não sabe nada ou se acha que sabe, comece por aqui. Nesta parte do livro, discutirei os conceitos que fundamentam a gestão financeira pessoal. Você passará por um raio X financeiro para diagnosticar sua saúde fiscal atual e aprenderá a identificar para onde seu "suado dinheirinho" está indo. Também abrangerei a compreensão de como se livrar das dívidas tóxicas e melhorar o uso de seu cartão de crédito, bem como planejar e realizar seus sonhos.

- **Parte II – Construindo riqueza com investimentos inteligentes:** aqui está o recheio do bolo. Vou elucidar os princípios de investir e mostrar-lhe como escolher seus investimentos com sabedoria. Ganhar e guardar dinheiro são trabalhos árduos, então você precisa ter cuidado sobre como e onde investir os frutos do seu trabalho. Nesta parte, você encontra a história real sobre ações, títulos de renda fixa, fundos, entre outros investimentos; as diferenças entre investir na aposentadoria e antes dela; como investir para a faculdade de seu filho; como comprar uma casa; como investir em obras de arte e vinhos; além de colocar uma "pulga atrás da sua orelha" ao falar sobre o investimento em carros.

- **Parte III – Sobrevivendo em meio à crise:** nesta parte, o importante é não deixar a massa desandar ou solar. Vou orientá-lo sobre o que deve fazer para se proteger em épocas de crises para que você não seja pego de surpresa.

- **Parte IV – Pensando na aposentadoria:** essa é a cobertura do bolo. Aqui, tenho objetivo duplo: dar opções para você se aposentar e explicar como fazê-las e como se proteger das intempéries da vida. Vamos falar da aposentadoria oficial (a Previdência Social) e da previdência complementar. Além disso, vamos falar sobre seguros – mesmo que você ache que esse é um tema chato.

- **Parte V – Planejamento fiscal, sucessório e financeiro:** essa é a embalagem de nosso bolo. Vou apresentar algumas ferramentas de planejamento financeiro, fiscal e sucessório, que ajudarão você a economizar dinheiro em tributos e taxas (e psicólogo!). Além de dar orientações sobre quando deve conversar com seu advogado e seu contador, apresentarei a você um novo profissional: o planejador financeiro.

- **Parte VI – Mudanças na vida:** agora, sopre a vela e se delicie! Você encontrará nesta parte alguns capítulos úteis que podem ajudá-lo com estratégias financeiras práticas para lidar com importantes mudanças em sua vida. Você aprenderá como proteger seu patrimônio, abrir sua empresa, casar-se, manter seu casamento e até se divorciar.

Introdução

Parabéns! Você deu o primeiro passo para seu sucesso financeiro, que é ler este livro.

Leigos verdadeiros não leem e não se educam, pois não entendem o valor de investir em sua própria educação ou não admitem a necessidade de ajuda e conselhos. A educação fornece a base e um método para a aprendizagem, mas o conhecimento verdadeiro vem a partir da experiência. Aprenda com seus erros e siga em frente.

Infelizmente, muitos brasileiros não sabem como gerenciar suas finanças pessoais, pois nunca foram ensinados para isso – não aprendemos sobre esse assunto no ensino médio, no fundamental e, tampouco, em nossos cursos universitários. O curso mais próximo relacionado a finanças pessoais seria o de Administração ou de Economia, e provavelmente em alguma cadeira eletiva.

Algumas pessoas são agraciadas com a chance de aprender finanças em casa com os pais, com os amigos ou em livros como este. Mas a maioria – como eu – aprende da maneira mais cara e difícil: cometendo erros (alguns bastante caros, a propósito, como quando inventei de investir em títulos de capitalização... Mas falarei desse tema mais adiante).

Felizmente, desde dezembro de 2019, o governo brasileiro instituiu a obrigatoriedade de todas as escolas implementarem em sua grade o curso de educação financeira. Já é um primeiro passo...

Meu primeiro sintoma de noção de minha própria ignorância financeira me acometeu no final da faculdade de Engenharia Civil: "Como é que funciona – de verdade – este negócio de juros sobre juros?". Essa reflexão foi fundamental para todo o resto que veio: abrir uma escola de finanças para pessoas como eu e você, que precisavam dessas informações, mas não sabiam a quem recorrer.

No final da faculdade, eu já tinha bolsa de iniciação científica pelo Conselho Nacional de Desenvolvimento Científico e Tecnológico (CNPq), feito três estágios e, como morava com meus pais, consegui juntar um dinheirinho. Recebi uma proposta da gerente "amiga" de um grande banco: "Coloque seu dinheiro num plano de capitalização, que você terá rendimentos incríveis e ainda pode ganhar prêmios!". Bem... coloquei um pouquinho de meus poucos "trocados" lá para ajudar a gerente e para "ver no que dava". Além disso, resolvi pedir ajuda a alguns amigos e decidi aprender para valer a ciência das finanças.

Sozinho, já começava os primeiros passos de iniciar minha pequena construtora de reformas quando decidi investir 100% do meu dinheiro em um curso de pós-graduação em Finanças e Mercado de Capitais. Então, fui ao banco resgatar o tal plano de capitalização, e tive uma péssima surpresa: após dez meses teria 20% menos de dinheiro que o aplicado inicialmente, pois teria multa por resgatar antes de dois anos de carência!

O Brasil e a educação financeira

No Brasil, a necessidade de melhorar a educação financeira é especialmente urgente. Uma pesquisa conduzida pelo Instituto Data Popular mostrou que 82% dos consumidores brasileiros não estão cientes da taxa de juros ao fazer empréstimos (muitas vezes explicados nas tais "letrinhas miúdas" no final de contratos), que a maioria das parcelas de empréstimos atrasadas se deve à fraca administração financeira e que as taxas de poupança são baixas, mesmo entre famílias mais abastadas. Assim, é necessário refletir sobre a real necessidade de contrair um novo empréstimo, devendo o pagamento de suas parcelas ser adequado ao orçamento.

Mas não se engane! Já lhe adianto que a melhor coisa que o dinheiro pode comprar é a sua liberdade financeira. Parafraseando Alexandre Dumas: "Não valorize o dinheiro mais ou menos do que seu valor; ele é um bom servo, mas um péssimo mestre".

É hora de correr atrás de seus sonhos

Em tempos de redes sociais "bombando", muita gente acha que o dinheiro compra tudo, inclusive a felicidade. Ter muito dinheiro, aliás, é o sonho de muita gente, seja por garantia de estabilidade para o futuro, seja para realizar seus objetivos.

As pessoas são movidas por sonhos. Eles são o combustível para nossa motivação. Obviamente, nem todos os sonhos necessitam de recursos financeiros, como sonhar com a paz mundial ou reatar um relacionamento.

Nossos recursos financeiros devem satisfazer nossas necessidades, mas, na medida do possível, podemos atender aos nossos desejos. Os desejos não são ruins; eles nos dão prazer e determinam o que queremos para o nosso futuro. Parafraseando o célebre escritor Machado de Assis: "O dinheiro não traz felicidade... para quem não sabe o que fazer com ele".

Um problema que muitas pessoas enfrentam é não saber como transformar os sonhos em realidade, ora porque falta uma visão clara do caminho a ser percorrido entre o sonho e a sua concretização, ora porque é necessário pensar no assunto e assumir uma posição ativa para transformar os sonhos em projetos.

Você sabe qual é a diferença entre sonho e projeto? Vou explicar: sonho é apenas uma ideia, um desejo. O projeto, por sua vez, é quando você coloca seu sonho no papel para visualização do caminho que deve percorrer para concretizá-lo.

Existem alguns passos simples que, uma vez seguidos, podem lhe ajudar a transformar, com facilidade, seus sonhos em projetos, aproximando-os de sua realização. Por exemplo:

- defina um valor realista para seu sonho, ou seja, especifique exatamente o que você quer comprar, qual o valor disso, ou onde quer chegar. Assim fica mais fácil planejar.
- determine um prazo para o que você quer, ou seja, em quanto tempo você quer realizar esse projeto. Com isso em mente, você consegue juntar o dinheiro necessário.

Na vida real, um projeto pode levar um período longo para ser concretizado. Assim, até que se consigam os recursos para a realização de seu sonho, existe a possibilidade de você ser abatido pelo desânimo ou ter o foco desviado. Acontece... O importante é verificar se você está no caminho certo para realização do seu sonho e se dar alguns bônus, como ocorre em um jogo de videogame. Por exemplo, comemore etapas parciais, como atingir a metade do valor de R$ 20 mil saindo para jantar com a sua família.

A realização de sonhos não acontece por acaso; ela é fruto de escolhas conscientes que fazemos para torná-los reais.

E é isso que pretendo fazer neste livro: ajudá-lo a realizar seus projetos mais desejados, fornecendo o que é mais válido nessa vida: informação e conhecimento.

Vamos nessa?

PARTE I
Como avaliar sua situação financeira

Nesta parte serão discutidos os conceitos que fundamentam a gestão financeira pessoal. Você descobrirá por que não conhecia todos esses conceitos antes de agora (e a quem culpar). Aqui, você passará por um raio X financeiro para diagnosticar sua saúde fiscal atual e, em seguida, eu lhe mostrarei como identificar para onde seu dinheiro está indo. Também abrangerei a compreensão de como utilizar as dívidas e melhorar o uso de seu cartão de crédito, além de como planejar e realizar seus sonhos.

Sobre crise e bonança

Quando escrita em chinês, a palavra crise compõe-se de dois caracteres:
um representa perigo e o outro representa oportunidade.
John Kennedy

A toda hora você escuta, lê ou "sente na própria pele" notícias como: aumento ou diminuição da taxa de desemprego, do Produto Interno Bruto (PIB), da produção industrial, da taxa de juros etc.

Mas como isso o afeta?

O que a construção de novas moradias ou a produção industrial tem a ver com você?

Como você descobrirá, esses indicadores econômicos são parte de um cenário maior, que determina a força da economia e se estamos em um período de recessão ou de expansão.

Fases do ciclo de negócios

Para determinarmos o estado atual da economia, primeiramente precisamos dar uma boa olhada no ciclo de negócios como um todo. Em geral, esse ciclo é composto por quatro diferentes períodos de atividade, que se estendem por vários anos. Essas fases podem diferir substancialmente de duração, mas estão intimamente entrelaçadas no conjunto da economia.

- **Topo:** este não é o início do ciclo de negócios, mas é por aí que vamos começar nossa conversa. Em seu auge, a economia funciona a pleno vapor. O emprego está pleno, perto de níveis máximos, o Produto Interno Bruto (PIB) está em seu limite superior e os níveis de renda estão em alta. Nesse período, os preços tendem a aumentar por conta da inflação;

no entanto, a maioria das empresas e dos investidores vivenciam uma fase agradável e próspera.

- **Recessão:** o ditado "tudo o que sobe tem que descer" se aplica muito bem aqui. Depois de experimentar um grande crescimento, renda e emprego começam a declinar. Como os nossos salários e os preços dos bens na economia são inflexíveis para mudanças, eles provavelmente permanecerão perto do mesmo nível do período de pico, a menos que a recessão seja prolongada. O resultado desses fatores é o crescimento negativo da economia.

- **Fundo:** por vezes referido como depressão, dependendo da duração, essa é a seção do ciclo de negócios em que a produção e o emprego estão nos níveis mais baixos e permanecem em espera até a próxima fase do ciclo começar.

- **Expansão/recuperação:** em uma recuperação, a economia volta a crescer e afasta-se do fundo. Emprego, produção e renda passam por um período de crescimento e o clima econômico geral é bom.

Gráfico I.1 – Fases do ciclo de negócios

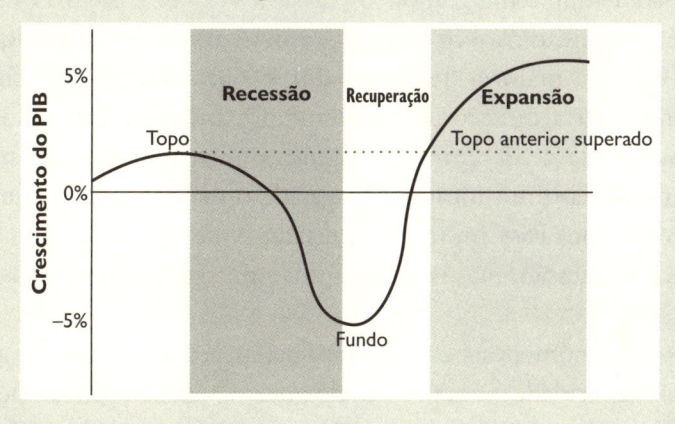

Fonte: Investopedia.

Observe que, no Gráfico I.1, o topo e o fundo são apenas pontos estáveis do ciclo econômico, nos quais não há movimento. Eles representam os níveis máximo e mínimo de força econômica. Recessão e recuperação são as áreas do ciclo de negócios que são mais importantes para os investidores, pois ambas nos dizem o rumo da economia.

Gráfico I.2 – Posição das principais economias no ciclo econômico (março de 2020)

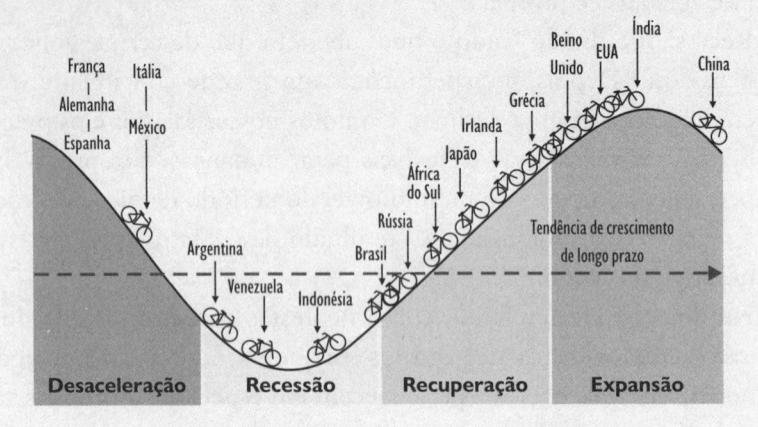

Fonte: Trader Brasil Escola de Finanças e Negócios.

Para "complicar" um pouco mais, nem todos os ciclos de negócios passam por essas quatro etapas sequencialmente. Por exemplo, a economia passa por uma recessão seguida de uma breve recuperação e outra recessão sem ter um pico (recessão de duplo mergulho).

A parte complicada sobre a tentativa de determinar o estado atual da economia é que a maioria dos indicadores é atrasada ou coincidente, ao invés de antecipar a direção da economia. Quando um indicador é "atrasado", como a taxa de desemprego, significa que ele mudou apenas depois do aumento ou da diminuição das vagas de trabalho, ou seja, depois de o fato ter acontecido. Esse indicador atrasado pode confirmar que uma economia está em recessão, mas isso não ajuda muito a prever o que acontecerá no futuro.

Quando a economia está em queda livre, as pessoas começam a perder a esperança na capacidade e nas práticas do governo em superar tempos difíceis.

Governos vêm e vão. Você pode não gostar desse ou daquele governante, mas a recessão é uma parte normal do ciclo de negócios, e nós precisamos saber lidar com ela. O que eu quero dizer com isso é que você deve saber separar as coisas: uma coisa é o que a gente *quer* e a outra o que a gente *acha*.

Torcer por um time de futebol, assim como torcer para que o país dê certo com esse ou aquele governo, é uma coisa; preparar-se racionalmente para o período de "vacas magras" é outra coisa bem diferente. A economia não aceita o calor e o "achismo" da torcida; ela é fria e calculista: *gaste menos do que você ganha*. Simples assim.

O bilionário americano Warren Buffett fica irritado com a falta de oportunidades de investimento em suas cartas anuais[1] aos acionistas da Berkshire Hathaway em períodos de prosperidade, como mostram suas cartas de 1999 e 2007, porque os preços dos ativos ficam caros demais, ultrapassando seu valor real justo. Em contrapartida, ele fica muito ocupado e ativo quando os preços caem e os investidores fogem. Recessões para Buffett, bem como para muitos investidores, representam a melhor época para acumular riqueza.

Em um mundo tão bombardeado por informações – sejam elas boas ou ruins –, devemos aproveitar a oportunidade e usar nosso tempo e a disponibilidade de dados para investir em três áreas de grande relevância: nossa educação financeira, nossa marca pessoal e construir relacionamentos fortes que vão durar mesmo em períodos de recessão.

Busque por educação financeira

Nós realmente não aprendemos a administrar o dinheiro na faculdade (menos ainda antes disso), por isso temos de descobrir como o fazer por conta própria. Claro, a faculdade nos ensina o básico, como balancear nossos livros de cheques, mas não estamos preparados para uma crise financeira e não temos compreensão suficiente de "fluxo de caixa".

Invista em sua marca pessoal

Investir em nossa marca pessoal será fundamental para sobrevivermos no futuro por causa da popularidade da internet. Há duas coisas principais que você precisa saber: primeiramente, proteger a marca pessoal é algo que você não pode negligenciar, porque outras pessoas podem compartilhar seu próprio nome (um homônimo real ou alguém se passando por você) e reivindicar sua propriedade digital antes de você e depois cobrá-lo na justiça mais tarde (possivelmente). Em segundo lugar, promover sua marca é a forma que você tem para encontrar trabalho durante tempos difíceis, porque a visibilidade cria oportunidades e porque você precisa do apoio de outras pessoas a fim de garantir um trabalho sem muita dificuldade.

---

1. As cartas estão disponíveis em: <https://www.berkshirehathaway.com/letters/letters.html>. Acesso em: 22 maio 2020.

A obtenção de ativos digitais em seu nome, como seu nome de domínio e perfis em redes sociais, é o mínimo para marcar seu território, com o custo de seu tempo. Durante recessões, você precisa gastar mais do seu tempo na construção dessa marca, porque você precisará investir seu dinheiro para ser estável financeiramente.

Construa relacionamentos sólidos

Além de investir em sua educação financeira e em sua marca pessoal, passe pelo menos algumas horas por semana dedicando-se à criação de relações mais fortes com outras pessoas. Mas não se trata de qualquer tipo de relacionamento. Durante crises econômicas, laços fortes contarão e laços fracos se romperão. É preciso descobrir quem você quer que esteja por perto e ser honesto com você mesmo a respeito de quem você acha que vai realmente cuidar de você e tornar-se o seu "porto seguro".

Espera-se que sua família e seus amigos mais próximos estejam lá quando você precisar, mas, dependendo de seus próprios interesses e de sua situação financeira, as coisas podem mudar um pouco... Os relacionamentos são mais valiosos do que dinheiro, porque podem ajudá-lo a se tornar mais produtivo, permitir que você dimensione sua marca pessoal para atender a mais pessoas (clientes/gestão) e porque podem ajudá-lo a permanecer empregado ou a encontrar um novo emprego.

1

Educação financeira como meio de crescer

Início de conversa

- O que seus pais e os outros lhe ensinaram sobre dinheiro.
- Questionamento, confiabilidade e objetividade.
- Como superar obstáculos financeiros reais e imaginários.
- Conhecer a lei vital de finanças: o valor do dinheiro no tempo

Viva como se fosse morrer amanhã.
Aprenda como se fosse viver eternamente.
Mahatma Ghandi

Educação financeira

Educação financeira é a administração consciente do próprio dinheiro, ou seja, é ter um padrão de vida ajustado à sua renda. Não se trata de ganhar/gastar muito ou pouco. A ausência de educação financeira, aliada à facilidade de acesso ao crédito, tem levado muitas pessoas ao endividamento excessivo, privando-as de parte de sua renda em função do pagamento de prestações mensais, que reduzem suas capacidades de consumir produtos e serviços que lhes trariam satisfação.

Nas últimas décadas, o Brasil conseguiu reduzir a inflação e alcançar maior estabilidade econômica. Esse ambiente econômico estável possibilitou o aumento da oferta de produtos e serviços financeiros, como o crédito, ampliando o poder de consumo de grande parte da população, inclusive daqueles até então excluídos do sistema financeiro. Contudo, para usufruir os benefícios econômicos que podem ser proporcionados por esses produtos e serviços, é importante que usuários e clientes do sistema financeiro saibam como utilizá--los adequadamente.

A educação financeira é o meio de prover conhecimentos e informações sobre comportamentos básicos que contribuem para melhorar a qualidade de vida das pessoas e de suas comunidades. É um instrumento para promover o desenvolvimento econômico. Afinal, a qualidade das decisões financeiras dos indivíduos influencia toda a economia, por estar intimamente ligada a problemas como os níveis de endividamento e de inadimplência das pessoas e a capacidade de investimento dos países.

Consumidores financeiramente bem-educados demandam serviços e produtos adequados às suas necessidades, incentivando a competição e desempenhando papel relevante no monitoramento do mercado, uma vez que exigem mais transparência das instituições financeiras, contribuindo para a solidez e a eficiência do sistema financeiro.

Crianças são o futuro do país

Nas escolas, faltam aulas de educação financeira, embora os alunos tenham, em tese, as habilidades necessárias para a compreensão desse tema. As crianças podem fazer comparações de preço, aprender o que pode ser comprado, o que deve ser poupado e o que vai para o cofrinho.

Além disso, os pais, muitas vezes, transmitem maus hábitos de gerenciamento financeiro a seus filhos. Você já deve ter aprendido com seus pais, por exemplo, a comprar coisas para se animar, ou pode ter testemunhado um membro da família perseguindo negócios e ideias de investimentos para ficar rico rapidamente. Não estou dizendo que você não deve ouvir seus pais, mas, na área de finanças pessoais, os conselhos de família podem, muitas vezes, ser problemáticos.

Pense onde seus pais aprenderam sobre gestão do dinheiro e, então, considere se eles tinham o tempo, a energia ou a inclinação para pesquisa de opções antes de tomarem suas decisões. Por exemplo, se eles não fizeram uma investigação suficiente ou se receberam a informação incompleta, seus pais podem equivocadamente pensar que os bancos são os melhores lugares para investir o dinheiro ou que a compra de ações é como ir a um cassino.

Embora você não possa mudar o que o sistema de ensino ou seus pais lhe ensinaram (ou não) sobre finanças pessoais, agora você tem a capacidade de encontrar o que precisa saber para gerenciar suas finanças.

Se você tem filhos, tenho certeza de que você concorda que as crianças são surpreendentes. Não subestime o potencial delas ou as envie para o mundo sem as habilidades necessárias para se tornarem adultos produtivos e felizes.

Minha mãe sempre me ensinou o valor do dinheiro, mesmo nas pequenas coisas. "Flávio, vai à Dona Cotinha e compre um quilo de farinha. Traga o troco para você guardar no cofrinho e comprar sua bicicleta." É em detalhes assim que ensinamentos valiosos se perpetuarão ao longo da vida de uma pessoa.

Calculando a mesada dos seus filhos

Ensinar uma criança a administrar seu próprio dinheiro é uma forma inteligente de prepará-la para o futuro. Assim, alguns pais firmam um "salário" para os pequenos. Entretanto, é fundamental estabelecer algumas regras para que eles entendam que aquele dinheiro não "caiu do céu".

Logicamente, cada família fará sua própria regra, mas posso citar um exemplo meu:

a) Estabelecer uma quantia semanal ou mensal. Exemplo: R$ 50 por mês.
b) Normalizar descontos para as obrigações não realizadas. Exemplo:
   - Esquecer a TV ligada gera um desconto de R$ 0,50 por ocorrência.
   - Deixar luz acesa gera desconto de R$ 0,50 por lâmpada por ocorrência.
   - Deixar a água do chuveiro ou torneira aberta: R$ 0,50 por torneira.
   - Deixar brinquedos espalhados no chão: R$ 0,50 por brinquedo.
   - Faltar, atrasar ou reclamar de ir à escola, natação etc.: R$ 1 por vez.
   - Desobedecer aos pais: R$ 5 por vez.
   - Tirar nota baixa: R$ 2 por disciplina.
   - Não fazer o dever de casa: R$ 1 por vez.
c) Depois, é só diminuir os descontos totais do total da mesada. Neste caso, considerando que a criança tenha cometido todos esses atos uma única vez, a mesada seria de R$ 39.

Obviamente, isso deve ser feito de forma individual para cada filho e de acordo com os valores e as normas de cada família.

Uma boa maneira de ensinar as crianças é por meio de fábulas, como *A cigarra e a formiga*, de Jean de La Fontaine, que retrata a necessidade do trabalho em detrimento da preguiça, e *A roupa nova do imperador*, de Hans Christian Andersen. Há diversos livros onde você pode encontrá-las na forma original e completa, mas disponibilizamos na nossa plataforma on-line uma versão resumida das duas.

Fontes de informação não confiáveis

Talvez você já tenha se aventurado pela internet e se sentido atraído pela promessa de conselho "grátis". Infelizmente, discernir a experiência e o currículo (e até mesmo a identidade) das pessoas por trás de vários sites da web é quase impossível. E, como será discutido neste livro, os conflitos de interesses (muitos dos quais são não divulgados) abundam on-line.

Qualquer instituição ou pessoa física que faça uma oferta de investimento no país pode ter sua habilitação consultada e verificada no site da Comissão Mobiliária de Valores (CVM) – todas devem ser registradas neste órgão regulador do mercado de investimentos no Brasil. Também vale procurar em sites de reclamação de serviços para saber se a empresa tem boa reputação ou se é alvo de muitas reclamações.

> ☆ **Dica**
>
> Investimentos que prometem 100% de rendimento ao mês, "ganhos certos", pirâmides, rodas da fortuna e outros milagres financeiros sem "trabalhar" são fraudes e, evidentemente, não existem. Como diz o ditado popular, "não existe almoço grátis". Portanto, fique atento e desconfie sempre. Antes de aceitar o conselho financeiro de alguém, examine a fundo, incluindo a experiência profissional e as credenciais educacionais dessa pessoa. Se você não encontrar facilmente tais informações, isso normalmente é um sinal de alerta. Um profissional capacitado e apto a orientar não tem nada a esconder.

Poucas pessoas percebem os enormes conflitos de interesse que existem quando uma empresa de mídia (jornais, rádios, TVs, revistas locais ou sites) cede seu conteúdo gratuitamente e gera sua receita de publicidade. Essa associação corrompe e compromete o conteúdo e sua objetividade, especialmente na arena do aconselhamento financeiro do consumidor.

Considere os sites dedicados a investir. A maioria deles desenvolve conteúdo sobre escolha de ações. Isso cria o ambiente perfeito para os anúncios onipresentes das empresas de recomendações de investimentos e de corretagem on-line.

Esquemas e pirâmides

É de suma importância que o investidor esteja alerta e fique longe de esquemas mirabolantes e promessas exageradas de rentabilidade, completamente fora da realidade do mercado.

Um esquema em pirâmide, também conhecido como pirâmide financeira, é um modelo comercial previsivelmente não sustentável, que depende basicamente do recrutamento progressivo de outras pessoas para o esquema, a níveis insustentáveis. Esse esquema pode ser mascarado com o nome de outros modelos comerciais que fazem vendas cruzadas, como marketing multinível, que são legais.

A maioria dos esquemas em pirâmide tira vantagem da confusão entre negócios autênticos e golpes complicados, mas convincentes, para fazer dinheiro fácil. A ideia básica por trás desse golpe é que o indivíduo faz um pagamento único, mas recebe a promessa de que, de alguma forma, receberá benefícios exponenciais de outras pessoas como recompensa. Um exemplo comum pode ser a oferta de que, por uma comissão, a vítima poderá fazer a mesma oferta a outras pessoas. Cada venda inclui uma comissão para o vendedor original.

Claramente, a falha fundamental é que não há benefício final; o dinheiro simplesmente percorre a cadeia e somente o idealizador do golpe (ou, na melhor das hipóteses, algumas poucas pessoas) ganham trapaceando seus seguidores. As pessoas na pior situação são aquelas na base da pirâmide: aquelas que assinaram o plano, mas não são capazes de recrutar quaisquer outros seguidores. A maioria desses golpes apresentará referências, testemunhos e informações.

Mas atenção: o marketing multinível diferencia-se do "esquema em pirâmide" por ter a maior parte de seus rendimentos oriunda da venda dos produtos, enquanto na pirâmide os lucros vêm apenas, ou majoritariamente, do recrutamento de novos vendedores.

Um pouco de história

Na década de 1920, o italiano Charles Ponzi (1882-1949) oferecia investimentos de curto prazo com rendimentos elevados, convencendo os investidores de que era possível lucrar em transações internacionais que envolviam selos e cupons-resposta dos Correios estadunidenses, um negócio que nunca foi realizado por Ponzi.

Apesar disso, os depósitos saltaram de 5 mil dólares, em fevereiro de 1920, para mais de um milhão de dólares em julho do mesmo ano, quando o esquema em pirâmide foi desmascarado pelo governo dos Estados Unidos. Ponzi chegou a ser preso, mas foi solto sob fiança pouco tempo depois, e foi residir no Rio de Janeiro, onde faleceu em 1949 como indigente.

Esquemas em pirâmide no sistema financeiro que oferecem juros altos no curto prazo passaram a ser denominados "Esquema Ponzi" devido a essa fraude.

▶ Na década de 2000, o operador de Wall Street Bernard Madoff (1938-) oferecia um fundo de investimento com juros mensais de 1% no mercado estadunidense por meio de um esquema em pirâmide do tipo Ponzi. Apesar de a taxa de juros mensais de 1% não ser absurda, era muito alta para os padrões da economia local (da ordem de 1% ao ano) e só foi possível por meio dos depósitos de novos investidores.

A partir da crise financeira mundial de 2007, os investidores dos fundos de Madoff foram surpreendidos ao não conseguirem resgatar seus depósitos, um esquema de fraude estimado em 65 bilhões de dólares. Em 2008, Madoff foi acusado e condenado a 150 anos de prisão.

No Brasil, a Lei nº 1.521, de 26 de dezembro de 1951, que trata dos crimes contra a economia popular, dispõe em seu Art. 2º, inciso IX, que constitui crime contra a economia popular, punível com 6 meses a 2 anos de detenção, "obter ou tentar obter ganhos ilícitos em detrimento do povo ou de número indeterminado de pessoas mediante especulações ou processos fraudulentos".

No Quadro 1.1, a seguir, apresento algumas formas de como você pode escapar do perigo das pirâmides financeiras.

Quadro 1.1 – Como escapar das pirâmides financeiras

• Procure operar apenas com instituições autorizadas e fiscalizadas por órgãos reguladores do Sistema Financeiro Nacional (SFN), como CVM e Banco Central.
• Investigue bem antes de investir e certifique-se de que entendeu os riscos e as características do investimento.
• Desconfie de promessas de retornos elevados com baixo risco.
• Baseie sua decisão em questões objetivas.
• Resista à tentação de investir com base em boatos ou dicas "quentes".
• Rentabilidade passada não é garantia de retorno futuro.
• Proteja suas informações e não entregue sua senha a terceiros.
• Acompanhe as operações realizadas em seu nome.

Fonte: adaptado de CVM.

É necessário entender o que exatamente está sendo oferecido, por quem e qual é a probabilidade de os ganhos propostos serem tão expressivos. Sugiro sempre comparar com os rendimentos de outros indicadores financeiros que possam servir como referência, como Índice Bovespa, taxa Selic, IPCA, poupança, títulos públicos oferecidos no Tesouro Direto, rentabilidade de fundos de investimento com perfil de risco semelhante ao investimento proposto etc.

Pense: se o negócio fosse tão bom assim, para que ele ia pedir seu dinheiro? Alguns ainda retrucam e eu sou enfático: se você acreditar nisso, você está tentando ser mais esperto que o Warren Buffett, bilionário investidor que teve uma média de retorno de 21% ao ano de 1965 a 2018.[2]

A verdade é que você será mais um bobo a cair no conto do vigário, pois, lembre-se, é ilegal prometer ganhos futuros garantidos, principalmente se essa pessoa sequer estiver regulada pelos órgãos controladores.

Gráfico 1.1 – Queixas em alta: processos abertos por reclamações de investidores*

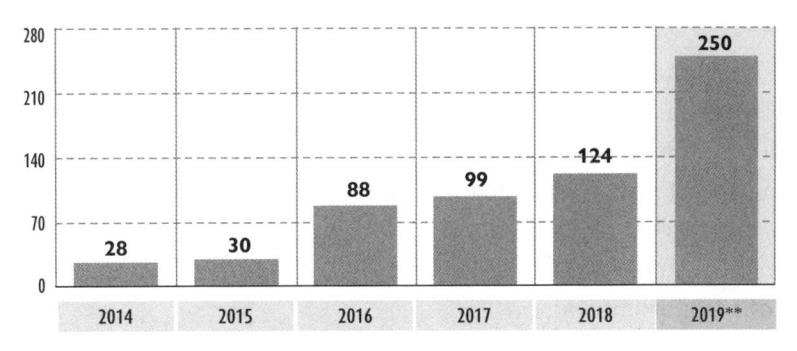

* Processos relativos a possível exercício irregular de gestão ou de ofertas, possíveis crimes, matérias externas ao âmbito da CVM sem indícios de crime e consultas sobre esses temas.

** Projeção para 2019, com 104 processos abertos até 27 de maio daquele ano.

Fonte: CVM.

---

1. MOREIRA, T.; CAMPOS. A. Disparada de investimento 'clandestino' desafia CVM. *Valor Econômico*. 1 jul. 2019. Disponível em: <https://www.valor.com.br/financas/6325975/disparada-de--investimento-clandestino-desafia-cvm>. Acesso em: 22 fev. 2020.
2. CAPLINGER, D. Foolish Take: Warren Buffett has topped market for more than half-century. *USA Today*, 6 mar. 2018. Disponível em: <https://bit.ly/2XlmKOz>. Acesso em: 22 fev. 2020.

Na dúvida, procure ajuda da CVM ou de um profissional qualificado e isento.

Avalie também se a proposta lhe está sendo ofertada de forma agressiva, destacando exageradamente benefícios ou prometendo brindes, festas e contatos estrelados. Muitas dessas vendas são feitas apelando-se para vulnerabilidades emocionais, afetivas ou outras das "vítimas".

Lei vital das finanças: o valor do dinheiro no tempo

> *Os juros compostos são a maior e melhor invenção do homem.*
> *Os juros compostos são a força mais poderosa do universo.*
> Albert Einstein

Existe uma lei muito importante no mundo financeiro: o dinheiro tem valor no tempo. Na linguagem popular, juros compostos significam juros sobre juros.

Os juros fazem muita diferença, pois funcionam como um aluguel pago aos donos do dinheiro. Responda às perguntas a seguir:

- Você prefere receber R$ 10 mil hoje ou R$ 12 mil daqui a um ano?
- Você prefere receber R$ 10 mil hoje ou R$ 1 milhão daqui a 20 anos?

Para responder a essas perguntas, você deve considerar inúmeros fatores, mas uma coisa é certa: você certamente vai preferir R$ 10 mil hoje aos mesmos R$ 10 mil daqui a um mês. Isso nos traz um princípio fundamental das finanças: todos preferem receber uma mesma quantia o quanto antes e, como consequência:

- receber uma quantia hoje equivale a receber uma quantia maior amanhã (Valor Futuro); ou
- receber uma quantia amanhã equivale a receber uma quantia menor hoje (Valor Presente).

Assim, surge o estudo do "dinheiro no tempo", cuja taxa de juros representa o fator de correção no tempo.

Ao lidar com seus recursos financeiros, procure ter sempre em mente que o dinheiro é um mero instrumento para atender a necessidades e desejos, realizando sonhos, e, por isso, você deve saber administrá-lo bem.

2

Consumo planejado e consciente

Início de conversa

- Você sabe o que é supérfluo, essencial ou necessário?
- O planejamento como arma para usar melhor o dinheiro.
- Como resistir ao apelo dos marketeiros.
- Você sabe a importância da sustentabilidade?

> *No passado, penso logo existo.*
> *No presente, nem penso logo consumo.*
> *No futuro penso, por quê?*
> Anita Prado

O que é essencial e o que é supérfluo para sua vida?

> *Uns queriam um emprego melhor; outros, um emprego.*
> *Uns queriam uma refeição mais farta; outros, apenas uma refeição.*
> *Uns queriam uma vida mais amena; outros, apenas viver.*
> *[...] Uns queriam o supérfluo; outros, apenas o necessário.*
> Chico Xavier

Quando passamos um "aperto financeiro", somos obrigados a fazer escolhas. Por isso, antes de entrar mais a fundo sobre como reduzir dívidas, vamos refletir sobre os quatro tipos de gastos existentes:

- **Essenciais:** são as despesas consideradas imprescindíveis para a sua sobrevivência. Nesses gastos você não irá mexer. Exemplos: remédios, alimentação, luz, água.
- **Necessários:** estão ligados às necessidades, mas conseguimos viver sem eles, e podem ser otimizados com alternativas melhores e mais baratas. Exemplos: celular, escola particular, moradia, dentista e vestuário.

- **Supérfluos:** são os gastos que geram bem-estar e estão ligados mais aos desejos do que às necessidades. Esses gastos devem ser reduzidos ou eliminados. Exemplos: restaurantes, TV a cabo e roupas de marca.
- **Desperdícios:** são os gastos que não geram bem-estar nem estão ligados às necessidades ou aos desejos. Não precisamos falar mais nada sobre isso, não é mesmo? Devemos eliminá-los completamente. Exemplos: multas, pagar por algo e não usar, esquecer a luz acesa ou a torneira aberta.

Muitas vezes, nosso orçamento não comporta tudo a que estávamos acostumados e, por isso, precisamos nos livrar do supérfluo e, às vezes, até do necessário, para ficarmos apenas com o essencial. Um exemplo do meu caso: luz é essencial, ar-condicionado é necessário (por morar no Rio de Janeiro, você já imagina como é o calor...) e TV por assinatura é supérfluo.

Note que não há uma receita de bolo única. Para alguns, comer fora todo domingo é essencial. Já outros não conseguem respirar se não tiverem uma TV por assinatura. O importante é descobrir aquilo que é supérfluo para você.

> ☆) **Dica** ——————————————————————————————
>
> Lembre-se de eliminar por completo os desperdícios, de reduzir os supérfluos e de otimizar a despesa com os itens necessários. Mas vá com calma! Para tudo tem uma solução. O primeiro passo é fazer um levantamento das suas despesas para, assim, fazer o seu diagnóstico.
>
> Em uma folha de papel, faça três colunas: uma para suas despesas essenciais, outra para as necessárias e outra para as supérfluas. A atividade será bem-sucedida se você conseguir classificar pelo menos 10% do seu orçamento como supérfluo. Corte essas despesas e poupe o resultado.
>
> Se, mesmo depois de muito esforço, você não conseguir classificar nada como supérfluo, provavelmente você é um "escravo do consumo", e se continuar desse jeito não vai conseguir tomar as rédeas de sua situação financeira – mesmo que venha a ter muito dinheiro. Se esse for o seu caso, muito cuidado!
>
> Esse exercício não é útil somente quando o "cobertor" fica curto. Muitas pessoas reclamam que não conseguem poupar nada, que o salário é mais curto do que o mês. Nesses casos, o S-E-N (exercício para diferenciar o que é **s**upérfluo, **e**ssencial e **n**ecessário para sua vida) tende a cair muito bem.

A importância de um plano

Na vida real, assim como nos negócios, é importante ter um plano e segui-lo. Os desejos são ilimitados, porém os recursos são limitados. Temos o conflito entre consumir hoje ou poupar e postergar o consumo.

Sempre temos duas escolhas ao lidar com o consumo no tempo:

1. a opção de usufruir agora e pagar depois, assumindo uma posição devedora, pagando juros; ou
2. a opção de pagar agora e usufruir depois, e assumir uma posição credora, recebendo juros.

Sempre se deve verificar, em cada situação, se a antecipação ou a postergação do consumo será mais ou menos vantajosa, prestando sempre atenção aos juros que pagaremos ou aos rendimentos que poderemos receber, a depender de nossas escolhas.

Atenção! O planejamento financeiro possibilita consumir mais e melhor. Consumir "mais" por meio da melhor utilização do dinheiro e "melhor" via eliminação de desperdícios, mas, para isso, é necessário ter disciplina.

Você pode potencializar seu dinheiro de forma simples, como pagar as contas sem multas ou não desperdiçar algum alimento que esteja há algum tempo na sua geladeira. É mais fácil se planejar em um país onde a taxa de inflação está controlada – veja mais sobre inflação no Capítulo 4. Com planejamento, consegue-se fazer mais com a mesma quantidade de dinheiro.

Dica

Elimine gastos desnecessários. Evite "ih, os ovos acabaram" ou "caramba, estou sem café". Quem vivencia esse tipo de situação corre para o lugar mais próximo e acaba pagando por produtos mais caros. Quem se planeja adequadamente, para qualquer situação, incorre em menos gastos desnecessários e compra produtos e serviços mais baratos. O consumidor que consome planejadamente tem mais condições de destinar parte de sua renda para a poupança. Afinal, o planejamento auxilia a manter a disciplina.

Indo ao supermercado

Não existe forma mais antiga e funcional para economizar mensalmente nos supermercados do que utilizar uma listinha, que pode ser entendida como o nosso "plano" de compras. A lista serve para lembrar o que não tem em casa.

A orientação é que se faça um levantamento da despensa, geladeira, banheiros etc. Hoje em dia, você pode armazenar sua lista de compras em seu smartphone, com o auxílio de aplicativos e assistentes pessoais, ou até mesmo no próprio site do supermercado em que você já fez compras antes, o que evita o retrabalho.

A parcela de brasileiros que usa a listinha para checar o que precisa na hora da compra tem diminuído bastante. Atualmente, de acordo com a pesquisa *O comportamento do consumidor em super e hipermercados*[1], realizada pelo Ibope Inteligência, 89% dos consumidores não levam a lista. Essa falta de organização é um problema sério, que gera a compra de supérfluos, que interferem em até 20% dos gastos nos supermercados.

Os consumidores não recebem treinamento profissional para consumirem conscientemente e melhor. Em contrapartida, os supermercados utilizam-se de diversas estratégicas, como aumentar o tamanho das letras para destacar o que interessa aos lojistas; oferecer parcelamento de valores baixos, como dez parcelas de R$ 20; forte apelo emocional, como "Não perca", "Últimos dias!" ou "Compre hoje e pague só ano que vem"; preços que terminam com R$ 0,99, que dão a impressão de serem menores e têm impacto psicológico importante para o consumidor; ou preços por dia de assinaturas mensais, como "Apenas R$ 6 por dia", mas você não consegue pagar por dia, pois uma conta de assinatura de TV é mensal.

 Não subestime o marketing sedutor. As técnicas de vendas e a tecnologia, ao mesmo tempo que impulsionam as vendas, também impulsionam compras não planejadas ou realizadas por impulso, podendo provocar desequilíbrios orçamentários e financeiros, ou até mesmo superendividamento. Veja na plataforma on-line oito armadilhas dos supermercados.

Assim como nós devemos ter um plano, os supermercados têm os planos deles: fazer com que você gaste mais! Veja mais algumas estratégias desses estabelecimentos:

- preços abaixo do valor inteiro ("R$ 29,90" aparenta ser mais próximo de "R$ 20" do que de "R$30");

1. DSOP. *Supérfluos representa até 20% das compras dos brasileiros*. 20 out. 2010. Disponível em: <http://dsop.com.br/para-voce/noticias/2010/10/superfluos-representam-ate-20-das-compras-dos-brasileiros/>. Acesso em: 22 fev. 2020.

- trilha sonora com música lenta (quando o supermercado está vazio) e música agitada para horários de pico para incentivar compras por impulso e com pressa;
- brinquedos e guloseimas na visão e ao alcance das crianças (é difícil um pai dizer não para elas);
- inexistência de relógios (para você não ter pressa e ficar mais tempo);
- produtos mais populares no fundo da loja (para fazer você "passear" por todo o ambiente);
- produtos complementares (macarrão perto do queijo ralado e do molho de tomate, por exemplo);
- carrinhos de compras maiores;
- promoção com produtos que estão com a validade vencendo (sempre fique atento a isso!).

Algumas atitudes "financeiramente saudáveis" podem – e devem – ser adotadas pelo consumidor no supermercado, como:

- não saia da lista de compras (assistentes virtuais como a Alexa e o Google Assistant podem ajudar a ter a lista na hora que precisa);
- coma alguma coisa antes de ir – pesquisas mostram que quem faz compras com o estômago vazio compra mais por impulso;
- aproveite para educar financeiramente seus filhos, combinando com as crianças previamente o que comprarão;
- compare preços;
- não compre produtos apenas pela embalagem ou porque é novidade;
- verifique a validade dos produtos antes de comprar;
- prefira frutas da estação e produtos da localidade;
- não leve um produto que você não precisa só porque está em promoção;
- use sacolas reutilizáveis.

Conhecer as estratégias dos vendedores de produtos ou serviços é um importante passo para se proteger das armadilhas do consumismo. Para isso, algumas atitudes podem ser adotadas pelo consumidor no comércio em geral:

- sempre pesquise preços (em lojas físicas e virtuais);
- pechinche, negocie com afinco – não tenha vergonha;

- experimente pagar com dinheiro em espécie em vez de cartão; às vezes, é possível conseguir um bom desconto;
- atente para o real preço dos produtos nas vitrines (não apenas para o valor da parcela);
- transmita certo "desinteresse" ao tratar com vendedores; conheça opções de produtos e serviços, pois você pode conseguir um acordo melhor.

No Quadro 2.1, verifique quantos "X" você marca em cada coluna e veja se é um consumidor consciente ou consumista, que age sem planejar e por impulso.

Quadro 2.1 – Consumidor consciente *versus* consumidor consumista

Consumidor consciente	Consumidor consumista
Pondera antes de comprar.	Gasta compulsivamente.
Pensa em si e no restante da sociedade, inclusive as futuras, pensa no impacto sobre o meio ambiente antes de comprar.	Pensa apenas em si próprio.
Compra apenas o necessário.	Compra tudo o que deseja.
Reutiliza as embalagens.	Joga todas as embalagens no lixo.
Separa o lixo orgânico do que é reciclável e dá a destinação correta.	Qualquer tipo de resíduo é considerado lixo.
Não compra produtos piratas e contrabandeados, mesmo os mais baratos.	Se estiver fácil para comprar e for barato, não se preocupa se o produto é pirata ou contrabandeado.
Evita desperdícios e utiliza efetivamente o que compra.	Desperdiça – deixa a torneira aberta sem usar a água, a lâmpada acesa sem estar no ambiente, os aparelhos eletrônicos e elétricos ligados sem estar em uso etc.
Orienta-se por um estilo de vida saudável.	Orienta-se pelo *status*.
Satisfaz necessidades.	Faz "shoppingterapia".
É previdente e sabe que o futuro é consequência das escolhas de hoje.	É imediatista e não se preocupa com o futuro.

Fonte: adaptado dos "12 princípios do consumo consciente", do Instituto Akatu.

Sustentabilidade

Você sabe o que é sustentabilidade?

O uso racional de recursos como água, energia, papel, entre outros, é um expediente que, além de ser uma prática que colabora para a redução dos custos de uma empresa (e de uma casa também), diminui os impactos ambientais e ajuda a sociedade como um todo.

A consciência sustentável por si só é louvável, mas, infelizmente, devido à falta de educação do povo (vai dizer que não é verdade?), esse conceito ainda não foi estimulado o suficiente para que todos o pratiquem.

E se a sustentabilidade impactar positivamente seu bolso? Cidades como Rio de Janeiro e Guarulhos (SP) adotaram legislações que concedem descontos no Imposto Predial e Territorial Urbano (IPTU) a quem utiliza, por exemplo, telhados com cobertura verde, espaço para coleta seletiva, fontes alternativas de energia e estrutura para aproveitamento de águas de chuva.

Não dá para negar que um incentivo a mais facilita – e muito – o investimento em ações como estas. É preciso aproveitar tais iniciativas da prefeitura para iniciar ou aperfeiçoar as características verdes do seu prédio ou condomínio. Alguns condomínios, aliás, realizam a coleta seletiva e recebem de empresas particulares um incentivo monetário para separar o lixo (garrafas, óleo de cozinha, papéis e metais) e entregá-los uma vez por mês. Ou seja, mesmo se a sua cidade não fizer a coleta seletiva, algumas empresas particulares o fazem e seu condomínio recebe uma "verba" extra.

A reciclagem, além de ser extremamente importante para reduzir a extração de recursos naturais e atender à crescente demanda por matéria-prima das indústrias, ainda ajuda muito a amenizar um dos maiores problemas da atualidade: o lixo.

Além do impacto ambiental que o lixo causa, existe ainda o impacto econômico. O custo para tratar esse lixo é enorme. Para se ter uma ideia, uma cidade de aproximadamente 200 mil habitantes gasta anualmente entre R$ 9 milhões e R$ 10 milhões para fazer o tratamento adequado.

Estima-se que mais de 50% desses resíduos poderiam ser reciclados, o que, além de reduzir custos, ainda poderia gerar receita para a própria cidade ou para cooperativas de catadores, bem como amenizar o impacto ambiental.

Nós, que somos considerados pessoas físicas, também podemos contribuir para a sustentabilidade do planeta. Podemos, por exemplo, reduzir o consumo desnecessário, evitando desperdícios e a produção excessiva de lixo; diminuir o impacto negativo da atividade humana sobre o meio ambiente (extrativismo, agropecuária, urbanização, indústria, serviços, lixo); e acabar com vícios, como o cigarro, melhorando nossa alimentação, nossa qualidade de vida e nosso bem-estar pessoal, gastando, assim, menos com remédios e consultas médicas.

3

Medindo sua saúde financeira

Início de conversa

- Determinar os ativos, os passivos e seu patrimônio líquido (financeiro).
- Entender de onde vem e para onde vai seu dinheiro.
- Saber qual valor necessário para sua poupança de emergência.
- Estudo de um caso prático de planejamento financeiro.

> *Não espere por uma crise para descobrir o que é importante em sua vida.*
> Frase atribuída a Platão

Devemos agir de maneira profilática em nossa saúde financeira, assim como fazemos com nossa saúde física e mental. Quanto mais cedo detectarmos os problemas, mais fáceis e mais baratas serão as soluções.

Os problemas financeiros podem ser corrigidos ao longo do tempo com alterações no seu comportamento. É disto que trata este livro!

Seu patrimônio líquido é um importante indicador de sua saúde financeira. Ele indica sua capacidade de atingir seus objetivos financeiros, como comprar sua casa própria, aposentar-se tranquilamente, ter condições de pagar despesas inesperadas etc.

- **Patrimônio líquido:** obtido pela equação ativos financeiros menos passivos.
- **Ativos:** são os bens ou os direitos que uma pessoa física ou jurídica possui e que podem ser valorizados em termos monetários, como aplicações financeiras, imóveis, carros ou cotas de sociedade.
- **Passivos:** são dívidas ou obrigações contraídas por pessoas físicas ou jurídicas, como valor de aluguel, cartões de crédito ou financiamentos.

Isso inclui, ainda, qualquer dinheiro tomado emprestado com familiares ou apostas perdidas que você tenha de pagar.

A Tabela 3.1 pode ajudar você a colocar no papel quais são seus ativos e quais são seus passivos, descobrindo assim seu patrimônio. Você pode acrescentar todos os outros itens que achar necessário, é claro.

Tabela 3.1 – Juntando os números

Ativos	Valor anual (R$)	Passivos	Valor anual (R$)
Dinheiro em caixa		Cartão de crédito	
Poupança		Financiamento	
Ações		Prestações	
Aplicações de renda fixa		Dívidas de impostos	
Previdência privada			
Carro			
Imóvel			
Total (A)		**Total (B)**	
Patrimônio líquido (A – B)			

Seu patrimônio líquido é útil apenas para você e seus objetivos. O que pode parecer um monte de dinheiro para uma pessoa com um estilo de vida simples pode parecer uma ninharia para uma pessoa com grandes expectativas e com desejo de um estilo de vida luxuoso.

Atenção! A coisa mais importante a ser feita é livrar-se de suas dívidas tóxicas – as com juros mais altos em primeiro lugar. Dívidas de cartões de crédito e de cheque especial são aquelas que nunca devem ser feitas. Mas, às vezes, elas acontecem. Nesse caso, sugiro que recorra a um empréstimo pessoal para quitar essa dívida o quanto antes, pois as taxas do empréstimo são muito mais baixas que as do cartão de crédito ou do cheque especial.

De onde vem e para onde vai meu dinheiro?

A partir do registro de tudo que você (ou sua família) ganha e o que gasta durante um período – em geral, um mês ou um ano –, você monta seu próprio orçamento pessoal. De posse desse orçamento, você consegue organizar e planejar suas despesas, com o objetivo de gastar bem o seu dinheiro, prover suas necessidades e, ainda, fazer com que seus sonhos se tornem realidade e atingir metas, de acordo com as prioridades definidas.

Use a Tabela 3.2 como um modelo para marcar suas receitas e suas despesas. Para facilitar sua vida, você pode diferenciar receitas e despesas fixas das variáveis:

- **Despesas fixas:** são despesas que não variam ou variam muito pouco, como a do condomínio, a prestação de um financiamento etc.
- **Despesas variáveis:** são aquelas cujos valores variam de um mês para o outro, como a conta de luz ou de água, que variam conforme o consumo.
- **Receitas fixas:** são receitas que não variam ou variam muito pouco, como o valor do salário, da aposentadoria ou de rendimentos de aluguel.
- **Receitas variáveis:** são aquelas cujos valores variam de um mês para o outro, como os ganhos de comissões por vendas ou os ganhos com aulas particulares ou honorários.

Atenção! Lembre-se ainda dos compromissos sazonais (impostos, seguros, matrículas escolares etc.) e dos compromissos já assumidos (cheques pré-datados ou ainda não compensados, prestações a vencer, faturas de cartões de crédito etc.).

Tabela 3.2 – Despesas e receitas mensais

Receitas fixas	Valor (R$)
Salário/honorários	
Receitas variáveis	
Receitas de aplicações financeiras	
Total de receitas (C)	
Despesas fixas	**Valor (R$)**
Aluguel	
Condomínio	
Educação	
Empregado doméstico	
TV a cabo e internet	
Despesas variáveis	**Valor (R$)**
Telefone fixo e celular	
Alimentação	

▶

Transporte	
Lazer	
Gastos com saúde	
Telefone, luz, gás	
Total de despesas (D)	
Saldo = C − D	

A diferença entre receitas e despesas (**C − D**):

- se positiva, será creditada aos seus ativos (por exemplo: em aplicações financeiras), aumentando seu patrimônio líquido;
- se negativa, será creditada aos seus passivos, em forma de dívida, diminuindo seu patrimônio líquido.

Você precisa construir uma reserva de segurança entre três e seis vezes maior do que o valor de suas despesas mensais. Definitivamente, você deve se inteirar mais sobre quitação de dívidas, redução de seus gastos, desenvolver maneiras de economizar em impostos e investir seus ganhos futuros.

Poupança × investimento

Poupança é a diferença entre receitas e despesas, ou seja, entre tudo que ganhamos e tudo que gastamos. Já investimento é a aplicação dos recursos que poupamos com a expectativa de obtermos uma remuneração por essa aplicação, ou seja, ganhar dinheiro com dinheiro.

Poupança de emergência

Imprevistos acontecem. Por isso, devemos sempre estar preparados para situações difíceis. Na hora em que "o bicho pega", para passarmos por cima de um problema financeiro, é essencial ter o hábito de poupar o suficiente para formar uma reserva de emergência.

É extremamente recomendável ter uma poupança para emergências. Ter à disposição algo como seis meses de despesas é o mínimo recomendável. Assim, você poderá enfrentar os imprevistos com tranquilidade. Alguns exemplos: doença na família com gastos não cobertos pelo plano de saúde, conserto do automóvel, perda de renda por causa de desemprego ou redução de atividade no caso de trabalhadores autônomos.

Encare essa reserva de emergência como uma dieta, cortando as gorduras existentes em seus gastos.

Mesmo que o orçamento doméstico esteja apertado, é recomendável planejar uma reserva de emergência. Na verdade, se o orçamento está no limite, é importante examinar todos os gastos, de modo a conseguir poupar qualquer "trocado" mensalmente e transferir para esse fundo de emergência até que se atinja o mínimo recomendado.

Além disso, caso você perca o emprego, uma poupança com um montante equivalente a seis meses de seu salário permitirá que você procure outro trabalho, compatível com sua formação e sua experiência, sem ter que aceitar a primeira vaga que lhe oferecem. Para esse tipo de reserva, é recomendável a escolha de aplicações que lhe garantam liquidez imediata, sem carências, datas ou valores máximos predeterminados para saques, porque se "o bicho pegar" o dinheiro deverá estar disponível imediatamente. Também devem possuir baixo risco, mesmo que isso implique em uma remuneração mais modesta.

☆ **Dica** _____

Esqueça que a poupança de emergência existe – é como quebrar uma caixa de vidro em que exista uma mangueira de incêndio: só a usaremos em uma real situação de necessidade. Seu esforço será recompensado quando você estiver diante dos mais diversos imprevistos futuros.

Equilíbrio: a questão-chave do sucesso nas finanças pessoais

Além da falta de conhecimento financeiro, resultante da ausência de uma educação financeira pessoal, outros fatores podem atrapalhar na hora de tomar boas decisões envolvendo seu dinheiro. Barreiras pessoais e emocionais podem ser parte desses motivos. Por exemplo, algumas pessoas acreditam que seus problemas de adultos foram ocasionados pela forma com que foram criados por seus pais. Comportamentos como vício em cartão de crédito, álcool ou infidelidade sexual podem ter suas raízes na infância.

Não quero desconsiderar o impacto negativo particular da infância na tendência de algumas pessoas fazerem as escolhas erradas durante sua vida. Explorando sua história pessoal, certamente você poderá descobrir pistas. No entanto, os adultos fazem escolhas e engajam-se em comportamentos que afetam a si e aos outros. Eles não devem culpar seus pais por sua própria incapacidade de planejar seu futuro financeiro, vivendo dentro de suas possibilidades e realizando investimentos sólidos.

Algumas pessoas também tendem a confundir (e culpar) suas deficiências financeiras com o fato de não ganhar mais dinheiro. Essas pessoas acreditam que, se ganhassem mais, seus problemas financeiros (e pessoais) desapareceriam. Sim e não... Ganhar mais, de fato, ajuda, mas o "x" da questão está em adequar seus gastos aos seus recebimentos. Na prática, em minha visão, o foco no controle dos gastos normalmente é mais importante do que nas receitas. A chave do sucesso financeiro é o equilíbrio com foco no longo prazo.

Exemplo: organizando as contas da Márcia

Vamos ver o exemplo de Márcia, 45 anos, funcionária pública concursada, divorciada, mãe de dois adolescentes e com uma dívida enorme.

Em nossa conversa, ela me mostrou o contracheque do município em que trabalhava e perguntou se eu não podia emprestá-la algum dinheiro. Como era uma amiga de longa data, falei que não era banco, mas poderia ajudá-la do meu jeito, com uma consultoria e com ensinamentos que ela levaria para o resto de sua vida. De início, verifiquei que ela estava financeiramente muito doente, cavando cada vez mais fundo o buraco em que se encontrava: já estava sem crédito em seus cartões de crédito, no banco, na financeira do automóvel, na escola dos filhos, no condomínio, na companhia telefônica. Além disso, estava devendo três prestações de sua casa própria, ou seja, Márcia estava em uma situação caótica.

Após análise de suas receitas e despesas mensais, chamei-a para uma conversa e exigi a presença de seus filhos. Sentei os dois adolescentes ao meu lado, dei uma caneta, uma folha de papel e uma calculadora para cada um. Disse: "Anotem aí".

Tabela 3.3

Despesas	Valores
Gastos com o cachorro	R$ 80
TV a cabo (1)	R$ 49,90
TV a cabo (2)	R$ 139,90
Celular dos três	R$ 300
Telefone fixo	R$ 150
Academia	R$ 155
Total	R$ 874,80

Tabela 3.4

Despesas	Valores
Combustível	R$ 300
Financiamento do carro	R$ 1.033
Pagamento da empregada doméstica	R$ 1.200
Passagens da doméstica	R$ 55
Total	R$ 2.588

Tabela 3.5

Despesas	Valores
Condomínio	R$ 460
Escolas	R$ 2.000
Financiamento da habitação	R$ 1.900
Energia elétrica	R$ 261,17
Gás encanado	R$ 96,29
Total	R$ 4.717,46

Tabela 3.6

Despesas	Valores
Supermercado	R$ 500
Passagens	R$ 280
Farmácia	R$ 100
Lazer	R$ 250
Diversos (roupas, calçados etc.)	R$ 300
Total	R$ 1.430

Total de gastos mensais = R$ 9.610,26

Tabela 3.7 – Receitas

Receitas	Valores
Salário líquido (descontando planos de saúde)	R$ 3.500
Pensão	R$ 3.000
Aluguel de loja recebida na herança	R$ 500
Total mensal	R$ 7.000

O caso ilustrado é crônico. Ela gasta 37% a mais do que recebe, quando o ideal seria poupar pelo menos 10% de sua renda, ou seja, ela deveria gastar no máximo R$ 6.300, o que nos leva a sugerir cortes de até R$ 3.310.

Olhando as tabelas 3.3 a 3.6, percebemos vários gastos supérfluos ou não essenciais, como duas TVs por assinatura, celulares para adolescentes, automóvel, empregada doméstica e cachorro em apartamento.

Minha orientação é apenas o valor total de corte, e eles é que iriam efetivamente cortar os gastos (ou não). Antes de mais nada, eu gosto de cachorros. Imagine se eu seria doido de falar para doarem o cachorro ou mandar os filhos para uma escola pública? Mas eu disse: "Crianças, pensem da seguinte forma: o cão – se ele não ficar doente – custará R$ 1 mil por ano. Com esse dinheiro, dá para comprar cinco bons pares de tênis de corrida ou dez vestidos bonitos". Vocês preferem o cachorro ou as coisas? Eles preferiram o cão. Discussão encerrada.

O ideal é tentar mexer primeiramente nos gastos e, depois, você tenta aumentar a receita de alguma forma, por exemplo, arrumando mais um emprego, fazendo algum trabalho freelancer, complementando a renda ao vender cosméticos ou doces; no caso de adolescentes de 14 a 17 anos, há a possibilidade de trabalharem se matriculando em um programa de aprendiz.

Independentemente de sua renda, você pode fazer seu dinheiro "esticar" mais ainda se praticar bons hábitos financeiros e evitar erros. Na verdade, quanto menor for a sua renda, mais importante é que você faça o máximo com sua receita e sua poupança.

A estratégia do seu sucesso financeiro

Estratégias financeiras pessoais inteligentes têm pouco a ver com gênero, etnia ou estado civil. Todas as pessoas precisam gerenciar suas finanças com sabedoria. Alguns aspectos da gestão financeira tornam-se mais ou menos importantes em diferentes etapas de sua vida, mas, em sua maior parte, os pontos-chave permanecem os mesmos para todos.

Conhecer as respostas certas não é o suficiente. Você deve praticar bons hábitos financeiros, assim como praticar outros bons hábitos, como lavar as mãos e alimentar-se bem.

Mas não desanime! O que você faz ou não com o seu dinheiro é uma questão muito pessoal e confidencial. Neste livro, tento lhe trazer orientação para o manter em boa saúde financeira. Você não tem que fazer tudo isso – escolha o que funciona melhor para você e entenda os prós e os contras de suas opções. Mas, a partir de hoje, por favor, não cometa os erros facilmente evitáveis ou ignore as estratégias que discuto ao longo destas páginas.

Se você é jovem, parabéns por ter uma visão de futuro para a realização do imenso valor de investir em sua educação financeira pessoal. Você colherá as recompensas para as próximas décadas. Mas, mesmo se não é tão jovem, fique tranquilo, pois nunca é tarde demais para começar. Você certamente tem muitos anos ainda para fazer seu dinheiro trabalhar para você!

Dica _____

Faça sempre as contas em termos anuais. Por exemplo: se eu gasto R$ 200 com TV a cabo por mês, por ano (multiplicando por 12) gastarei R$ 2.400. Assim os pequenos valores economizados aparecerão. Caso você troque para um pacote de TV mais barato de R$ 150, isso o fará economizar R$ 600 por ano!

No Quadro 3.1, a seguir, apresento um passo a passo de como montar seu orçamento. Isso vai ajudar você a pensar melhor em seus gastos e suas receitas. Ao longo de sua jornada, espero ajudá-lo a alterar a forma como você pensa a respeito do dinheiro e a tomar importantes decisões financeiras pessoais.

Quadro 3.1 – Passo a passo para montar seu orçamento

1.	Criar uma planilha para todas as despesas, categorizadas mês a mês (histórico de gastos com cartões de crédito, cheques etc.).
2.	Determinar o orçamento para cada uma das categorias de gastos.
3.	Discriminar as receitas (salários, rendas, trabalhos freelancer etc.).
4.	Levantar gastos futuros, considerando as despesas sazonais.
5.	Identificar gastos que podem ser eliminados ou reduzidos.
6.	Planejar-se para despesas imprevistas.
7.	Calcular os valores mensais por categoria, como percentual da receita bruta.
8.	Identificar quais custos são sensíveis à inflação e quais são fixos[1].
9.	Projetar as receitas e as despesas mensais para os próximos 12 meses.
10.	Determinar em quais meses as despesas ocorrerão: seguros e impostos (o objetivo é evitar problemas de fluxo de caixa).

_____

1. Custos sensíveis à inflação são aqueles que são reajustados por algum índice de inflação, como IGPM e IPCA. Aqui, enquadra-se o custo do aluguel e a energia elétrica, por exemplo.

▶	11.	Projetar o orçamento para os próximos 12 meses (se não souber o fluxo detalhado, faça uma estimativa – basta multiplicar por 12 o valor mensal).
	12.	Comparar as despesas reais com as projetadas e ajustar os próximos 11 meses futuros.
	13.	Continuar a analisar, selecionando categorias de despesas sobre as quais se tem controle, como telefone, restaurantes etc.

 No final deste livro, você encontra o Apêndice, que apresenta uma tabela completa para você fazer seu orçamento, verificar quanto está poupando etc. Na plataforma on-line, disponibilizaremos uma versão eletrônica mais completa com uma planilha eletrônica.

O dragão da inflação

Início de conversa

- O que é inflação e quais são suas causas.
- Como são calculados os diversos índices de inflação.

> *Inflação é a arte de falsificar a moeda por conta do Estado.*
> Sofocleto

A inflação é um índice que representa a média do crescimento dos preços de bens e serviços consumidos – chamados de cesta de produtos – em determinado período em um determinado país ou região.

A inflação – esse flagelo de elevação dos preços, que atinge a população global – geralmente ocorre quando a procura é maior do que a oferta.

No Brasil, em 2014, por exemplo, as pessoas tiveram seu poder aquisitivo ampliado, o que aumentou o consumo, mas, em contrapartida, a produção de bens e serviços não acompanhou esse crescimento. Veja esse momento representado na Figura 4.1, bem como outros momentos históricos da inflação no Brasil.

Podemos citar como causas da inflação:

- emissão exagerada e descontrolada de dinheiro por parte do governo;
- demanda por produtos (aumento no consumo) superior à capacidade de produção do país;
- aumento nos custos de produção (máquinas, matéria-prima, mão de obra) dos produtos;
- agentes ajustam o preço porque acham que outro também vai ajustar.

Figura 4.1 – Histórico da inflação: os brasileiros chegaram a conviver com uma inflação de mais de 80% ao mês

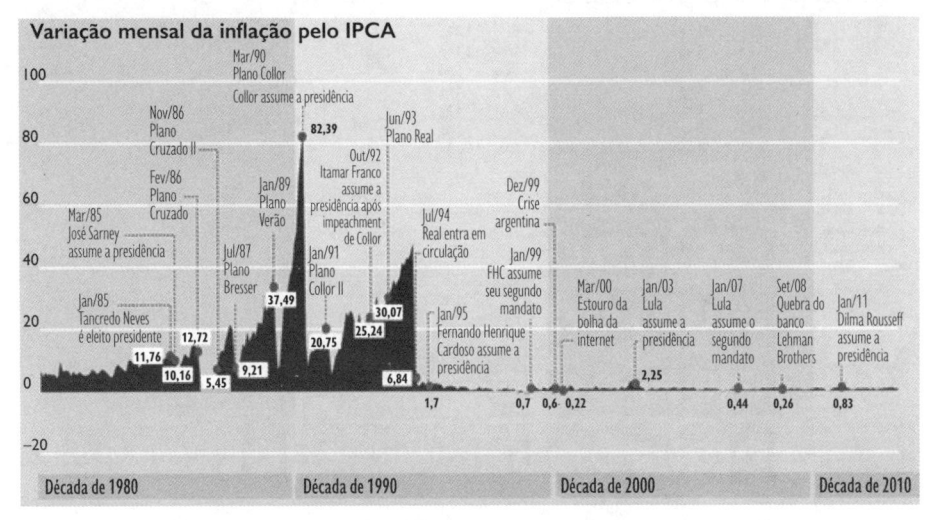

Fonte: IBGE – disponível em: <https://www.ibge.gov.br/explica/inflacao.php>.

Em um processo inflacionário, uma mesma quantidade de dinheiro não consegue comprar mais a mesma quantidade de bens. O poder de compra da moeda se deteriora. Por exemplo, na Venezuela, um país com inflação de 13.476% ao ano[1], uma pessoa compra 10 quilos de feijão e paga R$ 60. No mês seguinte, o quilo de feijão passa para R$ 78. O salário mínimo não é reajustado mensalmente, logo, com esta hiperinflação, a pessoa vai perdendo seu poder de compra. Veja na Figura 4.2 como o poder de compra do brasileiro foi diminuindo ao longo das primeiras décadas do século 21.

A inflação é ruim para a economia de qualquer país. Para se proteger dela, as pessoas precisam investir em algo que tenha um rendimento com correção inflacionária.

Você sabia que já em 594 a.C. Sólon, em Atenas, na Grécia Antiga, teve uma genial ideia que mudou o mundo? O governante ateniense cunhou moedas misturando metal mais barato (cobre) com ouro para ter como produzir mais dinheiro. Quer conhecer um pouco sobre a história da inflação? Na plataforma on-line da editora, há um artigo meu explicando o assunto.

---

1. "A inflação anualizada da Venezuela para novembro foi de 13.476%, segundo dados do Congresso". *O Globo*, 13 jan. 2020. Disponível em: <https://oglobo.globo.com/economia/apos-aumento-de-66-salario-minimo-na-venezuela-vai-para-250-mil-bolivares-ou-seja-15-24186587>.

Figura 4.2 – A comida "encolhe"

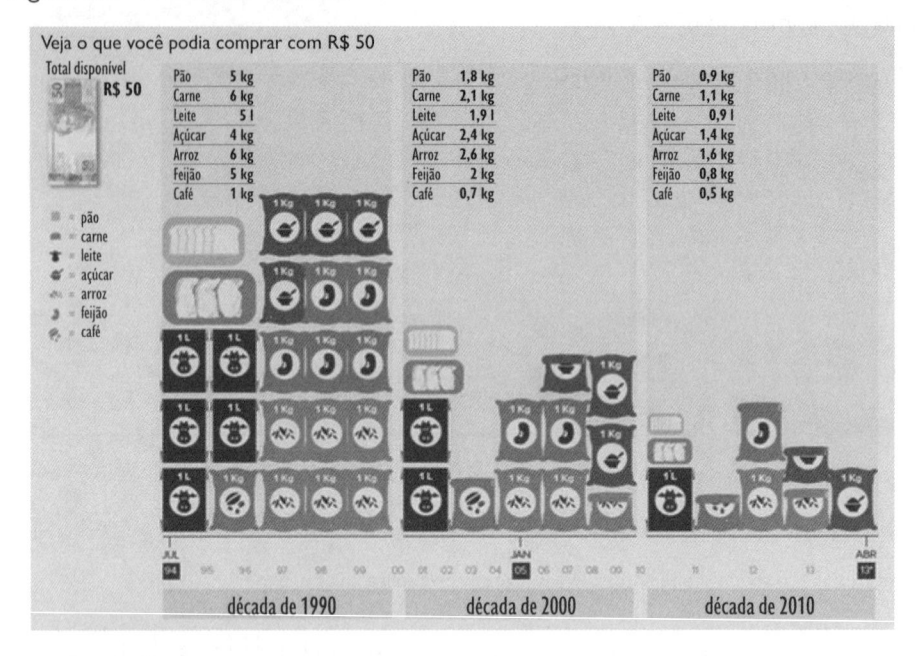

Fonte: Procon-SP.

Como controlar a inflação

Para o governo controlar a inflação, podem ser usadas medidas como gastos públicos mais baixos, impostos mais altos e taxa de juros mais alta. No curto prazo, essas ferramentas dolorosas ajudam a conter a demanda. Mas, no longo prazo, o melhor remédio para inflação é o aumento da oferta de produtos, o que diminui seus preços.

Simplificando: um índice de preço (índice de inflação) é formado por uma cesta de produtos e serviços, que busca refletir o padrão de consumo de um cidadão comum. Itens como alimentos, moradia, transporte, educação, entre outros, compõem tal cesta de produtos e serviços. Ao longo dos anos, a alta de preços foi reduzindo o poder de compra do seu dinheiro.

Índices de inflação

Os principais índices que medem a inflação no Brasil são: Índice de Preços ao Consumidor Amplo (IPCA – calculado pelo Instituto Brasileiro de Geografia e Estatística [IBGE]), Índice Geral de Preços (IGP – calculado pela Fundação

Getulio Vargas [FGV]), Índice Nacional de Preços ao Consumidor (INPC – medido pelo IBGE) e Índice de Preços ao Consumidor (IPC – medido pela Fundação Instituto de Pesquisas Econômicas [Fipe]).

- **Índice Nacional de Preços ao Consumidor Amplo (IPCA):** o IPCA, calculado mensalmente pelo IBGE, reflete a variação dos preços no comércio das famílias com renda mensal de 1 a 40 salários mínimos, residentes nas Regiões Metropolitanas de Belém (PA), Fortaleza (CE), Recife (PE), Salvador (BA), Belo Horizonte (MG), Rio de Janeiro (RJ), São Paulo (SP), Curitiba (PR), Porto Alegre (RS), Brasília (DF) e Goiânia (GO). O governo federal usa o IPCA como o índice oficial de inflação do Brasil. Ele serve de referência para as metas de inflação e para as alterações na taxa Selic. Importante: a meta de inflação estabelecida pelo Banco Central é de 4,5%, com margem de dois pontos percentuais para mais ou para menos.
- **Índice Geral de Preços do Mercado (IGP-M):** esse índice é formado por três índices diversos, que medem os preços por atacado (IPA-M), ao consumidor (IPC-M) e de construção (INCC) – com pesos de 60%, 30% e 10%, respectivamente. O IGP-M é comumente usado para contratos de aluguel, seguros de saúde e reajustes de tarifas públicas.
- **Índice Geral de Preços – Disponibilidade Interna (IGP-DI):** semelhante ao IGP-M, é calculado pela FGV. Ele mede itens de bens de produção (matérias-primas, materiais de construção, entre outros) e bens de consumo (como alimentação). Importante: ele corrige os preços de tarifas públicas e antigos planos e seguros de saúde.
- **Índice Nacional de Preços ao Consumidor (INPC):** semelhante ao IPCA, verifica a variação do custo médio das famílias com rendimento familiar médio entre um e cinco salários mínimos. Esses grupos são mais sensíveis às variações de preços, pois tendem a gastar todo seu rendimento em itens básicos, como alimentação, medicamentos, transporte etc.
- **Índice de Preços ao Consumidor Semanal (IPC-S):** verifica preços de 425 itens a cada dez dias. Donas de casa treinadas pesquisam preços de alimentação no domicílio, produtos de limpeza, higiene e serviços; e funcionários da FGV fazem uma consulta mensal de bens e serviços da cesta básica do IPC. Ele é utilizado como índice de reajuste salarial.
- **IPC-Fipe:** é calculado medindo de 1 a 30 ou 31 dias, de maneira quadrissemanal, refletindo o custo de vida de famílias com renda mensal

entre um e dez salários mínimos na cidade de São Paulo. É utilizado como indexador formal para contratos da Prefeitura de São Paulo.

Correção do imposto de renda

Em tese, a tabela de imposto de renda deveria ser corrigida anualmente, subindo progressivamente as faixas que vão de isento a 27,5%, além dos limites de deduções, perfazendo um ganho salarial indireto.

Desde 2015, a tabela do imposto de renda não sofre alterações. Segundo um estudo divulgado pelo Sindicato Nacional dos Auditores Fiscais da Receita Federal (Sindifisco Nacional)[2], a falta de correção na tabela vem prejudicando principalmente os contribuintes de menor renda que estariam na faixa de isenção, mas são tributados em 7,5% por conta da defasagem. A ausência de correção da tabela do IR pelo índice de inflação faz com que o contribuinte pague mais imposto de renda do que pagava no ano anterior. E, mais uma vez, o contribuinte "paga o pato".

---

2. O estudo pode ser consultado em: <https://www.sindifisconacional.org.br/mod_download.php-?id=L2ltYWdlcy9wdWJsaWNhY29lcy9ib2xldGlucy8yMDIwLzAxLUphbmVpcm8vQm9sMjU0NC9EZWZhc2FnZW1Ui5wZGZ8MA==>. Acesso em: 22 maio 2020.

PARTE II

Construindo riqueza com investimentos inteligentes

Nesta parte vou elucidar os princípios de se investir e mostrar-lhe como escolher seus investimentos com sabedoria. Ganhar e guardar dinheiro são trabalhos árduos, então você precisa ter cuidado ao escolher onde investir os frutos do seu trabalho. Esta é parte do livro em que você encontra informações sobre ações, títulos de renda fixa, fundos, entre outros investimentos; bem como as diferenças entre investir na aposentadoria e antes dela; como investir para a faculdade de seu filho; como comprar uma casa e investir em obras de arte, vinhos, além de colocar uma "pulga atrás da sua orelha" ao falar sobre o investimento em carros.

5

Colocando o dinheiro para trabalhar para você

....

Início de conversa

- Determinar suas metas de investimento.
- Discutir a diferença entre jogo e investimento.

....

> *A primeira regra é a de não perder.*
> *A segunda regra é não esquecer a primeira.*
> Warren Buffett

Anteriormente, vimos que poupança é a diferença entre o que ganhamos e o que gastamos, e investimento é a aplicação dos recursos poupados, visando obter uma remuneração por essa aplicação. Ganhar e poupar dinheiro são trabalhos árduos – você sabe bem disso... –, então, você precisará ter muito cuidado ao escolher onde e como investir os frutos do seu trabalho.

Determinando suas metas

Antes de escolher um investimento, primeiramente, você deve determinar suas necessidades de investimento e seus objetivos. Por que você está economizando dinheiro? Como você vai usá-lo? Estabelecer objetivos é importante, porque o uso esperado do dinheiro ajuda a determinar qual é o prazo necessário para investir. Isso ajuda a estabelecer quais investimentos escolher.

O nível de risco de seus investimentos deve levar em conta sua fase de vida e qual seu atual nível de conforto. Investir em veículos de alto risco não faz sentido se você terá de gastar todo seu lucro em contas médicas induzidas por eventual estresse. Por exemplo, suponha que você acumulou dinheiro para o pagamento de uma casa que você quer comprar em poucos anos. Você não pode assumir muito risco com esse dinheiro, pois vai precisar dele mais cedo ou mais tarde. Colocar o dinheiro em ações, então, é tolice. Afinal, como será discutido no Capítulo 10, o mercado de ações pode cair muito em um ano ou ao longo de vários anos consecutivos. Assim, as ações provavelmente seriam um lugar muito arriscado para investir o dinheiro que você pretende usar em breve.

Talvez você esteja economizando pensando em um objetivo de longo prazo, como sua merecida aposentadoria, que está a 20 ou 30 anos de distância. Neste caso, você está em posição de fazer investimentos mais arriscados, porque sua carteira tem mais tempo para se recuperar de perdas temporárias ou retrocessos. Você pode considerar investir em ações, em uma conta de aposentadoria que você deixe em paz por 20 anos ou mais. Você pode tolerar volatilidade ano a ano no mercado — pois terá o tempo ao seu lado.

Duas formas de investimento

Existem apenas duas escolhas de tipos de investimento:

1. ser um credor; ou
2. ser dono.

Você é um **credor** quando investe seu dinheiro em um certificado de depósito bancário (CDB), uma letra do Tesouro Nacional ou um título emitido (chamado de debênture) por uma empresa, como a Vale, por exemplo. Em cada caso, você empresta seu dinheiro a uma organização – um banco, o governo federal ou uma empresa. E recebe uma taxa de juros acordada na ocasião do empréstimo de seu dinheiro. A organização também promete devolver seu investimento original (o principal) em uma data específica.

Receber todos os juros, além de seu investimento original (como prometido), é o melhor que pode acontecer com um investimento no qual você é credor.

Em contrapartida, o pior que pode acontecer com um investimento nessas condições é você não receber tudo o que está prometido, uma vez que promessas podem ser quebradas sob circunstâncias extenuantes. Quando uma empresa vai à falência, por exemplo, você pode perder todo ou parte de seu investimento original em uma debênture. No caso de você emprestar dinheiro a um banco, colocando dinheiro na poupança, se o banco quebrar, o Fundo Garantidor de Créditos (FGC) garante os depósitos de até R$ 250 mil.

 Por falar em bancos que "quebram", o Banco BVA – atualmente com falência decretada – sofreu intervenção em 2012. Para conhecer um pouco sobre a história dessa instituição bancária e os prejuízos sofridos pelos investidores, acesse a plataforma on-line da editora.

Outro risco associado aos investimentos em que você é credor é que, mesmo que você consiga o que lhe foi prometido, os estragos da inflação podem reduzir o poder de compra de seu dinheiro. Além disso, o valor de um título pode ficar abaixo do que você pagou por ele caso os juros subam ou o risco da empresa emissora aumentar – ato chamado de marcação a mercado. Porém, esta também pode lhe ajudar, caso os juros caiam ou se o risco da empresa emissora diminuir. Veja mais sobre o tema no Capítulo 7, sobre renda fixa.

Você é **dono** quando investe seu dinheiro em um ativo, como uma empresa ou em imóveis, que tem a capacidade de gerar receitas ou lucros. Se você comprar uma ação da Ambev, por exemplo, você poderá compartilhar o sucesso da organização, terá participação nos lucros da empresa na forma de dividendos anuais e um aumento (você espera...) no preço das ações, se a empresa crescer e tornar-se mais rentável. Você receberá estes benefícios se as coisas forem bem, claro. Contudo, se o negócio declinar, sua ação poderá valer menos (ou até mesmo zerar seu valor).

Imóveis também podem produzir receita quando alugados por mais do que os custos do proprietário ou, ainda, quando vendidos a um preço maior do que o de compra. O valor dos imóveis depende não apenas das particularidades da propriedade, mas também do crédito e do desempenho e saúde da economia local. Quando as empresas da localidade estão crescendo e mais empregos com salários mais altos estão sendo produzidos, o mercado imobiliário vai bem.

Outra forma de você ser dono, obviamente, é abrindo seu próprio negócio, comprando um já existente ou investindo em pequenas e promissoras empresas.

Jogo × investimento

Embora investir seja muitas vezes arriscado, não é igual a um jogo. Jogo é colocar seu dinheiro em esquemas que certamente o farão perder dinheiro ao longo do tempo. E existe uma fórmula matemática para isso, chamada de esperança matemática, que é dada por:

E = (probabilidade de ganho × valor em $ do ganho médio) –
(probabilidade de perda × valor em $ da perda média)

Vejamos o caso de uma roleta americana, na qual há 38 números (0, 1 a 36 e o 00):

E (roleta) = 1/38 × $ 36 – 37/38 × $ 1 = – 2,6%

Estima-se que, a cada $ 100 aplicados, perdem-se $ 2,60 após várias tentativas.

Figura 5.1 – Roleta americana com 2 zeros: o zero e o zero zero

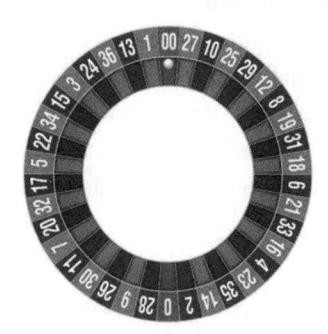

Estatisticamente, apostando em um único número por vez na roleta, perdem-se 37 em 38 chances. Ainda assim, na vez em que você ganhar, teria de ganhar $ 38 para ficar com saldo positivo, mas, no máximo, os cassinos te pagarão apenas$ 36. Conclui-se que este jogo tem esperança matemática negativa.

Isso não quer dizer que todos perdem ou que você perde cada vez que joga. A casa vence a maior parte do tempo. Corridas de cavalos, cassinos e loterias são configuradas para pagar 83% do que recebem. O resto vai para os lucros e para a administração do sistema – não se esqueça que são empresas não filantrópicas. Claro, seu "preto 17" pode ganhar uma ou duas rodadas, mas, a longo prazo, é quase garantido que você vá perder cerca 97% das vezes, 37 em 38 números.

Você colocaria seu dinheiro em um "investimento" no qual o retorno esperado fosse negativo em 3%? Seu método deve ter uma esperança matemática positiva ao longo do tempo.

Atenção! O melhor investimento é aquele que deixa você dormir tranquilo, não coloca em risco sua saúde financeira e financia todos os seus objetivos. Mas, para encontrar esse investimento "dos sonhos", primeiramente, você precisa conhecer a si mesmo e aos seus objetivos.

6

Perfil do investidor

Início de conversa

- Determinar seu perfil de investidor.
- Entender seu ciclo de vida.
- Saber como funciona o tripé "retorno-risco-liquidez" de investimento.
- Entender o que é tolerância ao risco.
- Manter os ovos em mais de uma cesta: alocação de ativos.
- Entender como as emoções podem influenciar nos investimentos.

Se você não sabe quem é,
o mercado de capitais será um lugar caro para você descobrir.
Adam Smith

Cada pessoa possui uma tendência de comportamento e reação quando as coisas não saem como planejadas, ou seja, cada pessoa lida de forma diferente com as perdas. Conhecer seu perfil de investidor é fundamental para que possa tomar decisões de investimentos mais conscientes e alinhadas aos seus objetivos. Os bancos geralmente possuem um questionário que avalia qual é o seu perfil de risco, com base em seu conhecimento de mercado, no prazo para investimentos, no objetivo e na sua tolerância a risco.

Muitas tentativas úteis foram feitas para categorizar os investidores individuais por etapa de vida ou circunstância econômica. Esse perfil da situação corre o risco de simplificar comportamentos complexos e deve ser usado com precaução, pois os investidores individuais são únicos e susceptíveis a apresentar características que atravessam as linhas arbitrárias de categorização.

No entanto, o perfil da situação pode servir como um útil primeiro passo para considerar a filosofia básica de um investidor e preferências, facilitando a discussão dos riscos do investimento, antecipando-se áreas de potencial interesse ou importância especial para o investidor.

Ciclos de vida

As classificações de fase da vida, de política de investimento e, em particular, de tolerância ao risco são determinadas pelo progresso na jornada que vai da infância à juventude, à vida adulta, à maturidade, à aposentadoria, terminando na morte.

Teoricamente, a capacidade de uma pessoa para aceitar o risco deve começar em um nível elevado e diminuir gradualmente ao longo de sua vida, enquanto a vontade de assumir riscos deve ser impulsionada em grande parte por considerações de fluxo de caixa (renda × despesa).

Contudo, a condição financeira do ser humano é impulsionada por fatores adicionais, como experiências de vida, condições de vida, ponto de partida na escala de riqueza, habilidades e ambições pessoais.

Cinco fases

A política de investimento de um indivíduo pode ser vista como a passagem por cinco fases. Aprenda a identificá-las para se preparar e escolher os investimentos mais adequados.

1. **Fundação**: durante a fase de fundação, o indivíduo estabelece a base a partir da qual sua riqueza será criada. Essa base pode ser uma habilidade comercial, o estabelecimento de um negócio, a aquisição de ensino e certificações... Durante essa fase, ele geralmente é jovem, com um horizonte de tempo longo, o que normalmente estaria associado a uma tolerância acima da média para o risco. Tal tolerância ao risco deve ser acima da média se o indivíduo herdou a riqueza. Na falta dessa riqueza, a fase de fundação pode ser o período em que os ativos investidos estão em seu valor mais baixo e a incerteza financeira mais elevada. Um jovem empresário pode ter despesas consideráveis no estabelecimento de um negócio, resultando em uma necessidade de liquidez, que substitui todas as outras considerações. O casamento e a chegada dos filhos podem criar o desejo de acumulação de riqueza rápida, que ainda não é compensada por uma capacidade ou disponibilidade para assumir riscos.

Os jovens têm mais tempo para deixar o dinheiro aplicado do que os idosos, então, ainda que sofram perdas, possuem mais tempo para recuperá-las. Assim, eles podem ter um espaço maior na carteira para investimentos mais arriscados, aqueles que, em tese, trazem melhores retornos. Ironicamente, no momento da vida em que os indivíduos devem, teoricamente, estar prontos para assumir riscos, muitos não o querem ou não o fazem.

2. **Acumulação:** na fase de acumulação, que vai até os 35 anos, as pessoas procuram por investimentos com risco elevado, de forma a obter retornos acima da média.

3. **Consolidação:** a fase da consolidação, também conhecida como fase de manutenção, vai dos 35 aos 65 anos. Tem horizonte de investimento ainda de longo prazo, mas os investidores nessa faixa etária já se preocupam mais com a preservação do capital acumulado.

4. **Despesa:** a fase da despesa, contada a partir dos 65 anos, tem seu horizonte de investimento mais focado no curto prazo. Os investidores nessa faixa privilegiam o grau de liquidez dos investimentos e sua segurança em termos de capital investido. Os idosos devem proteger seu patrimônio com investimentos de menor risco, já que em pouco tempo – na maioria dos casos – precisarão sacar os recursos para a aposentadoria. Essa transição de investimento – de maior para menor risco na carteira do investidor – seria feita gradativamente ao longo da vida dele.

5. **Distribuição:** a riqueza acumulada é transferida para outras pessoas ou entidades (fase de distribuição). Para muitos, essa fase começa quando o indivíduo ainda está colhendo os benefícios da manutenção e da aposentadoria. Muitas vezes, a fase envolve uma decisão consciente para iniciar a transferência de riqueza. Lidar com as restrições fiscais muitas vezes se torna uma consideração importante no planejamento do investimento, com os investidores buscando maximizar o valor após os impostos dos ativos transferidos para outros. Embora a distribuição de ativos possa ocorrer em fases posteriores da vida, o planejamento para essas transferências pode começar muito antes.

Tripé: risco, retorno e liquidez

Quando investimos, estamos acostumados a dar muita atenção à rentabilidade. "Quanto eu vou ganhar?", pergunta o investidor, dando pouca ou nenhuma importância aos outros dois atributos que formam o tripé dos investimentos – segurança e liquidez.

Primeiramente, ele deve fazer a seguinte pergunta: "Quanto eu posso perder?". Esquecemos que a rentabilidade depende fundamentalmente dos riscos inerentes às aplicações que constituem o cardápio de opções. Os investimentos mais rentáveis são, sem dúvida, os mais arriscados.

Quando o investidor privilegia somente a rentabilidade, desconsidera a segurança, assumindo riscos que nem sempre conhece ou que não espera que acontecerão. A perspectiva de ganhar mais ocupa todo o espaço mental, e a análise dos riscos e das perdas possíveis deixa de ser feita.

A liquidez, por vezes esquecida, como veremos mais adiante, é peça fundamental dos atributos que a aplicação financeira deve ter.

Risco é a probabilidade de ocorrência de perdas. Ele é inerente ao processo de investimentos: se não houvesse nenhum risco, não seríamos remunerados ao investir. Quanto maior é o risco, maior é a probabilidade de o investidor incorrer em perdas. Dependendo do investimento, podemos ganhar ou perder pequenos ou grandes valores.

Exemplos de investimentos de menor risco são a caderneta de poupança e o Tesouro Direto, desde que você fique de posse do título e o desconte na data de seu vencimento, enquanto ações e emprestar dinheiro a um familiar ou amigo desempregado são considerados investimentos de maior risco.

Sua tolerância ao risco

Quer colocar sua cabeça no travesseiro e dormir tranquilo? Então, saiba quanto você suporta de risco. Estresse, insônia e enxaquecas podem ser evitados se, nos momentos de crise, você estiver em investimentos adequados ao seu perfil.

Quando ocorre um acontecimento inesperado, chamado pelo mercado de "cisne negro", como a pandemia da Covid-19, derrubando os preços de ações, títulos privados de renda fixa e até de ouro e imóveis, é que você vai fazer um teste realmente prático de qual é a sua verdadeira tolerância ao risco. Portanto, seus investimentos devem sempre estar adequados previamente ao seu perfil de risco.

De forma geral, quanto mais tolerante ao risco você for, maiores poderão ser seus lucros ou prejuízos em investimentos. O quão tranquilo você fica em assumir riscos quando está selecionando seus investimentos? Isto é, qual é a sua tolerância ao risco, quanto você aceita perder para tentar conseguir ganhos maiores?

Repare que eu disse "perder"! A maioria das pessoas só pensa que pode ganhar, então tolerância ao risco é saber qual é o seu limite para possíveis perdas.

Seu objetivo é que deve sempre guiar seus investimentos. O tamanho dessa parcela de risco deve ser ponderado por sua tolerância a ele.

Atenção! Qualquer avaliação da tolerância ao risco deve considerar tanto a vontade do investidor quanto sua capacidade em assumir riscos. Quando a vontade de um investidor para aceitar o risco for superior à capacidade de fazer isso, a capacidade de prudência coloca um limite na quantidade de risco que o investidor deve assumir. Quando a capacidade excede a vontade, o investidor pode ficar aquém do objetivo, porque a vontade é que será o fator limitante. Um investidor com capacidade acima da média para assumir o risco pode ter legítimas razões para a escolha de uma estratégia de baixo risco.

Análise de perfil de risco (*suitability*/adequabilidade)

Antes de investir, você precisa entender que tipo de investidor você é. Todo mundo quer que seus retornos sejam os maiores possíveis, mas você consegue dormir depois de perder uma "bolada" quando o mercado cair? Você saberia lidar com isso? Outra pergunta: quanto tempo você ainda tem até se aposentar?

Bancos, corretoras e demais agentes financeiros não podem recomendar produtos, realizar operações ou prestar serviços sem que, antes, seja verificada sua adequação ao perfil do cliente. O perfil de risco, chamado pelo mercado de *suitability*, acontece quando, por exemplo, uma corretora de ações recomenda uma ação ou um derivativo. Ela deve ter uma base sólida para acreditar que aquele produto é o mais adequado para você, levando em conta seu perfil como investidor.

Você, que é o responsável pela sua *suitability*, informará ao banco sua renda, sua situação financeira, o objetivo do investimento, o período pelo qual deseja manter o investimento, sua formação acadêmica e sua experiência prévia com investimentos. Portanto, sinceridade é fundamental.

Existem três perfis de risco de clientes, conforme veremos a seguir:

1. **Conservador:** você está preparado para aceitar pequenos retornos em prol da segurança e proteção de seu capital. Nada impede que você invista uma parte pequena de seus recursos em renda variável (como ações) ou fundos imobiliários, mas, com uma proporção alta em renda fixa, você não perde o foco da sua estratégia. Você também pode colocar 100% de seus investimentos em renda fixa. Recomenda-se ser con-

servador também para investimentos de curto prazo, nos quais você não pode arriscar seu patrimônio.

2. **Moderado:** você está preparado para realizar objetivos de longo prazo, enquanto aceita o risco de ter alguns retornos negativos no curto e médio prazo. Sua carteira de investimentos provavelmente incluirá uma proporção maior de fundos multimercados, ações, fundos imobiliários ou imóveis.

3. **Arrojado:** você aceita alto risco, com exceção de um mínimo de dinheiro em caixa para a liquidez necessária. Toda vez que o mercado cai, é uma oportunidade de adicionar ativos de crescimento de longo prazo, pois você tem tempo. Aplicações como renda fixa pós-fixada não são para você, com exceção daquelas para pagar suas despesas de curto prazo. Você pode e deve diversificar sua carteira em diversos tipos de investimentos, inclusive no exterior.

Se você investe 100% dos seus recursos em Renda Variável, fique sabendo que podem ocorrer grandes perdas em seus investimentos. Você precisa estar em um ponto de alocação em que esteja confortável com o risco. Quando algo inesperado ocorre – como é o caso da Covid-19 –, não adianta chorar. Será um teste de *suitability*, de perfil de risco na prática!

Você pode lidar com o risco de maneiras distintas:

1. não fazendo nada, ficando "ao sabor da maré";
2. formando uma reserva de emergência (em renda fixa) de seis meses para eventualidades;
3. fazendo um seguro;
4. diversificando seus investimentos, mas sempre existirá o risco sistemático.

Obviamente, cada escolha leva a uma consequência distinta, e cabe a você decidir o que é melhor para si mesmo.

Principais riscos de um investimento

Você já ouviu dizer que "cada ação gera uma reação", certo? No mundo dos investimentos é a mesma coisa. Todo tipo de investimento tem um tipo de retorno, que pode tanto ser positivo quanto negativo.

1. **Risco sistemático:** decorre das possibilidades de perdas ocasionadas por alteração da economia como um todo, como no caso de um evento político significativo ou uma pandemia, que afeta vários ativos em sua carteira, ou um aumento da taxa de juros ou uma recessão. É praticamente impossível se proteger desse tipo de risco. Exemplo: a pandemia da Covid-19, que colocou milhões de pessoas em quarentena em todo o mundo, fechando comércio, hotéis, suspendendo voos, derrubando praticamente todos os investimentos como ações, debêntures, renda fixa prefixada, títulos de crédito privados, ouro, criptomoedas e imóveis.

2. **Risco não sistemático:** por vezes, é chamado de risco específico. Esse tipo de risco afeta um número muito pequeno de ativos. Um exemplo é uma notícia que afeta uma empresa ou um setor específico, como uma greve geral dos funcionários de uma mineradora. A diversificação é a única maneira de se proteger de risco não sistemático.

3. **Risco de mercado:** é o mais conhecido de todos os riscos, podendo também ser chamado de volatilidade. São as flutuações do dia a dia dos preços dos ativos. A volatilidade é uma medida de risco, porque se refere ao comportamento ou "temperamento" de seu investimento, e não à razão para esse comportamento. A oscilação do mercado é a razão pela qual as pessoas podem ganhar dinheiro com ações, então, a volatilidade é essencial para os retornos. É mais instável, logo, o investimento pode apresentar uma mudança dramática em qualquer direção.

4. **Risco de crédito:** risco de que o dinheiro que você aplicou não volte por conta de "calote" de sua contraparte. Por exemplo: você comprou um CDB do Banco BVA e ele quebrou. Esse tipo de risco é de particular preocupação para os investidores que possuem ativos em suas carteiras. Títulos do governo, especialmente os emitidos pelo governo federal, têm o menor risco de calote e os menores retornos, enquanto as obrigações de empresas tendem a ter o maior risco de calote, mas também taxas de juro mais elevadas.

   Títulos com menor chance de *default* (calote) são considerados grau de investimento, enquanto as obrigações com maiores chances de calote são consideradas *junk bonds* (títulos lixo).

Empresas de avaliação de títulos, como Moody's, S&P e Fitch, determinam quais títulos são de grau de investimento e quais títulos são lixo.

No Gráfico 6.1, cada faixa representa uma classificação de risco. Exemplo: o nível de classificação AAA (pela Fitch/ S&P) ou Aaa (pela Moody's) significa a classificação máxima de grau de investimento. O BBB- (pela Fitch/ S&P) ou Baa3 (pela Moody's) significa a primeira faixa de grau de investimento. Já BB+ (pela Fitch/ S&P) ou Ba1 (pela Moody's) significa a primeira faixa de grau de especulação.

Gráfico 6.1 – Tabela de *rating* das agências de risco

Fitch Ratings	Standard & Poor's	Moody's	
AAA	AAA	Aaa	
AA+	AA+	Aa1	
AA	AA	Aa2	
AA–	AA–	Aa3	
A+	A+	A1	
A	A	A2	Grau de investimento
A–	A–	A3	
BBB+	BBB+	Baa1	
BBB	BBB	Baa2	
BBB–	BBB–	Baa3	
BB+	BB+	Ba1	
BB	BB	Ba2	
BB–	BB–	Ba3	Grau de especulação
B+	B+	B1	
B	B	B2	
B–	B–	B3	

Fonte: Trader Brasil Escola de Finanças & Negócios.

5. **Risco de liquidez:** é a possibilidade de perda decorrente da incapacidade de realizar uma transação em tempo razoável e sem perda significativa de valor. Por exemplo: quando você tenta vender seu carro, você perde bastante dinheiro na transação devido à falta de liquidez.

6. **Risco legal:** possibilidade de perdas decorrentes de multas, penalidades ou indenizações resultantes de ações de órgãos de supervisão e controle, bem como perdas decorrentes de decisão desfavorável em processos judiciais ou administrativos. É primordial somente aplicar em investimentos regulamentados, nos quais o risco legal diminui bastante. Por exemplo: nunca investir em pirâmides financeiras.

7. **Risco operacional:** definido como a possibilidade de ocorrência de perdas resultantes de falhas humanas, de sistema ou processos internos, gerenciamento das quantias aplicadas e/ou má administração dos recursos do emissor. Por exemplo: seu corretor colocou uma ordem de compra na ação errada.

8. **Risco de taxa de juros:** é o risco de que o valor de um investimento mude como resultado de uma alteração nas taxas de juros. Esse risco afeta o valor da renda fixa diretamente. Por exemplo: o Banco Central subiu os juros (taxa Selic) e seus títulos pré-fixados se desvalorizaram.

9. **Risco político:** o risco político representa o risco financeiro de que o governo de um país, de repente, possa mudar suas políticas. Essa é uma razão importante pela qual os países em desenvolvimento carecem de investimento estrangeiro. Por exemplo: o Banco Central confisca a poupança, como aconteceu no Brasil durante o governo Collor.

10. **Risco de câmbio:** ao investir em países estrangeiros, deve-se considerar o fato de que as taxas de câmbio podem mudar o preço do ativo também. O risco cambial aplica-se a todos os instrumentos financeiros que estão em outra moeda que não a moeda nacional. Por exemplo: se você é um residente do Brasil e investir em algumas ações dos Estados Unidos em dólares, mesmo que o valor da ação aprecie, você pode perder dinheiro se o dólar se desvalorizar em relação ao real.

11. **Risco-país:** também conhecido como risco soberano, refere-se ao risco de que um país não será capaz de honrar seus compromissos financeiros. Todo país tem dívida (uns pagam, outros não; outros têm mais dívida, outros menos). Essa dívida, obviamente, precisa ser paga no limite ou "empurrada para a frente". Países com boa capacidade de pagamento de sua dívida têm um risco de calote menor.

Veja o Gráfico 6.2. O fundo multimercado brasileiro a seguir investe em ações e títulos na América Latina. Em agosto de 2018, em 10% da carteira, apesar de ser brasileiro, ele tinha comprado ações da bolsa argentina e, após as eleições, a bolsa argentina derreteu 50% em apenas um dia, porque o mercado avaliou que o país elegeu um novo presidente não comprometido com o equilíbrio fiscal do país. Naquele mês, o fundo teve perdas de 20% somente devido ao aumento do risco político.

Gráfico 6.2 – Gráfico de um fundo multimercado brasileiro posicionado em títulos da Argentina × CDI

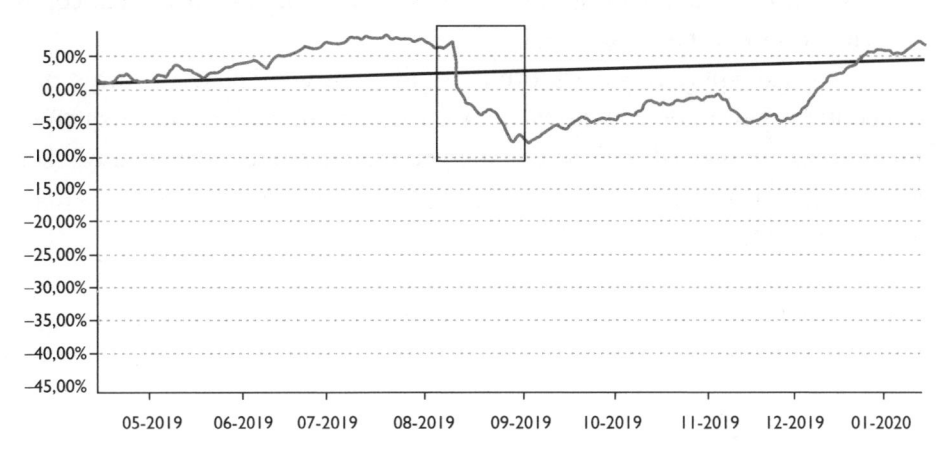

Fonte: maisretorno.com. Acesso em: 11 abr. 2020.

O risco pode ser medido de duas formas:

1. **Emerging Markets Bond Index Plus (EMBI+):** mede o grau de perigo que um país representa para o investidor estrangeiro. É calculado pelo banco de investimentos JP Morgan e é muito utilizado no mercado financeiro. Trata-se da diferença (chamada de *spread*, ou o *spread* soberano) entre os prêmios pagos pelos títulos brasileiros em relação aos títulos estadunidenses, tidos como os mais seguros do mundo. Por serem os mais seguros, esses títulos sempre pagarão um prêmio de risco menor. A lógica é que cada 100 pontos do EMBI+ representem o pagamento de 1% de juros dos títulos brasileiros a mais do que os títulos dos Estados Unidos. Geralmente, são medidos por pontos base acima da taxa de juros do tesouro americano.

2. **Credit Default Swap (CDS):** é o mais conhecido desses instrumentos. Sua tradução, de forma livre, seria algo como "swap de crédito contra um calote". Então, o CDS é uma forma de seguro que remunera o detentor desse título quando o país dá calote. O detentor do CDS está buscando proteção contra o calote da dívida do país. Isso quer dizer que, quanto maior é o risco de um país dar calote, mais caro as pessoas aceitam pagar por um seguro contra esse risco. Por isso, podemos dizer que, quanto maior é o preço do CDS, maior é o risco-país.

Quando um país fica inadimplente em suas obrigações, isso pode prejudicar o desempenho de todos os outros ativos financeiros nesse país, bem como as relações com outras nações.

O risco-país aplica-se a ações, títulos, fundos mútuos, opções e futuros, que são emitidos dentro de determinado país. Esse tipo de risco é mais frequentemente visto em mercados ou países emergentes, que têm um déficit grave. Por isso, títulos da Argentina e Venezuela, por exemplo, têm de pagar juros mais altos do que títulos da Alemanha.

Gráfico 6.3 – Risco-país medido pelo CDS do Brasil (quanto mais alto, maior o risco)

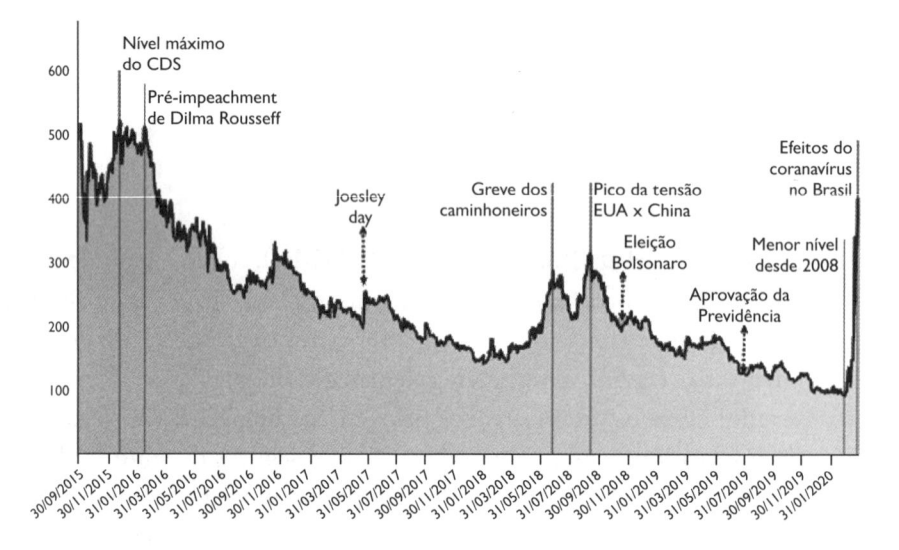

Fonte: Trader Brasil Escola de Finanças & Negócios.

Era de esperar que o prêmio do CDS tivesse valor semelhante ao EMBI+, mas isso nem sempre ocorre, devido a fatores como liquidez e maturidade efetiva, que podem variar entre os dois instrumentos, principalmente em momentos de crise. Na prática, uma análise gráfica sugere que o CDS responde mais rapidamente às mudanças na percepção de risco-país do que o EMBI+Br.

Outro exemplo: o risco-país pelo EMBI+, em 7 de abril de 2020, estava em 418 pontos-base, ou seja, os títulos brasileiros pagam 4,18% a mais do que os títulos estadunidenses de mesmo prazo. Pelo CDS, estava em 295 pontos na mesma data.

Gráfico 6.4 – Risco-país medido pelo EMBI+ × *rating* do Brasil

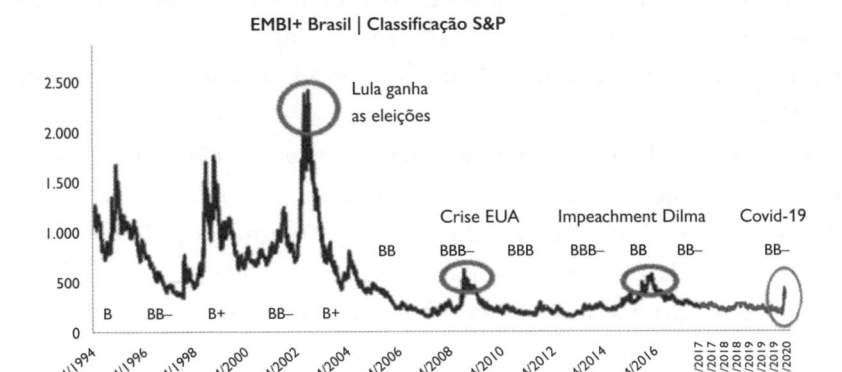

Fonte: Trader Brasil Escola de Finanças & Negócios.

> ☆ **Dica** _____
>
> Antes de qualquer aplicação, não se esqueça de verificar a solidez das instituições envolvidas e pesquisar nos documentos correspondentes (Regulamento do Fundo, Prospecto da Oferta Pública etc.) qual é o perfil de risco assumido.

Risco × retorno

A máxima "quem não arrisca não petisca" está ligada a um princípio básico: ninguém optaria por aplicações de maior risco se não fosse para ter maiores retornos.

Quando fazemos um investimento, temos uma expectativa de rentabilidade que pode se concretizar ou não. É o retorno esperado de um investimento descontando todas as taxas.

Por exemplo: se eu tenho um investimento de R$ 100 mil com retorno esperado de 10% ao ano, daqui a seis meses terei cerca de R$ 4.880 de rendimento.

Atenção! Em juros compostos, a taxa equivalente a 10% ao ano é 4,88% ao semestre.

$$\text{Taxa ao semestre} = (1 + \text{taxa anual})^{1/2} = (1+0,10)^{1/2} = 4,88\% \text{ ao semestre}$$

Em geral, quanto maior é a rentabilidade prometida, maior é o risco de perder a quantia aplicada. Em outras palavras, o que ganhamos em segurança perdemos em rentabilidade e vice-versa. Então, antes de escolher, compare a rentabilidade prometida com a média do mercado e desconfie de promessas muito boas.

No caso da renda fixa, o risco de uma empresa privada é maior do que o do governo federal, então, em tese, uma empresa que emite debêntures paga melhor os compradores daquele papel do que os títulos públicos federais, considerados mais seguros. Comparando com a renda variável, uma ação tem mais riscos do que uma debênture e, portanto, pode dar mais retornos ao longo do tempo. Mas lembre-se: se a perspectiva de retorno é maior, o risco também é, o que significa que a possibilidade de você perder dinheiro ao investir em ações é maior do que se investir em debêntures de um mesmo tipo de empresa.

É por isso que os conceitos de risco e retorno andam sempre juntos. Assim, quando for investir, procure sempre analisar o retorno e o risco conjuntamente.

Atenção! Com a queda das taxas de juros Selic, a renda fixa pós-fixada perde competitividade e os investidores tendem a buscar rentabilidade e riscos maiores. Em contrapartida, com a subida das taxas de juros, os investimentos em renda fixa pós-fixada ganham atratividade.

Liquidez

Liquidez é a capacidade de transformar seu investimento em dinheiro na conta corrente, para que você saque ou utilize os recursos, a qualquer momento e por um preço justo.

A poupança, por exemplo, permite resgatar o dinheiro aplicado nela todos os dias. Se você aplicar no Tesouro Direto, poderá vender os títulos que possui toda quarta-feira ao próprio governo ou quando encontrar compradores, no mercado secundário. Fundos possuem prazos variados para devolver o dinheiro – a partir de um dia, contando daquele em que você solicitou o resgate. Já os imóveis, por exemplo, podem levar muito tempo para serem vendidos, sendo considerados investimentos de baixa liquidez.

O conceito de liquidez vai muito além dos investimentos e afeta as nossas finanças. Quando a receita cai ou a despesa aumenta, nossa liquidez, se houver, nos salva. Refiro-me à reserva financeira constituída exatamente para períodos de escassez, como ocorrida na quarentena da Covid-19. A lei da oferta e da demanda regula o preço, porém a falta de equilíbrio entre compradores e vendedores altera temporariamente a liquidez do mercado e também o chamado preço justo, que só se apresenta em situações normais de mercado.

É muito importante verificar a condição de liquidez oferecida pelo produto que você está pensando em comprar. Necessidades de liquidez podem surgir por qualquer número de razões, mas, geralmente, caem em uma das seguintes três categorias:

1. despesas usuais para manter seu estilo de vida;
2. reservas de emergência: contra perdas não seguradas, desemprego;
3. eventos de liquidez negativa: doação, reparos na casa.

Podem ocorrer também eventos de liquidez positiva, como no caso de uma herança.

Vale lembrar que, em alguns casos, resgates feitos antes de determinado prazo estipulado pela instituição (carência) acarretam o pagamento de taxas extras de saída.

Horizonte de tempo

O prazo que você tem para conquistar cada um de seus objetivos, aliado a seu perfil, vai indicar quanto de sua carteira deverá ser direcionada a aplicações mais arrojadas. O horizonte de tempo em qualquer investimento depende do tempo necessário para obter um melhor retorno.

Quando falamos do tripé risco, retorno e rentabilidade, devemos ter em mente que cada investimento tem seu prazo de maturação médio.

Atenção! Os investimentos conservadores podem acrescentar dinheiro às suas aplicações de curto prazo. Porém, no longo prazo, podem fazer com que suas economias tenham o poder de compra reduzido por conta da inflação. Já as aplicações de risco podem fazer uma pequena quantia virar uma grande quantia. Pelo mesmo motivo, contudo, poderão levar você a perder muito dinheiro no curto prazo. Se você identificou seus objetivos, avaliou sua tolerância ao risco e determinou seu horizonte de tempo, já tem uma base para fazer sua escolha de investimento.

O próximo passo é selecionar os investimentos mais adequados ao seu objetivo e perfil de risco.

Diversificação

Todo investimento tem risco, seja relacionado ao emissor, à liquidez, à variação da taxa de juros etc. Diversificar é a prática de dividir o dinheiro entre diferentes investimentos para reduzir o risco, ou seja, é não colocar todos os seus ovos (ou investimentos) na mesma cesta. Em outras palavras, diferentes investimentos terão retornos não correlacionados, o que significa que, quando alguns investimentos caírem de valor, há a possibilidade de outros subirem. Por exemplo: as ações podem cair e o ouro subir ao mesmo tempo.

O objetivo dessa estratégia é reduzir riscos de uma carteira de investimentos, melhorando a relação risco/retorno.

> **Dica**
>
> Nunca concentre todas as suas economias em um único tipo de investimento. Diversifique em títulos de renda fixa, ações, imóveis, commodities, negócios e até mesmo em outros países. Mantenha seus recursos em investimentos com diferentes objetivos, riscos e prazos.

Para um cliente muito conservador, que coloca segurança em primeiro lugar, é interessante considerar a diversificação tomando como referência o limite do Fundo Garantidor de Créditos (FGC), ou seja, não adianta aplicar acima de R$ 250 mil na poupança ou no LCI, pois a garantia por banco só vai até este limite. Acima deste valor, no mesmo banco, você correrá o risco de crédito de sua contraparte – veja mais no final do Capítulo 7, que comenta sobre o FGC.

Deve-se ter em mente, entretanto, que a diversificação não é capaz de eliminar todo o risco de um investimento. Isso porque há fatos no mercado que afetam todos os ativos no mesmo sentido, seja positivo ou negativo. A expectativa de uma recessão econômica, por exemplo, muito provavelmente levará a uma queda nos preços de todos os ativos. A isso chamamos de risco sistêmico ou não diversificável (apresentado anteriormente neste capítulo).

Volatilidade

Volatilidade é um dos maiores riscos ao se investir de acordo com a sabedoria financeira convencional, mas não é o único, como visto anteriormente. Ela mede a magnitude das variações das cotações. Pode ser para cima ou para baixo.

A volatilidade é medida pelo desvio padrão, uma medida estatística que indica a possibilidade de um ativo cair ou subir em determinado período. Ele expressa o grau de dispersão de um conjunto de dados em relação a uma média. Quanto mais volátil é um ativo, mais significativa é a sua variação em relação às flutuações de mercado.

Aí entra a lógica da diversificação: você não deve alocar todas as suas reservas em um único lugar, ativo, país ou título. Mas você pode questionar: "Se eu reduzir os riscos, não reduzirei também meu potencial de ganho?".

O que você vai reduzir é a oscilação. Provavelmente, não lucrará o máximo possível com uma ação nem perderá o máximo possível com ela.

Definindo objetivos

Se você conhece bem sua necessidade, será fácil perceber qual investimento é para você:

- Qual é o objetivo que me leva a guardar dinheiro?
- De quanto dinheiro eu preciso para realizar meu objetivo?
- Em quanto tempo quero realizar meu objetivo? Quando vou precisar do dinheiro?

As pessoas têm uma variedade de objetivos financeiros, como:

- *Quero manter uma poupança (reserva) que, mais do que rentabilidade, me dê liquidez para uma emergência futura.* Os objetivos de menor prioridade são apenas isso: poderia ser bom atingi-los, mas não são críticos. As metas de menor prioridade de curto prazo são objetivos financeiros, como a acumulação de fundos para fazer uma reforma em casa, redecorar a casa com móveis caros, comprar um carro novo a cada ano ou tirar férias longas em um hotel de luxo. Investimentos como LCIs, LFTs e LCAs tendem a ser os mais adequados para esses objetivos.
- *Quero investir parte do meu dinheiro aceitando correr maior risco em troca de uma melhor rentabilidade no longo prazo.* Por conta de sua natureza de longo prazo, os investimentos de alto risco, como ações, podem ser usados para ajudar a atingir esses objetivos.
- *Quero garantir recursos para minha aposentadoria. A única coisa que me interessa é manter o poder de compra do meu dinheiro em reais.* As metas

de alta prioridade de longo prazo geralmente incluem alguma forma de independência financeira, como a capacidade de se aposentar em certa idade. Investimentos de ganho real acima da inflação, como os títulos do Tesouro Direto, Tesouro IPCA+ Juros Semestrais (as NTN-Bs), podem ser usados para este fim.

Uma política de investimentos bem desenvolvida considera esses diversos objetivos ao longo da vida de um investidor.

Atenção! Pais com filhos adolescentes podem ter uma meta de curto prazo, que é acumular fundos para ajudar a pagar as despesas da faculdade. Devido à importância emocional desses objetivos e seu horizonte de curto prazo, os investimentos de alto risco normalmente não são considerados adequados para alcançá-los.

Necessidades e preferências específicas

Os interesses individuais de cada investidor podem limitar a escolha de sua carteira. Alguns investidores podem querer excluir alguns investimentos de sua carteira apenas por preferências pessoais. Por exemplo, eles podem solicitar que nenhum investimento seja feito em empresas que fabricam ou vendem tabaco, álcool, pornografia ou que sejam prejudiciais ao meio ambiente.

Algumas das limitações discutidas também podem ser consideradas como necessidades e preferências especiais. Por exemplo: considere o empresário com uma grande parcela de sua riqueza nas ações de sua empresa. Embora possa ser financeiramente prudente vender algumas das ações da empresa e reinvestir os proventos para fins de diversificação, pode ser difícil para o indivíduo aprovar essa estratégia, devido aos laços emocionais com a empresa. Além disso, se as participações das ações estão em uma empresa privada, pode ser difícil encontrar um comprador no mercado, exceto se as quotas são vendidas com um desconto de seu justo valor de mercado.

"Merrecas" mensais a mais de rentabilidade fazem diferença

Por que se preocupar com um pequeno percentual a mais por ano? Pois bem, durante muitos anos, uma pequena percentagem adicional por ano pode realmente aumentar o crescimento do seu dinheiro (veja a Tabela 6.1). Quanto mais tempo você investir, maior será a diferença percentual em seus retornos.

Investir não é um esporte para espectadores. Você não pode ganhar bons retornos com ações e imóveis se mantiver seu dinheiro fora deles. Se você investir em investimentos de crescimento, como ações e imóveis, não tente perseguir um novo investimento, um após o outro, tentando bater a média de retorno do mercado. O maior mérito é estar no mercado, e não vencer o mercado, tentar ser melhor do que todo mundo, inclusive os profissionais.

Repare na Tabela 6.1, que mostra um investimento inicial de R$ 50 mil aplicado por 20 anos a diversas taxas mensais, com pequenas diferenças.

Tabela 6.1 – R$ 50 mil aplicados por 20 anos a diversas taxas com pequenas variações

	A uma taxa mensal de:	Hoje, eu teria:
	0,30%	R$ 102.611,00
	0,50%	R$ 165.510,22
Durante 20 anos	0,80%	R$ 338.452,49
	0,90%	R$ 429.388,40
	1,00%	R$ 544.627,68
	1,1%	R$ 690.633,03

Viu como vale a pena esse mísero 0,1% ao mês? Como diria o personagem Sherlock Holmes, "os pequenos detalhes são sempre os mais importantes", pois são eles que fazem toda a diferença no rendimento final.

As emoções e os investimentos

Existe uma teoria, a das finanças comportamentais, que explica por que às vezes nos desviamos da racionalidade quando estamos lidando com dinheiro. Entender esses vieses comportamentais ajuda o investidor a corrigir seus erros de raciocínio e aumenta suas probabilidades de sucesso no longo prazo.

A aversão a perda é um viés – uma tendência natural – comportamental que nos faz colocar maior relevância às perdas ao invés dos ganhos, nos induzindo frequentemente a correr mais riscos no intuito de tentar compensar eventuais perdas.

Nossas emoções influenciam nossas decisões relacionadas aos investimentos, ou seja, todo investidor é movido por questões muito mais emocionais do que racionais, e a aversão à perda mantém o investidor preso a um investimento que tenha trazido prejuízo. Essa aversão está relacionada não necessariamente ao medo de perder, mas principalmente a fazer com que o investidor insista em investimentos sem perspectiva futura de melhora, seja pelo medo da dor de realizar prejuízo, seja pela recusa de assumir que errou.

Esse viés pode fazer também que o investidor venda precipitadamente investimentos lucrativos e ainda promissores, por medo de perder o que já foi ganho.

A verdade é que ninguém gosta de ter de assumir que tomou uma decisão errada. Nós, seres humanos, de modo geral, acreditamos que assumir um erro pode significar que somos frágeis. Muitas pessoas acham (inclusive nós mesmos) que "só os fracos erram". Acredite, todos nós temos um pouco dessa aversão. Alguns mais, outros menos, mas ninguém está imune. A fim de evitar esse viés, é recomendável que você:

- Procure se informar e avaliar que traços de seu comportamento financeiro têm origem numa escolha racional, ou se ele apenas deriva do viés da aversão a perda.
- Revise periodicamente seus investimentos. Para isso, suponha que seus investimentos tenham sido transformados em dinheiro e se questione em qual deles você investiria novamente, sob as condições vigentes. Dependendo da resposta, pode ser o caso de vender alguma posição, mesmo que implique em realizar as perdas, partindo para alternativas mais promissoras, a fim de recuperar os eventuais prejuízos.
- Evite ficar monitorando as cotações o dia inteiro, especialmente no caso de investimentos de longo prazo, pois isso aumenta o grau de ansiedade e pode gerar uma falsa necessidade de tomar decisões a cada consulta.
- Tenha um plano de investimentos e tente se ater a ele, definindo os limites aceitáveis para prejuízos. Focar no processo, ao invés de se preocupar com o que está acontecendo no momento, diminui a possibilidade de tomar decisões precipitadas nos momentos em que notícias ruins estejam provocando pânico no mercado.
- Antes de aumentar uma posição perdedora, questione se a decisão não surgiu pura e simplesmente de uma vontade de recuperar ou de evitar prejuízos.
- Não coloque seus ovos na mesma cesta: diversifique seus investimentos, pois os investimentos com lucros podem oferecer um refresco para o sentimento de perda provocado pelos investimentos que derem prejuízo.
- Finalmente, não tome decisões de investimentos no "olho do furacão" e desconfie de devaneios como "se eu não decidir agora, perderei uma barbada, uma grande oportunidade ímpar".

7

A renda fixa varia – primeira parte (títulos públicos, Tesouro Direto e poupança)

Início de conversa

- Entender como funciona a renda fixa.
- Conhecer o Tesouro Direto.
- Conhecer os principais títulos de renda fixa do governo brasileiro.
- Quando usar cada um dos títulos.
- Explicar os problemas com a poupança.
- Entender e ver gráficos de como a renda fixa varia.

Saiba o que você possui, e saiba o porquê de possuí-lo.
Peter Lynch

Acredite: a renda fixa varia, e, quanto maior for seu prazo, maior será a variação. Para entender o motivo disso, vou lhe mostrar o que são e como funcionam os diversos tipos de renda fixa.

Os títulos de renda fixa pagam em períodos definidos determinada remuneração, que pode ser estabelecida no momento da aplicação ou no momento do resgate. Cada vez que você compra um título de renda fixa, na realidade, você está emprestando seu dinheiro ao emissor do título, que pode ser o governo, uma empresa ou o próprio banco. Os juros são a remuneração que você receberá por "emprestar" seu dinheiro.

☆ **Dica** _____

Perdi as contas de quantas vezes ouvi pessoas falando que têm dinheiro na poupança, mas devem dinheiro no cheque especial. Aqui, temos o primeiro detalhe: dificilmente ▶

▶ você vai aplicar dinheiro a uma taxa superior ao que o banco cobra no CDC (Crédito Direto ao Consumidor), no cheque especial, no cartão de crédito. Por isso, sempre aconselho pagar essas dívidas com qualquer investimento que você possua. É melhor pagar a dívida do que manter a aplicação rendendo menos do que a dívida.

Rentabilidade real × nominal

Rentabilidade real é o valor final de um investimento depois de a inflação acumulada no período ser descontada. É o valor bruto, sem considerar a perda de valor do dinheiro no período. O economista estadunidense Irving Fisher (1867-1947) facilitou nossa vida ao criar uma equação que nos ajuda a encontrar a rentabilidade real:

Rentabilidade real = (1 + Rentabilidade nominal) / (1 + Inflação) − 1

Ou seja, é errado apenas subtrair a inflação em vez de descontá-la dividindo. No curto prazo, essa diferença costuma ser pouco representativa, mas, no longo prazo, ela não deve ser ignorada, pois é exponencial.

Risco dos títulos públicos

Os títulos públicos de renda fixa são considerados investimentos de baixo risco, uma vez que o credor é o governo. Caso um investidor decida vender seus títulos antes da data de vencimento, seu ganho ou sua perda estarão sujeitos ao valor de mercado do título naquele momento.

Por meio da Secretaria do Tesouro Nacional, o governo federal emite títulos públicos para pagar e/ou financiar suas atividades em áreas como Infraestrutura, Saúde e Educação. Assim, quando alguém compra um título público, essa pessoa está emprestando dinheiro ao governo. Portanto, o Tesouro Direto tem o risco de crédito do governo federal. Este é um risco considerado muito baixo, pois o governo detém o poder de emitir moeda.

A compra de títulos pode ser feita de duas maneiras: participando de um fundo que invista nesses títulos – nesse caso, a compra é realizada por um administrador profissional – ou comprando diretamente na Secretaria do Tesouro, pela internet, por meio de um serviço chamado Tesouro Direto[1].

---

1. Para mais informações, o site do Tesouro Direto é <https://www.tesourodireto.com.br/>. Acesso em: 22 fev. 2020.

Emissão

Como comentado anteriormente, títulos podem ser públicos, quando emitidos pelo governo, ou privados, quando emitidos por bancos e empresas.

Tributação da renda fixa

A Tabela 7.1 mostra as alíquotas de imposto de renda cobradas na aplicação de renda fixa regressiva, de acordo com o prazo do investimento.

Tabela 7.1 – Tributação da renda fixa

Período	Alíquota do IR
Até 180 dias	22,50%
De 181 a 360 dias	20,00%
De 361 a 720 dias	17,50%
Acima de 720 dias	15,00%

Resgate do Tesouro Direto

Atualmente, o Tesouro Nacional realiza recompras diárias dos títulos. Então, você pode pedir para resgatar o título antecipadamente, das 0h às 18h, e no dia seguinte, até às 13h, e o saldo líquido de taxas e imposto de renda será depositado na conta da sua corretora ou banco. Os impostos e as taxas são retidos na fonte.

Rentabilidade pré e pós-fixada

Ao investirmos em qualquer tipo de investimento, buscamos obter um rendimento (juros) sobre o valor inicial aplicado (principal). Então, quando resgatamos nosso dinheiro investido, recebemos o principal mais os juros.

Os rendimentos podem ser prefixados ou pós-fixados.

- **Prefixados:** rendimentos fixos, definidos no ato da compra, ficando conhecido imediatamente o rendimento.
- **Pós-fixados:** rendimentos variáveis ao longo do tempo de investimento, sendo somente conhecidos no futuro.

A decisão entre comprar um título público pós ou pré-fixado varia de acordo com o período e o tempo em que o investidor precisará resgatar o dinheiro.

Como são indexados a algum índice, os títulos pós-fixados se favorecem em um momento de alta dos juros. Já os pré-fixados podem garantir o rendimento em um momento de queda de juros.

Títulos prefixados

Quando falamos em títulos com rendimentos prefixados, subentendemos que são títulos com rentabilidade definida no momento da compra. O investidor sabe exatamente o valor que receberá se ficar com o título até a data de seu vencimento. Para cada unidade de título, o valor bruto a ser recebido será sempre de R$ 1 mil. Os títulos ofertados pelo Tesouro Direto são o Tesouro Prefixado (que anteriormente era conhecido como Letras do Tesouro Nacional [LTN]) e o Tesouro Prefixado com juros semestrais (Notas do Tesouro Nacional – Série F [NTN-F]).

Os títulos prefixados são recomendados ao investidor que crê que a taxa prefixada será maior do que a taxa de juros básica da economia. Por terem a rentabilidade predefinida, seu rendimento é nominal, ou seja, não considera a taxa de inflação. Após entender como funcionam os diversos títulos disponíveis para compra, o passo seguinte é encontrar uma fonte confiável de expectativa futura para esses índices. Minha sugestão é utilizar o *Focus – Relatório de Mercado*[2], emitido pelo Banco Central do Brasil.

Tesouro Prefixado (LTN)

A LTN é um título prefixado que conta com rentabilidade definida no ato da compra. O investidor faz a aplicação com deságio e recebe o valor de face de R$ 1 mil, ou seja, o valor investido (o principal) somado à rentabilidade da diferença entre o valor resgatado menos o valor efetivo da compra (os juros) na data de vencimento do título. É vantajoso quando a taxa de juros está alta e a expectativa é de queda no futuro. Mas oscila em função da expectativa das taxas de juros futuras. E como varia! Veja, ao lado, o Gráfico 7.1.

---

2. Os relatórios estão disponíveis em: <https://www.bcb.gov.br/publicacoes/focus>. Acesso em: 22 maio 2020.

Gráfico 7.1 – Valor do preço de mercado da LTN (Tesouro Prefixado) em função das taxas de juros

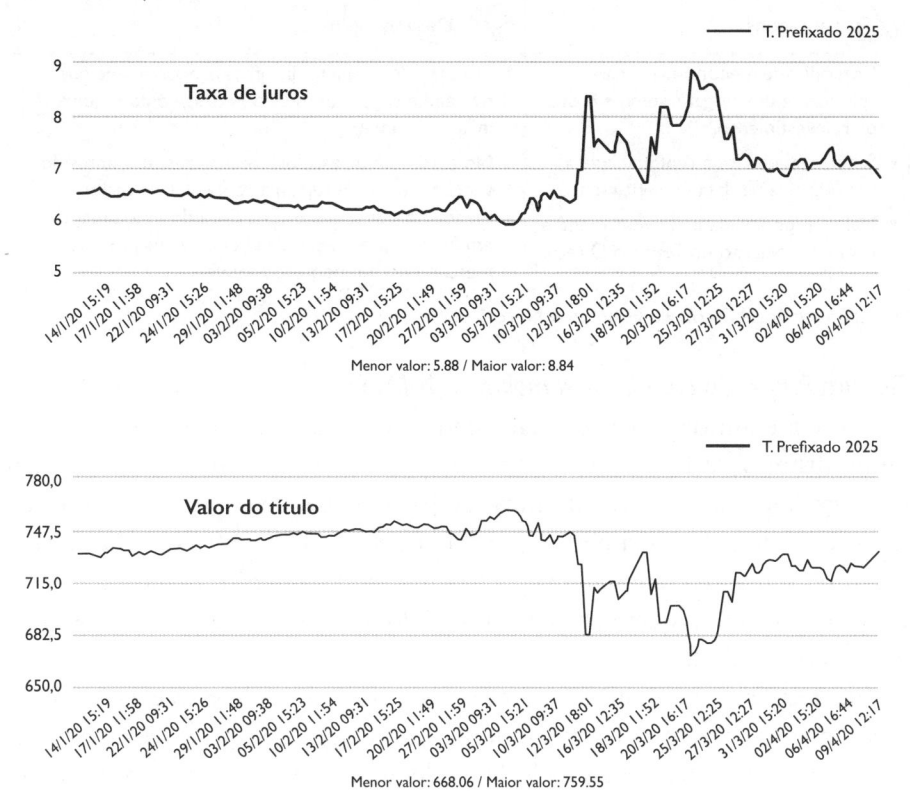

Menor valor: 5.88 / Maior valor: 8.84

Menor valor: 668.06 / Maior valor: 759.55

Fonte: Trader Brasil Escola de Finanças & Negócios.

Para calcular a rentabilidade bruta da aplicação, deve-se utilizar a seguinte fórmula, que é válida para todos os títulos que não fazem pagamento de cupom de juros:

$$\text{Rentabilidade} = \frac{\text{Preço de venda} - 1}{\text{Preço de compra}}$$

Por **exemplo**, se eu resgatar no vencimento, o cálculo será 1.000 / 788,11 = 26,88% ao período. A rentabilidade é igual a 26,88% ao período. O principal foi de R$ 788,11 e os juros foram de R$ 211,89, perfazendo um total de R$ 1 mil.

Quadro 7.1 – Vantagens e desvantagens da LTN

👍 Vantagens	👎 Desvantagens
• Comodidade e economia: uma aplicação e um resgate, sem os custos de reinvestimento. • Saber exatamente a rentabilidade a ser recebida na data de vencimento. • Maior disponibilidade de vencimentos para a negociação no Tesouro Direto.	• No caso de uma alta da inflação, ocorre uma queda no rendimento real (quando se desconta o que a inflação "comeu"). • No caso de o investidor precisar resgatar antes do vencimento, pode ter uma rentabilidade maior ou menor do que a prevista na hora do investimento, em função da variação da taxa de juros praticada no mercado no momento do saque.

Fonte: Trader Brasil Escola de Finanças & Negócios.

Tesouro Prefixado com juros semestrais (NTN-F)

O NTN-F é um título com rentabilidade prefixada no ato da compra. Entretanto, distinto da LTN, seu rendimento é recebido pelo investidor ao longo do investimento, por meio do fluxo de pagamentos de cupons semestrais de juros, e na data de vencimento o resgate do valor de face (valor do principal investido somado à rentabilidade) acrescido do pagamento do último cupom de juros. Vale notar que o principal investido pode ter deságio ou ágio sobre o valor nominal do título.

Em relação aos cupons semestrais, pode ser interessante receber parte do investimento antecipadamente ao longo do tempo, pois você recebe um dinheirinho extra sem a necessidade de vender uma parte dos títulos. Se você não precisar do dinheiro, poderá reinvesti-lo. Outra possibilidade é realocar parte de seus cupons em investimentos mais interessantes quando eles forem pagos, pois, em um cenário de queda acentuada da inflação, talvez o investimento em NTN-B não seja tão atrativo.

O NTN-F é tão vantajoso quanto a LTN, mas visa a períodos mais longos.

Quadro 7.2 – Vantagens e desvantagens do NTN-F

👍 Vantagens	👎 Desvantagens
• Garantia de um fluxo de rendimentos periódicos (cupons semestrais). • Saber exatamente a rentabilidade a ser recebida em cada data de vencimento.	• No caso de uma alta da inflação, ocorre uma queda no rendimento real (quando se desconta o que a inflação "comeu"). • No caso de o investidor precisar resgatar antes do vencimento, pode ter uma rentabilidade maior ou menor do que a prevista na hora do investimento, em função da variação da taxa de juros praticada no mercado no momento do saque.

Fonte: Trader Brasil Escola de Finanças & Negócios.

Títulos pós-fixados

São títulos com rendimentos variáveis ao longo do tempo de investimento, sendo somente conhecidos no futuro. Nos títulos com rendimentos pós--fixados, você só saberá quanto vai receber no final da aplicação, pois o rendimento é determinado pela variação de certo índice acrescido de uma taxa de juros determinada no início. Assim, a rentabilidade da aplicação depende do desempenho dos indexadores e da taxa contratada no momento da compra.

Os títulos pós-fixados ofertados no Tesouro Direto estão listados na Tabela 7.2.

Tabela 7.2 – Títulos pós-fixados ofertados no Tesouro Direto

Título	Descrição	Vinculado à variação de
Tesouro IPCA (NTN-B Principal)	Notas do Tesouro Nacional – Série B Principal	IPCA*
Tesouro IPCA com juros semestrais (NTN-B)	Notas do Tesouro Nacional – Série B	IPCA
Tesouro Selic (LFT)	Letras Financeiras do Tesouro	SelicC
NTN-C	Notas do Tesouro Nacional – Série C	IGP-M

* O Índice Nacional de Preços ao Consumidor Amplo (IPCA) é considerado pelo Banco Central o índice brasileiro oficial da inflação ou deflação e serve para identificar a variação dos preços no comércio em regiões metropolitanas e alguns municípios, refletindo o custo de vida para famílias com renda de um a 40 salários mínimos para residentes nessas áreas.

Fonte: Trader Brasil Escola de Finanças & Negócios.

Os títulos pós-fixados são vantajosos quando se deseja formar poupança de médio e longo prazos (cinco a dez anos), visando à proteção do poder de compra do investidor. A expectativa é de que a economia cresça nesse período. São bons títulos para serem utilizados como instrumentos de previdência privada ou de reserva para se realizar um objetivo específico, como uma viagem ao exterior, o pagamento de uma faculdade etc. Do ponto de vista tributário, a NTN-B Principal é mais eficiente.

Tesouro IPCA (NTN-B Principal)

O Tesouro IPCA – também conhecido como NTN-B Principal – é um título com rentabilidade vinculada à variação do IPCA, acrescida de juros definidos no ato da compra.

Além da parcela indexada à inflação, há também uma parcela dos ganhos prefixados. Isto é muito importante, pois garante ao investidor um retorno real do seu investimento, ou seja, mantendo seu poder de compra ao se proteger de flutuações do IPCA ao longo do investimento.

É indicado para o investidor que queira fazer poupança de médio e longo prazos, inclusive para aposentadoria ou compra de casa própria, por exemplo. Além disso, normalmente são títulos que contam com prazo para aplicação bem longo – atualmente, há títulos com investimentos até 2050.

A **NTN-B Principal** possui fluxo de pagamento simples, ou seja, o investidor faz a aplicação e resgata o valor de face (o principal acrescido dos juros) na data de vencimento do título.

Quadro 7.3 – Vantagens e desvantagens da NTN-B Principal

👍 Vantagens	👎 Desvantagens
▪ Comodidade e economia: uma aplicação e um resgate, sem os custos adicionais de reinvestimento. ▪ Se os recursos forem mantidos até o vencimento, saber exatamente o resultado real do investimento. Isto é, quanto rendeu acima da inflação, medida pelo IPCA. ▪ Previsibilidade e segurança no longo prazo, atributos recomendados para investimentos com objetivos de aposentadoria, compra de casa própria etc.	▪ No caso de o investidor precisar resgatar antes do vencimento, pode ter uma rentabilidade maior ou menor do que a prevista na hora do investimento, tanto pelas flutuações na taxa de juros de mercado como pela variação da expectativa de inflação dos agentes financeiros.

Fonte: Trader Brasil Escola de Finanças & Negócios.

A **NTN-B**, outro tipo diferente da NTN-B Principal, é um título com rentabilidade vinculada à variação do IPCA, acrescida dos juros definidos no momento da compra. Esse título permite que o investidor obtenha rentabilidade em termos reais, de modo que consiga manter seu poder de compra ao se proteger de flutuações do IPCA durante a aplicação. Apesar de ser o título que possui o maior prazo para aplicação (atualmente, há investimentos até 2050), seu rendimento é recebido pelo investidor ao longo do investimento, por meio de cupons semestrais de juros, e na data de vencimento do título, quando ocorre o resgate do valor de face e pagamento do último cupom de juros.

Quadro 7.4 – Vantagens e desvantagens da NTN-B

🖒 Vantagens	🖓 Desvantagens
• Garantia de um fluxo de rendimentos periódicos (chamados cupons semestrais). • Se os recursos forem mantidos até o vencimento, saber exatamente o resultado real do investimento. Isto é, quanto rendeu acima da inflação, medida pelo IPCA. • Previsibilidade e segurança para honrar compromissos periódicos.	• No caso de o investidor precisar resgatar antes do vencimento, pode ter uma rentabilidade maior ou menor do que a prevista na hora do investimento, tanto pelas flutuações na taxa de juros de mercado como pela variação da expectativa de inflação dos agentes financeiros.

Fonte: Trader Brasil Escola de Finanças e Negócios.

☆ Dica

Quem investir na NTN-B deverá pagar IR sobre todos os cupons, ao passo que quem investir na NTN-B Principal somente pagará imposto sobre o rendimento total, na data do vencimento. As alíquotas variam de acordo com o tempo em que o dinheiro ficar investido naquele título: 22,5% para 180 dias; 20% entre 181 e 360 dias; 17,5% entre 361 e 720 dias; e 15% para prazos superiores a 720 dias. Ou seja, no caso da NTN-B, o investidor começará pagando as maiores alíquotas de IR nos primeiros cupons.

O que mais pesa para o investidor da NTN-B é o fato de que, por adiantar o pagamento do imposto, ele perde uma quantia importante que poderia continuar a ser rentabilizada, tanto na forma do cupom que vai para seu bolso quanto na forma do IR que vai para os cofres do governo. No caso da NTN-B Principal, o que seria pago a título de cupom e IR continua rendendo até o fim do prazo, quando o imposto incidirá apenas sobre a rentabilidade total.

Como as NTN-Bs mais longas correm o risco de fazer o investidor perder mais dinheiro se ele resgatar o título antes da data de vencimento, e as NTN-Bs mais curtas sujeitam o investidor ao risco de não conseguir uma taxa tão boa no vencimento, a solução pode ser investir um pouco em cada uma.

Tesouro Selic – LFT pós-fixada ligada aos juros básicos

A LFT é um título pós-fixado e sua rentabilidade segue a variação da taxa Selic. Sua remuneração é dada pela variação da Selic diária, registrada entre a data de liquidação da compra e a data de vencimento do título, acrescida de ágio ou deságio no momento da compra (se houver).

Sua indicação é para aquele investidor que busca uma rentabilidade pós-fixada indexada à Selic. Além disso, o valor de mercado da LFT apresenta baixa volatilidade, evitando perdas no caso de venda antecipada. Por isso, sua rentabilidade tende a ser mais baixa do que a dos demais títulos.

A LFT possui fluxo de pagamento simples, ou seja, o investidor faz a aplicação e recebe o valor de face (valor investido somado à rentabilidade) na data de vencimento do título. É uma opção vantajosa quando a previsão é de alta na taxa de juros.

Quadro 7.5 – Vantagens e desvantagens da LFT

Vantagens	Desvantagens
• Garantia de uma rentabilidade que acompanha a taxa básica de juros da economia. • Comodidade e segurança: uma aplicação e um resgate, sem os custos de reinvestimento.	• A rentabilidade flutua em função da expectativa de taxa de juros dos agentes financeiros.

Fonte: Trader Brasil Escola de Finanças & Negócios.

NTN-C – Pós-fixada ligada à inflação IGP-M

A NTN-C é um título com rentabilidade vinculada à variação do IGP-M, acrescida de juros definidos no momento da compra. O rendimento da aplicação é recebido pelo investidor ao longo do investimento, por meio de cupons semestrais de juros, e na data de vencimento do título, quando do resgate do valor de face (valor investido somado à rentabilidade) e pagamento do último cupom de juros.

Esse título não é ofertado para compra no Tesouro Direto desde 2006.

Dica _____

A renda fixa pode ser negativa? Isso realmente pode acontecer, mas não há motivo para preocupação, caso você mantenha o título até o vencimento. Pode ficar negativa quando o valor dos preços dos títulos é inversamente proporcional à taxa de juros: para todos os títulos, exceto LFTs, quando o valor da taxa de juros ao ano sobe, o valor do título cai, ou seja, o título fica por um tempo com rentabilidade negativa.

A LFT é um caso à parte, pois seu valor é corrigido pela variação diária da taxa básica de juros e, se os juros sobem, o valor do título aumenta. A fórmula de cálculo da LTN é esta:

$$\text{Preço} = \frac{VN}{(1 + \text{Taxa})}$$

▶

▶ Em que:
- Preço: valor de mercado.
- VN: valor nominal da venda, sendo 1000 no vencimento.
- Taxa: taxa de juros ao ano.
- DU: quantidade de dias úteis.

Repare que, como a "taxa" está no denominador, se a taxa de juros aumentar, aumenta o divisor da equação. Logo, o preço de mercado (valor do título), que é o quociente da divisão, diminui. Quando a taxa de juros sobe, a rentabilidade das LTNs também sobe. Mas, como o valor do vencimento não pode ser superior a R$ 1 mil, faz-se necessário diminuir o preço do título para que, ao final do prazo, ele alcance exatamente esse valor.

Nos gráficos 7.2 e 7.3, você pode ver a relação inversa entre taxa de juros e preço de mercado de uma NTN-B e uma NTN-B Principal e como seus preços oscilam ao longo do tempo.

Gráfico 7.2 – Valor do preço de mercado da NTN-B (Tesouro IPCA com juros semestrais) em função das taxas de juros

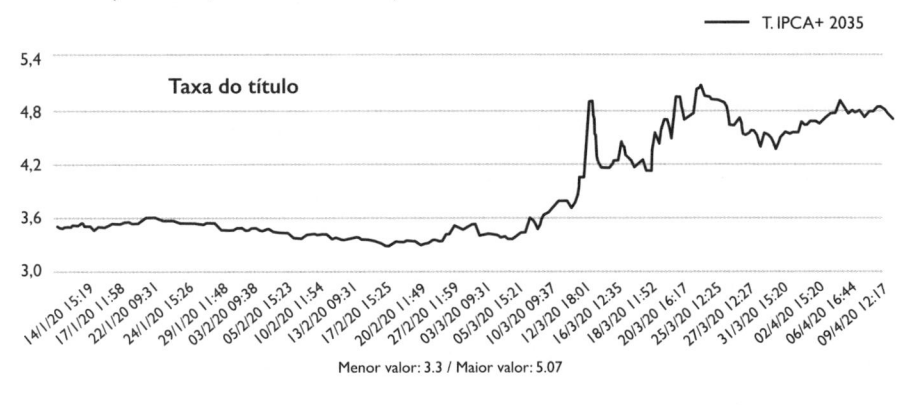

Menor valor: 3.3 / Maior valor: 5.07

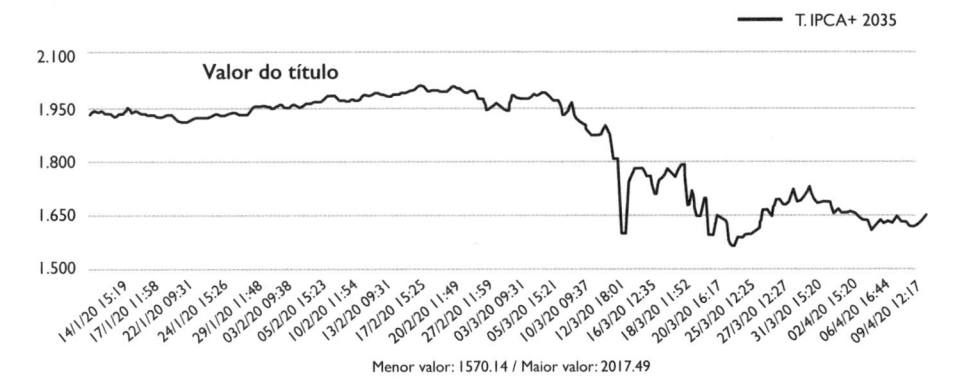

Menor valor: 1570.14 / Maior valor: 2017.49

Fonte: Trader Brasil Escola de Finanças & Negócios.

▶ Gráfico 7.3 – Valor do preço de mercado da NTN-B Principal (Tesouro IPCA +) em função das taxas de juros

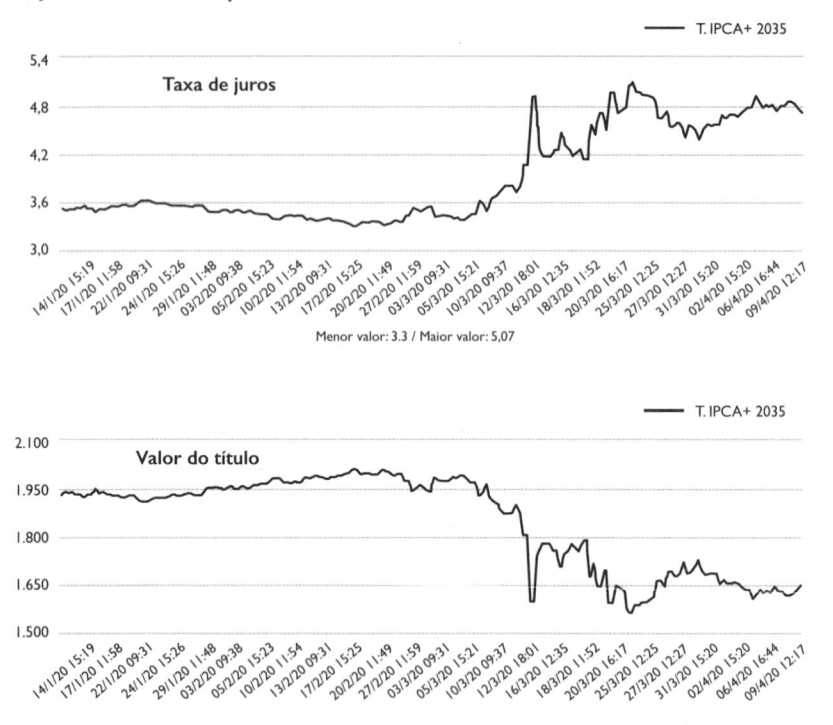

Fonte: Trader Brasil Escola de Finanças & Negócios.

Esquema dos juros

Por exemplo, olhe a Figura 7.1, abaixo: imagine uma LTN de R$ 800 e vencimento em um ano (contando a partir de hoje). A taxa de juros será: I = 1.000/800 = 25% ao ano. Logo, vou ganhar R$ 200 de juros, pois, no vencimento, será sempre R$ 1 mil.

Se um mês depois a taxa de juros no período subir a 42,86% para 11 meses, significa que a taxa para 12 meses subiu para 47,57% a.a. (ou seja, quase dobrou): I =/11 = 47,57% a.a.

Logo, o valor de mercado do título cai para R$ 700, pois, ao final do período, o valor será sempre R$ 1 mil. Se você vender o título, perderá R$ 100, mas, se você aguentar até o vencimento, continuará recebendo R$ 1 mil.

Figura 7.1 – Esquema dos juros

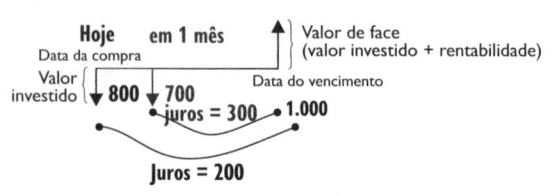

Atenção! A taxa ao ano mostrada no site do Tesouro Direto somente é válida se aguardar até o vencimento do título, e ela varia – e muito –, como você pode ver no Gráfico 7.1. Em alguns anos, a taxa pode ser maior e, em outros, menor, dependendo de como o mercado estiver no momento. O importante é que, ao final do prazo, será exatamente a taxa combinada mais o IPCA. Por isso, é importante aguardar até seu vencimento.

Pelas fórmulas de cálculo dos preços dos títulos, pode-se verificar que, quanto maior for o prazo de vencimento do título, maiores serão as variações de preço dos títulos com mudanças nas taxas de juros. Por exemplo, imagine que uma NTN-B foi comprada hoje com uma taxa de 5% ao ano e vencimento em cinco anos. Se no dia seguinte o título estiver sendo vendido com taxa de 5,5% a.a., os juros subiram 0,5% e, consequentemente, haverá queda no preço do título.

A LFT também é um caso à parte, pois, como o valor do título é corrigido pela variação diária da taxa Selic, a data de vencimento influencia muito pouco no preço do título.

Limites de compra e venda

Nas compras tradicionais, a parcela mínima de compra é de 1% do valor de um título (0,01 título), desde que respeitado o limite financeiro mínimo de R$ 30. No caso do investimento programado, as compras devem obedecer à parcela mínima de 1% do preço unitário de cada título, ou seja, 0,01 título, desde que respeitado o mesmo limite financeiro de R$ 30. O limite financeiro máximo de compras mensais é de R$ 1 milhão, seja para compras tradicionais ou para as programadas.

Taxas do Tesouro direto

As compras de títulos realizadas no Tesouro Direto estão sujeitas ao pagamento de taxas referentes aos serviços prestados. São duas as taxas devidas na aquisição de títulos pelo sistema Tesouro Direto: uma é cobrada pela B[3] e outra é cobrada pela instituição ou intermediário financeiro com o qual você opera (no seu caso, a corretora).

A primeira taxa é a taxa de custódia de 0,25% a.a., sendo cobrada de forma semestral, ou seja, em duas parcelas de 0,125%. Ela é apurada diariamente, sobre o saldo de cada um dos títulos e, sendo maior do que R$ 10 (somando todos os títulos que você possui), no primeiro dia útil de janeiro ou de julho é feita a cobrança em sua conta. Caso ocorra a venda antecipada, o vencimento do título ou o pagamento de juros, o que for devido em razão da taxa será descontado antes de ser creditado o restante. Nessa última hipótese, não há valor mínimo para o desconto.

Os agentes de custódia também cobram taxas de serviços livremente acordadas com os investidores. As taxas cobradas por cada instituição estão disponíveis para consulta no site do Tesouro Direto[3], variando de 0% a 2% ao ano. O investidor deve confirmá-las no momento da contratação.

Esse intermediário financeiro (corretora) pode fazer a cobrança de várias formas e pode, inclusive, não fazer cobrança alguma (isenção) para conquistar clientes no mercado.

Poupança

A poupança é – infelizmente para os investidores e felizmente para os banqueiros – um dos investimentos mais populares e tradicionais do Brasil. Devo admitir que ela só está neste livro por sua popularidade e para fins didáticos, mas, na verdade, todos precisam evoluir.

Os recursos captados pela poupança auxiliam a fomentar o setor habitacional, pois os bancos são obrigados a repassar 65% dos recursos para o financiamento imobiliário.

O Banco Central é quem estabelece a remuneração, que será sempre igual para todas as instituições financeiras, como bancos com carteira de crédito imobiliário, caixa econômica, sociedades de crédito imobiliário e associações de poupança e empréstimo.

Entenda a remuneração da poupança

O rendimento da poupança pode ser classificado em *fixo* ou *variável*, de acordo com a taxa Selic. Os juros são incorporados ao valor investido na caderneta a cada 30 dias corridos, no aniversário da poupança. Essa data começa a ser contada a partir da abertura da conta e geralmente aparece no extrato bancário.

De acordo com o Banco Central, a rentabilidade é calculada sobre o menor saldo de cada período de rendimento, contando a partir do aniversário. Portanto, esse mecanismo de aniversário da poupança é mais um dos motivos que levam seu rendimento a ser ruim.

---

3. Disponível em: <https://www.tesourodireto.com.br/>. Acesso em: 22 maio 2020.

Os depósitos de poupança feitos até 4 de maio de 2012 seguem com o rendimento de 6,17% a.a. + TR.

Quadro 7.6 – Rendimento para depósitos feitos após 4 de maio de 2012

Se a Selic estiver maior do que 8,5%,	o rendimento permanece fixo (0,5% ao mês ou 6,17% ao ano + TR).
Se a Selic estiver menor ou igual a 8,5%,	o rendimento passa a variar (**70% da Selic + TR**).

Fonte: Banco Central[4].

Para entender a rentabilidade na nova poupança, observe a Tabela 7.3.

Tabela 7.3 – Remunerações da poupança

Selic	Rendimento (+ TR)
9,0%	6,17%
8,0%	5,60%
7,0%	4,90%
6,0%	4,20%
5,0%	3,50%
4,0%	2,80%
3,0%	2,10%
2,0%	1,40%

Fonte: Trader Brasil Escola de Finanças & Negócios.

Tabela 7.4 – Remunerações reais anuais da poupança descontada a inflação

Rendimento da poupança		
Ano	Retorno absoluto (%)	Retorno real descontada a inflação (%)
2000	8,32	2,21
2001	8,63	0,89
2002	9,27	−2,90
2003	11,21	1,75
2004	8,10	0,46
2005	9,21	3,33

4. Disponível em: <https://www.bcb.gov.br/estatisticas/remuneradepositospoupanca>. Acesso em: 26 maio 2020.

2006	8,40	5,10
2007	7,77	3,17
2008	7,90	1,89
2009	7,05	2,63
2010	6,90	0,94
2011	7,50	0,94
2012	6,47	0,60
2013	6,37	0,43
2014	7,16	0,71
2015	8,07	−2,34
2016	8,07	−2,34
2017	6,57	3,62
2018	4,55	1,12
2019	3,85	0,42

Fonte: Trader Brasil Escola de Finanças & Negócios.

TR – o que é e como calcular

Criada em janeiro de 1991, no Plano Collor II, a Taxa Referencial (TR) é um índice de referência de juros da economia brasileira, calculado a partir de taxas de juros negociadas no mercado secundário com Letras do Tesouro Nacional (LTN). Alguns investimentos são baseados na TR, por exemplo, poupança e empréstimos de habitação, como o Sistema Financeiro de Habitação (SFH).

Para calcular a TR diariamente, é preciso conhecer o valor de um índice denominado Taxa Básica Financeira (TBF).

A TBF de um mês será uma média ponderada entre as taxas médias das LTNs com vencimentos imediatamente anterior e imediatamente posterior ao prazo de um mês, seguida da aplicação, ao valor resultante, de um fator multiplicativo fixado em 0,93 (noventa e três centésimos).

A partir do valor de TBF divulgado, em base mensal (por exemplo: TBF = 0,873% a.a.), é possível calcular o valor da TR mensal a ser utilizado para corrigir, como o saldo das aplicações em caderneta de poupança que fazem aniversário naquele dia.

Cabe uma observação importante: a TR nunca terá valor negativo. Em casos em que a TBF for baixa (devido à queda na taxa de juros de mercado), a TR será igual a zero.

Quadro 7.7 – Vantagens e desvantagens da poupança

👍 Vantagens	👎 Desvantagens
• A vantagem da caderneta é que ela é isenta de imposto de renda e de taxas de administração.	• A principal desvantagem da poupança está na pequena remuneração do capital investido. O rendimento costuma ser menor do que outras aplicações também conservadoras, como LCIs, fundos de investimento de renda fixa de baixo risco e Tesouro Selic do Tesouro Direto, por exemplo. • Os rendimentos apurados são creditados mensal ou trimestralmente na poupança e o prazo do investimento normalmente é indeterminado. Vale destacar que, embora a poupança admita o resgate diário, se o investidor resgatar os recursos antes da data de aniversário, ele não receberá o rendimento referente àquele mês.

Fonte: Trader Brasil Escola de Finanças & Negócios.

⭐ **Dica** _____

A inflação afeta a rentabilidade da poupança, pois os preços de bens, produtos e serviços sobem de modo consistente e você deverá pagar mais caro para conseguir comprar a mesma quantidade de coisas. Em suma, seu dinheiro perde valor. Esse fenômeno também se reflete na rentabilidade real dos seus investimentos.

É importante observar que as pessoas jurídicas, excetuando as imunes[5], são remuneradas nas cadernetas de poupança a cada trimestre e pagam imposto de renda de 22,5% sobre o rendimento nominal. Essa taxa é bastante alta e deixa o investimento desinteressante, com risco até de juro real negativo, ou seja, rendimento menor do que a inflação.

 Na plataforma on-line da editora, você encontra um material complementar que trata sobre o Plano Collor, implementado em 16 de março de 1990, um dia após o então presidente Fernando Collor de Mello assumir o governo. O plano combinava liberação fiscal e financeira com medidas radicais para estabilização da inflação.

---

5. A Constituição Federal proíbe a cobrança de tributos de imunes. São imunes: templos de qualquer culto, partidos políticos, livros, jornais, periódicos e o papel destinado à sua impressão.

O que é melhor: Tesouro Direto ou fundos de renda fixa?

Muitos fundos de renda fixa dos grandes bancos nacionais investem grande parte do patrimônio em títulos públicos. A principal vantagem de investir no Tesouro Direto é que você fica livre de intermediários, ou seja, você não pagará para as instituições financeiras a taxa de administração que ela cobrará por gerenciar seus títulos, além de ter o risco menor: é mais difícil o governo não pagar do que uma empresa.

Sou um forte incentivador, há tempos, de investimentos em títulos do Tesouro Nacional pelo mecanismo do Tesouro Direto. Os custos são muito favoráveis aos investidores e há uma grande concorrência, especialmente no segmento de corretoras e distribuidoras. Alguns poucos bancos apresentam custos competitivos.

O Tesouro Direto é bastante indicado para os pequenos e médios investidores, por ser um investimento rentável, seguro, barato e que requer aportes baixos. A plataforma on-line do Tesouro Nacional para compra e venda de títulos públicos por pessoas físicas oferece títulos pós-fixados (atrelados à Selic), pré-fixados (com uma taxa estabelecida na hora do investimento) e híbridos de pré e pós-fixados (com parte da remuneração pré-fixada e a outra parte atrelada à inflação).

Abaixo, respondo a algumas perguntas comuns sobre o tema:

Se o Tesouro Direto é essa "maravilha", por que meu banco não oferece?
Essa pergunta é bem fácil de responder! Porque o banco prefere ganhar dinheiro cobrando altas taxas de administração de seus fundos de investimento.

Não existe nenhuma desvantagem?
Existe, sim. A principal desvantagem é a de que, em resgates pedidos de 0h a 18h, a liquidação financeira será em D+1, ou seja, você só terá disponível o dinheiro na sua conta um dia após a venda até as 13h. Se o resgate for pedido após às 18h, será em D+2, ou seja, dois dias depois. Existem mais alguns "senões" quanto aos horários: nos dias úteis, das 9h30 às 18h, você poderá investir e resgatar com os preços e taxas disponíveis no momento da transação. Das 18h às 5h e ao longo de todo o fim de semana ou feriado, os preços e as taxas exibidos no site do Tesouro Direto são apenas para referência. Você poderá realizar investimentos e resgates, mas serão considerados os preços e taxas de abertura do mercado do próximo dia útil. Nos dias úteis, das 5h às 9h30, o sistema fica em manutenção. Outra desvantagem é que, como os bancos

não têm interesse que você compre o Tesouro Direto, eles cobram taxas altas, como em um fundo de renda fixa. Logo, você terá de abrir uma conta em uma corretora de valores credenciada pela B3 (a bolsa de valores brasileira).

Por que o Tesouro Direto é mais vantajoso do que a poupança?
Uma dúvida muito recorrente entre investidores conservadores é se vale mais a pena investir na poupança ou no Tesouro Direto.

Com a opção de investir em um título com baixo risco, a Letra Financeira do Tesouro (LFT), o Tesouro tem chamado cada vez mais a atenção de quem busca investimentos mais rentáveis, mas sem renunciar à segurança.

Os títulos Tesouro IPCA+ (antiga Notas do Tesouro Nacional Série B – NTN-B) são os mais indicados para horizontes mais longo, pois rendem a variação da inflação do IPCA mais uma taxa de juros pré-fixada.

Quanto às oscilações, você observará um fator técnico do mercado financeiro chamado de marcação a mercado. Poderá ocorrer "rentabilidade positiva ou negativa" contábil antes do vencimento, mas no vencimento você terá a rentabilidade contratada. Muitos investidores não entendem esse processo (que também ocorre nos fundos de previdência e fundos de renda fixa) e ficam assustados com a rentabilidade negativa provocada por esses efeitos.

> **Dica** ──────────────────────
> Se você está poupando para a aposentadoria e compra uma NTN-B de 30 anos, por exemplo, obter um juro real de 6% ao ano provavelmente será bem vantajoso quando você se aposentar. Mas, se a Selic subir mais nesse meio-tempo, aparecerão outras NTN-Bs ainda mais rentáveis, e a de 6% que você detém verá uma desvalorização momentânea. Cabe ao investidor resistir à tentação de vender os títulos que perdem no curto prazo e permanecer firme, diversificando na compra de novos títulos mais rentáveis.

Importante: O que é o FGC?
O Fundo Garantidor de Crédito (FGC) é uma associação civil sem fins lucrativos, cuja função é administrar mecanismos de proteção a titulares de crédito. Pode ser acionado em caso de falência da instituição bancária.

Quadro 7.8 – Garantias do FGC

	Os seguintes créditos são objeto da garantia pelo FGC:
1.	Depósitos à vista ou sacáveis mediante aviso prévio.
2.	Depósitos de poupança.
3.	Depósitos a prazo, com ou sem emissão de certificado – Recibo de Depósito Bancário (RDB) e Certificado de Depósito Bancário (CDB).
4.	Depósitos mantidos em contas não movimentáveis por cheques destinadas ao registro e controle do fluxo de recursos referentes a prestação de serviços de pagamento de salários, vencimentos, aposentadorias, pensões e similares.
5.	Letras de câmbio (LC).
6.	Letras imobiliárias (LI).
7.	Letras hipotecárias (LH).
8.	Letras de crédito imobiliário (LCI).
9.	Letras de crédito do agronegócio (LCA).
10.	Operações compromissadas que têm como objeto títulos emitidos após 8 de março de 2012 por empresa ligada.

O total de créditos de cada pessoa contra a mesma instituição associada, ou contra todas as instituições associadas do mesmo conglomerado financeiro, será garantido até o valor de R$ 250 mil, limitado ao saldo existente. Assim, se uma pessoa tiver várias aplicações em um mesmo banco, a restituição é feita uma única vez, em até R$ 250 mil. Se alguém, no entanto, possuir investimentos em instituições distintas, que não fazem parte de um mesmo grupo, mas quebraram simultaneamente, o reembolso é de até R$ 250 mil por instituição.

Volumes financeiros até R$ 20 milhões podem contar com garantia do FGC, desde que estejam investidos na forma de Depósito a Prazo com Garantia Especial (DPGE).

Quadro 7.9 – O que o FGC não garante

	Os títulos privados emitidos por empresas (debêntures) não possuem garantia do FGC. Também não são cobertos pela garantia ordinária os seguintes créditos:
1.	Depósitos, empréstimos ou quaisquer outros recursos captados ou levantados no exterior.
2.	Operações relacionadas a programas de interesse governamental instituídos por lei.
3.	Depósitos judiciais.
4.	Qualquer instrumento financeiro que contenha cláusula de subordinação, autorizado ou não pelo Banco Central do Brasil a integrar o patrimônio de referência das instituições financeiras e das demais instituições autorizadas a funcionar pela referida autarquia.
5.	Fundos de pensão, fundos de investimento, clubes de investimento, seguradoras e sociedades de capitalização (em caso de quebra da instituição que recebeu o investimento).
6.	Créditos representados por cotas de fundos de investimento ou que representem quaisquer participações nas entidades antes referidas ou nos instrumentos financeiros de sua titularidade.

8

A renda fixa varia – segunda parte (títulos privados de renda fixa)

Início de conversa

- Como funciona a sopa de letrinhas: CDB, LCA, LCI, CDI, CCB, CCI, CRI, CRA, LH, LF, LC, CPR, DPGE, CDA/WA, CDCA.
- Nota comercial.
- Comparação entre os títulos.

Ao investir, o que é confortável raramente é rentável.
Robert Arnott

Vimos que existem muitos tipos de investimentos conservadores com o mesmo risco da poupança e garantidos pelo Fundo Garantidor de Créditos (FGC). Agora, vamos conhecê-los mais de perto. Veremos com atenção especial o CDB, o LCI e a LCA.

Certificado de Depósito Bancário (CDB)

São títulos emitidos pelos bancos ao público, para que eles possam captar recursos. Mas, nesse caso, os valores recebidos podem ser usados para financiar quaisquer atividades de crédito do banco.

O CDB não conta com o incentivo do governo para isenção do imposto de renda.

- **Tributação:** tabela regressiva tanto para PJ quanto para PF. Primeiro é o IOF, caso haja o resgate do valor antes de 30 dias, e depois o IR.

- **Garantia:** como representa dívida, possui risco de crédito e, consequentemente, FGC, sendo uma cobertura adicional. Apesar de contar com o FGC, corre riscos, mesmo que o investidor tiver um valor inferior a R$ 250 mil garantindo a cobertura, mas não no caso de o banco quebrar.

Certificado de Depósito Interbancário (CDI)

O CDI é um empréstimo de um banco ao outro, mais comum do que imaginamos. Os bancos menores não possuem tanta facilidade de captar recursos e o caminho para estes bancos é o CDI, que não se aplica exclusivamente a bancos menores. Por exemplo: hoje, o banco A está precisando de 2 bilhões de reais para seu caixa e vai até o banco B solicitar este valor. O banco B pede a garantia de que o banco A pode dar conta deste empréstimo. Então, o banco A diz que irá emitir um título ao banco B, chamado de CDI, com o seu nome, vencimento e a taxa, que será negociada. Essas negociações se dão com um dia útil e podem ser até renovadas, se assim for negociado.

Estes títulos são registrados na B3 (antiga Cetip), que reflete a média das operações realizadas no mercado interfinanceiro. Esse registro é importante. A média ponderada destas operações de prazo de um dia é chamada de DI (taxa DI). À medida que os bancos negociam CDI entre o mercado, a média ponderada dessas operações, a taxa DI, torna-se o principal *benchmark* da renda fixa. Portanto, se queremos saber se determinado produto está pagando bem, devemos ter algo próximo à DI, diariamente publicada pela B3.

Poderá ser encontrada como DI ou até mesmo pelo seu nome completo, taxa DI Over – que deriva de um tempo em que se fazia a chamada operação overnight, alguns anos atrás, quando, em meio a uma inflação muito alta, se dava a oportunidade à pessoas que não tinham capacidade de realizar ações no banco. Para se proteger, elas poderiam realizar essa ação de um dia para o outro e seu rendimento era o da taxa de inflação daquele dia. Hoje, isso ainda existe, sendo utilizado apenas no mercado interfinanceiro.

Portanto, a taxa DI é a remuneração média paga pelos bancos tomadores aos bancos emprestadores. CDI, portanto, é o nome do título e também da taxa de juros. Ela é utilizada no mercado como principal indexador da renda fixa, sendo publicada diariamente pela B3 e refletindo a média das operações realizadas no mercado interfinanceiro.

A teoria principal que deve ser lembrada é que o CDI gera a taxa DI (um título privado) e a operação compromissada com lastro em Título Público Federal gera a taxa Selic Over.

Operação compromissada

Quando você compra um CDB de um banco, está comprando um título que foi emitido pelo banco e representa uma dívida do próprio banco. Acontece que o banco, como um player do mercado financeiro, também compra títulos no mercado financeiro, como uma debênture (tema a ser estudado no Capítulo 9). Na compromissada, o investidor está comprando essa debênture que fora comprada anteriormente pelo banco. Agora com uma linguagem um pouco mais técnica, uma compromissada é uma operação que possui lastro em ativos de propriedade do banco, e o banco assume o compromisso de recomprar esse ativo do investidor. Apesar de ser um título lastreado em outro ativo, o risco desse investimento é da instituição financeira que emite a compromissada.

As características dessa operação são:

- título lastreado em algum ativo de propriedade do banco;
- possui cobertura do FGC se o lastro for título emitido por empresa ligada ao banco emissor da compromissada;
- tributação conforme a tabela regressiva de IR tanto para PF quanto para PJ;
- sujeito a cobrança de IOF se resgatado antes de 30 dias.

Letras de Crédito Imobiliário (LCI)

LCIs são papéis de renda fixa lastreados em créditos imobiliários, garantidos por hipotecas ou por alienação fiduciária de um bem imóvel. As LCIs mais ofertadas no mercado são atualizadas por um percentual do CDI, possuem risco baixo e têm garantia de até R$ 250 mil do FGC.

O interessado neste produto deve atentar para a qualidade do lastro, como também para a credibilidade da instituição financeira, e elas normalmente possuem carência definida para as aplicações.

Para incentivar os participantes desse mercado, o governo concede a isenção de imposto, o que tem levado as pessoas a migrarem seu dinheiro de CDBs e fundos DI para as LCIs.

As Letras de Crédito Imobiliário têm agradado bastante aos investidores de perfil mais conservador, que buscam rentabilidade, segurança e moderada liquidez, já que os bancos exigem uma carência para resgate – talvez esta seja a maior desvantagem da LCI em relação ao CDB atrelado ao DI e ao fundo

DI, embora já existam no mercado bancos ofertando o papel com carência de apenas 60 dias.

- **Garantia:** possui uma garantia real + FGC. Para acionar a garantia real, é necessário que você tenha mais de R$ 250 mil investido no caso de o banco quebrar ou de a pessoa que solicitou o crédito imobiliário não pagar.
- **Tributação:** a pessoa física (PF) está isenta de impostos e nunca pagará.
- **Registro:** este é um título registrado na clearing da B3 que também registra investimentos de crédito.

Letras de Crédito do Agronegócio (LCA)

É um título emitido pelos bancos para financiar participantes da cadeia do agronegócio. Sua principal vantagem é o fato de ser uma aplicação isenta de imposto de renda, o que faz uma grande diferença no rendimento final. É uma forma de o governo incentivar o crédito dos bancos para o setor.

Sua desvantagem é que, em alguns bancos, sobretudo os grandes, para investir em uma LCA, o cliente pode precisar fazer um aporte de dezenas de milhares de reais, além de possuir carência definida para as aplicações.

- **Prazo:**
  - ➤ **12 meses:** se for corrigida por um índice de preços anual.
  - ➤ **90 dias:** se for corrigida por qualquer outra coisa que não seja um índice de preço, como DI, Selic, Pré-Fixada, terá prazo de 90 dias.
- **Garantia:** real + FGC.
- **Tributação:** PF possui isenção da taxa.
- **Registro:** direto na B3.

☆) Dica _____

Atualmente, os investimentos em CDBs, LCA e LCI possuem garantia oferecida pelo FGC. Caso o banco quebre, o FGC reembolsa ao investidor o que ele havia investido, até o limite de R$ 250 mil. No entanto, mesmo que você invista até R$ 250 mil – muitos investidores aplicam em bancos médios justamente por existir esta cobertura –, casos passados mostram que, na prática, a questão não é tão simples. O FGC pode demorar a pagar o reembolso e o investidor pode deixar de ganhar rendimentos em outras aplicações ▶

▶ durante esse período. Alguns especialistas vão ainda mais fundo e consideram a hipótese de um colapso financeiro geral. Nesse caso, o FGC não teria condições de socorrer todos os investidores e o prejuízo seria inevitável.

Por isso, ainda que o investimento nos CDBs, LCIs e LCAs dos bancos médios seja mais rentável, recomenda-se que o investidor não destine todos seus recursos apenas a esse tipo de aplicação para se prevenir. Ao diversificar e investir apenas uma parte do dinheiro em uma LCI, por exemplo, caso ocorra algum problema no socorro do FGC, o prejuízo será parcial.

Certificados de Recebíveis do Agronegócio (CRA) e Certificados de Recebíveis Imobiliários (CRI)

Os recebíveis futuros de empreendimentos imobiliários (aluguéis, por exemplo) e do agronegócio (produção de grãos) podem ser negociados por meio de certificados.

Os *certificados de recebíveis*, que também contribuem para o financiamento dos setores agrícola e imobiliário, são emitidos exclusivamente por companhias securitizadoras, que possuem os direitos creditórios. Assim, não contam com a garantia do FGC. Contudo, a alíquota zero de Imposto sobre Operações Financeiras (IOF) de curto prazo para pessoas físicas e a isenção de imposto de renda sobre os rendimentos têm atraído investidores.

Um aspecto que precisa estar no radar é a qualidade do crédito que foi securitizado – especialmente no caso do setor agrícola, que conta com um histórico de problemas. Não adianta ter uma taxa de juros atraente se não tem um *rating* bom.

A diferença de CRI e CRA para LCI e LCA está no fato de que os certificados não têm a garantia do banco ou da gestora que fez a emissão dos papéis. Portanto, vale tomar cuidado redobrado na hora de avaliar o que está lastreando a operação.

O CRA é emitido exclusivamente pelas companhias securitizadoras de direitos creditórios do agronegócio e está vinculado a direitos creditórios originários de negócios entre produtores rurais (ou suas cooperativas) e terceiros, inclusive financiamentos ou empréstimos.

As operações com CRA, por sua vez, têm alíquota zero de IOF para investidores pessoa física. O título pode conter cláusula expressa de variação do seu valor nominal, desde que seja a mesma dos direitos creditórios a ele vinculados.

No caso do CRI do setor imobiliário, as características são semelhantes às do CRA, com a diferença de que *a maioria dos títulos tem uma remuneração atrelada à inflação*. Diferentemente do CRA, os prazos dos CRIs podem chegar até 30 anos, sendo que o mais curto geralmente é de três anos. Deve-se ressaltar, ainda, a importância de o investidor prestar atenção ao *ativo que serve de lastro para o CRI*.

As principais características do CRI são:

- não possui prazo mínimo;
- não possui garantia do FGC;
- possui lastro no crédito imobiliário e, portanto, tem garantia real;
- há isenção de IR para investidor PF;
- é um título registrado na clearing de títulos da B3;
- não há regulação para o valor unitário do título, no entanto, é comum títulos com valor de aplicação de R$ 1 mil.

Já as características do CRA são:

- não possui garantia do FGC;
- possui lastro no agronegócio e, portanto, tem garantia real;
- há isenção de IR para investidor PF;
- é um título registrado na clearing de títulos da B3;
- não há regulação para o valor unitário do título, no entanto, é comum títulos com valor de aplicação de R$ 1 mil.

Recibo de Depósito Bancário (RDB)

Se você entendeu o que é CDB, ficará mais fácil entender o RDB: um depósito a prazo emitido por uma instituição financeira que conta com FGC. Sua tributação é igual, por ser um título de renda fixa. As únicas coisas que diferem do CDB é o caráter intransferível, inalienável e sem liquidez que o RDB possui. Portanto, o RDB é um CDB com algumas pequenas restrições.

Cédula de Crédito Bancário (CCB)

Assim como a CPR, que abordaremos adiante, a CCB é uma promessa de pagamento. Neste caso, representa a promessa de pagamento em dinheiro decorrente de operação de crédito, de qualquer modalidade. O banco está o tempo inteiro emprestando dinheiro para os clientes tomadores, certo? Agora, imagine que, quando um cliente toma dinheiro emprestado, vai pagar o banco em até 60 meses, e 60 meses é tempo pra caramba. Então o banco pode, caso queira, "antecipar esses recebíveis no mercado". Para isso, vende no mercado uma CCCB.

Explicando melhor, quando um cliente (PF ou PJ) toma um dinheiro emprestado do banco, ele emite a favor do banco a CCB, cédula de crédito bancário. Nesse caso o banco de posse desse contrato pode "empacotar" isso e vender no mercado. O banco oferece ao mercado financeiro um CCCB, Certificado de Cédulas de Crédito Bancário. Dessa forma o investidor que compra esse título está, na prática, pagando o banco à vista e recebendo dos tomadores do banco a prazo.

As características da CCB são:

- não tem cobertura do FGC;
- possui tributação conforme tabela de renda fixa;
- risco de crédito associado ao emissor do título.

Cédula de Crédito Imobiliário (CCI)

Temos aqui mais um instrumento que fomenta a indústria da construção civil. A CCI é um instrumento que facilita a negociabilidade e a portabilidade do crédito imobiliário. Viu a palavra portabilidade no parágrafo anterior? Guarde-a, pois vamos usá-la mais para a frente. Mas, basicamente, portabilidade é uma transferência. Vamos detalhar melhor isso. Um banco, uma sociedade de crédito imobiliário ou uma incorporadora emprestam dinheiro para as pessoas comprarem seus imóveis, certo? O prazo desse tipo de crédito normalmente é longo, podendo chegar até 35 anos. Faz sentido para você que 35 anos é um baita tempo quando se trata de receber uma dívida? Existe uma solução para isso, e se chama CCI.

O banco (ou o emissor do crédito imobiliário) "empacota" o recebível e vende no mercado financeiro. O banco recebe à vista esse crédito imobiliário, com desconto, claro, e quem comprou a CCI recebe a prazo dos mutuários do crédito imobiliário. Sabe quando um comerciante vende seus produtos a prazo e vai ao banco solicitar a antecipação desses recebíveis? Então, é exatamente isso que o banco faz ao emitir uma CCI no mercado: ele antecipa os recebíveis.

Algumas características da CCI são:

- é negociada no mercado de balcão e registrado na clearing da B3;
- está sujeita ao IR, conforme tabela regressiva;
- possui garantia real do lastro da operação de crédito;
- não possui cobertura do FGC;
- embora qualquer investidor possa ter acesso, é um produto negociado, via de regra, entre o emissor e companhias securitizadoras e fundos de investimento.

Letra hipotecária

É basicamente como uma LCI, com uma sutil diferença. Ela é um título de renda fixa lastreada em crédito imobiliário. O instrumento é emitido por instituições que emprestam recursos do Sistema Financeiro de Habitação (SFH). Os emissores, portanto, podem ser bancos múltiplos com carteira de crédito imobiliário, companhias hipotecárias, associações de poupança e crédito imobiliário.

As características da LH são:

- cobertura do FGC;
- garantia real;
- isenção de IR para PF;
- prazo mínimo de 6 meses;
- valor múltiplo de R$ 1 mil.

A diferença da LH em relação à LCI está no processo de garantia do bem que dá garantia ao imóvel. Alienar é o mesmo que transferir a propriedade de um bem. Então, a alienação fiduciária é um recurso por meio do qual alguém transfere um bem para transmitir confiança. Quando você investe em um imóvel que está dando lastro – uma garantia – à LCI, ele está alienado fiduciariamente à instituição na letra hipotecária. Na LH não é por alienação fiduciária, mas sim por hipoteca, ou seja, a diferença é a facilidade na execução da garantia, pois é mais fácil fiduciariamente do que no caso de uma hipoteca.

Assim como a LCI, possui isenção de imposto de renda para pessoa física com IR retido na fonte, FGC e tudo o que uma LCI também contempla.

Letra financeira (LF)

Pode ser emitida por bancos múltiplos, bancos comerciais, bancos de desenvolvimento, bancos de investimentos, sociedades de crédito, financiamento e investimento, caixas econômicas, companhias hipotecárias, sociedade de crédito imobiliário, cooperativas de crédito e pelo BNDES. É um título privado e, portanto, tem risco de crédito elevado. De acordo com a Resolução nº 4.733, de 27 de junho de 2019, houve algumas modificações nas condições da emissão de Letra Financeira por parte das instituições financeiras, sendo uma destas mudanças o valor mínimo, como vemos a seguir:

- Não possui cobertura do FGC.
- **Prazo:** seu resgate é de no mínimo 24 meses, não admitindo liquidez antes do final do prazo.
- **Valor mínimo:** ela recebe um valor mínimo de entrada, R$ 50 mil, mas se tiver cláusula de subordinação – quando o detentor é colocado em condições subordinadas aos outros credores – os credores só receberão quando todos também receberem. Se esse for o caso, seu valor mínimo é de R$ 300 mil.
- **Tributação:** obedece também à tabela de IR e IOF. Esse título não pode ser resgatado antes do vencimento, mas o emissor pode emitir outra letra e trocá-la com o investidor. O IR será cobrado conforme o prazo de permanência dos rendimentos. Ou seja, se o título oferece pagamento de cupom, esse pagamento será deduzido de IR conforme o prazo de pagamento.

Letra de câmbio (LC)

A palavra câmbio aqui refere-se a troca. São títulos de renda fixa oferecidos por sociedades de crédito, investimento e financiamento, conhecidas como financeiras. O emitente é o devedor, o beneficiário é a PF ou PJ que investe o seu dinheiro e o aceitante é a financeira.

A letra de câmbio é o CDB da financeira e se chama câmbio pois o banco emite o título de dívida, ou seja, ele assume a dívida. Portanto, quem investe o dinheiro na LC é o beneficiário e o aceitante é a instituição financeira. É importante ter o aceitante, porque, embora quem emitiu o título seja o beneficiário, o risco que o investidor assume não é de o aposentado não pagar, mas sim da instituição. O restante é basicamente o conjunto de posições igual ao da CDB.

As características da LC são:

- cobertura do FGC;
- IR conforme tabela regressiva de renda fixa;
- emitido por sociedades financeiras;
- não pode ser indexado ao câmbio;
- não tem regra para o prazo.

Letra Imobiliária Garantida (LIG)

Letra Imobiliária Garantida (LIG) é o título de crédito emitido por instituições financeiras. Foi criado para ser uma fonte alternativa de recursos para o crédito imobiliário. É a versão brasileira do Covered Bond, constituindo-se em instrumento de dívida do emissor, garantido por um pool de créditos imobiliários que oferecem lastro e garantia para essas emissões.

Na prática, funciona como um CDB, com o aditivo de ter um lastro em imóveis. Os investidores têm dupla garantia, representada pelos ativos da instituição de crédito emissora e, em caso de insolvência, pelos ativos provenientes do lastro da Carteira de Garantias, legalmente blindados para pagamento prioritário aos investidores antes dos demais credores da instituição. A LIG conta com isenção de imposto de renda.

Quadro 8.1 – Comparação entre LIG × LCI × CRI

	LIG	LCI	CRI
Possui lastro em crédito imobiliário?	Sim	Sim	Sim
O lastro está apartado?	Sim	Não	Sim
Possui garantia da IF?	Sim	Sim	Não
Restrição a algum tipo de indexador?	A ser definido pelo CMN	Não	Não
Existe prazo mínimo de repactuação mínimo?	A ser definido pelo CMN	60 dias	Não
Possui incentivo tributário?	Sim (IR 0% para PF e não residente)	Sim (IR 0% para PF)	Sim (IR 0% para PF; IR 0% para não residente, no caso de CRI de infraestrutura)
Preferência em relação aos débitos de natureza fiscal, previdenciária ou trabalhista?	Sim	Não	Posições divergentes na doutrina sobre o assunto

Fonte: Ministério da Fazenda.

Cédula de Produto Rural (CPR)

A CPR é uma promessa de entrega futura de produtos rurais (CPR de Produtos). Permite ao produtor rural ou às cooperativas obter recursos para desenvolver produção ou empreendimento com comercialização antecipada ou não. Por meio desse instrumento, seus emitentes – produtores rurais, suas associações e cooperativas – recebem pagamento à vista relativo à venda de mercadorias.

As CPRs têm sido utilizadas como instrumento de financiamento, proporcionando a negociação da safra sem endividamento referenciado em taxas de juros e a redução das pressões sazonais de preços das mercadorias.

Trata-se de um título cambial, negociável em mercado de balcão e em bolsa de mercadorias, nas seguintes modalidades:

- **CPR Física:** a liquidação desse contrato se dá através da entrega física da mercadoria. À CPR pode-se vincular uma garantia, sendo a garantia mais comum o penhor de parte da produção. Esta modalidade é exigível na data do vencimento pela quantidade e qualidade de produto nela previsto.
- **CPR Financeira:** enquanto a CPR Física apenas discrimina a quantidade e a qualidade de um produto a ser entregue, a CPR Financeira vai além e apresenta um método para a obtenção de um valor, com base em um preço ou índice de preços a ser multiplicado pelos produtos descritos nela, que deverá ser desembolsado pelo emitente para a liquidação do título. Esta modalidade é exigível na data do vencimento pelo resultado da multiplicação do preço convencionado pela quantidade do produto especificado. Permite a liquidação financeira (entrega de recursos em vez de mercadorias) desde que sejam explicitados em seu conteúdo o preço ou o índice de preços das mercadorias, a instituição responsável por sua divulgação, a praça ou o mercado de formação do preço e o nome do índice.

O título é cartular[1], antes do registro, e escritural ou eletrônico enquanto permanecer registrado. O investidor da CPR Financeira tem como vantagens a isenção de imposto de renda e do IOF. E ao emissor, favorece o oportuno e adequado custeio da produção e a comercializa-

---

1. Obrigação cartular é aquela incorporada em um título de crédito. Uma obrigação cartular só existe se estiver vinculada a um documento perfeito, que reúna os atributos necessários para ser reconhecido como título de crédito.

ção de produtos agropecuários; permite também a venda antecipada de parte da produção e proporciona a negociação da safra sem endividamento referenciado em taxa de juro.

No agronegócio, operações de Barter são aquelas em que existe uma relação comercial entre empresas fabricantes ou revendedoras de insumos e implementos ou maquinários agrícolas com os produtores rurais. Porém, como forma de pagamento a empresa recebe do produtor uma CPR física, criando a relação de troca entre insumo e o produto agrícola.

Certificado de Depósito Agropecuário e Warrant Agropecuário (CDA/WA)

O CDA e o WA são títulos unidos, emitidos simultaneamente pelo depositário, com o mesmo número de controle, a pedido do depositante, podendo ser negociados ou transferidos unidos ou separadamente, mediante endosso. O CDA é um título de crédito, representativo de promessa de entrega de produtos agropecuários, seus derivados, subprodutos e resíduos de valor econômico, que já se encontram depositados. O WA é um título de crédito, representativo de promessa de pagamento em dinheiro que confere o direito de penhor sobre o CDA correspondente, assim como sobre o produto nele descrito.

As negociações do CDA e do WA são isentas do Imposto sobre Operações de Crédito, Câmbio e Seguro ou relativas a Títulos ou Valores Mobiliários. Os negócios ocorridos durante o período em que o CDA e o WA estiverem registrados em sistema de registro e de liquidação financeira de ativos autorizado pelo Banco Central do Brasil não serão transcritos no verso dos títulos.

Certificado dos Direitos Creditórios do Agronegócio (CDCA)

É um título de crédito nominativo, de livre negociação, representativo de promessa de pagamento em dinheiro emitido com base em lastro de recebíveis originados de negócios entre produtores rurais, ou suas cooperativas e terceiros. Podem emitir cooperativas de produtores rurais e pessoas jurídicas que exerçam atividades de armazenamento, comercialização, beneficiamento ou industrialização de produtos e insumos ou de máquinas utilizadas na produção agropecuária.

São vantagens para o investidor: a) isenção fiscal para pessoa física quando da aquisição desse título; b) esses títulos apresentam maiores garantias e retornos mais atrativos do que os usualmente praticados no mercado; c) pode ser emitido com alienação fiduciária dos direitos creditórios vinculados ao título, o que aumenta ainda mais as garantias dos investidores nessa operação.

As características do CDCA são:

- pode ser negociado com taxa pré-fixada ou pós-fixada;
- isenção fiscal para pessoa física quando da aquisição deste título;
- esses títulos apresentam maiores garantias e retornos mais atrativos do que os usualmente praticados no mercado;
- é emitido com alienação fiduciária dos direitos creditórios vinculados ao título, o que aumenta ainda mais as garantias dos investidores nessa operação.

Depósito a Prazo com Garantia Especial (DPGE)

Os DPGEs são papéis de renda fixa emitidos por instituições financeiras de pequeno e de médio porte para captar recursos. Os DPGEs podem remunerar a taxas pré ou pós-fixadas. O prazo de resgate é determinado no momento da contratação, mas não pode ser inferior a 12 meses nem superior a 36 meses. Uma característica importante é não poder resgatar antecipadamente nem parcialmente.

Semelhantes aos CDBs, eles contam com o aval do FGC para valores de até R$ 20 milhões por CPF.

As características do DPGE são:

- é um título de renda fixa emitido por banco comercial, investimento, sociedades de crédito e Caixa Econômica;
- embora possa ser emitido por qualquer banco, é um instrumento mais utilizado por bancos menores que precisam captar recursos do mercado com garantia especial;
- o prazo de vencimento deve ser no mínimo de 12 meses e no máximo de 60 meses (5 anos);
- a tributação de IR é conforme tabela regressiva, com retenção exclusiva na fonte;

- o limite da garantia oferecida pelo FGC é de até R$ 20 milhões por CPF por instituição;
- a emissão desse título está condicionada à autorização do FGC e consequente alienação fiduciária de uma carteira de recebíveis ao fundo.

Atenção! Trata-se do único título coberto pelo FGC para aplicações de até R$ 20 milhões. Normalmente, proporciona rendimento com base em percentual da taxa Selic. Destinado a investidores qualificados, as aplicações mínimas normalmente são a partir de R$ 500 mil.

Nota promissória ou comercial (Commercial Paper)

A Nota Comercial – também conhecida como Nota Promissória ou Commercial Paper – é um título de curto prazo, utilizado por empresas que buscam recursos para financiar capital de giro. O capital de giro é usado para financiar a continuidade das operações da empresa, para aquisições de mercadorias em estoque, dinheiro em caixa, matérias-primas, aplicações financeiras ou para despesas operacionais.

Trata-se de um título de emissão de sociedades anônimas, de capital aberto ou fechado, como forma de captação de recursos com investidores que possuem o direito de crédito contra ela. A colocação da Nota Comercial é feita por meio de oferta pública por instituição integrante do sistema de distribuição.

A principal característica desse título é o prazo de emissão: trata-se de uma captação de curto prazo, com máximo de 180 dias para companhias de capital fechado e 360 para as de capital aberto. Isso aproxima o instrumento do conceito de "empréstimo ponte", amplamente utilizado nos casos em que há um descasamento entre emissões da instituição de prazo maior. Para mitigar o risco de necessidade de caixa, as companhias emitem as notas promissórias, tendo como vantagem a maior rapidez de estruturação desse tipo de operação.

Para o investidor, a remuneração da Nota Comercial pode ser um ponto atrativo. O instrumento financeiro pode ser indexado a taxas prefixadas ou pós-fixadas, como DI, Selic, IPCA, TJLP (Taxa de Juros de Longo Prazo)[2], entre outros. Mas vale lembrar que, incorporada à remuneração, está o risco de crédito da instituição emissora.

---

2. A TJLP foi extinta em 2017. Era a taxa de juros padrão cobrada pelo governo nas operações feitas pelo BNDES.

Como escolher um título privado?

O primeiro ponto a ser considerado pelo investidor é o relatório de *rating* (serve para que investidores saibam o nível de risco dos títulos de dívida que estão adquirindo). O mais rentável provavelmente terá o maior risco, como vimos no Capítulo 6.

A classificação de crédito (também chamada de nota de risco, *rating*, classificação de risco, avaliação de risco, notação de risco ou notação financeira de risco) avalia o valor do crédito de emissões da dívida de uma empresa ou um governo.

É importante ler o prospecto do título, olhando a garantia do ativo e se há pulverização. Uma securitizadora pode ajudar o investidor nessa análise, estudando o histórico do devedor envolvido (empresa que está precisando do financiamento). É fundamental olhar a proteção oferecida, principalmente no caso de problemas com safras e riscos climáticos.

Comparando poupança × fundo DI × CDB × LFT × LCI/LCA

Ao optar pela LCI ou LCA, o investidor vai perceber que, no momento de comparar quem oferta o maior percentual do CDI para atualizar a LCI/LCA, seu volume total de dinheiro investido no banco impactará bastante o poder de barganha. Quanto maior é o volume, maior é o percentual, e isso de certa forma leva à concentração de recursos.

Quando comparada ao fundo DI, os benefícios da LCI/LCA destinada a investidores PF se estendem, pois o fundo DI, além de ter a incidência de imposto de renda variando de 22,5% a 15% de acordo com o prazo da aplicação, tem a cobrança da taxa de administração, o que reduz um pouco a rentabilidade. Também não conta com a valiosa proteção do FGC.

A LCI/LCA é uma ótima alternativa em relação ao CDB e ao fundo DI, desde que a carência exigida pelo banco não seja uma barreira, pois, no mais, também possui risco baixo e grande chance de proporcionar uma rentabilidade superior.

Vejamos um **exemplo**. Comparando os seguintes investimentos:

- LFT pagando Selic com uma taxa de custódia de 0,25% a.a. do Tesouro Direto.
- CDB pagando 85% do DI.
- Fundo DI 1 com taxa de administração de 1% a.a.

- Fundo DI 2 com taxa de administração de 2% a.a.
- LCI/LCA pagando 80% DI.

Se você aplicasse R$ 100 mil em 12 meses, teria em cada um dos tipos os rendimentos líquidos conforme a Tabela 8.1, variando a taxa Selic de 1% a 12%:

Tabela 8.1 – Comparação entre poupança × fundo DI × CDB × LFT × LCI/LCA

Taxa Selic (a.a.)	Poupança	Fundo DI-1	Fundo DI-2	CDB	LFT	LCI/LCA
12%	106.803	108.680	107.880	108.058	109.158	109.480
11%	106.803	107.880	107.080	107.378	108.362	108.680
10,5%	106.803	107.480	106.680	107.038	107.964	108.280
10%	106.803	107.080	106.280	106.698	107.565	107.880
9%	106.168	106.280	105.480	106.018	106.769	107.080
8%	105.600	105.480	104.680	105.338	105.973	106.280
7%	104.900	104.680	103.880	104.658	105.176	105.480
6%	104.200	104.075,50	103.201	104.207,50	104.731,38	104.800
5%	103.500	103.258,75	102.392,50	103.506,25	103.908,44	104.000
4%	102.800	102.442	101.584	102.805	103.085,50	103.200
3%	102.100	101.625,25	100.775,50	102.103,75	102.262,56	102.400
2%	101.400	100.808,50	99.967	101.402,50	101.439,63	101.600
1%	100.700	99.991,75	99.158,50	100.701,25	100.616,69	100.800

Fonte: elaborado pelo autor.

Repare, na Tabela 8.1, como a taxa de administração dos fundos e o imposto de renda comem seu rendimento quando a Selic cai abaixo de 8%. Observe que as LCIs e LCAs, que contam com a isenção do imposto de renda, rendem mais em qualquer cenário.

Atenção! Tanto o CDB quanto as LCIs e LCAs são títulos de crédito emitidos por bancos, ou seja, representam dívidas dos bancos com o investidor. Portanto, estão sujeitos ao risco de crédito da instituição financeira que os emite. Tais investimentos são garantidos pelo FGC em até R$ 250 mil por CPF. O FGC também cobre os depósitos em poupança. Já os fundos de investimentos e as aplicações no Tesouro Direto não contam com a cobertura do FGC.

Debêntures

Início de conversa

- O que são e como funcionam as debêntures.
- Vantagens das debêntures de infraestrutura.

Investir com sucesso é gerenciar riscos, não evitá-los.
Benjamin Graham

As debêntures são valores mobiliários de renda fixa, que podem ser emitidos por sociedades por ações, de capital aberto ou fechado. Entretanto, para que sejam distribuídas publicamente, devem ser emitidas por companhias de capital aberto com registro na Comissão de Valores Mobiliários (CVM).

É uma das formas de captação de recursos das empresas, que emitem debêntures e vendem-nas a investidores, com a promessa de pagar, nas condições contratadas, o valor equivalente ao valor dos títulos emitidos, acrescido de uma remuneração. Assim, cada debênture representa uma fração da dívida total que foi negociada entre a empresa emissora e o investidor.

A tributação das debêntures é a mesma da renda fixa, variando de 22,5% a 15% dependendo do prazo – veja mais informações no Capítulo 7, que trata sobre renda fixa.

Risco das debêntures

Como os demais títulos de renda fixa, vistos no Capítulo 8, as debêntures apresentam risco de mercado associado ao comportamento das taxas de juros, em resposta, por exemplo, a alterações na política econômica do governo federal ou no cenário internacional. Além disso, como títulos privados, embutem em sua rentabilidade um prêmio associado ao risco de crédito da empresa emissora.

A análise dos prospectos das emissões de debêntures pelos investidores é parte fundamental do processo de decisão de investimento, pois fornece a eles todas as informações sobre a empresa emissora, seu balanço e seus resultados, bem como suas perspectivas de investimentos e retorno. Outro fator que demanda atenção do investidor é o risco de liquidez do papel. Esse risco, que é inerente a todos os ativos negociados no mercado financeiro e se traduz na dificuldade de comprar ou vender um título pelo preço desejado no momento oportuno, é bastante característico do mercado de debêntures no Brasil, considerado pouco líquido.

Espécies de debêntures

As espécies de garantias poderão ser constituídas cumulativamente. Em função do tipo de garantia oferecida ou da ausência dela, as debêntures são classificadas em:

- **Com garantia real:** garantidas por bens integrantes do ativo da companhia emissora, ou de terceiros, sob a forma de hipoteca, penhor ou anticrese.
- **Com garantia flutuante:** asseguram privilégio geral sobre o ativo da emissora em caso de falência. Os bens objeto da garantia flutuante não ficam vinculados à emissão, o que possibilita à emissora dispor desses bens sem a prévia autorização dos debenturistas.
- **Quirografária ou sem preferência:** não oferecem privilégio algum sobre o ativo da emissora, concorrendo em igualdade de condições com os demais credores quirografários em caso de falência da companhia.
- **Subordinada:** na hipótese de liquidação da companhia, oferecem preferência de pagamento tão somente sobre o crédito de seus acionistas.

As diversas espécies podem diferir também quanto à conversibilidade, podendo ser conversíveis ou não conversíveis. As conversíveis são aquelas que podem ser trocadas por ações da companhia emissora.

As debêntures conversíveis e as não conversíveis podem contemplar cláusulas de permutabilidade por outros ativos ou por ações de emissão de terceiros que não a emissora. As condições de conversibilidade, bem como as de permutabilidade, devem estar descritas na escritura de emissão.

Debêntures incentivadas

As debêntures incentivadas podem ser emitidas para financiar projetos de infraestrutura considerados prioritários pelo governo federal e garantirão um tratamento tributário favorecido a seus investidores, pessoas físicas e jurídicas. Outra vantagem são retornos mais elevados se comparados a debêntures tradicionais de emissão da mesma empresa. Isso ocorre, basicamente, porque os prazos das debêntures isentas geralmente são mais longos; e o risco desses ativos, muitas vezes, está atrelado à conclusão de um projeto específico, e não somente à saúde financeira da empresa emissora. Por terem mais risco, é natural que paguem taxas mais altas.

Entre os riscos implícitos no investimento em debêntures incentivadas, destacam-se:

- **Risco de calote ou risco de crédito**: não há garantia do FGC, tampouco para as debêntures em geral, isentas ou não. Assim, se a empresa que tomou o empréstimo não conseguir honrar seus pagamentos, o investidor final pode perder seus recursos. Por isso, é de grande importância a diversificação da carteira e o acompanhamento profissional da qualidade dos títulos emitidos no mercado.
- **Os prazos dos títulos geralmente são bem mais longos** do que a média dos CDBs ou de outros títulos não isentos, ocasionando baixa liquidez para as debêntures isentas caso o investidor deseje vendê-las antes do prazo de vencimento (o que, muitas vezes, pode superar cinco anos). Uma saída para o investidor é investir em fundos de debêntures incentivadas. Esses fundos possuem um prazo de carência bem menor para o pagamento de eventuais resgates, caso o investidor queira resgatar (como 30 dias, por exemplo, representado por "D+30").
- **Maior volatilidade das oscilações por causa do risco de crédito e risco de liquidez**, pois a remuneração das debêntures isentas é relacionada aos juros prefixados. Nas épocas de bonança, esses títulos tendem a apresentar retornos bastante positivos. Por outro lado, em momentos de nervosismo, os retornos podem ficar abaixo do CDI e, muitas vezes, ficar negativos.

Muito antes do impeachment da ex-presidente Dilma Rousseff, em 2016, a economia brasileira apresentava sinais alarmantes de deterioração. Em 2011, o governo não dispunha de recursos suficientes para financiar grandes obras de infraestrutura essenciais ao país; então, para atrair investidores, promulgou a Lei nº 12.431, que concedia isenção de imposto de renda para investimentos em debêntures de infraestrutura ("debêntures incentivadas"), com a condição de que esses títulos tivessem como objetivo captar recursos para financiamento de obras de infraestrutura.

Resumidamente, a alíquota do imposto de renda incidente sobre os rendimentos das debêntures de longo prazo, emitidas para financiar projetos de infraestrutura, passa a ser de 0% para o investidor PF e o investidor estrangeiro, e de 15% para PJ. O mesmo incentivo é previsto para cotistas que optarem por aplicar em fundos de investimento de debêntures incentivadas com patrimônio composto por, no mínimo, 85% dos títulos e valores emitidos com o incentivo fiscal. É uma vantagem considerável, pois para qualquer outro ativo de renda fixa não isento aplica-se a tabela regressiva de imposto de renda, o que diminui bastante o resultado líquido do investimento. Há de se levar em conta também os riscos de cada título, pois, para maiores riscos, os investidores vão demandar maiores retornos. Enquanto os juros ficarem em patamares baixos, qualquer tipo de vantagem nos investimentos pode fazer diferença no longo prazo, por isso a grande atratividade desse benefício.

Enquadramento – isenção

Para se enquadrar na categoria de debêntures isentas, tais títulos precisam cumprir uma série de pré-requisitos, como:

- A destinação dos recursos captados com as debêntures deve estar ligada diretamente ao financiamento de projetos de infraestrutura considerados como essenciais e estratégicos pelo governo federal. Por exemplos: projetos para investimento em mobilidade (como rodovias, portos e aeroportos), energia (como usinas hidrelétricas, termelétricas e eólicas) e saneamento básico.
- Seu prazo médio ponderado deve ser de, no mínimo, quatro anos. Na prática, isso quer dizer que, em geral, as debêntures de infraestrutura possuem prazos de vencimento mais longos do que as tradicionais e não

isentas. O prazo de vencimento costuma oscilar entre sete e dez anos após a data de emissão do título.

- A remuneração das debêntures deve ser atrelada a uma taxa prefixada, geralmente vinculada a um índice de preços. O mais usual é que as debêntures remunerem o investidor a uma taxa prefixada mais a variação do IPCA. No caso fictício de uma debênture que ofereça ao investidor uma remuneração de IPCA + 4% a.a., a taxa prefixada seria de 4% e o restante da remuneração seria dependente da variação do IPCA (quanto maior é o IPCA, maior é a remuneração, e vice-versa).

10

Renda variável – ações, ETFs e BDRs

Início de conversa

- Como aumentar seu patrimônio com as ações.
- Como escolher as ações.
- Os 10 mandamentos do investidor de ações.
- O que faz um agente autônomo de investimentos.
- O que faz um analista de investimentos.
- Como é a tributação de ações.
- O que são ETFs e BDRs.

Ter ações é como ter crianças:
não se envolva com mais do que o que você consegue lidar.
Peter Lynch

Uma ação representa a menor parcela em que se divide o capital de uma empresa organizada em forma de sociedade anônima (S.A.). Ao abrir uma S.A., os fundadores aportam recursos – financeiros ou não – que formarão seu capital social. Com esses recursos, eles compram máquinas e equipamentos, pagam funcionários, enfim, fazem a empresa funcionar.

Para ter suas ações negociadas em mercados organizados, como as Bolsas de Valores, a empresa precisa se registrar como companhia aberta na Comissão de Valores Mobiliários (CVM).

Atenção! É importante lembrar que somente as sociedades anônimas de capital aberto registradas na CVM poderão ser negociadas em bolsa de valores.

O investimento em ações pode ser individual ou coletivo.

No investimento individual, são contratados os serviços de uma corretora de valores, que intermediará as negociações e receberá as ordens do cliente ou permitirá que ele realize as operações diretamente pelo seu sistema de *home broker* pela internet. Já no investimento coletivo, adquirem-se cotas de clubes de investimento ou de fundos de ações.

Como são negociadas diariamente, as ações podem apresentar oscilações de preço. Quando há grande procura por ações, a tendência é de alta em seu preço; contudo, quando ocorre o movimento inverso, ou seja, muitos investidores vendem suas ações, o preço cai. É a chamada "lei da oferta e da procura".

O investidor em ações torna-se sócio da empresa. Como tal, ele tem direito a participar dos lucros da empresa e poderá ganhar dinheiro com os dividendos distribuídos e/ou com a valorização do preço de suas ações.

Caso a empresa tenha dificuldade financeira, por reflexo de problemas do setor em que atua ou por problemas administrativos, por exemplo, a expectativa é de que seu lucro se reduza, resultando na queda do preço da ação.

Quem investe em ações está buscando potencializar seus ganhos ao longo do tempo.

Tipos de ações

As ações preferenciais nominativas (PN) são aquelas que menos protegem o acionista minoritário, uma vez que não lhe dão o direito a voto em assembleia e, ainda, em caso de venda da empresa, não lhe garantem o direito de participar do prêmio de controle (que é um valor maior pago ao acionista que detém o comando da empresa).

Os detentores de *ações ordinárias nominativas* (ON) têm o direito de votar nas assembleias da empresa. No entanto, na maioria das vezes, eles não têm poder de veto. O direito de veto ganha relevância nos casos em que há divergências entre os acionistas controladores.

Veja como **exemplo** o caso de uma empresa que tenha três sócios no controle e um deles discorda sobre determinado assunto na assembleia. Esse sócio pode, dependendo da circunstância, vir a ter direito de veto ao se juntar a outros minoritários detentores de ações ON.

O que torna as ações ordinárias ainda mais interessantes para o investidor é o *tag-along*. Explicando o *tag-along*: a Lei das Sociedades Anônimas determina que todo acionista com ações ON tenha direito de participar do prêmio de controle. Pela lei, esses acionistas possuem o direito de *tag-along*, ou seja, o direito de receber por suas ações no mínimo 80% do valor pago para o controlador em caso de venda da empresa.

O Novo Mercado é um segmento especial de listagem na Bolsa de Valores B3. A adesão a ele é voluntária, mas as empresas que participam devem seguir uma série de normas adicionais, idealizadas para melhorar a governança, dar maior transparência e proteger o direito dos acionistas. Em função da evolução do Novo Mercado da B3, a maioria das empresas que têm realizado abertura de capital optam por esse segmento. A principal exigência desse mercado é que o capital social da empresa seja composto somente por ações ordinárias.

☆ **Dica** ────────────────────────

Para se aplicar em ações de empresas, é necessário que existam fundamentos e não promessas de uma apresentação de PowerPoint ou dica de um corretor. Quando entra um fluxo de dinheiro em uma ação, este fluxo de dinheiro pode levar os preços de uma ação rapidamente para cima, mas, para sustentar os preços, você precisa atrair mais dinheiro, como o funcionamento de um balão: ao injetar ar quente, ele sobe; ao eliminar o ar quente, ele cai – ao colocar dinheiro, o preço da ação sobe; ao tirar o dinheiro, o preço cai novamente.

Quando uma empresa sem fundamentos sobe rápido, ela precisa sustentar o fluxo com fundamentos, com lucros, aumento de receita, diminuição de dívidas, caso contrário, a ação segue rapidamente para o buraco. Dizemos que o "mercado sobe de escada e desce de elevador".

────────────────────────────────────

Blue chips

As ações conhecidas como *blue chips* (no jogo de pôquer, as fichas azuis [blue] são as de maior valor) são aquelas que apresentam maior liquidez, ou seja, trata-se das ações mais negociadas no mercado. Esses papéis, normalmente de grandes empresas, têm a maior tradição de segurança no mercado acionário e um fluxo de caixa mais previsível.

Atenção! Uma das crenças mais erradas dos iniciantes é a de operar "micos" (ações com preço inferiores a R$ 2) para tentar alavancar os ganhos. Acontece que tais ações normalmente são de empresas em dificuldades financeiras, muitas vezes até concordatárias ou em vias de entrar em falência. Dicas da internet, de um parente que "sabe tudo de ações", de um fórum que você desconhece são, certamente, o caminho mais rápido para perder dinheiro, ao contrário de se educar financeiramente. Portanto, fuja dos "micos".

Ganhando dinheiro na baixa

No mercado financeiro, podemos ganhar dinheiro comprando barato e vendendo mais caro ou fazendo o inverso, primeiramente vendendo mais caro e, depois, recomprando mais barato. É uma transação legal permitida na maioria das bolsas de valores.

A venda a descoberto (em inglês, *short selling*) é uma prática financeira que consiste na venda de um ativo financeiro que não se possui, esperando que seu preço caia para, então, comprá-lo de volta e lucrar na transação com a diferença.

Embora ainda pouco utilizada por pessoas físicas, trata-se de prática tradicional nos mercados financeiros para tentar ganhar dinheiro em épocas de baixa, com a desvalorização e as quedas de preço das ações ou de outros ativos.

Por que vender uma ação que você nem possui?

A prática da venda a descoberto é especialmente útil em tendência de baixa, quando o investidor percebe que o preço da ação irá desvalorizar. Pensando nisso, o investidor tem a oportunidade de vender a descoberto e, posteriormente, comprar depois essa mesma ação a um preço mais barato. Por mais incrível e chocante que pareça, é assim que os profissionais ganham em um mercado de baixa, como na derrocada do mercado durante a grande crise do coronavírus em março de 2020.

Explicando: suponha que uma ação esteja cotada em R$ 10. Em determinado dia, você identifica que ela pode cair. Imaginemos que, hipoteticamente, essa premissa estava certa e agora ela seja negociada por R$ 9. Neste cenário, seria possível comprar a ação de volta por R$ 9. Como você já tinha feito a venda a descoberto por R$ 10, você faturou um lucro de R$ 1 (10 – 9 = 1).

Nesta hipótese, tudo correu às mil maravilhas. Isso não significa que não exista risco: essa ação poderia ter valorizado no período. Assim, talvez fosse necessário comprá-la por um preço superior à venda – e isso representaria um prejuízo ao investidor.

A operação de venda a descoberto pode ocasionar perdas elevadas e não é indicada para investidores iniciantes ou que não suportem grandes variações em seu patrimônio. Afinal, uma ação pode subir infinitamente e você "quebrar".

Touros e ursos

Você já deve ter ouvido falar em touro, urso, mercado altista ou baixista, mas vamos explicar melhor.

- **Estar altista/*bullish*:** tendência em um mercado de ações quando, pela dominância da demanda, os preços dos papéis sobem. O termo *bullish* vem de *bull* (touro) e tem origem na simbologia desse animal, que ataca com o chifre, como movimentos de baixo para cima, erguendo seu rival no ar.

- **Estar baixista/*bearish*:** tendência em um mercado de ações quando, pela dominância da oferta, os preços dos papéis caem. O termo *bearish* vem de *bear* (urso), que ataca com movimentos da garra de cima para baixo, derrubando seu adversário. Outra teoria diz que o termo *bearish* veio da história de um comerciante inglês de peles de ursos que costumava vender seus produtos antes de receber. Funcionava assim: ele vendia (ainda sem ter o produto), recebia o dinheiro e combinava com o comprador de entregar depois. Quando o produto chegava, se o preço estivesse abaixo do valor que tinha recebido do cliente, ele comprava o produto do fornecedor por um preço mais baixo. Entregava para o cliente e aí ficava com a diferença. Ou seja, ele basicamente fazia uma operação de venda a descoberto. Daí surgiu a frase: "Não venda a pele (de urso) sem tê-la".

Em 2011, fiz um vídeo voltado para crianças que explica essa batalha entre touros e ursos. Acredito que possa ser útil para que você compreenda melhor o tema. Ele está disponível em: <https://www.youtube.com/watch?v=WyIEKIaizsE>. Acesso em: 2 mar. 2020.

Como escolher ações boas?

Quem deseja entender mais sobre o mercado de ações deve estudar muito e continuamente, pois se trata de um mercado muito dinâmico. Diversas escolas – como a Trader Brasil Escola de Finanças & Negócios, fundada por mim em 2001 – contam com cursos para quem quer aprender as nuances do mercado de capitais.

Para saber como escolher boas ações, você terá de responder a três perguntinhas básicas:

1. **O que vou comprar?** É preciso verificar quais setores terão o melhor desempenho dependendo de como a economia se encontra. E, dentro deles, quais companhias estão mais baratas em relação às outras. É a

chamada análise fundamentalista. Para realizá-la, você terá de saber um pouco de macroeconomia (como está a economia do Brasil e do mundo), de microeconomia (como estão os setores e as empresas), análise de balanços e demonstrações financeiras, e entender de avaliação de empresas.

2. **Quando comprarei?** Às vezes, compramos empresas baratas de setores bons, mas o investimento simplesmente não vinga. Para isso, utilizamos a Análise Técnica ou Gráfica, que estuda o movimento dos preços, tentando encontrar uma tendência para "surfar" nela, a fim de comprarmos algo que está na iminência de subir, por exemplo.

3. **Como comprar?** Além de saber o que e quando comprar, temos de ter um plano B. Se algo der errado, devemos abandonar a posição antes que ela nos dê prejuízos fora da nossa capacidade de arcar com riscos. Como em tudo na vida, precisamos de um plano: seu plano terá um objetivo de preço, um preço de entrada ideal e um preço de stop, que é a ordem que encerra a operação a fim de limitar seu prejuízo. Dentro da análise de risco, você também definirá quanto comprará e qual é o horizonte de tempo que permanecerá na operação.

Dica

O método Trader Brasil utiliza as análises fundamentalista (o que comprar ou vender), técnica (quando comprar ou vender) e condicional (como controlar o risco). Todas essas análises devem ser feitas em conjunto para que se obtenha uma maior probabilidade de acerto. Você pode conhecer mais sobre o tema acessando o site <http://www.traderbrasil. com>.

De modo geral, a análise fundamentalista sozinha destina-se a investidores de longo prazo, que gostam de analisar contabilidade, economia e matemática. Vale lembrar que a análise fundamentalista é baseada em dados contábeis e econômicos, mas as projeções realizadas operam com base em estimativas feitas pelos investidores.

Já a análise técnica ou gráfica estuda o movimento dos preços primariamente por meio de gráficos.

Em meu livro *Análise técnica dos mercados financeiros*, publicado pela Saraiva, digo que "análise técnica é a interpretação da ação do mercado para antecipar os movimentos futuros dos preços".

Duas abordagens para conduzir a análise fundamentalista

As abordagens top-down e bottom-up são modos diferentes de analisar e investir em ações, havendo, evidentemente, diferenças e vantagens em ambas as metodologias. Mas ambas buscam identificar quais são as boas ações para que se possa investir e descartar empresas ruins.

Análise top-down: começando de cima

A análise de "cima para baixo" começa com a verificação dos fatores macroeconômicos (juros, câmbio, PIB, exportações, vendas do varejo etc.) antes de trabalhar com as questões específicas das empresas individualmente. O objetivo é visualizar o "quadro geral" para, então, compreender como os fatores macroeconômicos impulsionam os mercados e, finalmente, os preços das ações.

Figura 10.1 – Análise top-down

Fonte: Trader Brasil Escola de Finanças & Negócios.

Análise bottom-up: iniciando pelo nível das empresas

Em razão da dificuldade de analisar o cenário macro, a abordagem de baixo para cima é mais empregada por investidores individuais – no geral, são aqueles que empregam estratégias de posição de longo prazo. Isso se deve ao fato de que uma abordagem de baixo para cima para o investimento fornece ao investidor um entendimento profundo de uma única empresa e suas ações.

Com base na análise individual das empresas, seja por meio de desconto de fluxos de caixa ou por meio de análises de múltiplos, o investidor buscará por empresas em que haja forte perspectiva de crescimento futuro, com boas métricas de endividamento e liquidez, e com preços das ações ainda baratas.

Principais técnicas de avaliação fundamentalista

Existem duas técnicas principais. A primeira, geralmente mais complexa, é conhecida como *fluxo de caixa descontado* (FCD). Nela, o investidor fará a projeção dos fluxos de caixa futuros da empresa e os trará ao valor presente usando uma taxa que represente o retorno exigido pelos acionistas.

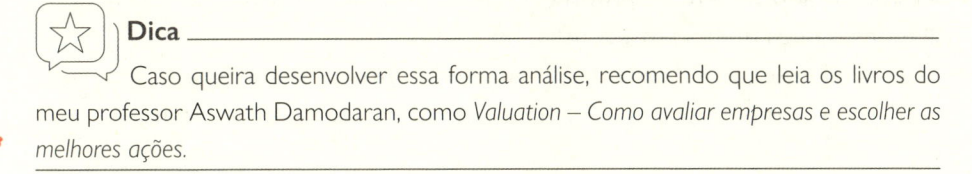

Dica

Caso queira desenvolver essa forma análise, recomendo que leia os livros do meu professor Aswath Damodaran, como *Valuation – Como avaliar empresas e escolher as melhores ações.*

A segunda forma de avaliação é mais simples e conhecida como *análise relativa* ou *análise por múltiplos*. Nela, o investidor avalia a empresa e a compara com outras do mesmo setor ou com características semelhantes.

Dentro das diversas formas de avaliação de empresas, a análise por múltiplos se destaca por ser uma abordagem fácil, rápida e prática de encontrar boas oportunidades de investimento. O múltiplo nos dá a ideia de quanto vale uma empresa e isso é muito sensível à taxa de juros.

Múltiplos são indicadores que permitem avaliar se um ativo está caro ou barato diante das estimativas de geração de lucro no futuro. No entanto, sua utilização demanda cuidados que devem ser levados em consideração antes de se tomar qualquer tipo de decisão, pois não captura mudanças estruturais de estratégia e de gestão de uma empresa, sobretudo quando o impacto de uma estratégia só será sentido no médio-longo prazo. Além disso, há diferenças contábeis e tributárias entre empresas e, sobretudo, entre países. Assim, o analista deve efetuar ajustes nos múltiplos, ação que nem sempre é fácil de ser feita.

A avaliação por múltiplos pode ser considerada uma metodologia de avaliação embasada no conceito de valor relativo, ou seja, o valor de uma empresa é baseado na comparação da precificação de seus pares no mercado.

Um múltiplo é uma simples relação entre o preço de uma ação e outra variável de negócio, como lucro, liquidez, risco, valor patrimonial etc. O múltiplo mais comum de todos é o preço/lucro (P/L), que retrata a quantidade de anos em que o investidor terá o retorno de volta – logo este número tem de ser o menor possível.

Como calcular o P/L de uma empresa?

Calcular um preço/lucro é simples: basta dividir o preço por ação pelo lucro anual por ação (LPA).

$$P/L = \frac{Preço}{LPA}$$

Você encontra o preço por ação no site da B3, nos *home brokers* das corretoras ou demais sites que acompanham o mercado acionário. Já o LPA pode ser encontrado no site da própria empresa ou de instituições que recebem os demonstrativos financeiros, como a B3 e a CVM.

Para saber se um P/L está demasiadamente alto ou baixo, deve-se comparar o P/L com outras empresas semelhantes do mesmo setor de atuação.

Tabela 10.1 – Comparando empresas por múltiplos

Papel ▼ ▲	Cotação ▼ ▲	P/L ▼ ▲	P/VP ▼ ▲	Div. Yield ▼ ▲	EV/EBITDA ▼ ▲	ROE ▼ ▲
DASA3	58,40	144,83	5,16	0,95%	26,29	3,56%
GNDI3	57,97	97,32	11,72	0,25%	30,79	12,04%
HAPV3	56,22	47,74	6,23	0,74%	38,49	13,04%
AALR3	1815	42,64	1,67	0,47%	11,62	3,91%
ODPV3	15,99	29,24	7,91	2,96%	15,30	27,06%
FLRY3	28,50	28,71	5,20	3,55%	11,45	18,10%
PARD3	25,30	23,62	4,95	1,54%	12,23	20,97%
QUAL3	34,40	23,15	4,20	13,91%	8,06	18,16%

Fonte: Fundamentus. Acesso em: 11 nov. 2019.

Na Tabela 10.1, dentro do setor de serviços médico-hospitalares, análises e diagnósticos, a QUAL3 possuía o menor P/L entre as empresas do setor naquela data. Portanto, se fôssemos analisar somente por este múltiplo, sem levar outras considerações na análise, concluiríamos que ela estava mais barata que as outras empresas de mesmo setor.

Outro múltiplo bastante utilizado é o ROE (*Return on Equity*), que é a rentabilidade sobre o patrimônio líquido da empresa. Nele, quanto maior, melhor. Note que, na tabela apresentada, a ODPV3 possui o maior ROE.

De modo geral, toda vez que tivermos em um múltiplo o preço da ação (representado pela letra P) no numerador, como queremos comprar a ação mais barata possível, logo escolheremos a empresa que possua o menor valor deste tipo de múltiplo possível – é o caso, por exemplo, do múltiplo P/VP (preço da ação dividido pelo valor patrimonial contábil). Da Tabela 10.1, vemos que a AALR3 possui o menor múltiplo de P/VP.

A taxa de dividendos – *dividend yield* – é um múltiplo que mostra quanto foi a taxa da última distribuição de dividendos em relação ao preço da ação. Deseja-se que essa taxa seja a maior possível. O maior *dividend yield* foi da QUAL3.

O EV/EBITDA – *enterprise value* dividido pelo EBITDA (*Earnings before Interest, Taxes, Depreciation and Amortization*) – deve ser o menor possível. No exemplo, QUAL3 é a menor do setor.

Daí se conclui que, se todos os cálculos estiverem corretos, a QUAL3, que tem o menor P/L, o menor EV/EBITDA, o maior *dividend yield* e um dos melhores ROE, está entre as melhores oportunidades desse setor.

Atenção! Evite erros ao começar a investir na bolsa de valores. A seguir, veja quais são os principais erros do investidor iniciante e fuja deles!

1. Sonhar com dinheiro fácil do dia para a noite.
2. Não ter uma reserva de emergência, que serve de proteção em eventos extraordinários.
3. Buscar informações na internet e achar que só você sabe a respeito.
4. Não lembrar que rentabilidade passada não é garantia de rentabilidade futura.
5. Aplicar no curto prazo, se desesperar com a volatilidade e vender na primeira variação negativa.

Como enfrentar os medos de investir em renda variável

A bolsa de valores é uma das opções de investimento com as maiores possibilidades de retorno do mercado financeiro. No entanto, lembre-se: retorno e risco caminham lado a lado.

Além do ótimo potencial de ganho, investir na bolsa de valores também pode oferecer outros benefícios, como liquidez, possibilidade de fazer seu dinheiro render por tempo indeterminado, possibilidade de se tornar sócio de grandes empresas e inexistência de um valor mínimo para investimento.

Você não precisa esperar juntar muito dinheiro e aplicar tudo de uma vez no mercado. Ao contrário, uma boa estratégia para investir em ações é fazer isso de forma gradativa, colocando um dedinho de cada vez até se acostumar com a temperatura da água, antes de mergulhar de cabeça.

Na maior parte das vezes, a grande dificuldade está relacionada à disciplina do investidor e à sua capacidade de lidar com suas emoções. É como se você fosse um peixinho em um aquário: uma vida sem graça, mas perfeitamente controlada. Até que, um dia, alguém sugere que você fuja para o alto-mar. Você pensa: "Posso crescer e ter uma vida melhor. Mas também posso ser engolido no processo". Ou seja, fica sempre a sensação de não estar preparado para a aventura.

Investimento e medos

Os medos mais comuns, embora alguns estejam diretamente relacionados entre si, são: medo de perder dinheiro e demorar muito para recuperar, medo de precisar do dinheiro no curto prazo em um momento ruim do mercado, medo de crise mundial, medo de comprar a ação e a empresa quebrar, medo de não saber montar uma carteira, falta de previsibilidade futura da rentabilidade, medo da ausência de garantia de FGC, dentre outros.

Primeiramente, precisamos entender a natureza das ações. Elas oscilam muito no curto prazo, por diversas razões: guerras comerciais, mudanças nas taxas de juros e câmbio, alterações das vendas, atentados, mudanças no comando da empresa etc.

Todo mundo tem um limite. É preciso que você descubra, de alguma forma, o seu aos poucos e nunca chegue perto dele. Com o tempo e com a experiência, esse limite vai se alargar. Mas será um processo lento, que demandará tempo.

Por mais que os bancos e as corretoras obriguem o cliente a preencher um questionário chamado de "API-Análise de Perfil de Risco" (conforme vimos no Capítulo 6, sobre o risco), na prática, as coisas são bem diferentes. Investir sem conhecer a si próprio, sem saber seu perfil de investidor correto, é como ir a um restaurante exótico com pratos que você não sabe nem pronunciar o nome, sem conhecer seu próprio paladar. A chance de você escolher mal é grande.

Muitos citam a ausência de previsibilidade futura do patrimônio para se fazer um investimento em renda variável. Você não precisa colocar 70%, 90% de todo seu patrimônio em renda variável. Ainda mais se estiver começando!

É como entrar no mar pela primeira vez: coloque um pezinho primeiro, sinta com os dedos se a água está fria, depois entre com o outro pé, molhe a nuca e por aí vai.

Se você pegar aleatoriamente intervalos de cinco anos desde 1994, em 14% deles o índice Bovespa de ações ficou com retorno negativo. Se você alongar esse período para dez anos, em apenas uma janela desde 1º de julho de 1994 o Índice Bovespa ficou com retorno negativo, que foi entre os dias 26 de janeiro de 2006 até 26 de janeiro de 2016, com apenas -1,36%.

Quanto maior for seu horizonte de investimento, menor será a chance de experimentar retornos negativos. Retornos de -20%, -30% são bem comuns. Além disso, o "terrível" retorno de -50% existe, faz parte do jogo e já aconteceu em 2% das vezes – e deve continuar ocorrendo, mas você sobreviverá.

Com relação ao medo de precisar do dinheiro em um mercado em queda e ter de resgatar no momento errado, só há uma única solução: acertar no tamanho de sua alocação. Se você expuser 1% de seu capital, já trará emoções e lições o suficiente.

Não importa se você tem muito ou pouco dinheiro. Hoje em dia, com os custos mais acessíveis para se investir em ações ou aplicações mínimas mais baixas nos fundos de investimento em ações, é possível e recomendável iniciar com pouco.

Outro medo é a ideia de não haver proteção para o investidor no Brasil, principalmente em caso de fraudes na administração da empresa. Você investe com base em balanços, planilhas e projeções. Mas e no caso de dados fraudados? Como fica o investidor? O administrador vai preso, mas e o investidor?

Enfim, você não conseguirá aprender as maiores lições sobre investimento em renda variável se não experimentar na prática. Comece. Comece minusculamente, mas comece. É na prática que você descobrirá seu perfil, seus vieses, suas habilidades e suas falhas a serem trabalhadas. Na Trader Brasil Escola de Finanças & Negócios, ensinamos que "perder pouco faz parte do processo de ganhar muito".

Quadro 10.1 – Cinco dicas para começar a investir na bolsa de valores

1. Faça cursos e leia livros sobre a bolsa de valores	Cursos de análise técnica e fundamentalista com planejamento das operações, controle de risco usando simuladores com cotações reais, entre outros, podem agregar muito ao investidor novato, que pode até gostar e começar aos poucos a se tornar um especialista.
2. Comece com calma até se familiarizar com a bolsa	Não adianta ir com muita sede ao pote. Após os cursos, comece investindo um percentual bem pequeno de seu capital na renda variável para começar a se familiarizar com aquilo tudo.
3. Aplique um dinheiro que você não vai precisar no curto prazo	O dinheiro aplicado deve ser aquele que você não precisará no curto prazo.
4. Dê preferência a empresas tradicionais e com liquidez	Fuja dos "micos", que são as ações com grande volatilidade. Inicialmente, dê preferência às ações com grande histórico na bolsa de valores.
5. Cuide do seu investimento controlando o risco de perdas	Pensou que era só comprar e esquecer? Nada disso! Você deve ficar de olho sempre, pois, assim, poderá identificar algo errado e mudar a tempo de evitar um grande prejuízo.

Com o uso da tecnologia, é possível se proteger de variações bruscas com mecanismos acessíveis a qualquer pessoa. Uma das ferramentas de proteção de perdas muito utilizada no mercado financeiro é a ordem de stop loss (parar a perda, em inglês). Trata-se de uma ordem automática de venda de ações, que você programa no seu aplicativo. Esse recurso é usado para controlar riscos e consiste em uma reação a possíveis perdas.

Quando começar a investir em ações

Para um novo investidor, investir em ações será como entrar em um denso nevoeiro. Você não enxergará à distância, mas, à medida que se aproxima, poderá ver a estrada. Quanto mais preparado você estiver, mais fácil chegará a essa fase.

Às vezes, nem tudo sai como o planejado. No entanto, lembre-se de que você aprenderá mais com seus erros do que quando realmente obtiver lucro! Volte e comece novamente. Use as estratégias mencionadas anteriormente para diminuir qualquer medo que possa ter surgido. Aceite a situação, dê boas-vindas a todas as coisas que aprender (tanto as boas quanto as ruins) e use tudo para tomar decisões mais inteligentes no futuro.

A partir daqui, cabe a você. Todo mundo tem que começar a partir de algum lugar. Se você quiser o suficiente, encontrará uma maneira de vencer seu medo. Use essas etapas para ganhar confiança, não para procrastinar. Dê o primeiro passo. Comece pequeno, sem muitos riscos, mas comece o quanto antes.

 Dica ⎯⎯⎯⎯⎯⎯⎯⎯⎯⎯⎯⎯⎯⎯⎯⎯⎯⎯

Os 10 mandamentos do investidor de ações.

1. Estudará cada empresa que comprar. Afinal, quando a volatilidade vier, é importante conhecer bem o que você comprou.

2. Não usará alavancagem, ou seja, não usará derivativos como mercado a termo, futuros e não ficará vendido em opções (veja mais sobre isso no Capítulo 12). A alavancagem tira você do jogo. O importante é ficar no jogo. Não se pode aceitar se colocar numa situação de risco que poderá te quebrar.

3. Focará mais nas notícias gerais da economia e das empresas do que em ruído político. Os preços das ações seguem os resultados das empresas no longo prazo.

4. Escolherá bons sócios. Escolha negócios tocados por pessoas excepcionais. ▶

5. Assumirá o compromisso de ser um eterno aprendiz, estudante dos mercados. Até Buffett é um aluno aplicado. Quer ser o novo Warren Buffett? Acha que não tem chance, pois o mercado não é o mesmo de quando Buffett começou? De tempos em tempos, algumas ações não-muito-desejadas ficam muito baratas.

6. Compartilhará o conhecimento adquirido com outros investidores. Quanto mais ensinamos, mais aprendemos.

7. Conhecerá a si mesmo. Como você se comporta quando a porca torce o rabo, ou seja, no pânico dos mercados.

8. Não descontará as perdas na família ou nos amigos. Eles não têm culpa de suas eventuais perdas. Use stops sempre.

9. Manterá o bom humor. Investimento é coisa séria, mas não vale a pena sofrer emocionalmente. Tenha sempre stops.

10. Começará a investir o quanto antes. Comece pequeno, mas comece. As oscilações vão te ensinar muito sobre o mercado e sobre você mesmo.

O papel do agente autônomo de investimentos

Milhares de brasileiros já sabem – ou pelo já devem ter escutado – que existem aplicações financeiras com rendimento maior do que a poupança e com o mesmo risco dela. O problema, porém, é que muitas pessoas ainda têm dificuldades na hora de identificar seu perfil de investidor, estabelecer metas de acordo com seus objetivos e calcular o risco e o retorno de cada aplicação.

O chamado "agente autônomo de investimentos" ajuda o cliente a selecionar o investimento mais adequado para seu perfil. Esse é o nome dado pela CVM a esse profissional após ser aprovado no exame de certificação da Associação Nacional das Corretoras e Distribuidoras de Títulos e Valores Mobiliários, Câmbio e Mercadorias (ANCORD) e verificar que ele preenche as condições de atuação.

Eles explicam aos clientes o funcionamento de aplicações financeiras, como ações, renda fixa, fundos de investimento, fundos imobiliários, derivativos, contratos futuros, dentre outros. Esses profissionais conhecem as regras do mercado financeiro e o risco/retorno das aplicações, tiram as dúvidas e aconselham os clientes que querem investir e vêm se tornando figura fundamental no desenvolvimento do mercado de capitais brasileiro.

Além de treinar agentes autônomos há mais de dez anos, também sou agente de investimentos, sócio de um escritório de investimentos (Brasil Agentes Autônomos de Investimentos[1]) e auxilio meus clientes a investirem adequadamente, encontrando boas oportunidades de investimento. A maioria deles estava deixando de ganhar dinheiro nos bancos e não sabia. Por exemplo: tinha uma cliente que tinha poupança e Fundo de Previdência com taxa de carregamento e alta taxa de administração que deixou de ganhar R$ 90 mil em oito meses pela confiança na má gestão de suas gerentes de grandes bancos.

Uma empresa de agentes autônomos é resultado da união de profissionais com diferentes experiências do mercado financeiro, mas com um mesmo objetivo: ajudar nosso cliente em toda sua vida financeira, por meio de uma assessoria de investimentos especializada e orientada para o seu perfil e interesses.

Nosso objetivo não é apenas oferecer o melhor produto, mas também ensinar e capacitar nossos clientes sobre as diferentes possibilidades de investimentos disponíveis no mercado e que estejam alinhados com os perfis e os objetivos deles.

É importante ressaltar que um agente de investimentos não é um gestor de carteiras, muito menos um analista de mercado, logo, a administração do portfólio e a decisão de onde investir deve ficar sempre nas mãos do cliente. É vedado, inclusive, acumular seu registro junto com o de analista e o de gestor.

A função do agente autônomo restringe-se à capitalização de clientes e à assessoria em investimentos, fazendo a orientação da melhor forma de alocação de seus recursos.

Um bom exemplo das funções de um AAI está representado no filme *Em busca da felicidade*, no qual o personagem principal, interpretado por Will Smith, precisa atrair clientes para a instituição. Na rotina de trabalho desse profissional existe muita leitura de análises de mercado e notícias para se manter sempre atualizado. O trabalho está diretamente ligado a dois outros profissionais: analistas de investimentos e gestores de fundos de investimentos, recebendo e interpretando análises e entrando em contato com os gestores de forma a manifestar os interesses dos clientes.

O bom agente autônomo não é apenas um distribuidor de investimentos, mas também auxilia no acompanhamento da carteira do investidor e na realocação do portfólio quando necessário. As plataformas abertas de corretoras e bancos de bolsa de valores têm uma disponibilidade muito grande de produ-

---

1. A Brasil Agentes Autônomos de Investimentos está disponível em: <http://www.investimentos.traderbrasil.com/>. Acesso em: 22 maio 2020.

tos. É importante ter alguém como o agente autônomo de investimentos que faça esta orientação.

O papel do analista de investimentos

Os analistas de valores mobiliários são profissionais que elaboram relatórios de análise destinados à publicação, divulgação ou distribuição a terceiros, ainda que restrita a clientes.

Esse tipo de opinião envolve aprofundamento técnico e o exercício da atividade. Pela sua importância, é objeto de regulação pela CVM por meio da Instrução CVM nº 483. Eles precisam ser aprovados em exame próprio – o Certificado Nacional do Profissional de Investimento (CNPI) –, realizado pela Associação dos Analistas e Profissionais de Investimento do Mercado de Capitais (Apimec).

O analista é o profissional que fornece suporte ao investidor. Auxilia na tomada de decisão e, depois, sugere mudanças de rota, de papel e produtos, quando julgar necessário. Pode trabalhar para uma corretora, um banco, uma gestora ou uma empresa de análise independente.

Eu, apesar de ser analista nos Estados Unidos, certificado com CMT (Chartered Market Technician), ter participado da banca da prova do CNPI e ter um livro best seller preparatório para a prova de analista de investimentos, não posso ser analista no Brasil, pois sou registrado como agente autônomo de investimentos na CVM. É vedado ao analista de valores mobiliários obter ou manter registro como agente autônomo de investimento ou gestor de investimentos. Então, não se pode acumular estes registros para evitar conflito de interesses.

A partir da análise das condições da economia, do horizonte para o setor e dos números divulgados nos balanços das empresas, os analistas fazem projeções do preço justo de um papel e, comparando-o com a cotação atual, produzem recomendações de compra, venda ou manutenção.

Tributação de ações

Ganho de capital é a diferença positiva entre o valor de venda de bens ou direitos e seu respectivo custo da compra. No caso do mercado de ações, o fato gerador do IR é a apuração de lucro na venda das ações. Se o investidor não as vender, o IR não será devido.

Day trade é a operação ou a conjugação de operações iniciadas e concluídas em um mesmo dia, com o mesmo ativo, em que a quantidade negociada tenha sido liquidada, total ou parcialmente.

De acordo com a Receita Federal, existem basicamente dois tipos de operações com renda variável:

1. *day trade* (quando a compra e a venda ocorrem no mesmo dia);
2. operações normais (quando a compra e a venda são realizadas em datas diferentes).

Vejamos um exemplo prático. No dia 10 de junho:

- 11h30 – comprei 300 ações VALE3.
- 14h40 – vendi 100 ações VALE3.
- Não fiz mais nada no dia.

Resultado: 100 ações foram *day trade* (comprei 100 e vendi 100 no mesmo dia) e 200 ações foram uma operação normal.

Compensação de perdas

Quando você tiver prejuízo, não pagará impostos e deverá guardar esse valor para o abater em seus lucros futuros. Mas o prejuízo só pode ser abatido em operações do mesmo tipo: as perdas decorrentes de operações de *day trade* só poderão ser compensadas com ganhos líquidos obtidos em operações da mesma espécie (*day trade*), realizadas no mês ou meses subsequentes. Do mesmo modo, as perdas incorridas em operações comuns somente são compensáveis com os ganhos líquidos auferidos nessas operações.

Para fins de apuração e pagamento do imposto mensal sobre os ganhos líquidos, as perdas incorridas nas operações de renda variável nos mercados à vista, de opções, futuros, a termos e assemelhados poderão ser compensadas com os ganhos líquidos auferidos, no próprio mês ou nos meses subsequentes, em outras operações realizadas em qualquer das modalidades operacionais previstas naqueles mercados (operações comuns).

Isenção de imposto de renda em ações

No caso das operações normais (compra e venda realizadas em datas diferentes), o investidor conta com isenção de IR em bolsa de valores no pagamento de imposto nos meses em que o valor total de vendas ficar abaixo de R$ 20 mil. Contudo, caso as vendas ultrapassem o montante de R$ 20 mil, o lucro deve ser calculado sobre o valor total.

Por **exemplo**: suponha que o investidor tenha comprado ações no montante de R$ 8 mil e, seis meses depois, essa carteira valha R$ 26 mil. Para se beneficiar da isenção, ele deve vender R$ 20 mil em um mês e R$ 6 mil em outro mês. Se vender todas as ações no mesmo mês, será calculado IR sobre o lucro bruto de R$ 18 mil (R$ 26 mil – R$ 8 mil). Desse lucro, você deve ainda descontar as taxas de corretagens e emolumentos (tipo de taxa da B3).

Atenção! Como expliquei anteriormente, caso você tenha vendas inferiores a R$ 20 mil no mês, seus lucros de operações normais estarão isentos de imposto de renda. No entanto, não confunda isenção com não declaração! Você deve informar quanto foram os seus lucros em sua declaração anual de IRPF. Como esses rendimentos são isentos, entre na aba "Rendimentos Isentos e Não Tributáveis" e informe seus lucros isentos. Como o IR é um tributo de competência federal, após o cálculo do imposto devido, o contribuinte deve preencher um Documento de Arrecadação de Receitas Federais (DARF), disponível no site da Receita Federal ou no internet banking de qualquer grande banco.

Alíquota de IR

A alíquota de imposto de renda a ser aplicada será calculada sobre os ganhos líquidos obtidos em operações realizadas em bolsas de valores, de mercadorias, de futuros e assemelhadas, inclusive *day trade* dependendo de cada tipo de operação:

- 20%, em caso de operação *day trade*;
- a partir de 15%, em operações realizadas nos mercados à vista, a termo, de opções e de futuros para operações comuns, respeitando os valores de ganho de capital da Tabela 10.2, de acordo com dados da Lei nº 13.259, de 16 de março de 2016.

Tabela 10.2 – Alíquota aplicadas em operações comuns

Alíquotas	Ganho de capital
15,0%	Até R$ 5 milhões
17,5%	De R$ 5.000.000,01 até R$ 10 milhões
20,0%	De R$ 10.000.000,01 até R$ 30 milhões
22,5%	Acima de R$ 30 milhões

As operações realizadas em bolsas de valores, de mercadorias, de futuros e assemelhadas estão sujeitas à retenção do IR incidente na fonte à alíquota de 0,005%, exceto se o valor da retenção do imposto for igual ou inferior a R$ 1,00, como antecipação, podendo ser compensado com o imposto sobre a renda mensal na apuração do ganho líquido.

A instituição intermediadora da operação é a responsável pela retenção e pelo recolhimento do imposto de renda sobre operações *day trade* que receber, diretamente, a ordem do cliente ou a pessoa jurídica, vinculada à bolsa, que prestar os serviços de liquidação, compensação e custódia, no caso de operações iniciadas por intermédio de uma instituição e encerradas em outra.

Abatimento das despesas de corretagem do ganho líquido

As despesas totais de corretagem podem ser abatidas na apuração do ganho líquido. Porém, podem ocorrer particularidades. Caso a nota de corretagem conte com duas operações, as despesas de corretagem precisam ser divididas entre os papéis.

Por exemplo, considere que o boleto de 13 de outubro de 2009 contenha a compra de mil ações de Petrobras PN a R$ 35,82 (R$ 35.820, no total) e mil ações de Vale PNA a R$ 40,95 (R$ 40.950, no total). O custo de corretagem e emolumentos atingiu 0,5% do valor total (R$ 76.770), logo, R$ 383,85. Suponha que, em 2 de dezembro de 2009, o investidor venda apenas as mil ações de Petrobras PN a R$ 39,41 (total de R$ 39.410) e mantenha as ações de Vale. O custo da aquisição de Petrobras PN perfez R$ 35.999,10, sendo R$ 35.820 relativos aos papéis e R$ 179,10 à parcela de corretagem (R$ 35.820 / R$ 76.770 × R$ 383,85). Como o preço da venda foi de R$ 39.212,95 (R$ 39.410 – corretagem de R$ 197,05, equivalente a 0,5% de R$ 39.410), o lucro alcançou R$ 3.213,85. Já o IR atingiu R$ 482,08.

Quadro 10.2 – Tributação sobre renda variável

Operações/ativos	Imposto de renda
Venda de ações	15% sobre rendimento líquido* e 0,005% retido na fonte como antecipação.
Day trade (operações iniciadas e encerradas no mesmo dia)	20% sobre rendimento líquido* e 1% retido na fonte como antecipação.
Dividendos	Os ganhos com dividendos são isentos, pois o lucro que lhes deu origem já foi tributado.
Juros sobre capital próprio	15% sobre o valor pago pela empresa ao acionista.

*Base de cálculo de IR = preço de venda – (preço de compra + custos de transação)

O que são ETFs – Exchange Traded Funds?

Sabia que você pode comprar uma carteira pronta? Os ETFs[2] são fundos que representam índices e são negociados em bolsa de valores. Eles permitem investir em ações com diversificação e baixo custo, e desta forma, acessar mercados amplos, sem a necessidade (e o custo) de comprar cada ativo individualmente.

Existem ETFs compostos por empresas do Índice Bovespa (BOVA11), ou que sejam boas pagadoras de dividendos (DIVO11), ou que representem o setor financeiro (FIND11), de *small caps* (SMAL11), entre outros. Outro ETF interessante é o IVVB11 negociado na B3, que negocia em reais mas segue o índice S&P500 da bolsa americana em dólares.

O que é um BDR?

O Brazilian Depositary Receipts (BDR)[3] é um certificado que representa uma ação de uma empresa estrangeira e é negociado na B3. Ele não é uma ação em si, mas um certificado que mostra que determinado investidor é proprietário de uma ação no exterior. Atualmente, existem mais de 550 BDRs listados na bolsa brasileira, sendo quase em sua totalidade do tipo BDR Não Patrocinado.

Dentre todos os BDRs, merecem destaque os recibos de grandes e conhecidas empresas mundiais, como Apple, Berkshire Hathaway, Microsoft, McDonald's, Amazon, Comcast, JP Morgan, Bank of America, Tesla, dentre outras.

Também há um índice que reflete o retorno médio de uma carteira teórica formada por BDRs Não Patrocinados, o BDRX.

Para os investidores, certificados como os BDRs garantem uma diversificação dos investimentos, o que, consequentemente, permite uma diluição dos riscos.

Tipos de BDRs

O BDR patrocinado é emitido por uma instituição depositária contratada pela companhia estrangeira emissora dos valores mobiliários e pode ser classificado

---

2. A lista completa de ETFs pode ser acessada em: <http://www.b3.com.br/pt_br/produtos-e-servicos/negociacao/renda-variavel/etf/renda-variavel/etfs-listados/>. Acesso em: 2 jun. 2020.
3. A lista completa de BDRs pode ser acessada em: <http://www.b3.com.br/pt_br/produtos-e-servicos/negociacao/renda-variavel/bdrs/bdrs-nao-patrocinados/bdrs-nao-patrocinados-listados/>. Acesso em: 2 jun. 2020.

como Nível I, Nível II ou Nível III. Os BDRs patrocinados níveis II e III são abertos a qualquer investidor.

Os BDRs de Nível 1 podem ser:

- **Não patrocinados:** só podem ser adquiridos por investidores institucionais (como instituições financeiras, fundos de investimento e de pensão) e por pessoas físicas que comprovem ter investimentos financeiros superiores a R$ 1 milhão.
- **Patrocinados:** neste caso, os funcionários do grupo patrocinador também podem adquirir os papéis.

O BDR não patrocinado é emitido por uma instituição depositária, sem envolvimento da companhia estrangeira emissora dos valores mobiliários lastro, e só pode ser classificado como Nível I. Os BDRs não patrocinados são abertos apenas para qualificados. Todo BDR não patrocinado deve ser de Nível 1, mas nem todo BDR de Nível 1 é não patrocinado.

No BDR de Nível 2, não há uma oferta pública. Já o BDR de Nível 3 envolve uma oferta pública de BDRs no Brasil, simultaneamente à oferta de ações no exterior.

BDRs podem ser vendidos a descoberto

Também como as ações, os BDRs podem ser cedidos para operações de aluguel. Basta que os certificados estejam custodiados no Banco de Títulos CBLC (BTC) e que o investidor manifeste essa intenção à sua corretora. Os custos de transação envolvidos com a negociação dos BDRs são os mesmos das transações com ações. O investidor paga uma taxa de corretagem, que pode ser fixa, ou um percentual do volume negociado – isso é acordado pelo investidor com a corretora de sua preferência.

Taxas nos dividendos do BDR

As instituições emissoras dos BDRs aqui no Brasil ficam com 5% dos dividendos. O governo americano tributa dividendos na fonte. Com isso, o investidor brasileiro que investe em BDRs e tem direito a dividendos já receberá os valores descontados da instituição emissora do BDR e a taxa do governo dos Estados Unidos. O saldo do dinheiro dos dividendos vai direto para a conta investimento do investidor.

Todos os BDRs pagam dividendos?

É importante lembrar que alguns BDRs não pagam dividendos, pois as empresas nas quais eles são lastreados não pagam dividendos. Por exemplo, as ações do Google e do Facebook não pagam dividendos nem para os seus acionistas americanos. Desta forma, os BDR's não pagarão dividendos também. Para o investidor que deseja investir em BDR de dividendos é importante consultar o índice S&P 500 Dividend Aristocrat. Este índice lista as melhores pagadoras de dividendos da Bolsa NYSE e a maioria de suas ações possui seu BDR correspondente na Bolsa B3.

11

Renda variável – clubes de investimentos

Início de conversa

- O que são esses clubes?
- Como funciona um clube de investimento.

Se quer ir rápido, vá sozinho.
Se quer ir longe, vá em grupo.
Provérbio africano

Clube de investimento é uma modalidade de investimento que tem como principais objetivos ser um instrumento de aprendizado para o pequeno investidor e um canal de acesso ao mercado de capitais.

É constituído de 3 a 50 pessoas físicas para a aplicação de recursos comuns em títulos e valores mobiliários. Nenhum investidor pode deter mais do que 40% das cotas. O representante e o gestor do clube deverão respeitar todas as regras definidas pelo grupo de cotistas no momento da constituição do estatuto.

Com o volume maior de recursos, originado pela soma da parcela de cada integrante do clube, é possível diversificar a aplicação, investindo em ações de diferentes empresas e setores da economia, com custos de transação proporcionalmente menores.

Para criar um clube de investimento, você precisará de um administrador – que deve ser uma corretora, uma distribuidora de títulos ou um banco com carteira de investimento. A instituição escolhida cuidará de todos os documentos e dos registros legais, além de zelar pelo bom funcionamento do clube.

Tributação

De acordo com a B3, os rendimentos obtidos no resgate de cotas de clubes de investimento, cujas carteiras sejam constituídas por, no mínimo, 67% de ações negociadas no mercado à vista de bolsas ou entidades assemelhadas, são tributados à alíquota de 15%, tributação que ocorrerá exclusivamente no resgate de cotas (código DARF 6813). A responsabilidade pelo recolhimento do imposto, que acontece no terceiro dia útil da semana subsequente ao resgate, é do administrador do clube.

Vantagens dos clubes de investimentos

Sua principal vantagem é que a alíquota de tributação do imposto de renda é de 15% e o imposto só é cobrado no momento do resgate, incidindo sobre o rendimento das aplicações. Trocando em miúdos: você pode operar durante um ano, dois anos etc. e só será tributado quando sacar – diferentemente do mercado de ações, no qual você terá de recolher o "carnê-leão" todos os meses. Os resgates efetuados em prazo inferior a 30 dias, a contar da data de aplicação, estão sujeitos à cobrança de IOF.

Além disso, traz como vantagens:

- custos reduzidos, compartilhados com outros investidores;
- possibilidade de diversificar os investimentos;
- não requer muito dinheiro para começar a investir;
- facilidade para ajustar a carteira ao perfil do grupo de investidores;
- possibilidade de investir em várias ações em uma única aplicação;
- todos os participantes do Clube podem auxiliar na gestão.

Caso a carteira do clube de investimento (que deve, como regra geral, ter ao menos 51% dos recursos investidos em ações para continuar em funcionamento) não atinja o percentual mínimo de 67% em ações negociadas no mercado à vista, aplica-se tributação idêntica à da renda fixa: semestralmente, com vencimento da carência, à alíquota de 15% e, se necessário, variando de 15% a 22,5% no resgate, de acordo com o tempo da aplicação – relembrando:

- aplicações até 180 dias: 22,5%;
- aplicações de 181 a 360 dias: 20%;

- aplicações de 361 a 720 dias: 17,5%;
- aplicações acima de 720 dias: 15%.

Os prejuízos havidos nos resgates poderão ser compensados com rendimentos auferidos em resgates posteriores, no mesmo ou em outro fundo de mesma classificação, desde que administrado pela mesma pessoa jurídica. A instituição administradora deverá manter um sistema de controle e registro em meio magnético, que permita a identificação, em relação a cada cotista, dos valores compensáveis.

Renda variável – derivativos (opções, mercado a termo e futuros)

Início de conversa

- O que são derivativos?
- Os principais derivativos, incluindo opções, termos e futuros.

> *Os derivativos são armas financeiras de destruição em massa, trazendo perigos que, embora agora latentes, são potencialmente letais.*
> Warren Buffett

Derivativos são instrumentos financeiros cujo preço de mercado tem origem no preço de mercado de um ativo/bem ou outro instrumento financeiro que lhe serve de referência. O instrumento ou produto derivativo é um contrato ou título conversível, cujo valor depende integral ou parcialmente do valor de determinado ativo ou de outro instrumento financeiro.

Mercado de derivativos é o mercado no qual são negociados esses contratos ou títulos padronizados (como mercados futuros de milho, soja, boi gordo, dólar etc.). Sua principal função é disponibilizar ferramentas para o gerenciamento de riscos, isto é, transferir riscos inerentes aos ativos nos quais são baseados entre as partes contratantes.

Principais derivativos

Para a pessoa física, esses mercados requerem bastante estudo, dedicação e alta administração de risco, pois são alavancados e podem deixá-lo até com patrimônio negativo (em outras palavras, você pode perder mais do que tem para pagar). Os principais derivativos são:

- **Contratos de opções:** são acordos nos quais uma parte adquire o direito de comprar/vender um ativo a um preço preestabelecido até determinada data e a contraparte se obriga a vender/comprar esse ativo em troca de um único pagamento inicial, chamado prêmio. As opções também podem ser negociadas em mercado de balcão, como é o caso das opções flexíveis. Quando negociadas em bolsa, a padronização dos itens contratuais é similar à dos contratos futuros.
- **Contratos a termo:** são acordos de compra e venda de um ativo, a determinado preço estabelecido entre as partes, para liquidação em data futura específica. Esses contratos são intransferíveis e sua negociação pode ocorrer tanto em mercado de balcão como em bolsa.
- **Contratos futuros:** são acordos de compra e venda de um ativo para data futura a um preço estabelecido entre as partes quando da negociação. Esses contratos são padronizados em relação à quantidade e à qualidade do ativo, formas de liquidação, garantias, prazos de entrega, dentre outros, e têm negociação somente em bolsa, sendo possível a liquidação do contrato antes do prazo de vencimento.
- **Swaps:** são acordos privados entre duas empresas ou instituições financeiras para a troca futura de fluxos de caixa, respeitada uma fórmula preestabelecida. Consistem em um tipo de contrato a termo.

Dois riscos são característicos desse mercado:

- *Hedge*: os derivativos são utilizados para reduzir exposições ao risco de determinado ativo/passivo ou mesmo de uma carteira. Nesse caso, o risco está associado a possíveis dificuldades de realização de uma proteção adequada, uma vez que nem sempre as alternativas disponíveis no mercado possuem exatamente as características da exposição que se deseja proteger, como: prazo, indexador e outros motivos que causem o descasamento dos preços.
- **Alavancagem:** operações com derivativos permitem que seja assumida uma exposição financeira maior do que o investimento realizado ou patrimônio líquido em carteira, sendo que, assim, as oscilações do mercado podem resultar em perdas maiores do que o investimento realizado pelo cliente.

Quadro 12.1 – Comparação entre os derivativos

	Mercado a termo	Mercado futuro	Mercado de opções	Mercado de swap
Onde se negocia	Balcão ou bolsa	Somente bolsa	Balcão ou bolsa	Balcão ou bolsa
O que se negocia	Compromisso de comprar ou vender um bem por preço fixado em data futura	Compromisso de comprar ou vender um bem por preço fixado em data futura	Os compradores adquirem o direito de comprar ou vender por preço fixo em data futura	Compromisso de troca de um bem por outro. Trocam-se fluxos financeiros
Posições	Ausência de intercambialidade (não podem ser repassados a outros participantes a qualquer momento)	Intercambialidade (podem ser repassados a outros participantes a qualquer momento)	Intercambialidade (podem ser repassados a outros participantes a qualquer momento)	Ausência de intercambialidade (não podem ser repassados a outros participantes a qualquer momento
Liquidação	A estrutura mais comum é a liquidação somente no vencimento. Há contratos em que o comprador pode antecipar a liquidação	Presença de ajuste diário. Compradores e vendedores têm suas posições ajustadas financeiramente todos os dias, com base no preço de fechamento da bolsa	Liquidam-se os prêmios na contratação da operação. No vencimento, apura-se o valor da liquidação a partir do exercício do direito dos compradores	Somente no vencimento ou antecipadamente, com a concordância das partes

Fonte: Trader Brasil Escola de Finanças & Negócios.

Opções

As opções permitem que o investidor turbine o retorno potencial sobre um investimento sem aumentar o montante do capital investido, pois o capital investido para comprar uma opção é relativamente pequeno em comparação com o ganho.

Opção é um contrato com dois lados: o titular e o lançador. O titular, que é quem paga para ter o direito, tem o direito de exercer o contrato, e o lançador, que é quem recebe, tem a obrigação de entregar o ativo. Esses contratos têm um ativo-objeto, um valor de preço de exercício, um prazo de validade e o valor do prêmio pago pelo direito.

As opções podem ser de dois tipos:

- **Opções de compra** (*calls*, em inglês), que dão ao titular o direito de comprar um ativo por um determinado preço até uma data específica. Exemplo: PETR B 12 = CALL DE PETROBRAS PN com direito de exercer a R$ 4 em dezembro de 2019.
- **Opções de venda** (*puts*, em inglês), que dão ao titular o direito de vender um ativo por determinado preço em certa data. As *puts* funcionam exatamente como um seguro.

Risco das partes no mercado de opções

Na opção de compra, existem os seguintes riscos:

- **Titular:** pode perder a totalidade do capital investido em um período relativamente curto (prejuízo máximo: perda do valor do prêmio desembolsado).
- **Lançador:**
  a) **Descoberto:** uma vez que o lançador se compromete a entregar títulos que não possui (se designado para tal), ele está em situação de grande risco, pois o mercado pode se movimentar em direção contrária à sua expectativa. No seu caso, esse seria o movimento de alta, quando o lançador deveria comprar as ações para atender ao exercício a um valor acima do preço de exercício. Assim, ele corre o risco de não apenas "devolver" o prêmio recebido, como também de ter um desembolso muito grande (potencial de prejuízo ilimitado).
  b) **Coberto:** corre risco um pouco menor, pois possui as ações que deverá entregar em caso de exercício (como "cobertura" à sua obrigação); não obstante, um lançamento de opção de compra coberta não constitui uma operação de renda fixa.

Na opção de venda existem:

- **Titular:** pode perder a totalidade do capital investido em um período relativamente curto (prejuízo máximo: perda do valor do prêmio desembolsado).
- **Lançador:** seu risco é quase equivalente ao risco do lançador descoberto de opção de compra. A diferença é que esse lançador se compromete a comprar as ações do titular (ao preço de exercício) e seu maior prejuízo ocorre na hipótese de o preço da ação-objeto ser zero no momento em

que ele for designado para atender ao exercício (potencial de risco praticamente ilimitado).

Vencimento das opções

Toda opção tem uma data de vencimento. Após a aquisição, a opção pode ser exercida até o vencimento ou somente no dia do vencimento. Elas são classificadas como:

- **Tipo americanas:** o comprador pode exercer seu direito a qualquer momento após sua liquidação (D+1) até a data de exercício (vencimento).
- **Tipo europeia:** o comprador pode exercer seu direito apenas na data de exercício (vencimento).

No Brasil, as *calls* são de vencimento americano e as *puts*, de vencimento europeu.

Formação do código das opções

No sistema de negociação da B3, as séries de opções são identificadas de acordo com a seguinte estruturas de codificação:

Quadro 12.2 – Códigos de opções na B3

AAAA	A	NN	"_" ou E
Código da empresa	Indicador do tipo (compra ou venda) e do mês de vencimento	Indicador numérico da opção	Indicador do estilo. Campo em branco – opções americanas. Campo preenchido com E – opções europeias

Fonte: B3.

Tabela 12.1 – Código alfabético para diferenciação de opções de compra e de venda e mês de vencimento

Opção de compra	Opção de venda	Mês de vencimento
A	M	Janeiro
B	N	Fevereiro
C	O	Março
D	P	Abril
E	Q	Maio

F	R	Junho
G	S	Julho
H	T	Agosto
I	U	Setembro
J	V	Outubro
K	W	Novembro
L	X	Dezembro

Fonte: B3.

Como existe a possibilidade de perda ilimitada, a B3 pede margens de garantia aos seus participantes.

Margens

O lançamento coberto não requer margem, uma vez que a posição à vista cobre o lançamento da opção. Entretanto, o cliente não poderá vender a posição à vista sem antes comprar a opção lançada (vendida).

No caso de lançamento de opções cobertas, é preciso entrar em contato com sua corretora e solicitar a transferência do ativo-objeto para a cobertura da operação, impedindo a chamada de margem da bolsa. Essa chamada ocorre quando o investidor compra as ações e faz um lançamento coberto sem que as ações estejam liquidadas. A liquidação da ação ocorre em D+3.

Quando o investidor compra a ação, ele precisa esperar dois dias úteis para efetuar o lançamento coberto no mesmo dia da compra da ação, para que não ocorra uma chamada de margem. Como a liquidação ainda não ocorreu, a B3 entende que foi realizada uma venda sem garantias e chama a margem, que retorna assim que ocorrer a liquidação da ação.

Além disso, operações efetuadas em D0 (lançamentos de opções + compra do ativo-objeto) geram chamada de margem sobre o prêmio de operação até a liquidação do ativo-objeto, mesmo que colocadas em cobertura.

Garantias

A B3 avalia diariamente as garantias pelo seu valor de mercado em moeda corrente nacional, aplicando um percentual de deságio de acordo com o respectivo risco (de mercado, de crédito, de liquidez e outros) e considerando os eventuais custos relevantes de realização.

Quadro 12.3 – Como ficam os lucros e os prejuízos graficamente?

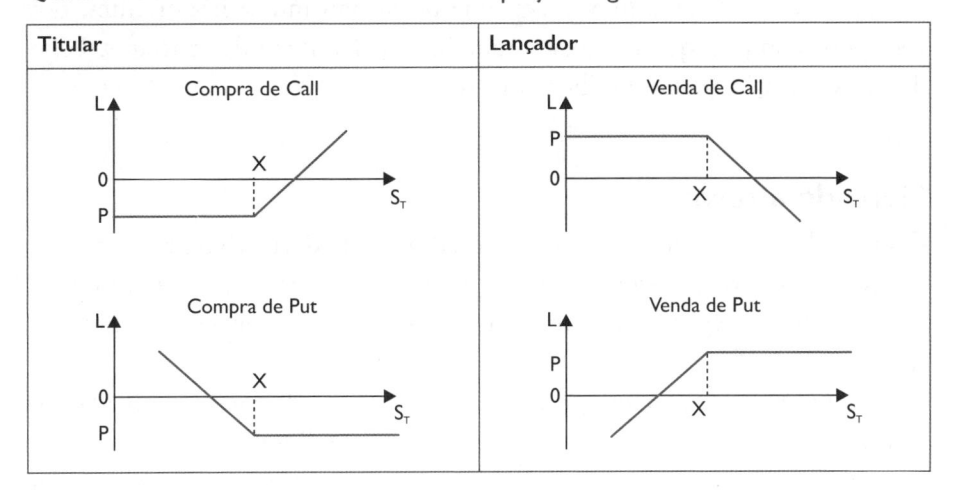

Titular	Lançador
Compra de Call	Venda de Call
Compra de Put	Venda de Put

Em que:

X: preço de exercício;

P: valor do prêmio pago;

S: valor do ativo na data de vencimento;

L: lucro da operação.

Veja um **exemplo** numérico:

- No dia 2 de fevereiro, a callPETRB12, de PETROBRAS PN – Exercício R$ 4,00, tinha o prêmio cotado a R$ 0,600 e o ativo estava em R$ 4,55.
- No dia do exercício (15 de fevereiro), se o ativo estiver R$ 5,00: acima (preço de exercício [R$ 4,00] + o prêmio [R$ 0,60]) = R$ 4,60, o titular terá lucro da diferença entre R$ 5,00 e R$ 4,60, logo, R$ 0,40 – uma rentabilidade de 66,7% = 0,40/0,60.
- No dia do exercício (15 de fevereiro), se o ativo estiver R$ 4,50: abaixo de R$ 4,60 até R$ 4,00, o prejuízo será a diferença entre o prêmio pago e o valor para venda. No caso, pagou R$ 0,60 e o prêmio vale no exercício R$ 0,50 (R$ 4,50 – R$ 4,00), logo, o prejuízo foi de R$ 0,10 ou –17%.
- No dia do exercício (15 de fevereiro), se o ativo estiver R$ 4,00: abaixo de R$ 4,00, a opção perde todo o valor do prêmio, pois você não precisa usar a opção para comprar o ativo no mercado. Logo, o prejuízo é igual ao valor total do prêmio pago, que foi R$ 0,60, ou seja, prejuízo de 100%.

Fique de olho! Os centavos em uma opção são muito importantes, pois você pode comprar quanto quiser: mil, 10 mil, 1 milhão de contratos. Logo, dizemos que as migalhas também são pães.

Mercado a termo

O mercado a termo foi a primeira modalidade de derivativo praticada pela sociedade, tendo sua origem no Japão feudal, no século 17, quando ocorreu o primeiro registro de comércio organizado para entrega de bens no futuro.

O contrato a termo é um acordo de compra ou venda em determinada data futura, por preços anteriormente estabelecidos, cuja liquidação financeira ou entrega física do ativo acontece somente no vencimento. Ou seja, algo como "contrate agora e acerte o pagamento depois".

Essa modalidade de derivativos apresenta as seguintes características operacionais:

- são negociados sobre mercadorias, ações, moedas, títulos públicos, dentre outros;
- liquidação integral no vencimento, ou seja, assim, não há possibilidade de sair da posição antes do prazo de encerramento. Essa característica impede o repasse do compromisso a outro participante.

Há uma exceção: no mercado de ações, a liquidação da operação a termo pode ser antecipada por vontade do investidor, porém ele terá de pagar toda a taxa do período contratada. Nesse caso, ele pode vender os ativos após a liquidação da operação inicial, ou seja, três dias úteis (D+3) após realizar a operação.

O prazo do contrato é preestabelecido. Os prazos permitidos para negociação a termo são de, no mínimo, 16 dias e, no máximo, 999 dias corridos. Título-objeto é a ação negociada a termo. Todas as ações negociáveis na B3 podem ser objeto de um contrato a termo.

A taxa de financiamento do termo varia de acordo com a demanda do mercado e, normalmente, tem valores próximo ao CDI (taxa de juros padrão do mercado).

A operação a termo exige o depósito de garantias na B3. Essas garantias são prestadas em duas formas: cobertura ou margem.

- **Cobertura:** um vendedor a termo que possua os títulos objeto pode depositá-los na B3, como garantia de sua obrigação. Esse depósito (denominado cobertura) dispensa o vendedor de prestar outras garantias adicionais.
- **Margem:** o valor da margem inicial requerida é igual ao diferencial entre o preço à vista e o preço a termo do papel, acrescido do montante que represente a diferença entre o preço à vista e o menor preço à vista possível no pregão seguinte, estimado com base na volatilidade histórica do título.

  A B3 avalia a volatilidade e a liquidez das ações e as condições gerais das empresas emissoras, classificando seus papéis em diferentes intervalos de margem. Aqueles com maior liquidez e menor volatilidade enquadram-se nos menores intervalos de margem.

  Periodicamente, há uma reavaliação dos indicadores da ação e da empresa, podendo significar sua realocação em um intervalo de margem mais adequado à sua nova situação de mercado.
- **Margem adicional:** sempre que houver redução no valor de garantia do contrato, em decorrência de oscilação na cotação dos títulos depositados como margem e/ou dos títulos objeto da negociação, será preciso o reforço da garantia inicial, que poderá ser realizado por depósito de dinheiro ou demais ativos autorizados pela B3.

Durante essa operação, o investidor recebe todos os direitos existentes sobre o papel à vista, como juros e dividendos. A cobrança dos custos operacionais da operação a termo é realizada em D+3, isto é, os recursos somente serão debitados de sua conta três dias úteis após a operação.

A liquidação da operação a termo é feita na data do vencimento e pode ser realizada de duas maneiras:

- **Liquidação financeira:** com pagamento em dinheiro do valor integral do financiamento mais os juros.
- **Liquidação por diferença:** com a venda do ativo três dias antes da data de liquidação (V-3). Nesse tipo de operação, não é possível adiar a execução do pagamento sobre o ativo.

O cliente deve possuir os recursos suficientes para a liquidação da operação a termo, necessariamente, até as 10 horas da data do vencimento. Caso o cliente não possua os recursos disponíveis para a liquidação da operação a termo até esse horário do dia do vencimento, será facultado à corretora bloquear a conta do cliente e promover a venda, a preços de mercado, de quaisquer títulos, valores mobiliários, derivativos e de quaisquer outros bens de titularidade do cliente que se encontrem sob a subcustódia da corretora, independentemente de aviso prévio, notificação judicial ou extrajudicial, aplicando-se o respectivo produto da venda no pagamento do seu saldo devedor.

Quadro 12.4 – Vantagens do mercado a termo para o comprador e para o vendedor

👍 Comprador	👍 Vendedor
• Alavancagem dos seus investimentos.	• O financiado empresta o dinheiro a uma taxa de juros, logo, seu ganho será uma renda fixa.
• Possibilidade de liberar recursos para outras operações.	• Nesse tipo de operação (financiamento), o aplicador compra ações no mercado à vista e as vende a termo, no prazo em que deseja financiar, com o objetivo de ganhar a diferença existente entre os preços à vista e a termo, ou seja, os juros da operação.
• Ótima estratégia para mercado com viés de alta.	• Tomada a decisão de vender uma ação (sem a necessidade de uso imediato dos recursos), pode-se optar por uma venda a termo, maximizando ganhos, pois serão recebidos os juros de um período além do preço à vista da ação.
• Oportunidade de diversificação da carteira, possibilitando menores riscos.	• Esse período (prazo do contrato) será escolhido pelo vendedor a termo, de acordo com sua programação de aplicações e seu conhecimento de alternativas futuras.

Atenção! Os seguintes ativos são aceitos pela B3 como garantia e são definidos e revisados periodicamente.

Aceitos em espécie:

- dólar americano, exclusivamente no caso de comitentes não residentes conforme a Resolução CMN nº 2.687;
- moeda nacional, no caso dos demais participantes.

Os seguintes ativos são elegíveis à aceitação pela câmara como garantia, em substituição aos ativos em espécie acima mencionados:

- título público federal negociado no Brasil (título público federal);
- ouro ativo financeiro;
- ação de companhia aberta admitida à negociação na B3;

- certificado de depósito de ações (unit) de companhia aberta admitida à negociação na B3;
- ADR (American Depositary Receipt) de ação elegível à aceitação como garantia;
- títulos de renda fixa emitidos por bancos emissores de garantias:
  - ⊳ Certificado de Depósito Bancário (CDB);
  - ⊳ Letra de Crédito Imobiliário (LCI);
  - ⊳ Letra de Crédito do Agronegócio (LCA).
- dólar;
- título de emissão do tesouro norte-americano;
- título de emissão do tesouro alemão;
- carta de fiança bancária;
- cota de fundo de índice negociado em bolsa no Brasil (ETF – Exchange Traded Fund);
- cota do fundo de investimento B3 Margem Garantia Renda Fixa Referenciado DI Fundo de Investimento em Cotas de Fundos de Investimento (FIC);
- Brazilian Depositary Receipt (BDR);
- Cota do Fundo de Investimento Liquidez da Câmara da B3 (FILCB).

Estratégias adicionais

Já dizia uma antiga propaganda: "Existem mil maneiras de fazer Neston". E, nos mercados de derivativos, há uma infinidade de operações que podem ser realizadas. Vejamos algumas mais usuais.

Comprar a termo e lançar (vender) opções de compra

O aplicador pode explorar os diferentes níveis de taxas de juros existentes nos dois mercados e, caso não seja exercido, reduzir o custo de aquisição dos títulos. Assim, é possível garantir o atendimento a eventual exercício da opção pela liquidação do contrato a termo.

Vender a termo e comprar opções de compra

A utilidade dessa estratégia é viabilizar proteção para o vendedor a termo (que não tem as ações). Ao adquirir opções de compra sobre as ações vendidas a termo, o aplicador que espera por uma baixa de mercado protege-se contra uma inesperada alta no mercado à vista.

Direitos e proventos

Pertencem ao comprador os direitos e os proventos distribuídos às ações-objeto do contrato a termo, e serão recebidos, juntamente com as ações objeto, na data de liquidação ou segundo normas específicas da B3.

Exemplo

Considerando as taxas e as ações de ITUB4 cotadas a R$ 24,00, apresentados na Tabela 12.2, simulemos uma operação a termo de mil ações para 30 dias com taxa de 1,01%.

Tabela 12.2 – Taxas de termo para ITUB4

Dias	Taxa	Série
16	0,55	J
30	1,01	
44	1,62	K
48	1,72	
62	2,18	
90	3,2	
120	4,5	
150	6,05	
181	7,36	

Fonte: B3.

Custo

Custo do termo R$ 24,26 (24,00 + 1,01% – taxa do termo) = R$ 24.264,00.

Margem

Margem de garantia é o valor exigido pela bolsa para a manutenção da operação em aberto. Para operações a termo, a margem costuma ser em torno de 30% do valor do termo – no exemplo, R$ 7.279,20. Lembra-se que podem ser usados como garantia títulos públicos, CDBs e até mesmo ações, sendo que estas possuem deságio.

Cenários

Cenário 1	Cenário 2
No dia do vencimento do termo ITUB4 cotada a R$ 25,00:	No dia do vencimento do termo ITUB4 cotada a R$ 23,00:

Retorno	Retorno
R$ 25.000 – R$ 24.264 = R$ 736,00	R$ 23.000 – R$ 24.264 = –R$ 1.264,00
Retorno sobre a margem: 10,1%	Retorno sobre a margem: –17,36%

Atenção! As operações a termo podem ser encerradas a qualquer instante, apesar de a taxa acertada não mudar. Caso um investidor decida sair antes do prazo de 30 dias, ele poderá sair, mas deverá pagar o mesmo valor.

Mercado futuro

Um contrato futuro é um contrato de compra e venda entre dois investidores; é uma evolução do mercado a termo. Enquanto no mercado a termo os desembolsos acontecem apenas na data de vencimento, no mercado futuro os pactos são diariamente ajustados. Todos os dias é feita a apuração das perdas e dos ganhos, realizando-se a liquidação das diferenças do dia. É importante ressaltar que os contratos futuros são negociados somente em bolsas.

Os contratos futuros são padronizados pela B3, para facilitar a comunicação entre os investidores.

Quadro 12.5 – Vantagens e desvantagens do mercado futuro

Vantagens	Desvantagens
▪ Padronização acentuada. ▪ Elevada liquidez. ▪ Negociação transparente em bolsa mediante pregão. ▪ Possibilidade de encerramento da posição com qualquer participante, a qualquer momento, por conta do ajuste diário do valor dos contratos. ▪ Utilização do mecanismo das margens depositadas em garantia e do ajuste diário para evitar a acumulação de perdas.	▪ Exigir elevada movimentação financeira devido aos ajustes diários (instabilidade no fluxo de caixa). ▪ Custo mais elevado do que os contratos a termo. ▪ Necessitar de depósito de garantias.

Fonte: Trader Brasil Escola de Finanças & Negócios.

Hedgers

Os hedgers são aqueles que têm ou precisam do produto físico, como os produtores rurais e suas cooperativas, que estão procurando um "seguro" contra uma eventual baixa ou alta de preços em uma data predeterminada no futuro (por exemplo, na data da comercialização da safra agrícola).

Os hedgers vendedores que são, por exemplo, fazendeiros de soja, entram no mercado vendendo contratos futuros referentes a uma quantidade de produtos agropecuários e mantêm uma posição de mercado chamada short (posição vendida).

Já os hedgers compradores geralmente necessitam de um produto físico, como as agroindústrias de soja, os exportadores e as cooperativas agroprocessadoras, que procuram por um "seguro" contra uma eventual alta de preços em uma data predeterminada no futuro (como a data de vencimento dos contratos de entrega e/ou exportação).

O arbitrador é o participante que tem como meta o lucro, mas não assume nenhum risco. Sua atividade consiste em buscar distorções de preços entre mercados distintos e tirar proveito dessa diferença ou da expectativa futura dessa diferença. A estratégia do arbitrador é comprar no mercado em que o preço está mais barato e vender no mercado em que está mais caro, lucrando um diferencial de compra e venda completamente imune a riscos, porque sabe exatamente por quanto irá comprar e vender.

Os arbitradores são aqueles que corrigem distorções de mercado. Imagine uma mesma saca de soja em dois lugares diferentes e com preços distintos. O arbitrador acaba agindo exatamente como um mediador, visando acabar com as distorções de preços entre mercados diferentes. Ele imediatamente compra a soja onde está mais barato e, ao mesmo tempo, vende onde está mais cara, e sem risco!

Se só existisse hedger e arbitrador, a bolsa seria um cemitério, com poucos negócios realizados. Assim, é de suma importância estratégica para a liquidez dos negócios que haja o agente especulador, que é quem está interessado em auferir ganhos com a compra ou a venda de contratos, tomando todo o risco da operação para si, não se interessando diretamente pela mercadoria física.

Exemplo

Todo contrato futuro tem uma especificação. Veja o exemplo da soja.

- **Objeto de negociação**: soja padrão exportação.
- **Tamanho do contrato**: 450 sacas de 60 kg.
- **Cotação**: R$/saca (reais por saca).
- **Vencimento**: nos meses de março, abril, maio, junho, julho, agosto, setembro e novembro.

O ajuste diário é um mecanismo de proteção do mercado futuro contra possíveis inadimplências. Na prática, os participantes recebem seus lucros e pagam seus prejuízos diariamente.

Por exemplo: você comprou dez contratos futuros de soja cotados a R$ 25 por saca de 60 kg no início do pregão do mercado futuro. No final do dia, a mesma saca fechou cotada a R$ 26 (preço de ajuste). Cada contrato futuro de soja envolve a negociação de 450 sacas de 60 kg. O cálculo do ajuste diário é:

$$(26 \times 450 \times 10) - (25 \times 450 \times 10) = + 4.500$$

No dia seguinte à compra, será creditado em sua conta corrente o valor de R$ 4.500, referente ao valor de ajuste diário. Não é preciso vender o contrato para receber esse ajuste. Se você optar por manter sua posição a futuro em aberto, não vendendo seus dez contratos, sua conta corrente sofrerá um novo ajuste no dia seguinte.

13

Certificado de operações estruturadas

....

Início de conversa

- O que são COEs?
- Quais são os riscos e vantagens desse investimento?
- Ele é protegido pelo Fundo Garantidor de Crédito?
- Como ocorre a tributação de um COE?
- Para qual tipo de investidor é recomendado?
- O que significa um COE de capital protegido?

....

> *Risco é aquilo que sobra quando você acha que já pensou em tudo.*
> Carl Richards

COE, a versão brasileira das Notas Estruturadas

O "desconhecido" Certificado de Operações Estruturadas (COE) é um investimento criado pela Lei nº 12.249/2010, a mesma lei que instituiu as Letras Financeiras, mas foi disciplinado pela Resolução do Banco Central nº 4.263/2013[1], que tornou pública a resolução do Conselho Monetário Nacional (CMN), de 4 de setembro de 2013. Ele representa uma alternativa de captação de recursos para os bancos. Trata-se de um título parecido com as Notas Estruturadas, muito populares nos Estados Unidos e na Europa.

Em uma única aplicação, o COE proporciona diversificação e acesso a novos mercados. Para você, isso torna mais fácil acompanhar o desempenho, pois o certificado já vem montado como um único instrumento, o que significa também uma única tributação. Os custos possivelmente seriam maiores caso você direcionasse seus recursos a vários ativos separadamente.

Segundo a resolução, a emissão desse instrumento poderá ser feita em duas modalidades:

---

1 Disponível em: <https://www.bcb.gov.br/pre/normativos/res/2013/pdf/res_4263_v1_O.pdf>. Acesso em: 2 jun. 2020.

1. **valor nominal protegido**, com garantia do valor principal investido;
2. **valor nominal em risco**, em que há possibilidade de perda até o limite do capital investido.

Nos dois casos, é preciso observar a regra de *suitability*, isto é, o investimento deve ser adequado ao perfil do investidor.

Quem emite os COEs são bancos, mas eles são registrados na Central de Custódia e Liquidação Financeira de Títulos (Cetip), empresa privada responsável por processar, registrar, guardar e liquidar os títulos financeiros privados do mercado, que está autorizada e preparada para fazer o depósito e a liquidação do certificado.

O COE tem vencimento, valor mínimo de aporte, indexador e cenário de ganhos e perdas definidos pelos bancos para diferentes perfis de investidor.

Riscos do COE

Quem aplica em COE corre risco de crédito do emissor, sem garantia do FGC. Logo, mesmo na modalidade valor nominal protegido, há risco de perda caso o emissor não honre a operação.

Trata-se de um produto que permite ao investidor escolher cenários segundo sua expectativa em relação ao indexador e pode oferecer maior rentabilidade em relação a outros tipos de investimentos caso o cenário se concretize.

Por **exemplo**, digamos que você quer viajar com a família para a Disney e vai precisar comprar dólares. Mas, no final do ano, o dólar terá caído ou subido? O investidor pode, então, apostar na alta ou na baixa do dólar. Se no vencimento do título você acertou a aposta, receberá uma rentabilidade atrelada ao ativo ou indexador de referência.

Os indexadores são:

- câmbio;
- juros;
- inflação;
- ações (nacionais e internacionais);
- índice de ações (nacionais e internacionais);

Tributação do COE

Se você aplicasse nos ativos fora do COE, incidiria a tributação de cada parte da operação. Logo, esse certificado possui a vantagem da operação completa ser tributada como renda fixa. Será aplicada alíquota regressiva de IRRF (veja mais no Capítulo 7, sobre renda fixa), conforme o prazo da operação sobre os rendimentos do produto, se houver.

COE não é para qualquer perfil de risco

Ao emitir um COE, o banco observa as regras de *suitability*, ou seja, faz uma análise do "apetite" ao risco de cada cliente. Portanto, se você estiver interessado em determinado COE, será verificado se ele se adequa ao seu perfil e ao seu entendimento. Essa transparência é fundamental do ponto de vista do regulamento do produto.

Assim, investidores mais conservadores, que antes receavam acessar algum mercado específico, têm a possibilidade de alcançar uma remuneração diferenciada, estabelecendo um limite de perda no investimento. Investidores mais arrojados têm a oportunidade de investir em operações com algum grau de risco, porém com estratégias e cenários mais nítidos, que teriam dificuldade de construir sozinhos.

Exemplo de COE Protegido

Neste exemplo, temos um valor nominal protegido de R$ 100 mil. Se subir, você ganha 30% da alta do Ibovespa, mas, se cair, só recebe o principal. A "mágica" será feita comprando uma *call* e aplicando a maior parte na renda fixa prefixada de um ano e... *voilà*! Assim, você já saberá de antemão qual será a taxa de juros e o valor que sobra para comprar a opção de compra.

Gráfico 13.1 – Exemplo de COE ao final de 1 ano

Cenário otimista	Cenário pessimista
Alta de 30%	
Ibov.	Queda de 30%
0 — 1 ano	
Pré-fixado: recebe 100.000	Pré-fixado: recebe 100.000
Opção: recebe 1 x 30% de alta do Ibovespa x montante =	Opção: não será exercida = 0
Total = 100.000 + 30.000 = 130.000	Total = 100.000

Fonte: Trader Brasil Escola de Finanças e Negócios.

Como escolher uma corretora?

Início de conversa

- Dicas de como escolher uma corretora.
- O mínimo que uma boa corretora deve ter.
- O que é o PQO?
- O que é o Cetip | Certifica?
- O que acontece com meus ativos se uma corretora quebra.

Em Wall Street, os touros ganham dinheiro,
os ursos ganham dinheiro.
E os porcos são massacrados.
Anônimo

Corretoras e bancos são liquidados quase todos os anos pelo Banco Central, o que pode causar diversos transtornos, como não conseguir se desfazer de posições em Bolsa; transferir a custódia de ativos de renda fixa; resgatar o saldo da conta corrente; e nem mesmo receber atendimento dos profissionais da corretora.

Assim, escolher uma corretora olhando somente os custos é um erro. O barato pode sair caro. Desconfie de corretoras com corretagem muito barata ou mesmo grátis. A guerra de tarifas reduz a lucratividade não só dela mesma, mas da maioria das corretoras.

Apesar de os consumidores terem inicialmente se beneficiado de preços mais baixos, no longo prazo, essas políticas empurram o resultado das corretoras para o prejuízo e inviabilizam novos investimentos no negócio, como: um melhor e mais rápido atendimento ou uma plataforma com tecnologia mais moderna.

Em suma, sua corretora de valores deve oferecer um bom atendimento, ter plataformas de tecnologia confiáveis e rápidas, ser transparente, honesta e cobrar um preço justo por isso.

Algumas corretoras possuem um foco maior no investidor institucional, outras nos serviços de custódia e outras nas negociações de commodities agropecuárias, o que pode não ser o seu caso.

Você deve procurar por corretoras que ofereçam no mínimo:

- *home broker;*
- aplicativo de celular;
- um bom quadro de analistas de investimentos isentos e certificados com CNPI que fazem recomendações de carteira bem fundamentadas;
- o Tesouro Direto com corretagem zero[1] e taxa de custódia zero;
- ofertas de fundos de investimentos e de previdência;
- certificado PQO (Programa de Qualificação Operacional) Retail Broker.

Como um agente autônomo de investimentos pode ajudar a escolher uma corretora?

Conforme comentado no Capítulo 10, sou um agente autônomo de investimentos registrado na CVM e, por lei, existe uma regra de exclusividade do agente, pois ele fica preso a apenas uma corretora. Então, se você conhece algum agente autônomo de sua confiança, esse profissional poderá lhe ser bem útil, e ele já possui obrigatoriamente apenas uma corretora com quem trabalha e na qual confia, a ponto de recomendá-la a seus clientes.

A função do agente autônomo é explicar de forma simples o funcionamento dos mercados, falar dos produtos disponíveis, riscos, auxiliar o investidor na hora de aplicar seu dinheiro, entre outras coisas.

A qualidade de um agente autônomo é medida por sua capacidade de trazer opções novas para o investidor sempre alinhadas a seu perfil, auxiliar no acompanhamento dos investimentos e, por fim, passar o máximo de conhecimento e informações para quem é leigo no assunto.

Você não tem custo algum com a assessoria; o agente é remunerado pelos produtos que compõem a sua carteira, por exemplo, no caso de fundos é um

---

1. Neste link você consegue ver todas as taxas do Tesouro Direto cobradas pelas corretoras: <https://www.tesourodireto.com.br/conheca/bancos-e-corretoras.htm>. Acesso em: 2 jun. 2020.

percentual da taxa de administração que o gestor do fundo oferece à corretora para distribuir seus fundos.

Como é o atendimento do agente autônomo de investimentos?

O atendimento dos clientes segue a ordem:

- conhecer,
- avaliar e, então,
- indicar.

Antes de pensar no que investir, o agente marca uma reunião para conhecer o cliente, entender seus objetivos, suas limitações, a situação financeira patrimonial, o quanto está disposto a investir. Só então, depois de compreendido tudo isso, começamos a buscar as melhores opções.

A frequência com que assessor e cliente se encontram varia, exatamente por ser um atendimento mais personalizado. Os encontros são combinados de acordo com a demanda de cada um, mas costumam acontecer, pessoal ou virtualmente, a cada três ou quatro meses. Por telefone, e-mail ou WhatsApp, geralmente se comunicam uma vez por mês, mas o canal fica aberto para qualquer necessidade do cliente.

Como escolher sua corretora?

Se você não quiser ou achar que não precisa de um agente autônomo de investimentos, uma sugestão é que você faça pelo menos seis perguntas antes de tomar uma decisão:

1. Como é a reputação da empresa?

Certifique-se de que ela tem boa reputação e pouquíssimas reclamações on--line, de preferência bem resolvidas, sobre os seus serviços.

2. A corretora fez a análise de seu perfil de investidor e fez recomendações adequadas ao seu perfil?

O perfil de investidor é muito simples de ser obtido através de algumas perguntas; ele serve para indicar a carteira de investimentos mais adequada para você.

3. A corretora tem o selo de qualificação da B3?

Cada vez mais, os investidores vêm exigindo elevados níveis de sofisticação, qualidade, tecnologia, integridade e solidez das instituições integrantes do mercado financeiro e de capitais. A B3 faz auditoria anual nas corretoras para verificar a qualidade dos processos adotados, e desenvolveu o Programa de Qualificação Operacional (PQO), uma iniciativa para avaliar e reconhecer a qualidade dos serviços prestados pelas corretoras e pelos bancos que atuam nos mercados administrados pela Bolsa.

O PQO é uma verdadeira "varredura" que a Bolsa faz nas corretoras para analisar se os níveis de qualidade, tecnologia, integridade e solidez estão dentro do esperado para uma instituição integrante do mercado financeiro. Esse programa abrange mais de 120 instituições financeiras e já certificou mais de 12 mil profissionais do mercado.

Os auditores da Bolsa vão às corretoras e verificam se estas cumprem as regras do Bacen, da CVM e da B3 em termos de supervisão das operações, prevenção à lavagem de dinheiro, segurança da informação etc. A corretora precisa investir para convencer os auditores da Bolsa.

As instituições aprovadas podem receber até tipos de selos de qualificação:

- **Execution Broker:** identifica os participantes de negociação e de negociação pleno que possuem estrutura organizacional e tecnológica especializada na prestação de serviços de execução de negócios para os investidores institucionais nos ambientes de negociação da B3.
- **Retail Broker:** identifica os participantes de negociação e de negociação pleno que contam com estrutura organizacional e tecnológica especializada na prestação de serviços de atendimento consultivo e de assessoria financeira, prospecção de clientes e execução de ordens e distribuição de produtos da B3 aos investidores PF e PJ não financeiras.
- **Agro Broker:** identifica os participantes de negociação e de negociação pleno que possuem estrutura organizacional e tecnológica especializada na prestação de serviços de atendimento consultivo e de assessoria financeira, prospecção de clientes e execução de ordens e distribuição de derivativos de commodities agropecuárias da B3.
- **Carrying Broker:** identifica os participantes de negociação pleno e de liquidação que tenham capacidade financeira e estrutura organizacional e tecnológica especializada na prestação de serviços de gerenciamento de risco, liquidação, administração de colaterais, consolidação de posi-

ções e serviços de custódia para os investidores institucionais e PJ não financeiras.

Para as pessoas físicas, o importante é que a corretora tenha o selo de *retail broker* (corretora de varejo). Só conseguem este selo as corretoras que provam para a Bolsa que oferecem um *home broker* que praticamente nunca sai do ar, que oferece conteúdo educacional para os investidores entenderem os produtos que estão comprando, que possuem diversas formas de atendimento às pessoas físicas etc.

Quando uma corretora perde o selo do PQO, investidores institucionais (como fundos de investimento, por exemplo) transferem a custódia de seus ativos a outra instituição e deixam de serem seus clientes. Ou seja, você vai querer "facilitar"? Grude nos tubarões e fuja das sardinhas!

Para escolher sua corretora, a maneira mais prática é filtrar por:

- serviços que são importantes para você, como *home broker*, *mobile broker* e oferta de fundos de investimento;
- produtos como o Tesouro Direto;
- selo de *Retail Broker* do Programa de Qualificação Operacional.

Recomendo utilizar o site da B3: <http://www.b3.com.br/pt_br/produtos- -e-servicos/participantes/busca-de-participantes/busca-de-corretoras/>. No link <http://www.b3.com.br/pt_br/b3/qualificacao-e-governanca/selos-pqo/ corretoras-certificadas.htm>, você pode consultar, a qualquer momento, a lista completa e atualizada das corretoras certificadas e os participantes do Programa de Qualificação Operacional.

4. A corretora tem o selo Cetip | Certifica?

A Cetip[2] é uma companhia de capital aberto, que age como a integradora do mercado financeiro. É a maior depositária de títulos privados de renda fixa da América Latina e a maior câmara de ativos privados do país; e oferece serviços de registro, central depositária, negociação e liquidação de ativos e títulos.

O selo Cetip | Certifica é concedido apenas às corretoras que registram as operações de seus clientes na Cetip. Então, se você é um investidor habituado

---

2. Para consultar a lista atualizada das corretoras que possuem o selo Cetip | Certifica, acesse: <https://www.cetip.com.br/cetipcertifica>.

a comprar CDB, CRA, CRI, debêntures, letra de câmbio, LCA, LCI ou Letra Financeira, entre outros ativos de renda fixa, é importante que a corretora tenha esse selo, pois, dessa forma, você terá a certeza de que a corretora está investindo seu dinheiro exatamente no papel que você deu ordem para comprar e não está cometendo fraudes. Muitas corretoras disponibilizam o extrato da Cetip para que o investidor possa fazer essa conferência. Então, é possível ver os ativos que sua corretora diz que você comprou e comparar com os ativos que estão registrados em seu nome na Cetip. Assim, fica impossível de a corretora investir seu dinheiro em um ativo que você não pediu para comprar, como aconteceu na época da liquidação da corretora Corval.

5. A corretora dá lucro?

Se você está em busca de uma corretora com um balanço equilibrado e que investirá continuamente para prestar melhores serviços para seus clientes, devemos perguntar se a corretora dá lucro ou prejuízo. Afinal, uma empresa saudável tem mais condições de se modernizar, lançar novos produtos, melhorar processos internos, investir em segurança da informação, cumprir normas da área de compliance etc.

Mas sempre escutamos que as corretoras brasileiras estão no "buraco" e que só os grandes bancos ganham dinheiro no mercado financeiro, não é verdade? Não, não é verdade. Algumas corretoras independentes oferecem uma plataforma de produtos completa, que permite ao investidor obter um bom desempenho em qualquer cenário.

Segundo dados do Banco Central, algumas dessas instituições já conseguem ser lucrativas, conforme mostra a Tabela 14.1[3].

Tabela 14.1 – Lucros acumulados das corretoras até dezembro de 2019

Nome	Saldo (em R$)
XP Investimentos CCTVM S/A	94.976.609,87
C.Suisse Hedging-Griffo CV S/A	84.889.069,16
Credit Suisse S.A. CTVM	25.164.093,59
Btg Pactual CTVM	23.821.198,55
Goldman Sachs Brasil CTVM S/A	18.238.771,55
Citigroup Global, CCTVM S/A	16.811.123,51

3. As tabelas 14.1 a 14.3 estão disponíveis em: <https://www.bcb.gov.br/estabilidadefinanceira/balancetesbalancospatrimoniais>. Acesso em: 10 abr. 2020.

▶ Mirae Asset CCTVM Ltda.	8.275.274,48
Merril Lynch S/A CTVM	6.561.236,61
ING CC e Títulos S/A	5.201.404,96
Finaxis CTVM	1.023.129,61
Easynvest – Título CV S/A	829.889,16
J.P. Morgan CCVM S/A	701.498,97

Fonte: Banco Central.

6. Qual é o patrimônio líquido da corretora?

Outro indicador importante para ajudar a mensurar a solidez de uma corretora é quanto capital próprio os sócios já injetaram nessa instituição. Nesse caso, basta olhar o patrimônio líquido, que inclui o capital dos sócios, os lucros não distribuídos aos acionistas e as ações mantidas em tesouraria, entre outros itens. Empresas lucrativas de forma sustentável tendem a reinvestir parte dos lucros no negócio – o que gera crescimento do patrimônio líquido ao longo do tempo.

Segundo dados do Banco Central, entre as 15 maiores corretoras independentes do Brasil, com o maior patrimônio líquido, estão:

Tabela 14.2 – Patrimônio líquido das corretoras da B3

Nome da instituição	Patrimônio líquido (R$) – jan./2020
XP Investimentos CCTVM S/A	2.252.340.949,06
Bradesco S/A CTVM	1.943.664.205,43
Itaú CV S/A	1.513.319.205,37
Morgan Stanley CTVM S/A	1.184.770.548,35
J.P. Morgan CCVM S/A	931.651.760,03
Citigroup Global, CCTVM S/A	715.446.128,00
Santander CCVM S/A	646.370.245,30
Ágora CTVM S/A	472.090.683,48
BTG Pactual CTVM	401.803.776,96
Credit Suisse S/A CTVM	329.356.479,44
Goldman Sachs Brasil CTVM S/A	291.729.604,59
C.Suisse Hedging-Griffo CV S/A	289.475.554,23
Mirae Asset CCTVM Ltda.	268.204.085,04
Alfa CCVM S/A	259.724.282,86
Safra CVC	197.374.820,39

Fonte: Banco Central.

Verifique também o total de custódia de valores de cada uma delas. Na tabela a seguir, indicamos as 15 maiores nesse quesito.

Tabela 14.3 – Total de custódia de valores das principais corretoras em janeiro de 2020

Nome da instituição	Saldo (R$)
XP Investimentos CCTVM S/A	250.622.185.102,52
Bradesco S/A CTVM	130.523.223.089,93
Guide	58.653.998.515,02
Itaú CV S/A	26.723.244.052,64
Mirae Asset CCTVM Ltda.	11.391.022.747,42
Easynvest – Título CV S/A	10.567.886.535,15
Santander CCVM S/A	8.817.373.627,31
C.Suisse Hedging-Griffo CV S/A	8.500.944.096,51
Safra CVC	7.896.620.563,00
Planner CV S/A	5.685.927.697,81
Ativa S/A Investimentos CCTVM	5.440.795.960,68
Ágora CTVM S/A	5.280.221.683,01
Socopa SC Paulista S/A	4.160.712.819,45
Necton Investimentos S/A CVM	4.110.803.282,94
Icap do Brasil CTVM Ltda.	3.290.480.620,27

Fonte: Banco Central.

Por que será que as taxas variam tanto entre as corretoras?

As taxas escondem riscos diferentes entre as corretoras. Se um banco lhe oferece um CDB que rende um pouco mais que a média do mercado, ele está dizendo pro mercado desta forma: "vem cá, que eu te pago um pouquinho a mais, mas você também estará assumindo um risco maior por investir seu dinheiro aqui conosco!". O famoso axioma risco/retorno: quanto maior for o risco assumido, maior será o retorno pretendido. Com as corretoras, a situação é exatamente a mesma.

Acredito que, se você adotar também os quatro critérios descritos, terá plenas condições de fazer uma escolha melhor na hora de contratar os serviços de uma corretora.

O que acontece se minha corretora quebrar?

Quando se investe em ações, o primeiro passo é transferir o dinheiro a ser investido para a conta da corretora para que se possa comprar os papéis.

Toda compra de ações deve ser feita por intermédio de uma corretora. A ação em carteira é registrada na B3, ficando em seu nome, e não no da corretora. Assim, caso sua corretora quebre, suma do mapa etc., as ações e os títulos do Tesouro Direto permanecerão em seu nome, logo, você poderá posteriormente transferi-los para outra corretora.

Quando um banco fecha, seja por intervenção do Banco Central ou por iniciativa da própria instituição financeira, os correntistas possuem um "seguro" fornecido pelo Fundo Garantidor de Créditos (FGC).

Para o caso das corretoras, há também uma garantia fornecida pela B3 para possíveis transtornos, embora com valor menor que dos bancos: o Mecanismo de Ressarcimento de Prejuízos (MRP).

O Mecanismo de Ressarcimento de Prejuízos (MRP) disponibilizado pela B3 Supervisão de Mercados (BSM) garante ressarcimento de até R$ 120 mil em casos de valores destinados ao pagamento de ações adquiridas em mercado de bolsa administrado pela B3, valores provenientes da venda de ações ou provenientes do recebimento de proventos.

O problema é o saldo. A conta corrente da corretora deve ser utilizada apenas como uma ponte entre as transações efetuadas no mercado acionário. Esse dinheiro só deve ficar na conta da corretora entre as transações, depois de alguma venda de ações e até a próxima compra, por exemplo.

Caso que não é coberto: o que pode dar problema, então, é o valor que não está investido, ou seja, aquele valor que está na conta da corretora e não foi utilizado para compra de ações. Esse, sim, em uma possível falência, pode até ser recuperado, mas demanda um processo que pode dar alguma dor de cabeça, como ocorre com toda empresa que decreta falência. O MRP possui regras específicas e pode não cobrir o prejuízo.

O que ocorre ao título do Tesouro Direto custodiado em caso de liquidação da instituição financeira?

Nesse caso, o investidor não tem risco. Os títulos públicos comprados por meio do Tesouro Direto são mantidos na CBLC em uma conta em nome do investidor. Caso a instituição financeira seja liquidada, os recursos investidos não serão perdidos. O investidor precisa apenas abrir uma conta em outra instituição financeira e solicitar a transferência da custódia para a nova instituição.

Portanto, não se preocupe tanto com a solidez da instituição financeira. O mais importante é procurar instituições financeiras que cobram taxas baixas, levando em consideração que o fator mais importante para aperfeiçoar o rendimento é o custo.

Então, para finalizar, o preço de corretagem não é importante?

Lógico que é. Mas preço não é tudo – se assim fosse, estava todo mundo tomando vinho de garrafa azul até hoje.

Liebefraumilch, o vinho da garrafa azul, figurinha fácil em casamentos na década de 1980 e hoje um desprezado tipo de vinho branco alemão, vinha estrategicamente envasado em uma garrafa azul para driblar a dificuldade de falar o nome. Era conhecido como "Leite da Mulher Amada", mas a tradução real é "Monge de Nossa Senhora".

Ele foi responsável por iniciar muitas pessoas no mundo do vinho. No entanto, por ser um vinho branco barato, sem personalidade e extremamente açucarado (tinha cerca de 18 gramas de açúcar por litro), o Liebfraumilch foi também o grande responsável pela dificuldade, que perdura até hoje, de se aceitar que a Alemanha é, de fato, produtora de vinhos de alta qualidade e de que vale a pena pagar um pouco mais para experimentar seus vinhos.

O famoso "barato que sai caro". Então não escolha sua corretora por preço, escolha como se escolhe um vinho: por custo e benefício. A dor de cabeça da ressaca depois pode ser terrível, mas é evitável como beber vinho de qualidade duvidosa.

Mas a minha corretagem é grátis. Por que iria trocar?

Então você não seria meu cliente, por exemplo. Risos. Bons agentes autônomos, aqueles que realmente fazem a diferença para o bolso de seus clientes rentabilizando suas contas, agregam valor, e não custos!

15

Fundos de investimento

Início de conversa

- Agarrando as vantagens dos fundos de investimento.
- Como verificar os diferentes tipos de fundos.
- Como escolher os melhores fundos.
- Avaliando o desempenho do seu fundo.
- Monitorando e vendendo seus fundos.

> *Se você acha que investir é divertido, se você está se divertindo, provavelmente não está ganhando nenhum dinheiro. Bons investimentos são chatos. Eu só sou rico porque sei quando estou errado... Eu basicamente sobrevivi por reconhecer os meus erros.*
> George Soros, o homem que "quebrou" o Banco da Inglaterra, gestor do Soros Fund e advisor do QuantumFund

Fundos de investimento são como condomínios, constituídos com o objetivo de promover a aplicação coletiva dos recursos de seus participantes em ativos financeiros. Eles são norteados por um regulamento e têm na Assembleia Geral seu principal fórum de decisões.

Muitos profissionais estão envolvidos na gestão e na administração de um fundo, e cada um tem um papel importante a desempenhar. Assim como em um condomínio, é preciso de uma série de funcionários (jardineiro, equipe de limpeza, porteiro, manutenção de elevadores etc.) para cuidar do prédio; no caso de um fundo, há várias empresas e profissionais envolvidos na tarefa de cuidar dos investimentos.

 Na plataforma on-line da editora, disponibilizamos um glossário com os principais termos relacionados a fundos de investimentos, incluindo os profissionais envolvidos em sua gestão, custódia e administração. É importante que você conheça o papel de cada profissional envolvido na gestão de um fundo.

Vantagens dos fundos de investimento

Dentre os benefícios oferecidos ao investidor pelos fundos de investimento, podem ser citados:

a) Acesso a modalidades de investimento que, pelo volume de recursos envolvidos, não estariam ao alcance dos investidores individuais, especialmente os de menor capacidade financeira, aumentando a quantidade de alternativas de investimentos disponíveis.

b) A formação de uma carteira diversificada de ações e outros ativos requer um volume de recursos que, na maioria das vezes, é superior às disponibilidades do pequeno investidor.

c) Diluição, entre os participantes, dos custos de administração da carteira, que normalmente não são acessíveis aos investidores individualmente.

d) A participação de vários investidores em um fundo permite que essas economias possam ser canalizadas coletivamente para o mercado de valores mobiliários, viabilizando a participação do pequeno investidor nesse segmento de investimentos.

O que fazer ao comprar um fundo

Ao ingressar em um fundo, todo cotista deve atestar, por meio de termo próprio, que recebeu o regulamento e o prospecto, que tomou ciência dos riscos envolvidos e da política de investimentos, bem como compreendeu a possibilidade de ocorrência de patrimônio negativo e de sua responsabilidade por contribuições adicionais de recursos, quando for o caso.

Atenção! Fique bem atento ao ler esses documentos, pois neles o investidor encontrará informações muito importantes.

O prospecto é o documento de apresentação obrigatória aos investidores – exceto no caso de fundos destinados exclusivamente a investidores qualificados – e que inclui as principais informações relevantes para o investidor contidas no regulamento, como a política de investimento do fundo, as taxas de administração e os principais direitos e responsabilidades dos cotistas e administradores, assim como quaisquer outras informações necessárias para uma tomada de decisão mais consciente por parte dos investidores, como os riscos envolvidos.

Esse documento deve estar sempre atualizado e ficar à disposição dos investidores potenciais durante o período de distribuição, nos locais em que esta for realizada. Quaisquer alterações realizadas deverão ser comunicadas imediatamente à CVM e colocadas à disposição para consulta pública.

O prospecto e o regulamento dos fundos devem indicar, com clareza, a política de investimento e as faixas de alocação de ativos, devendo constar o ativo prevalecente na composição de sua carteira.

A lâmina contém as informações mais importantes em formato simples e sempre na mesma ordem. Além das informações sobre taxas e despesas, traz uma tabela com os retornos dos últimos cinco anos, que enfatiza a existência, se for o caso, de anos com rentabilidade negativa, além de outras mudanças, conforme disposto na instrução. A lâmina deve ser atualizada mensalmente até o dia 10 de cada mês com os dados relativos ao mês imediatamente anterior, e deve ser enviada imediatamente à CVM. O administrador deve entregá-la ao futuro cotista antes do seu ingresso no fundo e divulgar, em lugar de destaque na sua página na internet, e sem proteção de senha, a lâmina atualizada.

É importante destacar que é vedado ao administrador prometer rendimentos predeterminados aos cotistas do fundo.

Quadro 15.1 – Perguntas importantes antes de se decidir pela aplicação em fundos de investimento

- Qual é a taxa de administração cobrada pelo fundo?
- São cobradas outras taxas (performance, ingresso, saída)? Quais?
- Onde e como posso obter o prospecto e o regulamento do fundo?
- Que tipo de informações tenho direito a receber sobre o fundo?
- Com que periodicidade vou receber informações?
- Qual é o prazo de resgate?
- Qual foi o desempenho desse fundo até o momento?
- Onde posso obter informações sobre seu desempenho?
- Que posição ocupa em comparação com outros fundos semelhantes, ou em relação a um índice de mercado?

Alavancagem e patrimônio negativo

Um fundo é considerado alavancado sempre que existir a possibilidade (diferente de zero) de perda superior ao patrimônio do fundo, desconsiderando-se casos de *default* (calote) nos ativos do fundo. Se o patrimônio do fundo ficar negativo, os cotistas podem ter que colocar mais dinheiro para saldar as dívidas.

O fundo que pretender realizar operações com derivativos que possam ocasionar perdas patrimoniais ou levar à ocorrência de patrimônio líquido negativo deverá inserir, na capa de seu prospecto e em todo material de divulgação, de forma clara, legível e em destaque, uma das seguintes advertências, conforme o caso:

> Este fundo utiliza estratégias com derivativos como parte integrante de sua política de investimento. Tais estratégias, da forma como são adotadas, podem resultar em significativas perdas patrimoniais para seus cotistas.

ou

> Este fundo utiliza estratégias com derivativos como parte integrante de sua política de investimento. Tais estratégias, da forma como são adotadas, podem resultar em significativas perdas patrimoniais para seus cotistas, podendo, inclusive, acarretar perdas superiores ao capital aplicado e a consequente obrigação do cotista de aportar recursos adicionais para cobrir o prejuízo do fundo.

Papel do administrador de fundo de investimentos

Umas das principais obrigações do administrador de um fundo de investimento é divulgar informações aos investidores, na periodicidade, no prazo e com o teor definidos pela regulamentação da CVM. Essa divulgação deve ser feita de forma equânime entre todos os cotistas.

Entre as obrigações desse profissional, destacam-se:

a) divulgar diariamente o valor da cota e do patrimônio líquido do fundo aberto;
b) remeter mensalmente aos cotistas o extrato de conta contendo:
   I. nome do fundo e o número de seu registro no CNPJ;
   II. nome, endereço e número de registro do administrador no CNPJ;
   III. nome do cotista;
   IV. saldo e valor das cotas no início e no final do período e a movimentação ocorrida ao longo desse período;
   V. rentabilidade do fundo auferida entre o último dia útil do mês anterior e o último dia útil do mês de referência do extrato;
   VI. data de emissão do extrato da conta;
   VII. o telefone, o correio eletrônico e o endereço para correspondência do serviço de atendimento ao cotista.

Atenção! Mantenha sempre seu endereço atualizado com o administrador, para que este possa enviar-lhe as informações devidas.

Papel do gestor de fundo de investimentos

O gestor de investimentos (também chamado de gestor de fundos, administrador de carteira, gestor de ativos e, em inglês, *asset manager*) é o responsável pela gestão das aplicações feitas por investidores em fundos de investimento.

De atividades que vão desde o relacionamento com os clientes (e a compreensão de suas necessidades) até a busca por oportunidades específicas de ganho no mercado, o dia a dia de desse tipo de gestor é muito ligado à "produtividade" das aplicações. Isso porque o referencial de sucesso do seu trabalho é o aumento de patrimônio que ele oferece ao investidor.

Os gestores de recursos administram os investimentos levando em consideração o perfil de risco adequado para o cliente e perseguem o objetivo de atingir o maior retorno possível respeitando um determinado patamar de perda que seja aceitável pelo investidor.

O exercício da Administração de Carteira de Valores Mobiliários compreende a gestão profissional de recursos ou valores mobiliários, subordinados ao regime da Lei nº 6.385/1976, entregues a pessoa física ou jurídica com autorização para a compra ou venda de valores mobiliários por conta do investidor. A administração de carteira de valores mobiliários só poderá ser exercida por pessoas físicas ou jurídicas previamente autorizadas pela CVM, conforme normas estabelecidas na Instrução CVM 558/2015[1].

A Certificação de Gestores Anbima (CGA) é obrigatória, caso a companhia administradora siga o código de certificação Ambima. Para a CVM, entretanto, é um reconhecimento facultativo para o profissional.

Os fundos podem utilizar dois modelos diferentes de administração: passiva ou ativa. Na passiva, o objetivo principal é acompanhar o desempenho de determinado índice. O gestor não possui autonomia para realizar escolhas livremente, devendo ater-se sempre à compra de ativos que compõem a referência adotada (como o Ibovespa). Já no caso de uma administração ativa, a independência do gestor aumenta. Isso porque ele não tem um referencial a seguir – a não ser, é claro, pelas características primárias do fundo (como ser ligado à renda fixa ou ao mercado de ações, por exemplo).

O investidor deve prestar bastante atenção a essas características, pois elas influenciam diretamente o modo como sua carteira é composta e os resultados a serem obtidos.

> **Dica**
>
> Para tomar decisões estratégicas por você, o gestor do fundo cobra uma taxa de administração, o que pode reduzir sua rentabilidade em comparação a outros investimentos. Alguns também cobram taxa de performance e taxas de entrada e saída. Mas, se ele for realmente bom, pode valer a pena pagar por ele. O importante é a relação ganha-ganha. Por isso, é importante verificar o histórico do fundo e do gestor, mas lembre-se: rentabilidade passada não é garantia de rentabilidade futura. Além disso, os fundos descontam imposto de renda no resgate ou semestralmente, no caso dos fundos de renda fixa e multimercados.

Taxas de administração

A taxa mais comum e mais conhecida pelos investidores é a taxa de administração, apontada por muitos como a grande vilã dos resultados dos fundos. Essa taxa representa o preço pago pelos cotistas pela prestação dos serviços do

---

1. A Instrução CVM nº 558 está disponível em: <http://www.cvm.gov.br/legislacao/instrucoes/inst558.html>. Acesso em: 3 jun. 2020.

fundo. Ou seja, nesse custo já estão embutidos os pagamentos do gestor, do administrador, custodiante, auditor e demais instituições ou custos implícitos da estrutura do fundo.

Apesar de ser sempre divulgada em valores anuais, a taxa de administração é provisionada diariamente e cobrada ao final de todo mês. Ela é fixa e normalmente gira em torno de um percentual do patrimônio líquido do fundo. Ou seja, quanto maior o capital sob gestão, maior será a remuneração dos sócios e funcionários.

A taxa de administração não pode ser aumentada sem prévia aprovação da Assembleia Geral, mas o administrador pode reduzi-la unilateralmente, comunicando o fato à CVM e aos cotistas, e promovendo a devida alteração do regulamento e do prospecto.

É permitida a cobrança de ajustes sobre a performance individual do cotista que aplicar recursos no fundo posteriormente à data da última cobrança, exclusivamente nos casos em que o valor da cota adquirida for inferior ao valor dela na data da última cobrança de performance efetuada.

Atenção! No Brasil, todos os fundos são obrigados a divulgar os resultados já descontando a taxa de administração.

Taxa de performance

A taxa de performance só é cobrada do cotista como um prêmio ao gestor do fundo quando a sua rentabilidade supera um determinado índice previamente estabelecido (o famoso *benchmark*).

Vamos a um exemplo prático: suponha que você invista em um fundo que possua taxa de performance de 20% e seu *benchmark* é o CDI. Nesse ano, o CDI rendeu 5%, e seu fundo, 10% no mesmo período. Neste caso, a taxa de performance incidirá apenas sobre os 5% excedentes, sendo que 20% (1% da rentabilidade excedente) ficarão com o gestor e os outros 80% (4% da rentabilidade excedente) ficarão com você.

Atenção! Conceito de linha-d'água: é vedada a cobrança de taxa de performance quando o valor da cota do fundo for inferior ao seu valor por ocasião da última cobrança efetuada, exceto para os fundos destinados exclusivamente a investidores qualificados, que poderão cobrá-la de acordo com o que dispuser seu regulamento.

Pessoas físicas não podem participar de alguns fundos disponibilizados pelo mercado, como fundo de BDRs, fundos de investimento no exterior e Certificado de Recebíveis (CRI e CRA). Estes são apenas para investidores qualificados e profissionais. Veja no Quadro 15.2 quem são estes investidores.

Quadro 15.2 – Investidores profissionais e investidores qualificados

Profissionais	Qualificados
I. Instituições financeiras e demais instituições autorizadas a funcionar pelo Banco Central do Brasil.	I. Investidores profissionais.
II. Companhias seguradoras e sociedades de capitalização.	II. Pessoas naturais ou jurídicas que possuam investimentos financeiros em valor superior a R$ 1 milhão e que, adicionalmente, atestem por escrito sua condição de investidor qualificado mediante termo próprio.
III. Entidades abertas e fechadas de previdência complementar.	
IV. Pessoas naturais ou jurídicas que possuam investimentos financeiros em valor superior a R$ 10 milhões e que, adicionalmente, atestem por escrito sua condição de investidor profissional mediante termo próprio.	III. Pessoas naturais que tenham sido aprovadas em exames de qualificação técnica ou possuam certificações aprovadas pela CVM como requisitos para o registro de agentes autônomos de investimento, administradores de carteira, analistas e consultores de valores mobiliários, em relação a seus recursos próprios.
V. Fundos de investimento.	
VI. Clubes de investimento, cuja carteira seja gerida por administrador de carteira autorizado pela CVM.	IV. Clubes de investimento cuja carteira seja gerida por um ou mais cotistas que sejam investidores qualificados.
VII. Agentes autônomos de investimento, administradores de carteira, analistas e consultores de valores mobiliários autorizados pela CVM, em relação a seus recursos próprios.	V. Pode ser constituído fundo de investimento destinado exclusivamente a investidores qualificados.
VIII. Investidores não residentes.	

Fonte: Trader Brasil Escola de Finanças & Negócios.

A necessidade de verificação da adequação do produto ao investidor (*suitability* – veja mais no Capítulo 6) é dispensada caso o cliente/investidor:

a) seja investidor qualificado ou profissional (exceto no caso de pessoa natural que se enquadre em tais categorias a partir do critério de investimento mínimo em ativos financeiros ou por ter sido aprovada em exame de qualificação técnica ou possua certificações aprovadas pela CVM);

b) seja pessoa jurídica de direito público;

c) tenha sua carteira de valores mobiliários administrada discricionariamente por administrador de carteira de valores mobiliários autorizado pela CVM.

É indispensável que o investidor consulte o regulamento do fundo de investimento para conhecer exatamente as taxas que são cobradas, pois estas podem variar consideravelmente.

Para onde vai seu dinheiro quando você aplica em um fundo?

A classificação dos fundos de investimento depende da composição de sua carteira, de forma a permitir a fácil identificação dos objetivos definidos na política de investimento e facilitando a compreensão pelo investidor de suas características e riscos envolvidos. Assim, essa classificação é definida a partir do principal fator de risco associado à sua carteira, que pode ser o índice de preço, a taxa de juros, o índice de ações ou o preço do ativo cuja variação produza, potencialmente, maiores efeitos sobre o valor de mercado da carteira do fundo.

As quatro categorias de fundos da CVM

A Comissão de Valores Mobiliários (CVM), que é o órgão do governo que regulamenta a indústria de fundos de investimento, dividiu os fundos em quatro grandes categorias.

1. **Fundos de renda fixa.** Devem possuir, pelo menos, 80% da carteira em ativos relacionados diretamente, ou sintetizados, via derivativos, aos principais fatores de risco da carteira, que são a variação da taxa de juros doméstica ou de índice de inflação, ou ambos.

    Indicação: para quem procura a manutenção do poder de compra em reais, os fundos de renda fixa podem ser uma boa alternativa, já que procuram superar a inflação a longo prazo. Dividem a preferência dos investidores brasileiros com os referenciados DI, e, assim como estes, podem constituir boa parte do portfólio de investimentos de quem aplica. A porcentagem de recursos investida neste tipo de fundo varia em conformidade com o perfil do cliente. Conservadores podem aplicar a maior parte do patrimônio nos fundos de renda fixa, moderados entre 60% e 70%, e agressivos de 40% a 50%. A diferença é que, ao contrário dos fundos DI, estes fundos tendem a apresentar valorização em situações de diminuição da taxa de juros.

2. **Fundos de ações.** Devem possuir, no mínimo, 67% da carteira em ações admitidas à negociação no mercado à vista de bolsa de valores ou entidade do mercado de balcão organizado ou em outros ativos

autorizados na legislação, como os Brazilian Depositary Receipts classificados como nível II e III.

Indicação: de forma geral, atraem investidores agressivos que querem aumentar a margem de lucro sem a urgência de um retorno imediato. Investir em fundos de ações significa aceitar riscos em troca da chance de aumentar o capital em um prazo maior. Não são indicados para quem precisará do dinheiro no curto prazo nem para investidores avessos ao risco.

3. **Fundos cambiais.** Devem possuir, pelo menos, 80% da carteira em ativos relacionados diretamente, ou sintetizados via derivativos, ao fator de risco do fundo, que é a variação de preços de moeda estrangeira ou a variação do cupom cambial.

   Indicação: são uma alternativa para investidores que buscam preservar o poder de compra do seu patrimônio na moeda estrangeira a longuíssimo prazo. Para viagens ao exterior, pode valer a pena simplesmente comprar dólares ao invés de investir em fundos cambiais. Isso porque as taxas de administração e IR ameaçam minar a rentabilidade do fundo. Com o dólar cotado a R$ 5, por exemplo, o investidor precisaria de R$ 15 mil para comprar 3 mil dólares. Caso optasse por aplicar o montante no fundo, o capital ficaria sujeito às variações cambiais. Se o dólar chegasse a R$ 7,50 (aumento de 50%) e a carteira acompanhasse 100% da valorização, o investidor passaria a ter R$ 22.500. Contudo, sobre o retorno de R$ 7.500 incidiria uma taxação de 15% de IR, o equivalente a R$ 1.125. Na prática, o sujeito teria agora R$ 21.375 e seus 3 mil dólares iniciais teriam se transformado em 2.850 dólares.

4. **Fundo multimercado.** Esses fundos contam com políticas de investimento que envolvem vários fatores de risco, sem o compromisso de concentração em nenhum fator especial ou em fatores diferentes das demais classes de fundos. Admitem alavancagem.

   Indicação: para o investidor com horizonte de resgate de médio a longo prazo, o fundo multimercado é uma alternativa interessante e pode funcionar como um bom instrumento de poupança, independente do perfil. Se, por um lado, as políticas destes fundos pressupõem exposição ao risco, por outro as possibilidades de aumentar significativamente a renda são maiores. Isso porque um multimercado congrega a possibilidade de ganhar mais dinheiro com ações, por exemplo, à segurança de não ficar exclusivamente à mercê do mercado (devido à presença de títulos que pagam juros na carteira). O conservador pode destinar 5% do seu patrimônio à aplicação, o moderado de 10% a 20%, e o agressivo cerca de 30%.

Quanto à diferenciação na tributação

Para fins de imposto de renda, a Receita Federal classificou os fundos de investimento em três categorias: fundos de renda fixa curto prazo, fundos de renda fixa longo prazo e fundos de ações.

1. **Curto prazo.** Para receber o sufixo "curto prazo", os fundos devem aplicar seus recursos exclusivamente em títulos públicos federais ou privados pré-fixados ou indexados à taxa Selic ou a outra taxa de juros, ou títulos indexados a índices de preços, com prazo máximo a decorrer de 375 dias, e prazo médio da carteira do fundo inferior a 60 dias, sendo permitida a utilização de derivativos somente para proteção da carteira e a realização de operações compromissadas lastreadas em títulos públicos federais. Adicionalmente, esses fundos podem oferecer serviços de aplicação e resgate automáticos, de modo a remunerar o saldo remanescente em conta corrente.

    Indicação: como é fácil converter os títulos destes fundos em dinheiro, quem opta por esta aplicação quer mesclar a garantia de resgate a curto prazo com a certeza de não se expor aos riscos e oscilações do mercado. Ainda que a margem de rentabilidade seja pequena, o produto é interessante para quem tem planos que devem se concretizar em menos de 12 meses, como o pagamento das últimas parcelas de um carro ou de um apartamento. É importante lembrar que investimentos de prazo mais curto pagam mais impostos. Quem deixar dinheiro aplicado em um fundo por menos de um mês terá de pagar imposto sobre operações financeiras (IOF) – a alíquota varia de acordo com o número de dias. Além disso, o imposto de renda sobre aplicações em fundos alcança 22,5% do ganho obtido para aplicações de até 180 dias e 20% para investimentos de 181 a 360 dias. Por esse motivo, recomendamos que o investidor prefira a caderneta de poupança a um fundo de curto prazo sempre que planejar deixar o dinheiro aplicado por menos de 90 dias.

2. **Longo prazo.** Os fundos classificados como "renda fixa", "multimercado" e "cambial" poderão ser adicionalmente classificados como "longo prazo", devendo tal expressão constar também de sua denomi-

nação, quando estiver previsto, em seu regulamento ou no prospecto, que têm o compromisso de obter o tratamento fiscal destinado a fundos de longo prazo previsto na regulamentação fiscal vigente.

3. Nos **fundos de ações**, a alíquota de imposto de renda aplicável é de 15% sobre a diferença entre o custo da cota e o valor disponível no momento do resgate. Isso significa que a tributação ocorre sobre a rentabilidade obtida, e não sobre o valor total aplicado.

Dica

Como o cotista pode saber qual tributação o fundo tem antes de entrar em um fundo de investimento? Ele deve ler o prospecto e o regulamento com muita atenção a fim de saber se o fundo usa alavancagem ou não, e em quais mercados. Deve, ainda, verificar como funciona o controle de risco: se tem política de limite de perda e testes de estresse.

16

Fundo de capital garantido:
o porquê das coisas

Início de conversa

- Entender como funciona um fundo de capital garantido.
- Como fazer a mágica de ter receitas variáveis só positivas, sem as perdas.

> *Aprendi que a vida, apesar de bruta, é meio mágica.*
> *Dá sempre pra tirar um coelho da cartola.*
> Caio Fernando Abreu

Um fundo de capital garantido é uma modalidade de investimento muito criativa, na qual o administrador dos recursos garante que você não vai retirar menos do que aplicou.

Qual é a mágica? Como investir o dinheiro e não perder o valor aplicado? O "truque" é o seguinte: o administrador tem um prazo para fazer a aplicação, isto é, quando se aplica em fundo desses, você não pode retirar os recursos antes de determinada data, senão a "mágica" não funciona. Espere. Você já vai entender.

Vejamos um **exemplo**. Suponha que você tenha investido R$ 100 mil em um fundo de capital garantido. O administrador, de posse do seu dinheiro, vai ao mercado de renda fixa e vê quanto estão pagando de juros pré-fixados. Essa taxa, como você viu no Capítulo 7, é acertada no momento da aplicação e não muda.

Imagine que a taxa seja de 15% ao ano. O administrador, então, calcula quanto ele tem que aplicar para que, em um ano, por exemplo, seu dinheiro continue igual a R$ 100 mil. Você tem cinco segundos para calcular...

Pronto! Você chegou ao valor correto: R$ 86.956,52 (100.000 / 1,15).

Aí, ele aplica esse montante na renda fixa e a parte principal da mágica está feita: seu capital ficou garantido, isto é, ao final de um ano, ele ainda vai continuar com o valor nominal de R$ 100 mil.

E agora? Agora, o administrador vai utilizar os R$ 13.043,48 restantes para fazer suas peripécias no mercado financeiro e conseguir uma rentabilidade maior do que 0% nominais para seu investimento.

O problema desse fundo é a taxa de administração. Veja que você poderia fazer uma operação como esta sem pagar nada a ninguém, principalmente a parte da renda fixa. Todavia, o administrador cobra sua "comissão" sobre todo o montante do fundo e não apenas sobre aquele que ele tem realmente que administrar, ou seja, o que está exposto ao risco das ações.

 Dica _____

Fazendo um capital garantido sozinho

Se quiser um fundo de capital garantido "feito em casa", aplique 90 e poucos por cento (o valor correto dependerá da taxa Selic e de seus títulos de renda fixa) do seu dinheiro na renda fixa (CDB ou Tesouro Direto, por exemplo) e, para o restante, escolha: *calls*, ações ou um fundo de ações e boa sorte.

17

Riscos dos fundos

Início de conversa

- Entendendo os riscos dos fundos.
- O que eu acho de investir em fundos.

> *A intuição, não testada e não comprovada,*
> *é uma garantia insuficiente da verdade.*
> Bertrand Russell

Para entender o quanto um fundo é arriscado, é importante dividir os tipos de risco que você corre quando aplica em um fundo. Isso não significa que esses tipos de riscos acontecem isoladamente. Geralmente, eles estão interligados. Mas vale a pena fazermos essa divisão para ficar mais fácil de entender os conceitos.

Risco de crédito

Vamos imaginar que você empreste dinheiro ao seu vizinho e ele prometa pagar juros para você. Existe a possibilidade de que ele não pague a dívida. Isso é o que chamamos de risco de crédito. Quando você investe em fundos existe risco de crédito. Por quê? Da mesma forma que você pode decidir emprestar dinheiro para seu vizinho, o gestor do fundo aloca seu dinheiro em alguns tipos de aplicações que são parecidas com um empréstimo.

O fundo pode comprar uma debênture, por exemplo. Como vimos, debênture é uma dívida de uma empresa, que promete pagar juros pelo dinheiro que ela recebe. Assim, se um fundo compra uma debênture, é como se ele estivesse emprestando dinheiro para essa empresa. Qual é o risco de crédito? O de a empresa não pagar o que deve.

O gestor do fundo também pode decidir emprestar para o governo. Para isso, ele precisa apenas comprar um título público. Pode acontecer de o governo dar calote? Esse é um risco muito baixo atualmente, mas você nunca pode estar 100% certo de que, no futuro, não haverá nenhuma crise que leve o governo a não pagar sua dívida. Então, há risco de crédito também!

Você já deve ter percebido que há diferentes tipos de risco de crédito, certo? O risco de emprestar para o governo é bem pequeno; o de emprestar para uma grande empresa é um pouco maior; agora, se você emprestar para uma empresa menor, é um pouco mais alto. No caso do fundo, para saber que tipo de risco de crédito você vai correr, é só olhar a classificação e o tipo de fundo e, como sempre, ler o prospecto antes de investir.

Atenção! Quando você compra cotas de um fundo de investimento, não está aderindo ao risco de crédito da instituição que administra o fundo. O risco está na carteira, ou seja, nas aplicações que o fundo fez com seu dinheiro, não em quem a administra. Se a instituição na qual você tem investimentos quebrar, você só vai perder a parcela do patrimônio investida em ativos dessa instituição financeira. Vale reforçar que um fundo não pode ter mais que 20% do seu patrimônio investido em papéis da mesma instituição financeira que o administra. Se não houver papéis daquela instituição na carteira, o banco quebra e seu dinheiro continua protegido no fundo.

Risco de liquidez

Quando você quer vender algo seu, como um carro, um computador ou uma casa, conseguir um comprador pode demorar um pouco. O risco de você não conseguir vender, ou seja, não conseguir alguém disposto a lhe dar dinheiro pelo que você quer vender, é o que nós chamamos de risco de liquidez.

Isso pode acontecer no mercado financeiro também. Você poderia ter uma ação de uma empresa e não conseguir ninguém disposto a comprá-la. A saída, tanto no caso de um bem quanto de uma aplicação, é você tentar baixar o preço para conseguir vender.

No caso do fundo, o risco de liquidez é exatamente isso: o gestor pega seu dinheiro e aplica em diversas coisas: em títulos públicos (que é como emprestar dinheiro para o governo), em debêntures (que é como emprestar dinheiro para empresas) ou em ações (a mesma coisa que virar sócio de uma empresa). Para alguns tipos de aplicações, tem sempre muita gente querendo comprar ou vender e, nesse caso, dizemos que há muita liquidez. O risco, então, é baixo. Mas, para outras, pode haver poucos compradores ou vendedores e, nesse caso, o risco de liquidez é maior. Dependendo do tipo de fundo, ele aplica em muitas coisas e, por isso, sempre existe algum risco de ele não conseguir vender algo e ter que baixar o preço, o que reduz os ganhos do fundo ou pode até mesmo causar uma perda.

Risco de mercado

Para entender o risco de mercado, imagine a seguinte situação: você e seu irmão têm vários amigos precisando de dinheiro e todos eles lhe pedem R$ 1 mil. Eles prometem lhe pagar em um mês e, no final, eles ainda pagarão R$ 100 de juros. Você decide emprestar para um de seus amigos, pega o dinheiro e entrega para ele. Seu irmão resolve esperar.

Passada uma semana, seus outros amigos continuam precisando de dinheiro. Eles fazem uma nova oferta e dizem que, por R$ 1 mil, pagarão R$ 200 de juros. Seu irmão resolve emprestar para um deles e fica muito feliz.

Esse é um exemplo de risco de mercado: ele ocorre quando as condições de mercado mudam e você tomou uma decisão que é afetada por essas condições. Nesse caso, o que mudou foi a taxa de juros. Primeiro, seus amigos ofereciam juros de 10% (que equivale a R$ 100 para um empréstimo de R$ 1 mil); depois, 20% (R$ 200 para um empréstimo de R$ 1 mil).

Quando mudam as condições de mercado, o valor das aplicações é afetado. Nesse caso, sua aplicação vai valer menos do que a do seu irmão (quando os empréstimos forem pagos, seu irmão receberá R$ 1.200 e você receberá R$ 1.100). Isso pode acontecer com vários tipos de investimento, em muitas situações. A ação de uma empresa, por exemplo, pode subir ou cair dependendo das condições de mercado.

Como o gestor do fundo pode aplicar em diversas coisas, dependendo do tipo do fundo, você corre risco de mercado quando compra uma cota de fundo. O tipo de fundo em que você aplica já te ajuda a saber um pouco sobre o tipo de risco que o fundo correrá, mas é importante você olhar no prospecto e avaliar o conjunto de riscos ao investir em um fundo específico.

Exemplo real de risco em um fundo de renda fixa de crédito privado

Veja o Gráfico 17.1, que mostra a rentabilidade de um fundo de renda fixa de crédito privado *versus* o CDI.

Isto é um exemplo de risco de mercado: assim como ocorreu em outras classes de ativos de risco, na grande crise do coronavírus, em 2020, observamos uma fuga dos ativos de risco devido à falta de previsibilidade na evolução da pandemia. Isso se refletiu em uma considerável corrida por liquidez no mercado secundário de crédito privado e atingiu o mercado de crédito privado de forma impactante. Os reflexos foram o aumento de volatilidade e a queda nos preços dos títulos que compõem o fundo.

Diante desse cenário, o fundo teve um rendimento de –5,60% em março de 2020, bastante abaixo do seu padrão histórico e do IDA-DI (índice de debêntures da Anbima), que apresentou uma queda de –4,87% no mês.

Gráfico 17.1 – Fundo de crédito privado *versus* o CDI

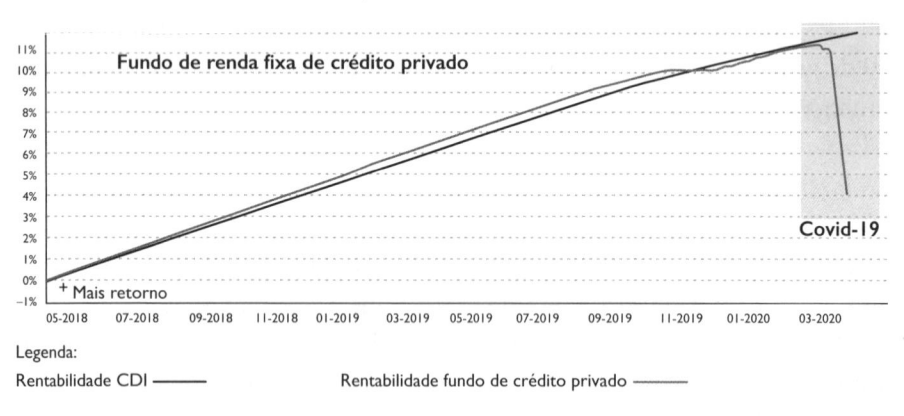

Legenda:

Rentabilidade CDI ———   Rentabilidade fundo de crédito privado ———

Fonte: maisretorno.com. Acesso em: 11 abr. 2020.

Os investidores cobram taxas de retorno mais elevadas para investirem seu próprio capital e, assim, a taxa de retorno exigida dos títulos de crédito privado (como as debêntures) – composta pela taxa livre de risco adicionada a um prêmio pelo risco de crédito do emissor – aumenta, seja em operações primárias ou no mercado secundário.

Como o preço de um ativo de renda fixa é inversamente proporcional à taxa de retorno implícita nele, o preço do ativo cai apesar do fluxo futuro não se alterar. Ou seja, após o impacto negativo no preço, este mesmo ativo passa a ter uma taxa de retorno mais elevada até sua data de vencimento.

O principal risco de uma operação de crédito privado é sempre a inadimplência do emissor.

Neste caso, a estratégia de debêntures em CDI foi o principal detrator de resultado no mês, devido ao aumento das taxas de juros e, logo, do prêmio de risco de investimentos e pela disfunção da forma de circulação do dinheiro no sistema.

Vale ressaltar que esse foi um movimento essencialmente técnico e que a remarcação dos papéis não está associada à deterioração das condições financeiras correntes dessas empresas, e que na época o Tesouro e o Banco Central do Brasil anunciaram um pacote de medidas monetárias e fiscais de magnitude e abrangência nunca vistas, que gerou maior estabilidade ao mercado.

O administrador o enganou?

O risco faz parte das decisões de investimento financeiro e de capitais. Isso é natural, e é por isso que você precisa ter uma carteira diversificada, para minimizar seu risco. Mas, se você perder dinheiro porque foi enganado, o que não é natural, você terá um sério problema nas mãos.

Às vezes, você só precisa ligar para o administrador do fundo para resolver a situação. Pode simplesmente ter ocorrido um engano e a falha pode ser corrigida. No entanto, se a conversa não resolver o problema, você precisa falar com o gerente, além de escrever uma carta confirmando a conversa. Se nem assim a situação for solucionada, não hesite e procure a CVM.

Ao escolher um fundo, o investidor tem de analisar o gestor, o histórico do fundo e do gestor (pois ele pode ter trabalhado em outros lugares e deixado algum furo lá), ler a lâmina e o prospecto, analisar a rentabilidade em momentos ruins e bons e, principalmente, verificar a volatilidade e o nível de risco incorrido (se usa alavancagem, por exemplo), para ver o que se encaixa melhor ao seu perfil.

No site da CVM, mais especificamente na seção "Central de Sistemas", existem as principais informações dos fundos atualmente habilitados para atuar no mercado, assim como informações sobre quem são os responsáveis por sua gestão.

 Histórias do autor _____

"Flávio, o que você acha dos fundos?"

Esta pergunta já me foi feita tantas vezes... inclusive por meus amigos gestores. Como toda pergunta, ela merece uma boa resposta: "Depende". ▶

▶ Vejamos o que alguns sites de fundos dizem a respeito do assunto e, na sequência, o que penso:

- *Fundos são ótimos, pois não é necessário ser um especialista no mercado financeiro para investir.*
  Minha colocação: mas será que o gestor atual dele é um especialista?

- *Há transparência total das informações.*
  Minha colocação: tente perguntar qual é a carteira de seu fundo para você ver a "transparência" dele. Raros fundos vão lhe dizer. No site da CVM, você consegue, em tese, ver a carteira dos fundos em <https://cvmweb.cvm.gov.br/SWB/default.asp?sg_sistema=fundosreg>, porém, caso o fundo possua posições ou operações em curso que possam vir a ser prejudicadas pela sua divulgação, o demonstrativo da composição da carteira poderá omitir a identificação e quantidade delas, registrando somente o valor e sua percentagem sobre o total da carteira, ou seja, a maioria dos fundos não mostra a composição da carteira atual, nem no site da CVM. Minha dica: se você filtrar pelo mesmo site a composição da carteira de três meses atrás, você conseguirá ver o que o fundo tinha no passado. Se você for a um banco grande qualquer, então, aí é que o gerente não sabe mesmo.

- *São convenientes para seus investimentos.*
  Minha colocação: as equipes de gestores acompanham e analisam o mercado diariamente em busca de boas oportunidades de investimento, totalmente dedicados, fazendo o papel que, muitas vezes, o investidor não tem tempo nem condições de fazer. Mas cobrar taxas de administração exageradas pode ser mais conveniente para eles, não acha? Eles têm de ter uma performance condizente com as taxas cobradas e principalmente com o risco que correm. Não dá para cobrar taxa de performance relativa ao CDI se um fundo de ações corre o risco do mercado de renda variável, por exemplo.

- *Você terá acesso a vários ativos do mercado financeiro em um único investimento. Em virtude do volume de dinheiro que capta, o fundo consegue, em tese, taxas mais vantajosas em várias operações do que um pequeno ou médio investidor individualmente conseguiria. Mas será que ele reverte esse ganho para os cotistas?*
  Minha colocação: está correto, se você souber exatamente o que está comprando.

- *Fundos têm as vantagens de ter grande liquidez (possibilidade de resgate quase que imediato) e a comodidade de não precisar se preocupar em comprar e vender os ativos.*
  Minha colocação: atente-se para a carência no resgate. A carência é o prazo que se estende entre a solicitação do resgate do capital investido e o dia em que, de fato, o investidor terá esse dinheiro novamente disponível em sua conta bancária. ▶

▶ Alguns fundos multimercado ou de ações com carência grande (superior a 30 dias), mesmo após 12 meses, simplesmente não entregaram uma rentabilidade condizente com seus pares de risco, perdendo até para a rentabilidade da renda fixa.

Muitos clientes se esquecem desse "detalhe", e na hora em que precisam de dinheiro por motivos urgentes e importantes, como o nascimento do filho, uma cirurgia não planejada, se esquecem que determinados gestores pedem carência e você, quando resolveu aplicar em um fundo, efetivamente concordou com os termos e a política de investimento dele, e aí vai ter de esperar a tal carência.

Dessa forma, após a solicitação do resgate em um fundo que apresenta uma carência de 30 dias, por exemplo, o investidor deve ter ciência de que deverá esperar pelos mesmos 30 dias até que se tenha novamente esse dinheiro disponível em sua conta bancária. Por isso verifique a carência antes de aplicar.

Quanto à comodidade de o gestor comprar e vender os títulos para você: é por isso que eles cobram as taxas de performance e administração, desde que sejam razoáveis. Existem fundos de renda fixa pós-fixados com taxas de administração que chegam a absurdos 3%, e o valor da taxa Selic – parâmetro do CDI – em abril de 2020 é de 3,25% ao ano! Aí não sobra quase nada após o imposto de renda.

18

Fundos imobiliários

Início de conversa

- Obter vantagens com os fundos imobiliários.
- Verificar os diferentes tipos de fundos.
- Entender os riscos deste tipo de renda variável.

> *A rentabilidade garantida não representa nem deve ser considerada, a qualquer momento e sob qualquer hipótese, como promessa, garantia ou sugestão de rentabilidade.*

Os fundos imobiliários, à semelhança dos fundos de ações, renda fixa, derivativos, entre outros, são regulados, fiscalizados e têm seu funcionamento autorizado pela Comissão de Valores Mobiliários (CVM), por se tratar de captação de recursos do público para investimento. São fundos formados por grupos de investidores com o objetivo de aplicar recursos, solidariamente[1], em todo tipo de negócios de base imobiliária, seja no desenvolvimento de empreendimentos imobiliários ou em imóveis prontos.

Com base nos dados de 2019 da Associação Brasileira das Entidades dos Mercados Financeiro e de Capitais (Anbima), os fundos imobiliários são os investimentos preferidos dos milionários, com 50,2% do total de investimentos, seguidos pelo mercado de ações (38,7%) e os ativos de renda fixa (11,1%).

Trata-se de um tipo de renda variável, com um nível de risco bem diferente da renda fixa, e é volátil, ou seja, o preço das cotas oscila – a cota que você comprou pode valorizar ou desvalorizar ao longo do tempo. O mesmo ocorre

---

1. Juridicamente, ser solidário significa que duas ou mais pessoas respondem por uma obrigação de forma igualitária. Ademais, no caso de impossibilidade de adimplemento por uma das pessoas, a outra se torna inteiramente responsável pelo adimplemento integral da obrigação, ou seja, não há parcialidade, todos são responsáveis 100% pelo cumprimento ao qual foram impostos solidariamente.

com os rendimentos mensais, que podem sofrer alteração para mais, para menos ou deixar de existir. No momento do investimento, você não sabe qual será a rentabilidade. No fundo imobiliário não existe empréstimo; como cotista, você participará do resultado do empreendimento imobiliário. E vale lembrar que ele não possui a garantia do FGC.

Isenção de imposto de renda para pessoas físicas

A Lei nº 11.196/2005 estendeu os benefícios de isenção do imposto de renda sobre as distribuições pagas a cotistas pessoa física, nas seguintes condições:

- o cotista beneficiado tem que ter menos do que 10% das cotas do fundo;
- o fundo tem que ter, no mínimo, 50 cotistas;
- as cotas do fundo devem ser negociadas exclusivamente em Bolsa ou mercado de balcão organizado.

No caso de ganho de capital que o cotista obtiver na venda de cotas, atualmente, qualquer que seja o contribuinte, há tributação à alíquota de 20%. Assim como os imóveis (veja mais no Capítulo 19), os fundos imobiliários são indicados para ambientes de juros baixos e em queda, sendo que seus recebimentos possuem o grande atrativo da isenção de IRPF.

☆ **Dica** _____

Alguns investidores iniciantes gostam de alta taxas de dividendos, buscam pelos rankings dos Top 10 com maiores dividendos e montam a carteira. Já que todo fundo de investimento imobiliário, conhecido pela sigla FII, tem risco, então ele escolhe os que pagam, certo?

Mas qual é o perigo de investir em um FII? A taxa de dividendo paga pelo FII, isoladamente, não é um fundamento confiável e imutável. Uma taxa alta de dividendo, às vezes, pode ocultar uma armadilha. Um FII com Renda Mínima Garantida (RMG) pode ter um rendimento atípico, fora do normal, chamado de "não recorrente", como a venda eventual de um imóvel com lucro; ou seja, pode esconder um risco mais elevado, provavelmente além do desejado pelo investidor.

Veja no Gráfico 18.1 que o FII General Shopping Ativo e Renda FIGS11 teve uma queda brusca em 2018, com uma baixa superior a 30% em dois meses. De acordo com o regulamento do fundo, estava prevista uma Renda Mínima Garantida de 10% ao ano para seus shoppings para os primeiros quatro anos de vida. No entanto, quando a RMG acabou, o rendimento, que era de R$ 0,83, caiu para zero em setembro, outubro e novembro de 2019. ▶

▶ Gráfico 18.1 – Cotação Fundo Imobiliário FIGS11 (queda brusca de 2018 assinalada)

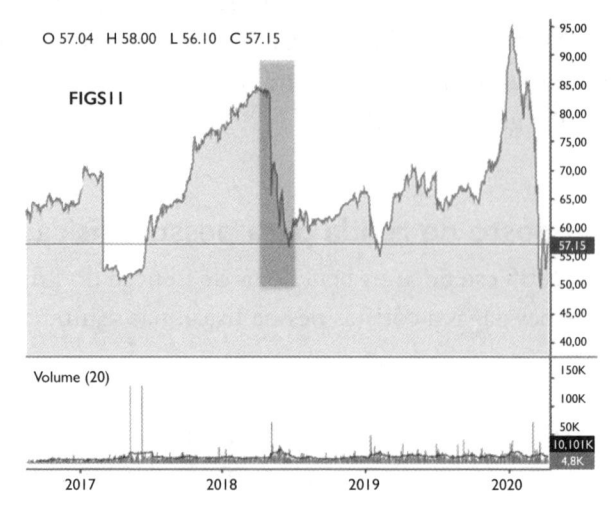

Fonte: Investing.com. Acesso em: 11 abr. 2020.

Outro exemplo de risco é o do FII Torre do Almirante, que possui 40% de um único imóvel de lajes corporativas no Rio de Janeiro. A Petrobras alugava todo o imóvel até fevereiro de 2017 pagando um valor bem acima do mercado. E a empresa rompeu o contrato com o FII. Neste caso, tinha um risco duplo: era um monoativo (somente um imóvel) com monoinquilino (somente a Petrobras era inquilina). Veja a queda de 2017 até meados de 2018, de mais de 50%, no Gráfico 18.2.

Gráfico 18.2 – Cotação Fundo Imobiliário ALMI11 (queda brusca de 2018 assinalada)

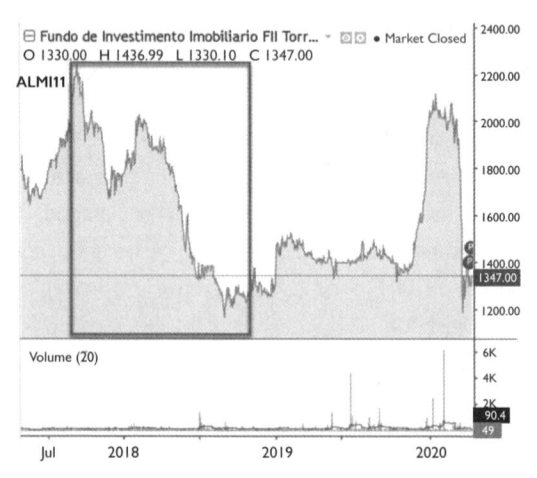

Fonte: Investing.com. Acesso em: 11 abr. 2020.

▶ **Atenção!** Retirar da renda fixa todas as economias de anos, de uma vez só, e colocar tudo em fundo imobiliário (ou FII) pode ser considerado uma decisão pouco sensata. Talvez seja bacana começar a carteira de FII com novos aportes e deixar a renda fixa lá, rendendo de forma segura. Minha recomendação é começar aos poucos na renda variável para ir se acostumando, ir conhecendo melhor enquanto aprende mais e se sente mais seguro diante dos riscos.

Se, mesmo assim, quiser retirar as economias da renda fixa para melhorar a rentabilidade com os FII, pense em fazer isso gradativamente. Se o montante for grande, divida em vários aportes (podem ser 12 ou 24 aportes, por exemplo, um por mês). Assim, você diminui a chance de "errar feio" enquanto vai aprendendo e se acostumando. Ou, ainda, pode procurar um profissional habilitado para prestar assessoria na hora de montar a sua carteira.

A mensagem é: não teste a profundidade de um rio com as duas pernas. Entre devagar para evitar traumas.

Fundos de papel e fundos de tijolo

Fundos de papel são fundos imobiliários que atuam principalmente em recebíveis imobiliários, que são investimentos de renda fixa voltados ao setor imobiliário. Como exemplo desses recebíveis que compõem os fundos de papel, temos:

- Certificados de Recebíveis Imobiliários (CRI);
- Letras de Crédito Imobiliário (LCI);
- Letras Hipotecárias (LH).

Esses fundos de papel são conhecidos pela capacidade de gerar caixa de maneira segura, investindo em ativos de renda fixa. Contudo, em sua composição, eles detêm um componente de renda variável, que são os CRIs. O lado negativo desse tipo de investimento é que, por investir em títulos de renda fixa e ter obrigação de distribuir 95% de sua rentabilidade mensal, o fundo praticamente não sofre alteração do seu valor patrimonial. Por isso, para que haja um aumento do capital patrimonial do fundo, é preciso que parte do dinheiro dos rendimentos seja reinvestida.

Os fundos de tijolo são representados pelos imóveis físicos, que possuem uma construção de fato, concreta, com endereço, e que proporcionam rentabilidade por meio de operações, como compra ou construção. Esses fundos podem gerar renda constante a partir de aluguéis ou da sua venda, levando em conta a potencial valorização e os possíveis reajustes nos valores. Por isso, é uma das primeiras alternativas quando se deseja investir com vistas à geração de renda em longo prazo.

Existem diferentes setores nos quais esses fundos de tijolo se destacam:

- lajes corporativas;
- lojas e supermercados;
- educacional, escolas e universidades;
- agências bancárias;
- shopping centers;
- salas comerciais e escritórios;
- galpões de logística;
- galpões industriais;
- hotéis;
- hospitais.

Contudo, é importante destacar o fato de que pode ocorrer de o imóvel não gerar renda devido à falta de locatários, o que gera uma vacância para o imóvel. Vacância é a condição em que o imóvel não se encontra ocupado ou alugado, podendo gerar apenas custos. Portanto, se o fundo não tiver bons imóveis, com boas localizações e qualidade, essa situação pode se estender por longos períodos, o que acabaria não sendo um bom investimento.

Como escolher entre papel e tijolo?

Como ambos os investimentos são de longo prazo, o que realmente importa é superar a inflação do ano. Devemos levar em conta que os fundos de tijolos são ativos que tendem a gerar renda, mas que não garantem a reposição da inflação. Em contrapartida, ao investir nos fundos de papel, devemos ter em mente que eles não se valorizarão no futuro e que a tendência é sempre variar em torno do valor patrimonial, para cima ou para baixo, de acordo com as taxas de juros.

Nos fundos de papel, o investidor se expõe a uma quantidade muito menor de riscos se comparados aos dos fundos de tijolo.

A principal vantagem de investir em fundos imobiliários de tijolo é que são investimentos geralmente direcionados a empresas, com expectativa de que os contratos sejam feitos por muitos anos, levando em consideração que seu negócio estará em funcionamento no mesmo endereço. Além disso, o alvo é um público de renda elevada, o que agrega maior segurança em relação a ter um fluxo de renda real.

Conforme comentado no Capítulo 10, sempre que precisar esclarecer assuntos relacionados a títulos e valores imobiliários, como um FII, você pode procurar ler alguns analistas de investimentos certificados com CNPI para ajudar em sua decisão de investimento.

Quadro 18.1 – Sete dicas para selecionar fundos de tijolo antes de comprar

1. Escolha os que estejam dentro da carteira do Índice de Fundos de Investimentos Imobiliários (IFIX). Os fundos fora desse índice geralmente apresentam baixíssima liquidez, o que dificulta sua entrada ou sua saída.
2. Estude os fundos imobiliários, do maior para o menor. A ideia é fugir da concentração. Fundos pequenos têm pouca liquidez (poucos negócios) e possuem poucos imóveis, quando não apresentam apenas um.
3. Não concentre seu fundo de tijolos em uma mesma cidade ou estado. Dê preferência a fundos com mais imóveis e que estejam em lugares diferentes.
4. Prefira fundos multi-imóveis e multi-inquilinos. Em tempos de alta vacância, esses fundos sofrerão menos.
5. Cuidados com fundos em Renda Mínima Garantida (RMG).
6. Leia os relatórios dos analistas de investimentos e tire suas dúvidas com o Departamento de Relação com Investidores (RI) de cada FII.
7. Não escolha FIIs somente com base em taxas de dividendos, porque podem sofrer alterações ao longo do tempo.

19

Quero uma casa! – Imóveis

Início de conversa

- Escolher entre comprar e alugar.
- Determinar a forma de financiar a compra de imóveis.
- Conhecer despesas relacionadas à venda de qualquer imóvel, novo ou usado.

*Cuidado com as pequenas despesas; um pequeno
vazamento afundará um grande navio.*
Benjamin Franklin

Decidir se você economiza dinheiro para comprar uma casa ou coloca dinheiro em uma conta de aposentadoria pode parecer, em um primeiro momento, um grande dilema. No longo prazo, no entanto, ter sua própria casa é um movimento financeiro sábio. Em contrapartida, quanto antes você começar a economizar para a aposentadoria, mais fácil será para alcançar seus objetivos.

Presumindo que ambos os objetivos lhe sejam importantes, você deve guardar dinheiro tanto para um quanto para outro. Sinceramente, eu aconselho que você guarde para ambos os fins, simultaneamente.

Imóvel como investimento

A seguir apresentarei a você o que torna o mercado imobiliário único como investimento:

- **Usabilidade:** o mercado imobiliário é o único investimento que você pode usar (vivendo ou alugando) para produzir renda.

- **A terra tem quantidade limitada:** a porcentagem do planeta ocupada por terra é relativamente constante. Como os seres humanos se reproduzem, a demanda por terra e habitação cresce constantemente. Considere as áreas que tenham os preços dos imóveis mais caros em todo o mundo (Hong Kong, Tóquio, Havaí, São Francisco e Manhattan). Nessas áreas, densamente povoadas, praticamente nenhuma nova terra está disponível para a construção de novas moradias.
- **Zoneamento molda valor potencial:** a administração local regulamenta o zoneamento da propriedade e determina para qual fim uma propriedade pode ser usada. Na maioria das comunidades nos dias de hoje, as placas de zoneamento locais são contra o grande crescimento. Se você descobrir como desenvolver a propriedade, pode colher grandes lucros.
- **Alavancagem:** imóveis também são diferentes de outros investimentos, porque você pode pegar emprestado um monte de dinheiro para comprá-los – 50% ou mais do valor do imóvel. Esse empréstimo é conhecido como exercício de alavancagem.
- **Valores ocultos:** em um mercado eficiente, o preço de um investimento reflete com precisão seu verdadeiro valor. Alguns mercados de investimento são mais eficientes do que os outros em razão do grande número de transações e informação facilmente acessível. Os mercados imobiliários podem ser ineficientes em alguns momentos. As informações nem sempre são fáceis de encontrar, mas, se você fizer uma boa pesquisa, pode ser capaz de comprar um imóvel abaixo do seu valor justo de mercado (algo como 10% a 20%).

Atenção! Assim como ocorre com qualquer investimento, o mercado imobiliário tem suas desvantagens. Para começar, comprar ou vender um imóvel geralmente consome tempo e custo significativo.

Você como proprietário: alugando para terceiros

Quando for o proprietário e alugar seu imóvel a um terceiro, você descobrirá em primeira mão as dores de cabeça ocasionais de ser um senhorio: aluguéis atrasados, taxas de condomínio em atraso pelo locatário (o que pode motivar ações indenizatórias por parte do condomínio), vazamento de encanamentos, entre tantas outras.

Para o proprietário que aluga, há outros problemas e despesas, como:

- depreciação;
- custo de oportunidade do capital;
- despesas com corretagem e administração imobiliária;
- despesas com reparos e manutenção;
- despesas condominiais e de IPTU quando o imóvel está vazio;
- diminuição do índice de liquidez do investidor;
- indisponibilidade do ativo patrimonial;
- períodos de vacância entre uma locação e outra;
- trajetória incerta dos índices reguladores de contratos de aluguel;
- tributação indireta – imposto de renda;
- assessoria jurídica (compra, ações de despejo, ressarcimentos etc.).

Obviamente é possível terceirizar a administração dos imóveis alugados a uma imobiliária, mas, ainda assim, você precisa ficar atento, pois, como dizem, o "boi só engorda no olho do dono". As imobiliárias podem cometer erros, como ocorreu com uma cliente minha no momento da renovação do contrato, pois a imobiliária contratada esqueceu-se de verificar as garantias dadas, como a validade do seguro-fiança ou mesmo se o fiador anterior continua vivo!

Outra maneira de não ser um senhorio seria você investir comprando em bolsa de valores um fundo imobiliário, como vimos no Capítulo 18, sobre fundos imobiliários, com o qual você pode, ainda, ter o benefício de isenção do IRPF.

Planejamento tributário com aluguéis

Se você possui diversos imóveis, pode valer a pena colocá-los em uma empresa para receber os aluguéis como pessoa jurídica. O complexo sistema tributário brasileiro obriga aquele que deseja sucesso em seus negócios a se adequar ao sistema ou, então, correrá o risco de ser engolido pelo leão.

Com a tabela progressiva do IRPF, quanto maior for a renda mensal, maior será a alíquota do imposto – até o limite de 27,5% aplicados aos rendimentos mensais –, beneficiando aqueles que têm rendimentos inferiores.

Tabela 19.1 – Tabela progressiva para o cálculo mensal do IR da pessoa física a partir do exercício de 2017 (ano-calendário de 2016, vigente por enquanto, sem alterações, até 2020)

Base de cálculo mensal (em R$)	Alíquota (%)	Parcela a deduzir do imposto (em R$)
Até 1.903,98	–	–
De 1.903,99 até 2.826,65	7,5	142,80
De 2.826,66 até 3.751,05	15,0	354,80
De 3.751,06 até 4.664,68	22,5	636,13
Acima de 4.664,68	27,5	869,36

Fonte: Receita Federal.

O que é melhor: possuir rendas de aluguel como pessoa física ou receber distribuição de lucros de uma empresa com receitas de locação de imóvel? É viável – economicamente falando – mudar o recebimento de aluguéis da PF para PJ, com a criação de uma empresa de empreendimentos?

Naturalmente, esse tipo de decisão deve passar pela análise de outros profissionais, como contadores e advogados, que podem apoiar o investidor que está para tomar essa decisão. As alternativas são:

- **Manter os imóveis na PF:** neste caso, não existem investimentos adicionais para se montar uma empresa específica para receber os aluguéis. Assim, as rendas de aluguéis continuarão sendo tributadas pela tabela de IRPF, com suas alíquotas e valores a deduzir.
- **Montar uma empresa específica (holding patrimonial) para o negócio de locação:** neste caso, existem investimentos iniciais a serem feitos, como abertura da empresa, integralização de capital com os imóveis (o que gerará pagamento de Imposto sobre a Transmissão de Bens Imóveis – ITBI), despesas referentes à documentação (cartórios, serviços de acompanhamento da iniciativa etc.), entre outros. Isso quer dizer que o proprietário dos imóveis precisará desembolsar recursos, os quais ele espera que sejam recompensados por um resultado superior àquele conseguido pela primeira alternativa (manter imóveis na PF). A alternativa dos imóveis na PJ acarretará, ainda, algumas despesas operacionais mensais que não existiam no primeiro caso, como o pagamento mensal de serviços de contabilidade e o pagamento mensal do INSS sobre o pró-labore mínimo (de um salário mínimo).

Atenção! Lembre-se de que a tributação das receitas na PJ, pela sistemática do Lucro Presumido, sobretudo para valores maiores de aluguéis, é sensivelmente menor do que no caso da tributação na PF. Além disso, como o lucro já foi tributado na PJ, sua distribuição aos sócios é livre de novos impostos na PF.

No Tabela 19.2, vamos comparar o imposto de renda sobre o recebimento dos aluguéis para uma pessoa física e para uma pessoa jurídica:

Tabela 19.2 – Análise qualitativa do investimento

Item	Fluxo de caixa PF	Fluxo de caixa PJ
Investimentos iniciais	–	Abertura de empresa + ITBI + documentação
Aluguéis	Renda de aluguéis	Lucro distribuído de empresa com receitas de locação de imóveis
IR de PF	Renda de aluguéis + Alto (tabela de IRPF – alíquotas e valores a deduzir)	–
Tributação na PJ	–	Lucro distribuído de empresa com receitas de locação de imóveis + Baixo (PIS + Cofins + IR: Lucro Presumido + cont. soc. Lucro Presumido + adicional de IR)

Fonte: Trader Brasil Escola de Finanças & Negócios.

Vejamos um **exemplo**. Para um total de recebimentos de aluguel de R$ 20 mil mensais, teríamos na pessoa física e jurídica os seguintes gastos e lucro finais:

Resultado líquido mensal	Pessoa física (em R$)	Pessoa jurídica (em R$)
(+) Receita bruta de aluguéis	20.000,00	20.000,00
(-) Imposto de renda pessoa física	4.673,85	–
(-) Impostos pessoa jur. (PIS + Cofins + IR + CS + Ad.)	–	1.906,00
(=) Receita líquida de aluguéis	15.326,15	18.094,00
(-) Despesa mensal contabilidade	–	500,00
(-) Despesa mensal INSS-pró-labore	–	40,00
(=) **Resultado líquido de aluguéis**	15.326,15	17.554,00

Se o total dos valores de imóvel pelo IPTU for de R$ 1,4 milhão e a duração média do contrato for de 30 meses, teremos:

Custos de recebimento de aluguéis na pessoa jurídica	Pessoa física (em R$)	Pessoa jurídica (em R$)
Custos		
(+) Custo de abertura pessoa jurídica	–	800,00
(+) Custo de pagamento ITBI (2% valor)	–	28.000,00
(+) Custo de despesas documentação	–	3.000,00
(=) Custo inicial	–	31.800,00

Então, teríamos como resultado final na pessoa física e pessoa jurídica:

	Pessoa física	Pessoa jurídica
Valor presente líquido do contrato no prazo	R$ 395.532,81	R$ 421.228,51
Valor descontado ao custo de oportunidade do dinheiro (taxa mínima de atratividade) de todo o fluxo de caixa das duas alternativas. Deve-se escolher a alternativa com maior valor presente líquido.		
TIR (Taxa Interna de Retorno) Investimento – PJ (% a.m.)		5,66%
Trata-se da rentabilidade (em % ao mês) que o investimento, no caso de os imóveis passarem para a PJ, dá ao investidor. Se a TIR for superior ao custo de oportunidade do dinheiro (taxa mínima de atratividade), este é outro indicativo da viabilidade do investimento.		
Payback do Investimento – PJ (nº meses)		15,48
Trata-se do tempo (em nº de meses) em que o investimento na criação da PJ retorna ao investidor. Quanto menor for o *payback*, melhor.		

Chegamos à conclusão de que, quanto maior for a rentabilidade dos aluguéis como proporção do valor de IPTU do imóvel, melhor será a atratividade da alternativa via PJ. No exemplo apresentado, em cerca de 15 meses e meio pagariam o investimento inicial necessário para abertura da empresa para receber estes aluguéis.

Alugar ou comprar um imóvel

A maioria das pessoas decide entre comprar ou alugar um imóvel sem refletir muito. Em geral, a decisão é pautada pela questão da segurança ("ter um lugar próprio para morar") e apenas observando se as parcelas cabem no orçamento.

Para quem está alugando, o aluguel é uma despesa, e não um investimento. Mas existem alguns "poréns" a serem pensados.

Entre os riscos de comprar um imóvel, posso destacar:

- Um imóvel não é fácil e rápido de vender, ou seja, possui risco de liquidez. Ao comprar um imóvel, você imobilizará uma quantia significativa de dinheiro se a compra for feita à vista. Se for por meio de um financiamento, você terá assumido uma dívida longa e pesada.
- Não existe garantia de que o imóvel se valorizará como o esperado, ou pode ser que aconteça uma emergência em que você precise vendê-lo rapidamente abaixo do valor de mercado para que o dinheiro esteja disponível prontamente em sua conta.
- Se você não conseguir alugar o imóvel, ele cairá no risco de vacância, ou seja, terá que pagar sozinho os custos de condomínio, IPTU e todas as outras despesas de manutenção.

Comprar um imóvel

Basicamente, existem duas maneiras de comprar um imóvel:

- fazer um financiamento, geralmente grande, longo e que vai demandar sacrifícios;
- mediante um planejamento financeiro, ou seja, poupando e investindo, até juntar o dinheiro necessário por alguns anos.

Os preços dos imóveis dependem de variáveis como a oferta de crédito, nível de emprego e nível de confiança do consumidor. O grande propulsor do preço dos imóveis é o financiamento, mas também estão sujeitos à valorização ou à desvalorização das regiões em que foram construídos.

Os imóveis são uma classe de ativos com riscos mais elevados, dada a baixa liquidez, e, por isso, deveriam ter retornos superiores ao da renda fixa.

Quadro 19.1 – Principais custos envolvidos na compra de imóveis

Taxa/imposto	Valor/alíquota	Quem cobra	Quando
Imposto de Transmissão de Bens Imóveis (ITBI)	Até 4% do valor do imóvel, variando de acordo com a cidade. Em São Paulo e no Rio de Janeiro, a alíquota é de 2%. Para imóveis de menos de R$ 500 mil, financiados pelo Sistema Financeiro de Habitação (SFH), pode haver descontos. Aqueles que estão comprando a primeira casa ou apartamento têm 50% de desconto no registro em cartório. Existem algumas isenções, dependendo da cidade[1].	Prefeitura	Prazos estipulados na data do contrato de compra e venda. O imposto pode ser pago à vista e, em algumas cidades, em parcelas. Em São Paulo, o prazo é de dez dias.
Escritura pública	O valor é tabelado e varia de estado para estado e de acordo com o valor do imóvel[2]. Em São Paulo, é entre R$ 2.099 (imóveis de R$ 106 mil) e R$ 5.099 (imóveis até R$ 1,06 milhão). As tabelas podem ser encontradas nos sites dos Colégios Notariais dos respectivos estados.	Tabelionato de notas. É cobrada apenas na compra à vista. No financiamento, o contrato com o banco tem força de escritura pública.	Prazos variam de estado para estado.
Registro do imóvel	O valor é tabelado e varia de estado para estado e de acordo com o valor do imóvel. Em São Paulo[3], é entre R$ 1.681 (imóveis de R$ 100 mil) e R$ 3.644 (imóveis até R$ 1,1 milhão). As tabelas estão disponíveis no site do Instituto de Registro Imobiliário do Brasil (IRIB).	Cartório	Após o pagamento do ITBI e da escritura.
Certidão negativa de dívidas	R$ 700 (SP e RJ).	–	–

▶

---

1. Em São Paulo, por exemplo, são isentos de pagar o imposto:
   - pessoas que adquirem seu primeiro imóvel financiado pelo Fundo Municipal de Habitação;
   - pessoas que adquirem seu primeiro imóvel através do Programa Minha Casa Minha Vida, cujo valor seja inferior a R$ 169.513,88;
   - pessoas que compraram imóveis pela Caixa Econômica Federal (por meio do Fundo de Arrendamento Residencial para o Programa de Arrendamento Residencial); pela Companhia de Desenvolvimento Habitacional e Urbano do Estado de São Paulo (CDHU); pela Companhia Metropolitana de Habitação de São Paulo (Cohab/SP); pelo Fundo de Arrendamento Residencial (FAR) e pelo Fundo de Desenvolvimento Social (FDS) – geridos pela Caixa Econômica Federal para os Programas Crédito Solidário e Minha Casa Minha Vida.
2. Veja aqui os custos de escritura para São Paulo: <https://www.cnbsp.org.br/__Documentos/Upload_Conteudo/arquivos/Tabela_Custas/cnb_tabela_versao_impressao_2019_2_capital.pdf>.
3. Veja aqui os custos de registro para São Paulo: <https://www.registradores.org.br/Servicos/frmTabelaCustas.aspx>.

Corretor	3% a 6% (vendedor paga, mas acaba embutindo no preço final). Em muitos casos o cliente consegue uma "promoção" e economiza uma bolada.	–	–
Custo do financiamento	Quem financia o imóvel deve se preocupar em poupar o valor referente à entrada, uma vez que, na maioria dos casos, não é possível financiar 100% do valor do imóvel. Também é preciso verificar o Custo Efetivo Total (CET) do financiamento, não apenas as taxas de juros. O CET inclui outras taxas, como seguros e serviços, que por vezes podem ser negociadas e até cortadas (veja mais no Capítulo 30).	Banco	–
Custo Efetivo do Seguro Habitacional (CESH)	Representa o valor total referente à contratação dos seguros necessários à concessão de financiamentos habitacionais que disponha de cobertura securitária dos riscos de morte e invalidez permanente e de danos físicos ao imóvel, obedecidas as condições estabelecidas pela legislação e pelo Conselho Nacional de Seguros Privados (CNSP). Os seguros necessários são o de morte ou invalidez permanente e o de danos físicos do imóvel.	Banco	–

Fonte: elaborado pelo autor.

Olho vivo nas dívidas do vendedor

A maior cilada em que eu já vi as pessoas entrarem é comprar um imóvel cheio de dívidas e/ou com documentação irregular. Na compra de um imóvel usado, todas as despesas atreladas a ele entram em uma regra que o Direito chama de *cunho propter rem*. Ou seja, tais obrigações fiscais, se não quitadas, ficam atreladas ao bem, independentemente da mudança de dono.

Na prática, se você adquirir uma casa ou um apartamento que deve várias parcelas de condomínio, ou tenha uma dívida do próprio condomínio (caso ela perca uma ação na justiça), taxa de lixo ou IPTU, quem vai arcar com as despesas após a compra é você, e não o antigo proprietário.

Para evitar esse tipo de problema, é necessário verificar como está a situação fiscal do local e fazer um levantamento das dívidas antigas. E aí não tem outro caminho: você terá que desembolsar alguns milhares de reais em documentos como certidões de imóvel, matrículas atualizadas e certidões de ônus reais.

Custo efetivo do seguro habitacional

Caso a aquisição do imóvel seja feita por meio de financiamento, além de juros, você também pagará por dois seguros (geralmente inclusos nas parcelas), a saber:

- **Morte e invalidez permanente:** protege o comprador e sua família em caso de morte e invalidez permanente do comprador. A indenização serve para amortizar ou quitar a dívida.
- **Danos físicos do imóvel:** protege o imóvel contra incêndio e demais eventos de causa externa. A indenização serve para devolver o imóvel às condições em que se encontrava antes do sinistro.

Formas de financiamento imobiliário

O financiamento imobiliário é a modalidade de crédito que mais tem crescido no Brasil nos últimos anos, possibilitando que milhões de pessoas adquiram sua casa própria.

Em relação às formas de financiamento, existem aquelas com parcelas pré ou pós-fixadas e, a depender do valor do imóvel, você pode usar o saldo da sua conta no Fundo de Garantia do Tempo de Serviço (FGTS) como entrada do financiamento. Esta é uma das principais vantagens da compra sobre o aluguel para quem possui saldo no FGTS, uma vez que a rentabilidade dos valores aí depositados costuma perder da inflação.

> **Dica** _____
> Caso tenha interesse em pesquisar as taxas de juros praticadas, prazos e valor das parcelas, a maioria dos sites dos bancos oferece a possibilidade de simular as condições de um financiamento imobiliário.

No Brasil, uma pessoa física dispõe de três formas para adquirir um imóvel por meio de um financiamento imobiliário, a saber:

Minha Casa Minha Vida

É um programa de habitação do governo federal que permite a aquisição apenas de imóveis novos, com habite-se emitido a partir de 26 de março de 2009 e que não tenham sido habitados ou transacionados; e imóveis na planta.

A prestação não pode ser superior a 30% da renda familiar e o imóvel deve ser utilizado para moradia.

O programa apresenta condições diferentes de acordo com a faixa de renda de cada família:

- **Faixa 1:** famílias com renda mensal de até R$ 1.800. O financiamento pode ser feito em até 120 meses, com prestações mensais que variam de R$ 80 a R$ 270, a depender da renda bruta familiar. A garantia para o financiamento é o próprio imóvel a ser adquirido. Nesta faixa, 90% do valor do imóvel é financiada pelo governo. Valor máximo do imóvel: R$ 96 mil.
- **Faixa 1,5:** inclui as famílias com renda mensal de até R$ 2.600. Conta com subsídios do governo de até R$ 47,5 mil para famílias com renda bruta de até R$ 1.200. Para famílias com renda entre R$ 1.200 e R$ 2.600, o valor do subsídio vai sendo reduzido progressivamente. Neste caso, o financiamento é feito a uma taxa de juros de 5% ao ano e com um prazo de pagamento de até 30 anos. Valor máximo do imóvel: R$ 144 mil.
- **Faixa 2:** para famílias com rendimento mensal de até R$ 4 mil. Nesta faixa de renda, o governo subsidia até R$ 29 mil na compra do imóvel. Além disso, a taxa de juros anual varia entre 5,5% e 7% e o prazo de financiamento é de 30 anos. Valor máximo do imóvel: R$ 240 mil.
- **Faixa 3:** para famílias com renda de até R$ 9 mil mensais. Não há subsídio, apenas juros menores em relação aos cobrados pelos bancos. A taxa é de até 9,16% ao ano, e o valor máximo do imóvel é de R$ 300 mil. O prazo limite para o financiamento é de 30 anos.

Caso haja atraso no pagamento das prestações, os valores serão acrescidos de multa de 2% ao mês e de juros de 0,033% por dia de atraso.

A prioridade é para famílias residentes em áreas de risco, insalubres, que tenham sido desabrigadas ou que perderam sua moradia em razão de enchente, alagamento, transbordamento ou qualquer desastre natural do gênero; mulheres responsáveis pela unidade familiar; e famílias de que façam parte pessoas com deficiência. Para isso, é necessário apresentar documento oficial de identificação e um comprovante de renda recente.

Tabela 19.3 – Taxas de juros praticadas de acordo com a faixa de renda familiar bruta[4]

Ajuste na renda das famílias atendidas*		
Faixa	Renda familiar mensal	Taxa de juros
1,0	Até R$1.800	Prestações mensais que variam de R$ 80,00 a R$ 270,00
1,5	Até R$ 2.600	5,0%
2	Até R$ 2.600	5,5%
	Até R$ 3.000	6,0%
	Até R$ 4.000	7,0%
3	Até R$ 7.000	8,16%
	Até R$ 9.000	9,16%

* Não houve mudança na Faixa 1.

Fonte: Caixa Econômica Federal.

Tabela 19.4 – Restrições quanto ao valor do imóvel

Novos tetos do valor dos imóveis				
Recorte territorial	DF, RJ e SP	Região Sul, ES e MG	Região Centro-Oeste, exceto DF	Regiões Norte e Nordeste
Capitais estaduais classificadas pelo IBGE como metrópoles	R$ 240 mil	R$ 215 mil	R$ 190 mil	R$ 190 mil
Demais capitais estaduais e municípios com população maior ou igual a 250 mil habitantes classificados pelo IBGE como capitais regionais; municípios com população maior ou igual a 100 mil habitantes integrantes das regiões metropolitanas das capitais estaduais, de Campinas, da Baixada Santista e das regiões integradas de desenvolvimento das capitais	R$ 230 mil	R$ 190 mil	R$ 180 mil	R$ 180 mil
Municípios com população maior ou igual a 100 mil habitantes; municípios com população inferior a 100 mil habitantes integrantes das regiões metropolitanas das capitais estaduais, de Campinas, da Baixada Santista e das regiões integradas de desenvolvimento das capitais; municípios com menos de 250 mil habitantes classificados pelo IBGE como capitais regionais	R$ 180 mil	R$ 170 mil	R$ 165 mil	R$ 160 mil

4. As tabelas 19.3 e 19.4 estão disponíveis em: <http://www.caixa.gov.br/voce/habitacao/minha-
-casa-minha-vida/urbana/Paginas/default.aspx>. Acesso em: 14 abr. 2020.

Municípios com população maior ou igual a 50 mil e menor que 100 mil habitantes	R$ 145 mil	R$ 140 mil	R$ 135 mil	R$ 130 mil
Municípios com população entre 20 mil e 50 mil habitantes	R$ 110 mil	R$ 105 mil	R$ 105 mil	R$ 100 mil
Demais municípios	R$ 95 mil	R$ 95 mil	R$ 95 mil	R$ 95 mil

Fonte: Caixa Econômica Federal.

Sistema Financeiro de Habitação (SFH)

No Sistema Financeiro de Habitação, criado pela Lei nº 4.390/1964, os recursos são oriundos dos depósitos da caderneta de poupança e do FGTS. Por isso, as taxas de juros não podem exceder os 12% ao ano (mais TR).

Como as taxas de juros são reguladas, a concessão do financiamento conta com mais restrições do que a modalidade de mercado realizada pelo Sistema de Financiamento Imobiliário (que será visto a seguir). O tomador de crédito precisa avaliar se as prestações não comprometem sua renda mensal em mais de 30%.

Em relação ao valor do financiamento, são aceitos imóveis novos ou usados até o valor de R$ 1,5 milhão.

Outro benefício importante é que os recursos disponíveis no FGTS podem ser utilizados para quitar ou diminuir a dívida, desde que tenha no mínimo três anos de trabalho sob o regime do FGTS.

Sistema de Financiamento Imobiliário (SFI)

Esse sistema engloba todos os financiamentos que não estão no SFH. Como os recursos do SFI são captados por meio do mercado financeiro a taxas de mercado, a concessão do crédito é feita também a taxas de mercado, mais elevadas do que as encontradas no programa Minha Casa Minha Vida e no SFH.

Apesar disso, as taxas de juros praticadas nos financiamentos imobiliários desse segmento são mais baixas do que as de outras modalidades de crédito. Dentre os principais motivos, podemos destacar a garantia oferecida pelo próprio imóvel financiado (o que reduz eventual prejuízo em caso de inadimplência do mutuário) e as isenções fiscais aos investidores que aportam recursos no SFI através de instrumentos de captação como os Certificados de Recebíveis Imobiliários (CRIs), entre outros.

Em caso de inadimplência, o agente financeiro pode retomar o imóvel após 90 dias de atraso, pois a propriedade do imóvel continua sendo do banco até a quitação da dívida.

Etapas do financiamento

O processo de se levantar um financiamento imobiliário é demorado porque envolve várias pessoas e etapas. Apesar de os processos dos bancos não serem iguais, pode-se dizer que, de maneira geral, eles incluem os seguintes passos:

- **Proposta de financiamento:** a primeira coisa a fazer é preencher e enviar a proposta de financiamento ao banco. Os formulários normalmente ficam disponíveis nas próprias agências.
- **Análise do seu crédito:** com base nos dados da sua proposta, o banco fará uma análise da sua capacidade de pagamento, ou seja, se você realmente tem condições de arcar com os custos do financiamento solicitado ou vai acabar fazendo parte do crescente grupo de inadimplentes. Além do formulário, você provavelmente deverá apresentar outros documentos comprovando as informações que constam da proposta, como holerite, extrato bancário, comprovante de residência etc. Em alguns casos, também pode ser exigida a declaração de imposto de renda.

  Em financiamentos é possível incluir a renda do cônjuge, do noivo ou dos companheiros em união estável para compor suas rendas no pedido de financiamento. A soma das rendas obtidas será usada para calcular o percentual de comprometimento de renda. Vale lembrar que os bancos permitem a soma das rendas, mas, em geral, exigem um mínimo individual.
- **Avaliação do imóvel:** seu banco deve enviar um especialista para vistoriar e elaborar um relatório de avaliação do imóvel no qual você está interessado. O valor estimado na avaliação servirá de parâmetro para determinar o valor do seu financiamento, além de determinar se o imóvel atende os requisitos do financiamento, como não exceder o valor limite de financiamento etc.
- **Documentação:** uma vez determinado o valor do imóvel e confirmada sua capacidade de arcar com os encargos do financiamento, começa a etapa de coleta de documentos. Após a avaliação do imóvel você receberá uma relação dos documentos necessários para o andamento do processo, como documentos e certidões do vendedor, do imóvel e do comprador, por exemplo. Esses documentos serão usados por seu banco para análise jurídica do vendedor e do imóvel, avaliação do imóvel e requisição do FGTS à Caixa Econômica Federal (CEF), caso você tenha optado por usar os recursos do FGTS na compra do seu imóvel. Se não

há utilização de FGTS, seu banco precisará de dez dias úteis para a análise e a conferência dos documentos; caso contrário, serão necessários cerca de 15 dias úteis. Além disso, você terá de arcar com as despesas de avaliação do imóvel e, em alguns casos, com as despesas jurídicas.

- **Análise jurídica:** assim que houver providenciado toda a documentação necessária, inicia-se a análise jurídica do financiamento, pois não basta você ter condições financeiras de comprar o imóvel e este estar em linha com as especificações do financiamento. É preciso analisar se as documentações do imóvel e do vendedor estão corretas. Somente por meio da análise jurídica é que o banco confirma que não há riscos na compra do imóvel.

- **Assinatura e registro do contrato:** se não forem encontradas restrições jurídicas na análise dos documentos e na avaliação do imóvel, o banco emitirá um contrato particular de compra e venda com financiamento, que tem força de escritura pública. Depois que você e o vendedor assinarem o contrato, você terá de tomar as seguintes providências:
  - › pagar o ITBI;
  - › registrar o contrato em um cartório de registro de imóveis, para efetivar a compra.

- **Liberação de recursos:** concluídas essas etapas, você deverá enviar uma via do contrato registrado para que o banco libere o financiamento ao vendedor. Em geral, isso é feito por meio de depósito em conta corrente, ordem de pagamento ou DOC, em até três dias úteis após o recebimento do contrato registrado.

Não se esqueça de pesquisar no mercado as melhores taxas e prazos de financiamento. Como, em geral, são valores altos, é preciso ter cuidado para não entrar em um financiamento que comprometa seu orçamento futuro. O grande custo da dívida não está exatamente na taxa de juros nela embutida, mas no prazo que escolhemos para dividir os parcelamentos.

Imóvel na planta

O financiamento bancário de um imóvel é liberado somente depois de sua construção estar pronta. Por isso, para financiar imóveis na planta, é preciso contratar diretamente com a construtora ou com algum banco que tenha convênio com construtoras.

Financiamento com a construtora

A construtora ou incorporadora não cobra juros sobre o valor financiado durante a construção do imóvel, mas corrige o contrato pela variação do Índice Nacional de Custo da Construção (INCC) a partir da data de assinatura do contrato.

Esse valor é descontado do saldo devedor na data da entrega das chaves com o imóvel pronto, e são aplicados juros mais uma atualização a cada 12 meses pelo Índice Geral de Preços – Mercado (IGP-M) até o fim do financiamento. O sistema de amortização do financiamento, que define como a dívida será quitada, é a Tabela *Price*.

Vale lembrar que quem financia pela construtora somente pode usar o saldo do Fundo de Garantia para quitar a dívida restante, mas não para começar a pagar o imóvel. É necessário quitar à vista ou financiar o saldo devedor com um banco. Não se esqueça de pesquisar os juros no Banco Central.

Atenção! As construtoras também oferecem prazos menores para pagar o financiamento: geralmente em até 60 meses, podendo chegar a 96 meses. Outra desvantagem é o uso do Fundo de Garantia do Tempo de Serviço (FGTS).

Quadro 19.2 – Vantagens e desvantagens do financiamento com a construtora

Vantagens	Desvantagens
• Possibilidade de valorização até a entrega das chaves.	• Risco de atraso na entrega ou não ter o imóvel pronto.
• Financiamento de até 100% do valor.	• Espera média de três anos até ter o imóvel pronto.
• Possibilidade de projeto personalizado.	• Taxas de financiamento mais caras do que as de um banco.
• Por ser novo, tem menor gasto com manutenção no curto e médio prazo.	• Custo maior do que um imóvel usado.
• Burocracia: geralmente nenhuma.	• Desembolsos com acabamento chegam a 20% do total.
	• Ao ficar pronto, pode ser que fique diferente da planta.
	• Financiamento com prazos menores do que dos bancos. Geralmente, entre 50 e 120 meses.
	• Quem financia pela construtora só pode usar o saldo do FGTS para quitar a dívida restante.
	• Se atrasar os pagamentos das parcelas, o consumidor paga multa, pode ter o contrato rescindido e só receberá entre 60% e 70% do valor já pago.

Para evitar problemas, siga algumas dicas importantes:

- Descubra o CNPJ da empresa e verifique sua conduta no Procon de seu estado e no Ministério da Fazenda[5].
- Acompanhe o andamento da construção.
- Não assine nada antes de ler o contrato e o memorial descritivo por inteiro. Grife as principais partes para você se lembrar de cobrar depois, na entrega.
- A tolerância prevista em contrato de 180 dias de atraso para a entrega de um imóvel comprado na planta vem sendo considerada ilegal pela Justiça brasileira, por não prever qualquer punição para a construtora. Essa consideração pode beneficiar os consumidores que buscarem as vias legais ao se sentirem prejudicados com o "atraso institucionalizado".
- Com base no Artigo 39 do Código de Defesa do Consumidor (CDC), o Procon-SP entende que são abusivas cláusulas que preveem a cobrança das seguintes taxas:
    - ⊁ Caso a construtora/incorporadora insira em seu contrato uma cláusula que estipule prazo de prorrogação para a entrega do imóvel, que pode variar de 120/180 dias, não aceite.
    - ⊁ Taxas de assistência jurídica (assistência técnica imobiliária ou SATI) – a cobrança não pode ser imposta pela construtora e só deve ser feita se o serviço for solicitado pelo consumidor. A empresa deve informar com clareza em que consiste tal prestação de serviço e o valor a ser pago pelo contratante.
    - ⊁ Taxa de interveniência é aquela que é cobrada quando o consumidor escolhe outro banco que não o indicado pela empresa.
    - ⊁ Também não pode ser cobrada a taxa de condomínio antes da entrega das chaves.
- Em lançamentos imobiliários, nos quais o consumidor se dirige diretamente ao local de venda sem indicação de um profissional da construtora, não pode haver a cobrança da comissão de corretagem.

---

5. Disponível em: <http://www.receita.fazenda.gov.br/pessoajuridica/cnpj/cnpjreva/cnpjreva_solicitacao.asp>. Acesso em: 2 jun. 2020.

Comprando imóvel pronto novo

E se o imóvel fosse novo? Como está construído, ele já poderia ser financiado por um banco, como a Caixa Econômica. Comparemos agora com o imóvel na planta:

Quadro 19.3 – Vantagens e desvantagens de comprar um imóvel novo pronto em comparação a um imóvel na planta

👍 Vantagens	👎 Desvantagens
• Você vê o imóvel pronto, logo, sabe exatamente o que vai adquirir.	• Perda de desconto de até 20% do valor do imóvel quando comprado na planta.
• Financiamento de até 100% do valor.	• Custo maior do que um imóvel usado.
• Menos gasto com manutenção.	• Acabamentos escolhidos pela construtora.
• Melhor liquidez e maior valor.	• Muitos destes condomínios geralmente ficam em áreas mais afastadas do centro, em que ainda há terrenos disponíveis e, principalmente, mais baratos. Por serem novas, essas áreas podem carecer de serviços como transporte público ou padarias e supermercados.
• De forma geral, em tese, são mais adequados e mais bem dimensionados de acordo com as normas técnicas atuais para a vida moderna, com mais tomadas que podem ser usadas ao mesmo tempo, mais vagas de garagens, elevadores mais rápidos e modernos, mais tecnologia e segurança (com câmeras e maior dificuldade de acesso de estranhos aos apartamentos).	• Por causa dos altos custos de manutenção, os chamados condomínios-clube acabam sendo divididos em dezenas de apartamentos e a área de lazer precisa ser compartilhada por muitos moradores ao mesmo tempo.
	• Possível necessidade de pequenas reformas.
	• Os apartamentos novos costumam ter paredes mais finas e tetos mais baixos, o que facilita a entrada e saída de ruídos.

Quadro 19.4 – Vantagens e desvantagens do financiamento de um imóvel novo com o banco em relação ao financiamento com a construtora

👍 Vantagens	👎 Desvantagens

• **Prazo:** pode ser de até 420 meses. Este é o limite máximo.
• Taxas mais atrativas do que as construtoras:
  • em imóveis de até R$ 500 mil:
    • juros anuais + TR, regulados pelo governo;
	• Se você deixar de pagar uma parcela, o banco pode mandar seu nome para o Serasa e, se não houver negociação, o imóvel vai a leilão e você, além de perder todo o dinheiro pago, ainda fica devendo, pois o saldo devedor será maior do que o valor já pago + o valor arrecadado com o leilão.

▶

▶ • pesquise juros no Bacen[6].
 • em imóveis acima de R$ 500 mil:
  • juros regulados pelo mercado;
  • pesquise juros no Bacen.
	• No financiamento com o banco há bastante burocracia, como a exigência de muitos documentos e verificações minuciosas desses documentos, avaliação do imóvel, dos compradores e vendedores. O prazo para realização de todo esse processo dura de algumas semanas a alguns meses.

Importante:

- Compare sempre os juros entre os bancos.
- Clientes têm descontos de acordo com o relacionamento com a instituição.

Comprando um imóvel usado

As diferenças entre um apartamento com cinco anos e um com 30 anos vão além da aparência e do estado de conservação e se estendem a aspectos como localização e nível de ruído.

Quadro 19.5 – Principais vantagens e desvantagens dos imóveis usados

👍 Vantagens	👎 Desvantagens
• Financiamento de até 80% do valor. • Melhor preço, em bairros melhores. • Imóvel antigo costuma ser melhor do que um novo, pois costuma ter plantas maiores, ou seja, sala, banheiro, cozinha, quartos e dependência de empregados mais generosos do que os mais recentes, que normalmente privilegiam o espaço social. • Paredes e lajes mais espessas, ficando menos vulneráveis aos ruídos do vizinho e de fora. • A distância entre o chão e o teto (pé-direito) é mais alto, propiciando conforto térmico e amplitude visual mais conveniente. • Uma reforma pode valorizar o imóvel. • O comprador sabe o que vai adquirir. • A localização é melhor, pois geralmente foram erguidos quando a cidade era menor e havia mais terrenos disponíveis, logo, esses imóveis ficam mais perto da região central do que os novos empreendimentos.	• Gastos com reforma e manutenção, principalmente com as tubulações, pois em apartamentos antigos os tubos eram geralmente de aço galvanizado, que vai sendo corroído ao longo do tempo, e com a impermeabilização das áreas comuns, que tem validade de dez anos. • Limitações decorrentes da evolução da tecnologia, como menos pontos de tomadas, pois foram construídos em uma época em que havia menos aparelhos eletrodomésticos nas casas. • Taxa de condomínio mais alta. • Projeto arquitetônico desatualizado. • Sem projeto de economia de água e luz. • Sem gás encanado em alguns casos. • Áreas de lazer pequenas ou inexistentes.

---

6. A pesquisa pode ser realizada em: <http://www.bcb.gov.br/pt-br/sfn/infopban/txcred/txjuros/Paginas/RelTxJurosMensal.aspx?tipoPessoa=1&modalidade=905&encargo=201>.

Para saber mais sobre o assunto "imóveis usados", sugiro que você consulte a *Cartilha Imóveis Usados*, publicada pelo Procon de São Paulo, disponível em: <http://www.procon.sp.gov.br/pdf/acs_imoveis_usados_2012.pdf>.

Posse do imóvel no caso de um financiamento

Nos casos descritos (financiamento com banco ou com construtora), você não é efetivamente o dono do imóvel – isso somente acontecerá quando o financiamento do imóvel for totalmente quitado –, mas é feito um contrato entre as partes que lhe dá o direito de posse para construção ou uso do imóvel desde que mantenha as prestações pagas em dia, bem como outras obrigações decorrentes e devidamente especificadas em contrato.

Qual é a melhor opção? Comprar à vista ou financiar?

Para o mercado imobiliário, não faz muita diferença vender o imóvel à vista ou financiado. O pagamento sempre é realizado à vista. Quem compra o imóvel à vista é o banco. Depois, ele cobra do cliente o que foi emprestado, acrescido de juros.

O banco também lucra com a comercialização de seguros, conta corrente com taxa mensal, cartão de crédito com anuidade e planos de capitalização com prêmios para quem tem sorte (prejuízos para quem não tem).

A instituição bancária sabe que comprometer 30% da renda por 35 anos não é brincadeira. Para isso, de forma geral, o cliente vai precisar do cartão de crédito, do cheque especial e de um crédito pessoal quando as coisas "apertarem". Ou você compra um pacote de produtos do banco ou paga juros mais elevados. Simples assim, a vida como ela é.

O banco fica com o imóvel, a construtora fica com o dinheiro e você fica com uma dívida "monstruosa". É necessária muita fé e disciplina para que tudo dê certo nas próximas décadas de pagamento mensal de prestações.

Quadro 19.6 – Comprar à vista ou não?

Vantagens	Desvantagens
• Não paga juros de financiamento. • O FGTS pode ser usado.	• É preciso poupar a renda familiar e fazer planejamento de longo prazo.

Compra de imóvel com planejamento financeiro

Imóvel é o bem mais caro que as pessoas costumam comprar ao longo da vida. E geralmente, na maioria dos casos, compra-se uma ou duas vezes na vida.

Uma decisão de compra dessas não pode ser feita de uma hora para outra, sem que haja um planejamento prévio. A compra de um imóvel precisa ser estudada, no mínimo, cinco ou dez anos antes.

Para executar esse planejamento de médio ou longo prazo, você precisa economizar, poupar e investir seu próprio dinheiro com antecedência, disciplina e paciência. O objetivo é depender o mínimo possível do dinheiro alheio, que é extremamente caro no Brasil.

Sem dúvida alguma, o pagamento à vista é a melhor opção, pois, com o dinheiro em mãos, você consegue até um desconto e tem a possibilidade de escolher com calma.

É um processo de acumulação lento, pois requer disciplina para guardar o dinheiro em alguma aplicação até ter todo o valor do imóvel, mas muito mais barato, no final das contas.

Consórcio imobiliário

Em um consórcio, os próprios participantes se financiam. O banco reúne um grupo de pessoas interessadas na aquisição de um imóvel, que pagam mensalidades acrescidas de taxas de administração, seguro e um fundo de reserva para precaução de calotes. A cada mês, um ou mais cotistas são sorteados para receber uma carta de crédito com o valor total do imóvel e continuam pagando as parcelas para financiar as compras dos demais. Nessa carta de crédito, que é fornecida por um consórcio de imóvel, incide uma variação anual pelo INCC.

Atenção! É possível tentar antecipar a contemplação por meio de um lance para quitar parte do valor do imóvel, e o lance mais alto leva a carta. Mesmo que decida dar um lance, pagando por uma bela parcela do imóvel antes dos demais, não há garantia de que outro consorciado seja ainda mais agressivo em seu lance e o obrigue a esperar mais pela carta de crédito. Ao mesmo tempo, no consórcio, não há a cobrança de juros como nos financiamentos imobiliários, mas tampouco o consorciado recebe um retorno pela poupança que está constituindo.

O comprador não poderá desfrutar do imóvel imediatamente, pois precisará ser sorteado antes de comprá-lo. Os consórcios imobiliários têm prazo de até 180 meses. Isso significa que o azarado que for sorteado por último no consórcio terá de esperar nada menos do que 15 anos para adquirir o imóvel.

O consórcio é indicado para quem deseja fazer poupança "forçada", pois não tem disciplina para guardar seu dinheiro, ou para quem pode esperar entre cinco e dez anos após a contratação do consórcio para comprar o imóvel, como jovens que moram com os pais ou quem busca um segundo imóvel para investir.

A compra da cota para imóvel não deve ser feita por impulso, mas, sim, ser planejada. É preciso poupar pelo menos 25% do valor do imóvel para dar o lance e conseguir a carta de crédito sem depender do sorteio. O FGTS é aceito para complementar a compra do imóvel ou ofertar lance, obedecendo às regras estabelecidas pelo fundo.

Atenção! Nunca acredite em promessas verbais – de ninguém, ainda mais quando se trata de negócios e investimentos. Tudo deve estar escrito no contrato do consórcio: prazo, regras de sorteio, número de cotistas, valor da carta de crédito, custos das taxas de adesão, administração e fundo de reserva. Antes de aderir a um consórcio, leia atentamente as cláusulas do contrato e tire todas as dúvidas possíveis em relação a taxas, que não devem ultrapassar 0,20% ao mês e prazos.

Quando a carta de crédito é liberada para o consorciado, o valor é depositado em conta à parte e pago diretamente a quem está vendendo o imóvel. Caso o comprador do consórcio queira pegar diretamente o dinheiro, é preciso antes quitar todas as parcelas e esperar ainda 180 dias.

Enquanto no financiamento você é o devedor, no consórcio você se torna credor da instituição. Assim, se a empresa falir, é quase certo que você fique sem nada, sem a carta de crédito na mão. Por isso, recomenda-se sempre contratar uma administradora de consórcio ligada a um banco, pois o negócio ficará sob supervisão do Banco Central. Se há inadimplência, por exemplo, há risco de a obra parar e da construtora quebrar. Não foram poucos os casos de administradoras de consórcios que quebraram nas décadas de 1980 e 1990, quando a legislação ainda não era tão rígida.

Quadro 19.7 – Vantagens e desvantagens do consórcio

Vantagens	Desvantagens
• Indicado para quem tem perfil poupador. • Tempo menor do que no financiamento. • Sorteio ou lance apressam o acesso ao bem. • Se errou no planejamento e deixou de pagar, você não perde o dinheiro nem o bem, como acontece no financiamento.	• Paga taxa de administração alta e fundo de reserva. • Tem de poupar para dar lance. • Em caso de inadimplência, consegue-se obter até 60% do valor aplicado de volta. • Se poupar sozinho – sem o consórcio – por meio de uma renda fixa pós-fixada como uma LFT ou LCI, você terá mais dinheiro no fim e, com o dinheiro na mão, o preço é sempre outro, pois você terá poder de negociação.

Antes de iniciar um consórcio, vale sempre lembrar:

- Verifique a idoneidade das administradoras do consórcio. Elas devem ser reguladas pelo Banco Central.
- A Associação Brasileira de Administradoras de Consórcio[7] oferece serviço de consulta ao consumidor sobre consórcios na internet ou pelo telefone (11) 3231-5022.

Quadro 19.8 – Consórcio imobiliário

Saiba se essa modalidade de compra é adequada ao seu perfil:	
Sem pressa	Consórcio vale para quem não precisa do imóvel imediatamente. - Quem quer um segundo imóvel para alugar. - Jovem que mora com os pais e não tem pressa para se mudar.
Variação e risco	Preços dos imóveis podem oscilar, para benefício ou prejuízo do consorciado. - Investidor disposto a risco. - Comprador que aposta na queda dos preços. - Quem não se importa em ter imóvel de menor padrão.
Sorte	Compradores de cartas de crédito precisam jogar com a sorte. - Quem gosta de loterias e costuma apostar. - Comprador com pelo menos 50% do valor do bem para dar lance.
Sem disciplina	Opção para quem não tem disciplina, mas quer poupar para comprar imóvel. - Quem tentou alternativas menos punitivas de realizar uma poupança, como um CDB, sem alcançar sucesso.
Como funciona	- A instituição financeira reúne clientes interessados em comprar um imóvel. - Cada cliente compra uma cota, que será paga mensalmente até atingir o valor do bem. - Nas prestações, o consorciado paga uma taxa de administração e o fundo de reserva. - A cada mês, um ou mais são sorteados para receber a carta de crédito. - O cliente pode dar lances para receber a carta de crédito; o maior lance ganha. - Desde 2010, o FGTS pode ser usado na quitação, mas só para imóvel de até R$ 500 mil.
Vantagens	- O consorciado não paga juros, o que pode diminuir o custo final. - Se o preço do bem cair até a contemplação, o excedente pode ser usado para pagar taxas e impostos, para quitar o consórcio ou ser devolvido no final do contrato.

---

7. Disponível em: <https://www.abac.org.br/>. Acesso em: 3 jun. 2020.

Desvantagens	• Se for contemplado no final, e os preços subirem muito no período, o consorciado não poderá comprar um imóvel no padrão que imaginava.
	• Se não tiver sorte, o consorciado tem de pagar por um bem sem usufruir dele durante muito tempo, enquanto arca com outros custos, como aluguel.
Fique atento!	• Administradoras de consórcio autorizadas a funcionar.
	• Ranking de reclamações contra bancos e consórcios.
	• O site do Banco Central traz dados que auxiliam na escolha. Clique em Cidadão e, depois, entre no campo Consórcios.

Fonte: adaptado de *Folha de S.Paulo* (2014).

Histórias do autor

A decisão de comprar ou não minha casa própria foi uma das mais importantes da minha vida e gostaria de dividi-la com vocês. Já vou avisando que se adéqua a mim e não me responsabilizo se alguém a seguir, mas comigo deu certo.

Sempre fui uma pessoa planejada e trabalhadora. Desde cedo, na adolescência, trabalhei fazendo programas de computador, dando aulas de inglês, e fui juntando meu dinheiro em aplicações financeiras. Fiz faculdade, comecei a trabalhar, fiz pós-graduação, montei empresas e continuei guardando dinheiro.

Aos 30 anos, poderia ter dado o passo de comprar o meu primeiro imóvel. Nesse momento, as possibilidades eram:

• comprar um imóvel de um quarto;
• alugar um imóvel e ir morar sozinho;
• continuar onde eu estava com casa, comida e roupa lavada.

Da parte emocional, estava solteiro, livre e desimpedido, mas minha empresa estava começando a funcionar, o que me demandava grande dedicação profissional e possivelmente aportes financeiros futuros.

Minha cabeça financeira era de que a compra de um novo apartamento diminuiria muito minha liquidez (quantidade de dinheiro prontamente disponível) e faria com que uma porção muito grande de minha riqueza ficasse concentrada em apenas um ativo (no caso, o próprio apartamento). Além disso, eu também não acreditava em grandiosas valorizações dos imóveis com aquelas taxas de juros atrativas.

Após pesar fatores emocionais e financeiros, resolvi continuar poupando e seguir com uma modificação no plano inicial: comecei a montar meu apartamento ainda na casa dos meus pais enquanto juntava mais grana para comprar um apartamento em um lugar melhor.

Comprei cama grande, TV, home-theater, frigobar... Enfim, montei o que chamei de célula de sobrevivência (de solteiro) na casa deles. Minha mãe ficava uma fera! "Para que uma cama desse tamanho para uma pessoa? Dá isso para alguém!"

▶ Dizem que a vida de solteiro é mais cara do que a de casado – este assunto rende conteúdo para escrever um livro –, mas, no meu caso, foi muito mais barata. De qualquer forma, ajudava meus pais pagando o condomínio e despesas eventuais.

Até aquela época, antes de 2003, os imóveis tinham rendimento real negativo, pois a inflação era mais alta do que o rendimento dos imóveis.

Com uma inflação muito alta (Gráfico 19.1) e taxas de juros anuais acima de 20% (Gráfico 19.2), minha decisão foi mais do que acertada.

Gráfico 19.1 – Histórico da inflação no Brasil

A inflação medida pelo Índice Nacional de Preços ao Consumidor Amplo (IPCA) chegou a 6,5% em 2011, no limite estabelecido pelo governo. O Brasil adotou o sistema de metas de inflação em 1999. O teto foi superado em 2001, 2002 e 2003.

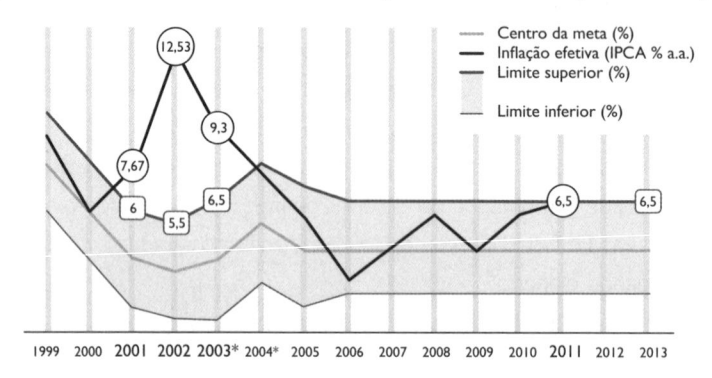

* Em janeiro de 2003, o BC estabeleceu metas ajustadas de 8,5% para 2003 e de 5,5% para 2004.

Fonte: Banco Central e IBGE.

Gráfico 19.2 – Taxa Selic – diária histórica (período pós-Plano Real – 1999-2020)

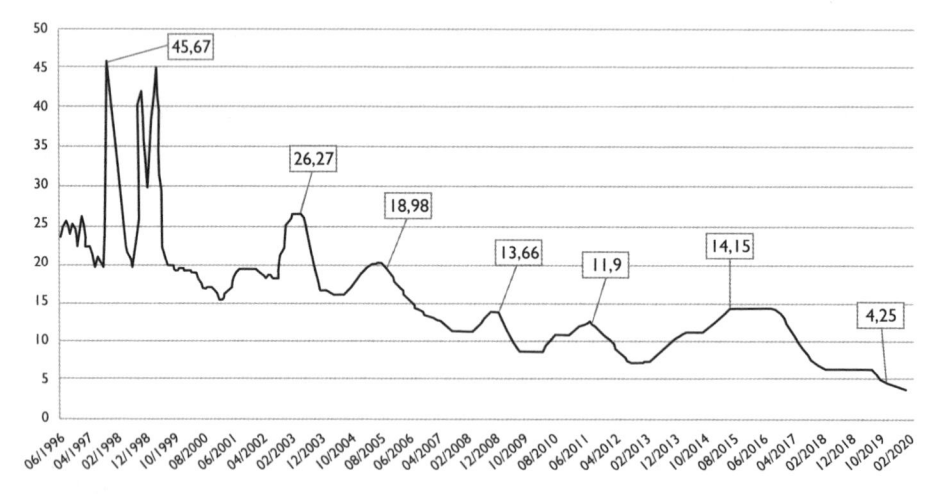

Fonte: Banco Central.   ▶

▶ Até que, a partir de 2006, vimos a maior explosão de preços reais dos imóveis da história brasileira. A seguir, veja as séries de dois índices de preços de imóveis diferentes: o IVG-R (calculado pelo Banco Central) e o FipeZap (deflacionada pelo IPCA). Repare que o índice era negativo de 2003 a 2004, e que após 2006 ele subiu, até estacionar por dois a três anos na faixa de 20% até 2011, quando voltou a recuar até cerca de 8% a.a. em 2013.

Gráfico 19.3 – Variação anual real dos valores de imóveis residenciais

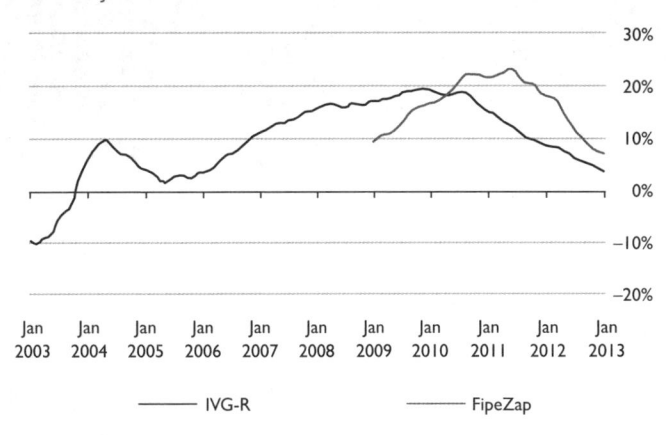

Fonte: Banco Central e FipeZap.

Isto foi motivado pela queda da taxa de juro real de 24% a.a. em 2002 para 2,5% a.a. em 2012, o que impulsionou muito o crédito imobiliário, de R$ 1,8 bilhão para R$ 83 bilhões no mesmo período.

Gráfico 19.4 – Brasil: taxa real de juro anual com base na taxa Selic até dezembro de 2019

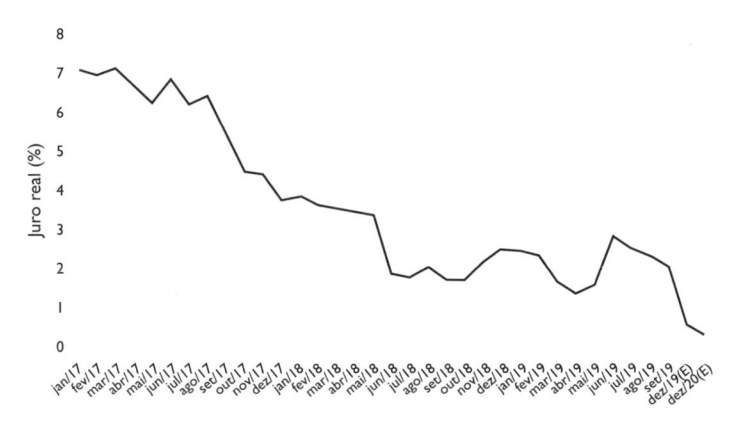

* Juro real calculado com base na taxa Selic – expectativa IPCA XP

Fonte: XP Investimentos.

▶ Gráfico 19.5 – Evolução do crédito imobiliário

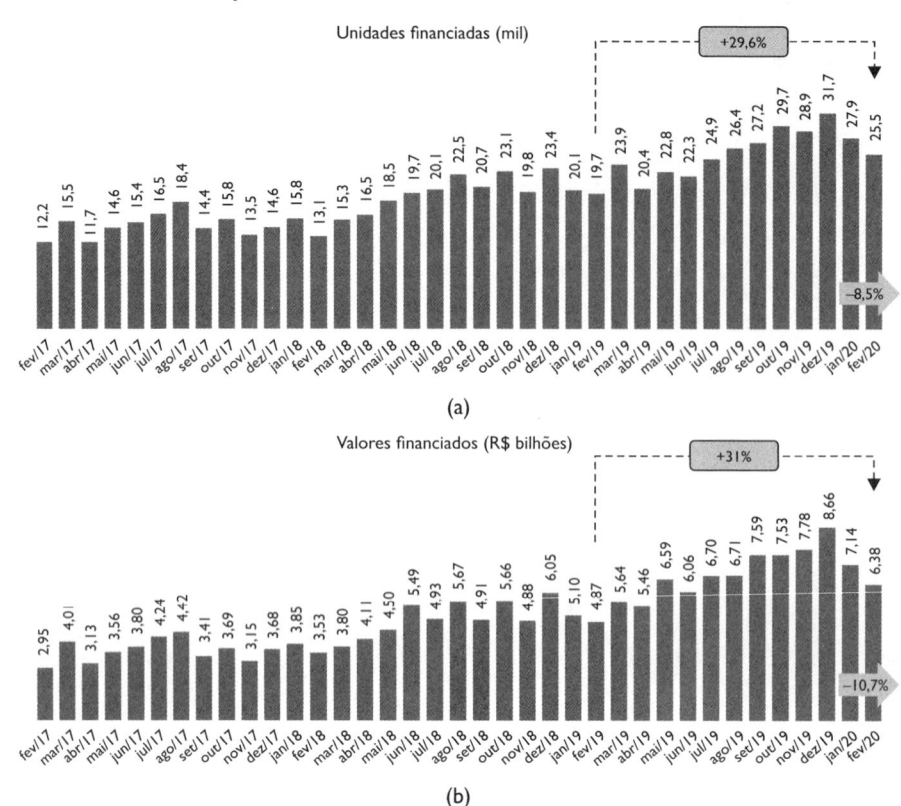

(a)

(b)

Fonte: Abecip.

Se mantivesse minha opinião no período de 2006 a 2012, meu plano de fazer poupança para comprar o imóvel perigaria ir por água abaixo, pois a valorização das minhas aplicações não acompanharia a escalada dos preços dos imóveis, que, segundo o índice FipeZap, de janeiro de 2008 a fevereiro de 2014, subiram 234% contra 62,4% do CDI no período.

Gráfico 19.6 – Variação do índice FipeZap no Rio de Janeiro entre 2008-2014

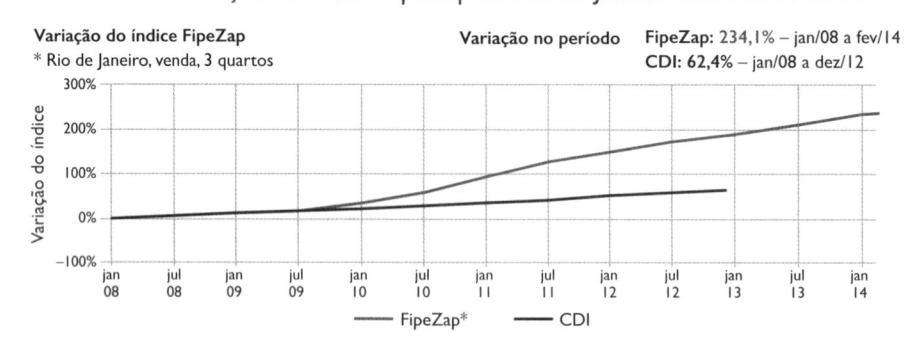

Fonte: FipeZap.

Rio de Janeiro (RJ)

Informações socioeconômicas

População residente (2019)	6.719 mil pessoas
Área territorial (2018)	1.200 mil km²
PIB *per capita* (2016)	R$ 50.691 *per capita*
Domicílios (2018)	2.577 mil domicílios
Apartamentos (2018)	1.092 mil apartamentos
Renda média domiciliar *per capita* (2018)	R$ 2.373 *per capita*

Últimos resultados do Índice FipeZap

Amostra FipeZap	368.151 anúncios
Variação no mês (janeiro/2020)	–0,01% ▼
Variação acumulada no ano (2020)	–0,01% ▼
Variação acumulada em 12 meses	–2,13% ▼
Preço médio (janeiro/2020)	R$ 9.290 / m²

Variação acumulada em 12 meses
Série histórica do comportamento de preço médio de venda de imóveis residenciais (%)

IPCA (IBGE) ▬▬ Rio de Janeiro ▬▬ Média (50 cidades)

Fonte: FipeZap.

☆ Dica

Teimosia não é a persistência. Persistência é uma qualidade, mas teimosia, não. Pessoas teimosas continuarão a fazer as mesmas coisas, mesmo quando há provas contundentes que mostram que elas devem parar. O teimoso é aquele que não se reinventa e a persistência tem de ser dinâmica. *Aprender com os erros, corrigir rotas e analisar o que pode ser feito de maneira diferente é o caminho para se alcançar a excelência.*

O ex-jogador de basquetebol Michael Jordan afirmava que podemos praticar lançamentos de bola durante oito horas por dia, mas, se a nossa técnica estiver errada, tudo o que conseguiremos é nos tornar muito bons em lançar a bola da forma errada. Se o tempo ou as pessoas estão insistindo em dizer-lhe que você deve mudar, pare e reveja seus conceitos.

Felizmente, uma das melhores qualidades que um financista do mercado de capitais ou que uma pessoa sensata pode ter é a de não ser teimoso e poder mudar de opinião rapidamente. E comigo não foi diferente, pois tomei passos à frente: me casei, comprei imóvel, mudei, tive filho, nesta ordem. Até hoje as pessoas brincam comigo sobre como mudei de opinião rápido. Se não tivesse mudado o modo de pensar, ao invés de comprar um apartamento de três quartos, teria dinheiro para comprar hoje apenas um de um quarto no mesmo bairro.

Alugar tem suas vantagens

Muita gente argumenta que o aluguel é um péssimo negócio, pois poderia estar usando esse dinheiro para comprar um imóvel próprio. O problema deste argumento é que, ao financiar o imóvel, na verdade, você dará uma boa parte de seu dinheiro para o banco.

Existem algumas vantagens do aluguel:

- **Você pode reduzir suas despesas de moradia rapidamente**, bastando mudar-se para um imóvel com aluguel mais barato e eventualmente pagando uma multa.
- **Para os que são jovens e/ou vislumbram morar em outra cidade ou mesmo em outro país**, alugar um imóvel para morar normalmente é a melhor decisão. Isso porque a pouca liquidez dos imóveis acaba dificultando a venda e, ainda, há custos relacionados, como a comissão do corretor de imóveis, além do imposto de renda sobre eventual ganho patrimonial. Outra vantagem para quem aluga, principalmente nas cada vez mais congestionadas metrópoles do país, é a facilidade de mudar para um endereço mais próximo ao trabalho, o que possibilita uma melhor qualidade de vida.
- **Se você for solteiro ou for um jovem casado e sem filhos**, quase certamente procurará um imóvel pequeno para morar, e não um imóvel com quatro suítes. Seu gasto com condomínio e com o pagamento das parcelas de financiamento, por exemplo, seria alto demais. Porém, ao se planejar para ter uma família maior, é certo que também pensará em trocar seu imóvel por outro maior. Neste caso, teria sido melhor alugar um imóvel pequeno no início e juntar recursos para as necessidades de uma família maior no futuro.
- **Se você mora longe do trabalho e possui um imóvel**, alugar o imóvel próprio e morar em outro no local desejado, perto do trabalho, é uma boa alternativa. Além da qualidade de vida, é possível ainda ter algum rendimento. Para quem tem que se locomover com frequência, pagar aluguel também é vantajoso.

Mas ninguém deve passar a vida inteira à base de aluguel, pois, se perder o emprego e tiver R$ 1 milhão em renda fixa, não vai poder morar nela. Veja o aluguel como uma estratégia para a conquista do imóvel, pois financeiramente é vantajoso, mas há sempre o estresse de a pessoa saber que pode ser obrigada a mudar amanhã e, na velhice, se não houver planejamento, quem vai pagar o aluguel dela?

Quadro 19.9 – Vantagens e desvantagens de alugar ou financiar

	Aluguel	Financiamento
Vantagens	• Aspecto financeiro, se o aluguel for menor do que as parcelas do financiamento. • Possibilidade de morar onde se quer. • Mais flexibilidade de mudança, por exemplo, para ficar perto do trabalho. • Pode-se investir os recursos que sobram e ampliá-los – até para dar uma entrada maior no financiamento ou para outros objetivos.	• Aspecto financeiro, se as parcelas forem mais baratas do que o aluguel, o que raramente acontece. • Investir dinheiro em um bem que será seu e que pode se valorizar ao longo do tempo. • Não precisar mudar de imóvel mesmo sem desejar. • Poder fazer as reformas que quiser e adaptar o imóvel.
Desvantagens	• Gastar dinheiro em um bem que não será seu. • Despesas com a manutenção de um imóvel que não é seu. • Ter de sair do imóvel se o proprietário quiser, mesmo sem desejar fazê-lo. • Não poder fazer as reformas que desejar.	• Possibilidade de desvalorização do imóvel. • Pagar as parcelas e o aluguel, o que representa gasto maior. • Imobilização do capital e impossibilidade de investi-lo e ampliá-lo. • Pagar um valor mais alto pelo imóvel ao final do financiamento do que se comprasse à vista.

Fonte: Trader Brasil Escola de Finanças & Negócios.

Ao alugar um imóvel, você deverá recebê-lo em condições de uso e ter um fiador que garanta o pagamento do aluguel. Caso não o tenha, você terá o custo adicional de contratar um seguro-fiança, cujo custo gira em torno de 6,5% a 11% do valor do aluguel (chegando a 1,2 vez o valor do aluguel no ano) e pode cobrir não apenas o aluguel, mas também condomínio, IPTU e contas de água, luz e gás.

☆ **Dica** _____

É possível pagar aluguel e poupar para comprar à vista, desde que o padrão de vida seja modesto, ou seja, gastar menos do que ganha e poupar o restante no fim do mês, sempre com disciplina.

É melhor alugar e juntar dinheiro para comprar à vista ou comprar um imóvel financiado?

Para quem tem o dinheiro e não sabe se é melhor alugar ou comprar um imóvel financiado, saiba que, ao fazer uma reserva financeira para comprar o imóvel, ele pode ser quitado em um tempo bem menor, e o valor desembolsado cai consideravelmente em relação ao total financiado, acrescido dos juros. Se você financiar hoje uma casa pelo prazo de 30 anos, quando quitar o imóvel terá pago o valor de até duas casas e meia.

Pago aluguel. E aí?

É fato que nem todo mundo tem o privilégio de morar na "casa do papai e da mamãe" para juntar dinheiro. Quem paga aluguel geralmente reclama que a despesa consome grande parte do orçamento doméstico.

Se o aluguel custar R$ 2 mil por mês e um financiamento custar R$ 3 mil mensais, aconselho ficar no aluguel e aplicar os R$ 1 mil restantes, para quitar o imóvel em menos tempo. Normalmente, uma taxa de aluguel gira em torno de 0,5% ao mês, mas há casos em que o aluguel rende menos de 0,3%, ou seja, menos do que a poupança usual de 0,5% a.m. mais a TR. Geralmente, os imóveis menores possuem as maiores taxas.

Vamos fazer uma simulação de financiamento no Quadro 19.10.

Quadro 19.10 – Simulação de financiamento de imóvel na Caixa Econômica Federal

CEF – 25/10/2019		Custo Efetivo de Seguro Habitacional (CESH)	7,96%
Valor do imóvel	R$ 1.000.000	Sistema de amortização	SAC
Prazo máximo	360 meses (30 anos)	1ª parcela	R$ 1.936
Valor financiado	R$ 264.386,94	Última prestação	R$ 762,37
Valor da entrada	R$ 735.613,06	CET	6,58%
Valor total pago	R$ 528.894,87		

Fonte: Trader Brasil Escola de Finanças & Negócios.

O valor total pago não corrigido foi igual a duas vezes o empréstimo inicial para uma prestação média nominal de R$ 1.469,15. Se aplicássemos R$ 1 mil todo mês, em 360 meses a uma taxa mensal de 0,72% teríamos acumulado R$ 1.617.137,55.

O grande "x" da questão será a valorização futura do imóvel. Se os imóveis registrarem valorizações de mais de 100% em cinco anos e os juros médios ficarem abaixo de 8,5% ao ano, o financiamento imobiliário fica imbatível, uma vez que, mesmo aplicando em investimentos de maior risco e maior potencial de ganhos, a rentabilidade pode não superar a valorização do imóvel, pois, quando achar que já tem o suficiente para negociar um bom desconto à vista, pode descobrir que a casa custa muito mais do que você juntou.

Foi o que aconteceu de janeiro de 2008 a fevereiro de 2014. O índice de preços de imóveis FipeZap subiu 211,4% em São Paulo e 243,8 % no Rio de Janeiro contra 62,4% do CDI no mesmo período. Se nosso exemplo de imóvel financiado tivesse uma valorização real de 8% ao ano, em 30 anos (360 meses) ele valeria R$ 10.062.656,89 e nós não teríamos dinheiro para comprá-lo!

E agora, José, para onde vão os preços dos imóveis?

A taxa de juros subiu após outubro de 2012, como você pode ver no Gráfico 19.8.

Gráfico 19.8 – Taxa Selic, considerando as datas de reunião do Copom

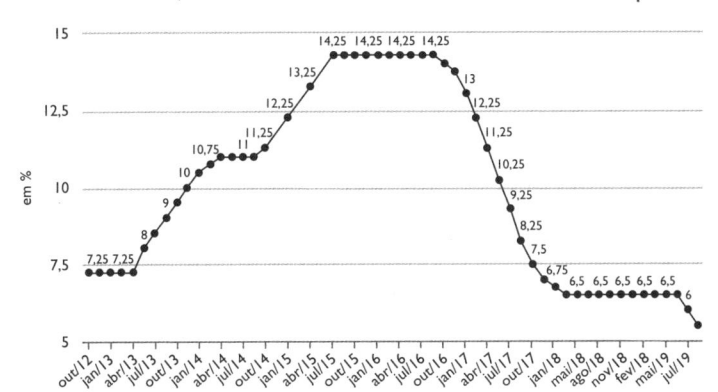

Fonte: G1 e Banco Central.

Como o preço dos imóveis é inflado pela facilidade de crédito e o volume de financiamento é inversamente correlacionado à taxa de juros, nossa análise é a de que os preços devem começar a variar de acordo com o padrão histórico, ou seja, com o IPCA.

Até novembro de 2019, a variação do índice FipeZap para venda residencial foi de 0,19% para o Brasil em 12 meses, e para venda comercial foi de -2,55% em 12 meses, enquanto o IPCA foi de 3,27% no mesmo período.

A euforia dos imóveis valorizando-se 20% ao ano terminou, como pode ser verificado no Gráfico 19.9. A economia real não é um barquinho a motor em que você muda a direção rapidamente, e sim um transatlântico, já apresentando queda no Rio de Janeiro e Fortaleza por exemplo.

Gráfico 19.9 – Taxa Índice FipeZap 2019 – comportamento do preço médio de venda residencial (%)

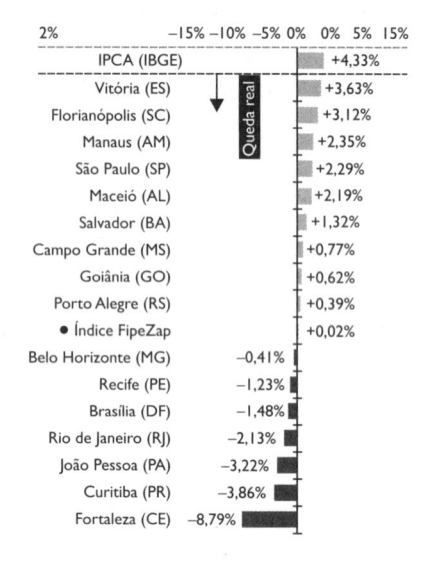

Variação acumulada em 12 meses

Comparativo entre capitais no período (%)

IPCA (IBGE)	+4,33%
Vitória (ES)	+3,63%
Florianópolis (SC)	+3,12%
Manaus (AM)	+2,35%
São Paulo (SP)	+2,29%
Maceió (AL)	+2,19%
Salvador (BA)	+1,32%
Campo Grande (MS)	+0,77%
Goiânia (GO)	+0,62%
Porto Alegre (RS)	+0,39%
• Índice FipeZap	+0,02%
Belo Horizonte (MG)	−0,41%
Recife (PE)	−1,23%
Brasília (DF)	−1,48%
Rio de Janeiro (RJ)	−2,13%
João Pessoa (PA)	−3,22%
Curitiba (PR)	−3,86%
Fortaleza (CE)	−8,79%

Fonte: FipeZap.

Se a inflação alcança níveis inadmissíveis para a população, a política monetária inverte-se e os investimentos de longo prazo desmoronam, especialmente no setor imobiliário.

A meta de inflação para 2020 é de 4,0% a.a, para 2021 é 3,75%, e para 2022, 3,50%, mas ocorreram períodos como em 2010, que teve valores acima da meta, e muitas vezes acima do topo da banda, que hoje é de 5,5% a.a.

Gráfico 19.10 – Inflação anual (IPCA) × metas de 2006 a 2020

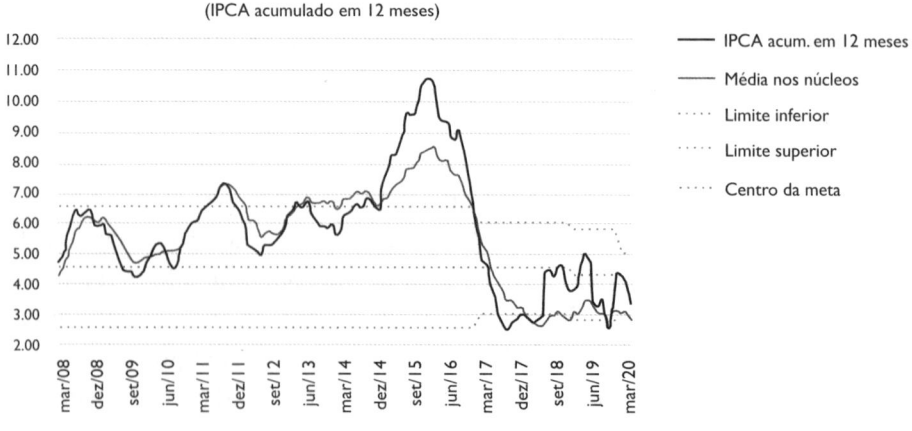

Fonte: IBGE.

Existiu uma bolha imobiliária?

Há alguns anos, depois dos eventos de Copa do Mundo e Olimpíadas, discutia-se se estávamos ou não em uma bolha imobiliária. Bolha imobiliária pode ser definida como o aumento generalizado dos preços dos imóveis, não vinculado a fundamentos econômicos, dissociado das normais flutuações de mercado, e que acontece por mera expectativa de aumento futuro (especulação).

No momento em que uma bolha começa a existir, o combustível para seu desenvolvimento é a concessão de crédito imobiliário de forma irresponsável, condição para que a oferta cresça independentemente da demanda e haja, portanto, um descolamento perigoso.

Uma bolha sempre começa com juros baixos, excesso de construções, empréstimos, aumento da demanda por moradias, explosão nos preços estimulando mercado especulativo, situação em que os investidores redescobrem um mecanismo fácil para ganhar rios de dinheiro: comprar imóveis na planta e revendê-los na entrega das chaves. Essa facilidade dura apenas até o dia em que os juros sobem, os lucros dos empreendedores somem, as construtoras sofrem o golpe, os preços despencam, os especuladores amargam a baixa e a sociedade toda acaba sentindo os reflexos da crise econômica instalada.

Quem cogita comprar um imóvel deve sempre pensar seriamente sobre o assunto.

Tabelas Price e SAC

Empréstimos e financiamentos normalmente são baseados na Tabela Price ou na Tabela Sistema de Amortização Constante (SAC). A primeira é utilizada em quase todos os financiamentos de carros e sua principal característica é o valor fixo das prestações. Já a Tabela SAC possui prestações decrescentes e é muito usada nos financiamentos de imóveis.

Como regra geral, as parcelas iniciais na SAC são bem maiores do que na Price, mas vão decrescendo até atingirem valores bem inferiores ao da Price. As duas modalidades são matematicamente equivalentes e partem do princípio de que os juros incidem apenas sobre o valor devedor.

No SAC, existe o benefício de você quitar a dívida, inicialmente, de maneira mais rápida, porém, há a desvantagem de se precisar de mais dinheiro hoje em dia para entrar no financiamento.

Quadro 19.11 – Vantagens das Tabelas Price e SAC

Tabela Price	Sistema de Amortização Constante (SAC)
• Boa para quem precisa pagar menos no início do financiamento.	• Melhor opção para quem pode gastar mais no início do financiamento.
• No começo, as parcelas são formadas, na maior parte, pelos juros.	• O valor inicial das parcelas é maior, mas cai posteriormente.
• A dívida só é amortizada após o período inicial, em média de seis anos.	• As parcelas são corrigidas por juros anuais + TR.
• Precisa que a economia permaneça estável.	• Não gera saldo devedor ao final do pagamento do crédito imobiliário.
• No passado, com inflação alta, gerou saldo devedor.	

Importante lembrar algumas dicas:

- Escolha o modelo que é melhor para a realidade da família.
- Os prazos são de até 30 anos.
- Quanto maior for prazo, mais juros serão pagos.
- Reserve pelo menos 20% do valor para dar entrada.

Venda de imóvel

Na hora de vender qualquer imóvel, novo ou usado, é importante saber todas as despesas que você terá, para não ser pego de surpresa. As despesas são as seguintes:

- Imposto de renda sobre o ganho de capital: a Receita Federal cobra 15% sobre o ganho de capital, podendo-se abater o custo do ITBI, dos juros do financiamento e das corretagens.
- Corretagem: o Conselho Regional de Fiscalização do Profissional Corretor de Imóveis (Creci) orienta o percentual a ser cobrado pelos corretores de cada estado, negociado geralmente entre 4% e 8%.
- Despesas na obtenção de documentos: cobradas por cartórios e despachantes, pois antes de fechar o contrato o vendedor precisa obter as certidões negativas de protesto, certidões de distribuidor dos tribunais locais, entre outros documentos. Vale lembrar que algumas certidões são disponibilizadas gratuitamente na internet.

Regras de isenção para IR

Existem algumas regras para se obter a isenção durante a venda de seu imóvel:

- quando o vendedor estiver vendendo seu único imóvel e o valor da venda for inferior a R$ 440 mil (Instrução Normativa SRF nº 84, de 11 de outubro de 2001); ou
- quando o dinheiro resultante da venda for usado integralmente na compra de outros imóveis residenciais no Brasil em um prazo de até 180 dias a contar da data da venda. Se apenas parte do valor for utilizada na aquisição de outro imóvel, será preciso pagar imposto sobre o ganho de capital proporcional restante (Lei nº 1.196/2005).

É importante destacar que só terá direito às isenções quem ainda não tiver vendido um imóvel residencial nos últimos cinco anos.

20

Estabelecendo prioridades: carro é investimento?

Início de conversa

- Aprender a compreender carro como custo.
- Comparar carro com táxi, Uber e veículo alugado.
- Dicas de economia.

> *Carro não é investimento porque investimento dá dinheiro, e seu carro gasta dinheiro.*
> Anônimo

Há alguns anos, conheci um cidadão que morava de aluguel e gastou tudo o que tinha na poupança em um carro importado de R$ 500 mil. Ele morava em um carro no fim das contas. Um status bobo, convenhamos.

Parafraseando, "só podemos nos dar o luxo" se nossas contas básicas já estão pagas e o plano para uma futura tranquilidade financeira estiver bem encaminhado e sendo executado. Todo mundo sonha em tirar a carteira de motorista e já sair por aí pelo mundo com seu carrinho. Mas quanto custa manter um carro?

Custos

Lembro que lavava o carro do meu pai quase todo dia só para poder tirá-lo da garagem e dar uma mísera voltinha no quarteirão. Quando a gente finalmente consegue comprar o tão sonhado carro, descobre que manter um automóvel custa caro e ele vem acompanhado de uma infinidade de despesas.

Combustível

Deste item não tem como fugir: você precisa colocar combustível em seu carro para que ele ande. Em alguns anos ou décadas, recalcularei se um dia o carro elétrico se tornar popular. Mas, hoje em dia, se você tiver um carro flex, pode colocar álcool, certo? Errado, pois o álcool tem um rendimento energético equivalente a cerca de 70% da gasolina, ou seja, só vale a pena abastecer com álcool se o preço do litro for menor do que 70% do litro da gasolina.

Tabela 20.1 – Simulação: quando usar álcool ou gasolina em um carro flex?

Consumo – Gol 1.0	Movido a álcool	Movido a gasolina
Na estrada	9,5 km/litro	14,5 km/litro
Na cidade	7,5 km/litro	10,5 km/litro
Rendimento energético na cidade	71,42% da gasolina	100%
Vantajoso se o preço for menor do que 71,42% da gasolina.		
Custo médio por litro		
	Álcool (R$)	Gasolina (R$)
Em SP	2,68	4,13
No RJ	3,85	4,984

Fonte: Agência Nacional de Petróleo.

O álcool é vantajoso somente se o preço estiver abaixo de 71,42% da gasolina, logo, somente no estado de São Paulo valeria a pena utilizar álcool em um carro flex em outubro de 2019. Veja os cálculos:

- Em São Paulo, se estiver abaixo de R$ 2,95 (0,7142 × 4,13).
- No Rio de Janeiro, se estiver abaixo de R$ 3,55 (0,7142 × 4,984).

IPVA

O Imposto sobre a Propriedade de Veículos Automotores (IPVA) é um imposto estadual, cobrado anualmente, cuja alíquota varia em cada estado (entre 1% e 6%), de acordo com o valor do veículo. Em Brasília (DF), por exemplo, há isenção de IPVA para o primeiro ano de uso do veículo para motoristas que não possuem débitos com a Secretaria da Fazenda e, nos anos seguintes, a alíquota cobrada é de 3,5%.

Descontos de IPVA

Quem conseguir fazer o pagamento integral (cota única) pode ter dedução entre 3% e 20% do valor devido, a depender do estado onde mora. Se o dono do veículo tiver condição de pagar o imposto à vista, vale a pena até tirar o dinheiro da poupança para este fim, já que ela está rendendo apenas 0,5% ao mês mais TR, enquanto o desconto é bem maior.

No estado do Rio de Janeiro, por exemplo, o pagamento à vista do IPVA em janeiro dará desconto de 3% em 2019. Já motoristas de Minas Gerais e do Distrito Federal terão dedução de 5%; e os de Curitiba (PR) e do estado de São Paulo descontarão 3% do total do imposto.

Manutenção

Gastos com manutenção são fundamentais para você não ter dores de cabeça maiores no futuro. Trocar o óleo e fazer revisão são fundamentais, ainda mais se você não quiser perder a garantia do veículo.

Seguro contra roubo e acidentes

Mais do que uma precaução, o seguro do automóvel é uma necessidade para você reduzir prejuízos em caso de acidente, roubo ou furto. O seguro poupa diversos problemas. Vale a pena gastar esse valor para não se aborrecer ou perder mais dinheiro em caso de um sinistro.

Estacionamento

Basicamente, é o custo que se tem para parar o carro em algum lugar. Se você é um felizardo e possui garagem no trabalho, é um gasto a menos.

As grandes cidades de todo o mundo, como Londres (Inglaterra) e Paris (França), estão cada vez mais "expulsando" os veículos dos centros urbanos; este também é o caso de São Paulo e Rio de Janeiro. Nestas cidades há pouquíssimas vagas a preços exorbitantes. Em Londres, há, ainda, pedágio para entrar no centro da cidade.

Licenciamento e seguro obrigatório (DPVAT)

São despesas anuais obrigatórias em todo o território nacional a todos os veículos. A sigla DPVAT significa Danos Pessoais por Veículos Automotores Terrestres. O termo refere-se ao seguro obrigatório, pago de forma anual pelos proprietários de veículos (carros e motos) no Brasil, juntamente com a primeira parcela ou na cota única do IPVA (Imposto sobre a Propriedade de

Veículos Automotores). Caso o veículo seja isento de pagamento do IPVA, o seguro DPVAT deverá ser pago junto com o licenciamento anual ou com o serviço de emplacamento

Depreciação

Ao contrário de um imóvel, que fica mais valorizado comercialmente dia após dia, um veículo começa a perder seu valor no instante em que sai da loja. Alguns modelos perdem menos, outros mais.

Anualmente, o veículo perde um pouco do seu valor. É a depreciação, diferença entre o que se pagou e quanto ele vale agora. A maior desvalorização ocorre nos dois primeiros anos – em um sedan de luxo, por exemplo, pode chegar a 25%.

Os carros que menos desvalorizam são os mais básicos e pouco rodados. Já os importados são os que têm queda mais rápida no valor, por causa da manutenção cara das peças.

Ao retirar seu carro zero-quilômetro comprado em uma concessionária, ele perde até 20% do valor. Os três primeiros anos de um veículo são o período em que ele mais desvaloriza e, a partir do quarto ano, a taxa de depreciação diminui.

Quer ter uma noção de quanto um carro perderá de valor em cinco anos (que é uma estimativa de vida útil do automóvel)? É só fazer estas continhas:

- Divida o valor do carro zero-quilômetro (por exemplo: R$ 50 mil) pelo tempo de uso. Supondo que foi utilizado por cinco anos, dividimos o valor pelos anos de uso para saber o valor anual de depreciação: R$ 50.000 / 5 = R$ 10.000.
- Divida esse valor (R$ 10 mil) por 12, que é o número de meses do ano (R$ 10.000/ 12 = R$ 833,33).
- O valor obtido (R$ 833,33) representa o quanto o carro vai desvalorizar a cada mês. Ou seja, depois de sair da concessionária, você pode considerar que, a cada mês, o carro em questão depreciará aproximadamente R$ 833,33.

Apesar do "susto" com as perdas, a conta é mole de resolver, não é? Essas estimativas e os valores citados são apenas referências, pois, dependendo do uso e até mesmo do veículo, a desvalorização pode ser menor ou maior.

Atenção! O excesso de personalização automotiva, além de supérflua, pode significar uma elevada diminuição nas chances de repasse de um veículo e sua inevitável desvalorização. Por isso, pense muito bem antes de realizar pinturas chamativas ou investir em acessórios muito específicos, pois assim você limitará seu leque de possíveis compradores e perderá dinheiro duas vezes!

Custo de oportunidade do dinheiro aplicado

Se você não tivesse comprado o carro à vista, esse dinheiro estaria aplicado e você colocaria o dinheiro para trabalhar para você. Considera-se normalmente como custo de oportunidade o rendimento da taxa Selic em uma aplicação em Tesouro Selic, ou LFT (Letra Financeira do Tesouro) – veja mais no Capítulo 7.

Financiamento

Se comprar o carro à vista, você perderá o custo de oportunidade, mas, se pagar a prazo, você terá de pagar as prestações do financiamento.

As taxas de financiamento variam muito de um banco para outro. Para você ter uma ideia, em outubro de 2019, pelo levantamento do Banco Central, os juros para o financiamento de veículos variavam entre 9,93% e 65,46% ao ano.

Para realizar a compra de um automóvel (isso vale para outros bens também), o ideal é fazer um planejamento de longo prazo, guardando dinheiro aos poucos em um investimento, de modo a conseguir efetuar o pagamento à vista. Do ponto de vista racional, esse cenário é perfeito, pois, além de não pagar juros, o consumidor ganha rendimentos com as aplicações, conseguindo comprar o bem em um período menor do que o de um financiamento. Mas isso requer muita disciplina. O consumidor deve aplicar todo mês o valor predeterminado no início do planejamento. São poucas as pessoas que realmente conseguem realizar esse tipo de projeto.

A opção preferida atualmente por 71% dos consumidores, em tempos de crédito farto no mercado, é a do financiamento.

As recomendações básicas nesse caso são:

- O número de prestações deve ser o menor possível. Se o valor não atingir o teto de 30% do seu rendimento, é recomendável reduzir o número de parcelas. Assim, você pagará menos juros.
- Financie o menor valor possível. Utilize seu veículo usado como parte do pagamento e aproveite remunerações extras, como bônus, participação nos lucros ou 13º salário, para aumentar o valor que será dado como entrada.

- Lembre-se de ter uma reserva (que pode ser separada do valor do 13º, por exemplo) para o pagamento das despesas extras que você terá com o carro novo, como documentação, diferença de IPVA e seguro.
- Pouca gente se dá conta, mas as taxas de juros são negociáveis. Por isso, é indispensável pesquisar. Não só em várias lojas e bancos, mas também verificar preços e vantagens de marcas e modelos diferentes. Deve-se também levar em consideração os valores do seguro, que podem variar de acordo com seu perfil e tornar um modelo mais atraente do que o outro.
- Atualmente, existe uma modalidade de financiamento de longuíssimo prazo, em até 84 parcelas (sete anos). Mas a recomendação geral de todos os especialistas é limitar o financiamento a 36 meses, no máximo.
- Evite levar filhos ou amigos, que acabam influenciando o lado emocional. Mesmo diante de uma oportunidade que lhe pareça boa, não haja impulsivamente. Pense bem, volte para casa e faça todos os cálculos necessários antes de fechar negócio.
- Juro zero, na maioria das vezes, não existe, embora seja um termo largamente utilizado nos anúncios. O que ocorre é que, normalmente, os juros estão camuflados, pois o mesmo modelo é vendido à vista com desconto. Na prática, para ser "juro zero", o valor financiado tem que ser igual ao valor à vista.

Multas de trânsito

As multas – mesmo que você seja um cidadão exemplar e correto – podem acontecer. Elas variam muito, desde uma multa por uso de álcool ao volante, com prisão em flagrante, até uma de estacionamento irregular.

Segundo carro ou usar um táxi?

Se fosse o primeiro carro, não indicaria a troca total do conforto de um carro próprio por um táxi, principalmente por ser pai. Criança precisa ir ao médico, se cansa depois de andar muito, e, além disso, gostamos de viajar juntos. Mas, do segundo carro em diante, se a distância percorrida tornar mais vantajoso usar o táxi, vale a pena abrir mão do carro.

De qualquer forma, este livro não é para mim – é para você! E ninguém mais do que você sabe sobre suas necessidades e seus limites. Se você pensa em se endividar para ter um carro, refaça suas contas. Não comprometa mais de

30% do rendimento líquido familiar. Se houver outra dívida, como o parcelamento de um imóvel, é preciso encaixar os dois financiamentos nesse teto.

Quadro 20.1 – Vantagens e desvantagens do táxi

👍 Vantagens	👎 Desvantagens
• O táxi possui algumas vantagens, como não se preocupar com estacionamento e poder usar o telefone, digitar um e-mail, ler o jornal ou estudar enquanto o motorista está dirigindo. • Em tempos de lei seca, tem a vantagem de você não levar uma multa e ser preso caso tenha ingerido bebida alcoólica.	• É possível que o táxi esteja sujo ou com mau cheiro. • Possível risco de contaminação pelo carro ser fechado. • A conversa do motorista pode não te interessar.

Quadro 20.2 – Vantagens e desvantagens do carro próprio

👍 Vantagens	👎 Desvantagens
• Com um carro próprio, pode-se viajar à vontade, sem se preocupar com quilometragem, e levar seu parceiro para passear. • Não há dificuldade para encontrar um táxi disponível, principalmente nas horas de chuva ou no horário de rush, durante a madrugada ou em locais mais afastados. • Uma vantagem específica para a cidade de São Paulo, onde há rodízio de veículos, é você poder trafegar pela cidade se tiver um segundo carro com outro final de placa.	• No caso de um segundo carro, pagar mais um IPVA no mesmo ano.

Atenção! Nem sempre um carro mais acessível no que se refere ao preço de compra é mais barato de se manter. Antes de concluir a compra, considere também o preço das peças de manutenção, da revisão, do seguro contra roubo e acidentes, além do índice de depreciação.

Calculadoras de táxi disponíveis na internet

A seguir, apresento uma simulação que fiz, considerando um trajeto em São Paulo, indo para o trabalho e voltando todos os dias de táxi, com distância total de 20 km com um carro popular de R$ 50 mil comprado à vista.

Tabela 20.2 – Simulação: qual é a melhor opção?

Km percorridos por dia (média)	Custo de oportunidade (% / mês)	Opções	Custo anual
		Carro próprio	R$ 22.853
		Táxi	R$ 22.574
		Uber X	R$ 14.556
20 km	0,5%	Uber Black	R$ 22.500
		Zazcar	R$ 30.184

Fonte: "Carro, táxi, Uber ou Zazcar: calculadora mostra o que vale a pena", *Folha de S.Paulo*, 23 nov. 2015. Disponível em: <https://www1.folha.uol.com.br/mercado/2015/11/1709388-saiba-como-utilizar-a-calculadora-que-projeta-valores-de-carro-taxi-ou-uber.shtml>.

Neste caso, teríamos uma economia de até R$ 8.297 por mês se eu usasse o Uber X – na tarifa básica, o que nem sempre é possível – todos os dias, inclusive nos fins de semana. Acontece que nem sempre volto de táxi ou Uber, pois o trânsito na hora do rush é terrível, e por sorte existe um ponto de metrô ao lado do meu trabalho, ou seja, consigo economizar mais do que isso. Além do mais, existem pontos de bicicleta públicas em várias cidades, e aproveito fins de tarde agradáveis para pedalar. Mas este é o meu caso. E com patinete sai muito mais caro!

E se eu só usar o Uber? Segundo o professor da Fundação Getulio Vargas (FGV) Samy Dana, que fez a calculadora, o Uber X vale muito a pena para distâncias de até 44 km diárias, obviamente respeitando o direito de cada um escolher andar no conforto do próprio carro, o prazer de dirigir e, principalmente, não esquecendo como é difícil encontrar um táxi ou um Uber em dias de chuva ou em horários de rush. A diferença somente se inverteria em favor do carro próprio caso a quilometragem rodada fosse acima de 44 km.

É importante ter em mente que nem tudo são flores. O Uber criou um mecanismo "espertinho" chamado Preço Dinâmico, que faz com que a tarifa oscile durante o dia, dependendo da demanda e oferta dentro de uma área, e, em ocasiões como o Réveillon, a tarifa chega a 8,5 vezes o valor da tarifa regular! Então, preste atenção ao usar o aplicativo e fique de olho!

A mesma simulação foi repetida para outras sete cidades brasileiras, com dois casos com tarifa cheia e desconto de 20% pelo aplicativo. Este conteúdo está disponível na plataforma on-line da editora.

A hora certa de trocar o carro

Uma dúvida que quase todos têm é a de saber a hora certa de trocar seu carro usado ou seminovo por um novo.

Teoricamente, o ideal seria ficar com o carro enquanto durasse a garantia de fábrica ou do revendedor. No caso de carros novos, esse período varia de um a três anos. Assim, o proprietário teria sempre baixíssimo custo com manutenção.

Na vida real, nem todos podem se dar ao luxo de trocar de carro a cada um ou dois anos. E essa prática nem sempre é um bom negócio. Por ano, o veículo perde um pouco do seu valor – essa perda é a chamada depreciação, que representa a diferença entre o que se pagou e quanto ele vale agora. A maior desvalorização ocorre nos dois primeiros anos. Nesse caso, pode chegar a 25% se for um sedan de luxo, por exemplo. E aí a troca no curto prazo pode não significar vantagem financeira.

É preciso analisar muito bem a situação antes de qualquer decisão. Em geral, quanto mais velho for o carro, maiores serão os gastos com manutenção. Mas, se o veículo faz poucas visitas à oficina e tem peças baratas, você ainda pode estar no lucro. Contudo, a situação se inverte com o tempo. Gasta-se cada vez mais em um produto que vale cada vez menos. Entre os gastos que aumentam estão peças, pneus, mão de obra e seguro, que, em um carro muito antigo, podem custar o mesmo que em um modelo zero-quilômetro.

Estratégias para economizar

E se você optasse por não ter carro e, quando quisesse viajar, alugasse um? Para alugar carro no Brasil, é obrigatório que o responsável pela locação do veículo (locatário) se enquadre nos seguintes itens:

- ter 21 anos completos;
- apresentar carteira de habilitação (CNH) original e válida, expedida há, no mínimo, dois anos;
- RG e CPF originais;
- portar cartão de crédito de sua titularidade, dentro da validade, com limite disponível para débito da caução;
- não ter restrição financeira no CPF.

Sempre opte pelo seguro total, que inclui reembolso para colisão, roubo, furto, incêndio e danos a terceiros, sem franquia. Aquela tarifa básica, baratinha, que aparece em letras garrafais nos anúncios das locadoras estão quase sempre sem o seguro – nunca alugue um carro sem seguro, pois, como dizem os norte-americanos, "shit happens".

O plano com quilometragem livre geralmente é mais vantajoso, pois, assim, você pode rodar quantos quilômetros quiser. Pagar por quilômetro rodado costuma ser bem mais caro, então não cometa este erro, ainda mais se estiver viajando.

Acessórios não estão inclusos, mas podem ser reservados e pagos à parte, como GPS, cadeirinha de bebê, bebê-conforto etc. Hoje em dia, se você tiver um smartphone, os aplicativos de mapas podem ser baixados gratuitamente e você economizará no GPS. Se estiver viajando com crianças, peça cadeirinhas de acordo com a idade.

Há cobrança de taxa extra para a devolução em uma cidade ou país diferente do que aquele em que você retirou o veículo. Na Europa, por exemplo há uma taxa exorbitante de cerca de mil euros para pegar o carro na Alemanha e devolver na Itália, mesmo sendo na mesma locadora.

Encha o tanque antes de devolver o carro. Locadoras costumam cobrar mais caro pelo litro de gasolina. E não atrase a devolução. A multa costuma ser de um terço da diária por hora de atraso.

Você é responsável somente pelas infrações que cometer durante a locação. Dê "baixa" no veículo, registrando a hora da devolução.

Na maioria das locações é exigida idade mínima de 25 anos, sem cobrança de taxa adicional, e o aluguel para menores de 21 anos é concedido mediante o pagamento de uma taxa adicional de motorista jovem.

Atenção! As tarifas cobradas nos aluguéis de automóvel não são tabeladas. Cada locadora cobra quanto desejar, e há variações de até 70% em um mesmo modelo de carro. Fiz a simulação com um carro econômico com ar-condicionado, direção hidráulica e CD, para retirada e devolução na cidade do Rio de Janeiro. Vou omitir os nomes das locadoras, mas são de grandes redes internacionais ou brasileiras.

Tabela 20.3 – Simulação de custos com aluguel de carro

Carro modelo econômico	Valor da diária			
Com ar-condicionado, CD e direção hidráulica	Locadora 1	Locadora 2	Locadora 3	Locadora 4
Tarifa quilometragem livre	64,59	60,00	139,90	95,00
Taxa	–	9,80	8,90	9,50
Proteção contra terceiros	10,00	10,00	Incluso	Incluso

Proteção por danos ao veículo	28,00	18,00	28,00	Incluso
Seguro de acidentes pessoais	–	10,00	10,00	Incluso
Cadeirinha para criança	20,00	20,00	20,00	20,00
Condutor adicional	20,00	7,00	7,00	7,00
Valor total	154,00	129,80	208,80	126,50

Anteriormente, vimos o custo anual de um carro. Para esta comparação, se eu usasse tanto o carro próprio quanto o alugado, você teria custos com estacionamentos, combustível e multas, então não incluirei tais gastos aqui. Vamos, então, comparar as seguintes escolhas: comprar um carro e vendê-lo ao final de um ano ou aplicar o dinheiro do carro e andar de carro alugado somente nos finais de semana.

Tabela 20.4 – Simulação de gastos com carro

Valor de carro econômico com ar-condicionado	R$ 50.000
Licenciamento	R$ 172
Seguro obrigatório	R$ 5,23
IPVA	R$ 2.000
Manutenção anual (2%)	R$ 1.000
Seguro anual	R$ 2.500
Custo de oportunidade (5,5% a.a.)	R$ 2.750
Total parcial	**R$ 8.427,23**
Depreciação anual média de 12% nos primeiros anos	R$ 6.000
Valor anual total do custo de ter apenas um carro	**R$ 14.427,23**

Você gastou R$ 14.427 em licenciamento, seguro e demais custos fixos, incluindo a depreciação de R$ 6.000; logo, você perdeu R$ 14.427 por ano, mas ao final do ano terá um bem – o carro – que se desvaloriza todos os dias. Digamos que você venda o carro após um ano e abata o custo:

R$ 44.000 (valor da venda) – R$ 8.427 (custos) = R$ 35.573

Então, você terá perdido 29% do valor total ao final de um ano, após a venda do carro e os custos. Mas, se alugasse um carro nos fins de semana durante um ano inteiro pela tarifa menor das locadoras apresentadas na Tabela 23.3, teria gasto:

2 dias por semana × 4 semanas × 12 meses × R$ 126,50 = R$ 12.144

Assim, economizaria R$ 2.278, mas, no final do ano, você teria o dinheiro do carro aplicado no custo de oportunidade.

Logo, a decisão de alugar o carro quando precisasse viajar ou passear com a família nos finais de semana poderia valer R$ 2.278 por ano.

Investimentos alternativos

Início de conversa

- Aprender sobre investimento em arte, vinhos e commodities.
- Dicas sobre estes investimentos.

A finalidade da arte é lavar a poeira da vida diária fora de nossas almas.
Pablo Picasso

O termo "investimentos alternativos" é utilizado para classificar alguns investimentos não tradicionais, ou seja, que não sejam ações, títulos públicos, títulos privados, poupança ou outra aplicação mais convencional. Obras de arte, selos raros, moedas antigas e vinhos são alguns dos ativos que provocam maior envolvimento com o investimento do que apenas as motivações financeiras.

Os *passion investments*, como vinho ou arte, só devem ser considerados como parte de uma estratégia mais ampla de gerenciamento de patrimônio.

O estudo *Credit Suisse Global Investment – Returns Yearbook 2018*, feito pelos professores Elroy Dimson, Paul Marsh e Mike Staunton, da London Business School, concluiu que itens colecionáveis, como vinhos finos, proporcionaram melhor retorno quando comparados a ativos tradicionais, como ações para investidores britânicos, desde 1900.

Os investimentos alternativos são conhecidos por terem baixa correlação com o mercado acionário, o que torna uma aplicação interessante para fins de diversificação.

Como você vê na Tabela 21.1 e no Gráfico 21.2, mesmo na época da grande crise do coronavírus, no início de 2020, os índices de vinho caíram bem menos do que outros ativos, como uma NTN-B, Índice Bovespa ou debêntures.

Gráfico 21.1 – Retornos de ativos para investidores britânicos, desde 1900

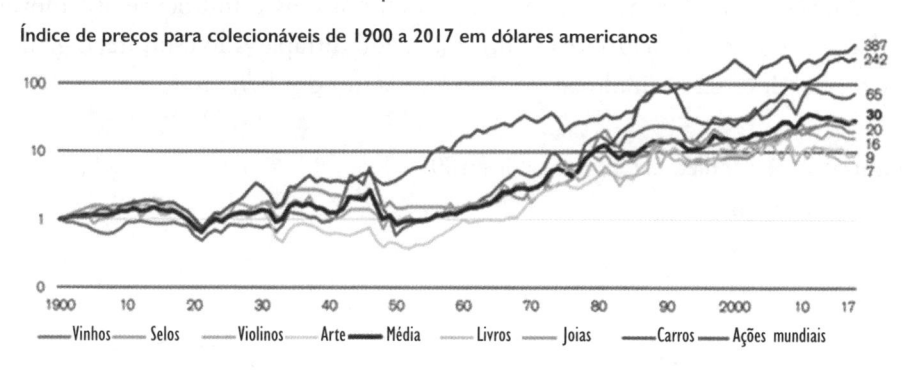

Índice de preços para colecionáveis de 1900 a 2017 em dólares americanos

———Vinhos——— Selos ——— Violinos——— Arte——— Média ——— Livros ——— Joias ———Carros——— Ações mundiais

Fonte: Dimson, Marsh e Staunton (2018).

Tabela 21.1 – Retornos dos índices de vinho no mês de março de 2020, em 12 meses e em cinco anos

Índices de vinhos cotação em 31/03/2020	Cotação	Rentabilidade no mês	Rentabilidade 2020	Rentabilidade em 12 meses	Rentabilidade em 15 anos
Liv-ex Fine Wine 50	321.29	-2.15%	-4.11%	-7.57%	19.81%
Liv-ex Fine Wine 100	299.36	-1.06%	-1.06%	-3.13%	24.20%
Liv-ex Bordeaux 500	300.14	-1.78%	-2.74%	-4.73%	26.40%
Liv-ex Fine Wine 1000	338.76	-1.35%	-2.69%	-4.38%	38.26
Liv-ex Fine Wine Investables	323.33	-1.65%	-2.87%	-4.86%	25.14%

Fonte: Liv-ex.

Índice Liv-ex Fine Wine 100

Definido pela Reuters como "*benchmark* líder da indústria de vinhos finos", a Fine Wine Liv-ex 100 Index representa o movimento de preços de cem dos mais cobiçados vinhos finos para os quais existe um mercado secundário forte. O índice é calculado mensalmente e os preços variam bastante.

Os investimentos alternativos podem ser isentos de imposto de renda. Veja o que diz a legislação[1] do IR: "Fica isento do imposto de renda o ganho de capital auferido na alienação de bens e direitos de pequeno valor (exceto ações), cujo preço unitário de alienação, no mês em que esta se realizar, seja igual ou inferior a R$ 35 mil. No caso de alienação de diversos bens ou direitos da mesma natureza, deve ser considerado o valor do conjunto dos bens ou direi-

---

1. Instrução Normativa da Secretaria da Receita Federal (SRF) nº 599, de 28 dez. 2005. Disponível em: <http://normas.receita.fazenda.gov.br/sijut2consulta/link.action?visao=anotado&id ato=15526>. Acesso em: 3 jun. 2020.

tos alienados em um mesmo mês, como automóveis e motocicletas, imóvel urbano e terra nua, quadros e esculturas. Sendo ultrapassado o limite, o ganho de capital deve ser apurado em relação a cada um dos bens".

Gráfico 21.2 – Índice Liv-ex Fine Wine 100

Fonte: Liv-ex.

Investimento em obras de arte

Seja apenas para ornar a casa ou com pretensões de "engordar" uma coleção, diversificar portfólios comprando bens de luxo tangíveis tornou-se uma tendência cada vez maior desde os anos 2010, e artes plásticas são uma maneira muito popular de fazê-lo. Contudo, não há uma regra para saber se uma obra pode valorizar ou não, nem em quanto tempo isso pode acontecer.

O problema com qualquer tipo de investimento é que não há garantia de valorização, e menos ainda com esses tipos de investimentos não tradicionais. Com a arte, não há como saber se o artista ou a obra de arte que você está comprando se tornará popular e, portanto, adquirirá algum valor relevante.

Na hora de comprar, é imprescindível garantir a documentação, saber o estado da obra e qual é sua projeção no mercado. É evidente que, ao comprar em um leilão conhecido no mercado, a obra já tem respaldo, então, essas cautelas podem ser minimizadas. Ainda assim, é importante requisitar o certificado de autenticidade, no qual deve constar que a obra é verdadeira e de autoria de determinado artista.

Os preços e a rentabilidade normalmente estão descolados do cenário econômico. Portanto, não possuem correlação direta com o mercado, uma vez que a precificação dos ativos é bem mais dotada de subjetividade do que no mercado financeiro, além de serem extremamente ilíquidos, pois você não consegue se desfazer rapidamente.

O investimento em arte deve ser compreendido como mais uma estratégia de diversificação, em que, seja o investidor um iniciante ou um colecionador mais experiente, o importante é comprar obras diferentes, de diferentes artistas, que costumem expor e ser bem criticados/avaliados, que atendam a seu gosto pessoal, sempre atentando para questões de governança do acervo, como a procedência da obra, sua declaração para fins de imposto de renda e o estabelecimento de regras de doação e transmissão.

Atenção! O imposto de renda sobre o ganho de capital com uma obra de arte é de 15%. No caso de doação e herança, contudo, não se paga IR, mas, sim, imposto sobre transmissão *causa mortis* e doações (ITCMD), cujas alíquotas variam de estado para estado, mas que geralmente são de 4%. Esse imposto, entretanto, só incide caso o valor da obra ultrapasse o teto de isenção do ITCMD, que também varia de acordo com a unidade da federação.

Investimento em vinhos

Investir em vinho é uma perspectiva atraente, porque, na pior das hipóteses, você pode bebê-lo. Brincadeira...

No entanto, se você está querendo ganhar dinheiro investindo em vinhos, é preciso separar suas preferências pessoais de certos vinhos específicos que tenham potencial de melhora ao longo do tempo.

Os primeiros passos para investir em vinhos são muito parecidos com qualquer outro investimento regular. Qual é o seu objetivo de investimento? Talvez as suas próximas férias em um país com rotas vinícolas? O que você escolher poderá afetar os tipos de vinhos que você deve comprar, bem como quais despesas acessórias você terá. Por exemplo, se você quiser ter uma caixa de vinho em sua casa, precisará de uma adega e de um seguro do vinho.

Diversos investidores compram vinhos e os guardam à espera de valorização para posterior venda, devido à elevação do preço proveniente do aumento do consumo em escala mundial, da crescente escassez e da própria inflação.

Quais são vinhos de investimento?

Um vinho de investimento deve ter todas as características de um vinho que melhora com a idade, mas também deve ter demanda na época da venda.

Ao contrário da crença generalizada, poucos vinhos são feitos para envelhecer como os vinhos de Bordeaux Chateaux Petrus, Chateaux Cheval Blanc e Chateaux Margaux safra 1982, que, além de caros, são de difícil obtenção, armazenagem e venda. Além de requererem profundo *know-how* e conexões para entrar no "jogo" e, ainda assim, sem garantia de que se ganhará dinheiro.

Um aspecto interessante é que o vinho é um investimento de longo prazo, já que sua qualidade aumenta ao longo do tempo e o bem vai se tornando cada vez mais escasso (o número de vinhos Bordeaux da safra de 1982 vai diminuindo a cada garrafa que é consumida).

Os vinhos de investimento de demanda, em grande parte, são os finos de Bordeaux e os Grand Cru, da Borgonha. Vinhos de prestígio como estes começam com custos em torno de 600 dólares por garrafa e são oferecidos em caixas de madeira de seis de garrafas.

A garantia de procedência – *ex-chateaux* ou *ex-domaine* (o que significa direto das adegas dos grandes *châteaux* ou *domaines*) – é extremamente cobiçada, a fim de evitar falsificações quase perfeitas de rótulos e garrafas. A informação de vinho direto das adegas dos grandes *chateaux* ou *domaines* é muito valorizada nesse mercado de vinhos seletos.

Um pouco de história

Em 2018, um Domaine de la Romanée-Conti da safra 1945 foi vendido pelo preço recorde de 558 mil dólares. Não houve dúvidas sobre a procedência destes lotes, pois se encontravam desde sempre na reserva de um dos grandes produtores de vinho da Borgonha, Robert Drouhin.

Tabela 21.2 – Os vinhos mais caros do mundo e os maiores lances em leilão

Vinhos mais caros		
Vinho	Preço médio*	Preço máximo*
Domaine de la Romanée-Conti	19.702	551.314
Domaine Leroy Musigny Grand Cru	15.294	68.914
Egon Muller Scharzhofberger Riesling Trockenbeerenauslese	13.220	33.883
Domaine Georges & Christophe Roumier Musigny Grand Cru	12.882	25.222
Doimane Leflaive Montrachet Grand Cru	10.030	15.242

Vinhos com maiores lances em leilão		
Vinho	Preço*	Data
Domaine de la Romanée-Conti 1945	558 mil	2018
Domaine de la Romanée-Conti 1945	496 mil	2018
Château Lafite-Rothschild 1787	156.450	1985
Château Lafite-Rothschild 1989	232.692	2010
Château Mouton Rothschild 1945 (4,5 litros)	310.700	2007

* Valores em dólares referentes a 2018.

Fonte: site Wine-Searcher.

Se você está pensando em investir em vinhos franceses, por exemplo, é de fundamental importância fazer com que seu vinho seja fácil de vender no mercado internacional, então, a origem e a armazenagem são as maiores preocupações deste mercado.

Meus vinhos que estão na adega podem ser envelhecidos?

Nem todo vinho é colecionável, mas o preço, muitas vezes, reflete sua escassez. Um vinho colecionável melhora com o tempo de envelhecimento ou possui potencial de aumento de valor ao longo do tempo.

Além dos vinhos da França, o Napa Cabernet Sauvignon e o Tête de Cuvée Champagne também são colecionáveis. Quando você comprar vinhos provenientes de outras regiões de Borgonha e Bordeaux, é importante comprar vinhos emblemáticos de vinícolas bem-sucedidas, que fizeram o nome para sua respectiva região. Enquanto vinhos emblemáticos não apelam ao seu sentido de descoberta, eles são mais propensos a venda com valorização em dez anos.

Como funcionam os leilões de vinhos

Se você estiver no Brasil, provavelmente liquidará seus vinhos por meio de um leilão. Em um leilão de vinho, seu vinho é enviado para o depósito de leilão e, em seguida, leiloado para o maior lance. Vinhos de leilões on-line agem um pouco mais como o Ebay do que como um leilão tradicional.

Quando consignar seu vinho ao leiloeiro, terá uma comissão de venda. A comissão varia de cerca de 0% (se você der parte do vinho à loja) a 20% da venda. Há também uma quantidade mínima de remessa para qualquer lugar, de mil a dez mil dólares de vinho. Com uma licitação on-line, muitas vezes você terá o poder de aceitar ou recusar uma proposta.

As três bolsas de vinho inglesas

Existem três bolsas de vinho no Reino Unido: a Berry Bros. & Rudd (BBX), a London International Vintners Exchange (Liv-ex) e a Cavex. As três concentram-se principalmente nos Bordeaux superiores e em lidar com a logística. No Reino Unido, os vinhos de investimentos são armazenados em armazéns *in bond* de temperatura controlada. Vinhos *in bond* evitam um imposto especial de consumo de 20%, mas também devem permanecer no depósito até que o imposto seja pago. Esses vinhos são muito desejados por compradores internacionais, restaurantes e corretores.

Se você investir nesses mercados, é possível que nem sequer veja os seus vinhos, pois eles estarão armazenados em um galpão com controle de variação de temperatura e superseguro; talvez disponibilizem um acesso com senha para ver a sua caixa fechada através de uma câmera.

Os vinhos superiores de Bordeaux permitem que o investidor diversifique sua carteira, pois têm correlação baixa com os ativos tradicionais, ou seja, os preços dos vinhos não seguem os altos e baixos da renda fixa e da bolsa, por exemplo.

O investimento em vinhos pode ser feito diretamente, o próprio investidor adquirindo o produto para depois vendê-lo. Também pode ser feito eletronicamente, por meio de mercados organizados, que funcionam de forma parecida com o mercado de ações, mas são muito menos desenvolvidos; ou no mercado físico, com o dono do vinho procurando por um comprador interessado.

Uma alternativa é investir via fundos especializados nesse tipo de operação, existindo por volta de 20 fundos semelhantes em todo o mundo. Mas mesmo um dos maiores, o Wine Investment Fund, da Inglaterra, em sua página na internet diz se tratar de um "esquema de investimento coletivo não regulamentado" e que não foi aprovado pela Financial Conduct Authority (espécie de CVM inglesa) ou por qualquer outra autoridade reguladora. No Brasil, já existiram alguns fundos, porém o último fundo de investimento em vinhos foi fechado em 2016.

Pré-requisitos para se investir em vinho e quanto gastar

Os principais pré-requisitos do vinho de investimento são:

- **Prepare-se para esperar entre seis e dez anos:** normalmente, vinho não traz retorno rápido do investimento. Ao investir, você provavelmente terá de esperar pelo menos cinco anos antes de vendê-lo. Se quer construir uma carteira de curto prazo, procure vinhos *premier* de Bordeaux.

- **Mínimo três garrafas de vinho de investimento:** a maioria dos sites de leilões de vinho prefere vender vinho em conjuntos de 3, 6, 12 e 13 (o último é para um colecionador que quer provar uma garrafa).
- **Armazenamento professional é recomendado:** armazenar seu vinho em uma instalação segurada, com temperatura controlada, é a melhor maneira de garantir que ele tem excelente proveniência e que será vendido. Pense assim: se fosse comprar um vinho em leilão, você compraria um vinho que não foi profissionalmente armazenado? O armazenamento do vinho começa em cerca de 20 dólares por mês para um armário que acomodará entre sete e nove caixas de vinho.
- **Espere gastar dez mil dólares ou mais para começar:** quando somar o custo de armazenamento de vinho (a um mínimo de 240 dólares por ano) ao seguro e aos problemas de vender seu vinho colecionável, é uma boa ideia começar com um valor considerável de ativos de vinho. Como exemplo do que esperar, o Fundo de Investimento de Vinho em Londres exige um investimento mínimo de dez mil libras para um investimento inicial.

Como nem tudo são "flores", o investidor deve ficar atento aos riscos, comuns a toda aplicação internacional. Como ocorre com qualquer ativo real, os vinhos correm riscos de armazenagem e seus preços podem oscilar devido a alterações no gosto dos consumidores. A solução, nesse caso, é dedicar apenas uma pequena parcela dos recursos a fundos desse tipo e, de preferência, com a assessoria de um *expert* independente. Se o prejuízo for grande, em último caso, sempre é possível liquidar esse investimento bebendo-o.

Investimento em commodities

Commodity é um termo inglês que define como mercadorias minérios e gêneros agrícolas, que são produzidos em larga escala e comercializados em nível mundial. As commodities são negociadas em bolsas de mercadorias, portanto, seus preços são definidos em nível global pelo mercado internacional.

Existem quatro tipos de commodities:

- **Agrícolas:** soja, suco de laranja congelado, trigo, algodão, borracha, café etc.
- **Minerais:** minério de ferro, alumínio, petróleo, ouro, níquel, prata etc.

- **Financeiras:** moedas negociadas em vários mercados, títulos públicos de governos federais etc.
- **Ambientais:** créditos de carbono.

O que torna os produtos de base muito importantes na economia é o fato de que, embora sejam mercadorias primárias, possuem cotação e negociabilidade globais. Portanto, as oscilações nas cotações desses produtos têm significativo impacto nos fluxos financeiros mundiais, podendo causar perdas a agentes econômicos e até mesmo a países.

A partir dos anos 2000, o investimento em commodities se tornou bastante popular, com os investidores descobrindo os benefícios que este tipo de investimento pode oferecer a um portfólio, como baixa correlação à renda fixa, *hedge*[2] (espécie de proteção) contra a inflação e exposição direta a um dos mercados que mais crescem no mundo.

O ouro como *hedge* contra as moedas

Veja no Gráfico 21.3 o comportamento do ouro em 50 anos e em especial a parte final, que vai até 15 de abril de 2020. Repare o crescimento que há de 2015 até as máximas históricas, em plena crise do coronavírus, em abril de 2020.

O investimento em ouro atua tanto como um ativo usado na diversificação da carteira como um veículo para mitigar perdas em tempos de estresse do mercado, como a crise das hipotecas americanas de 2008 e a pandemia da Covid-19 em 2020.

Historicamente, o ouro tem sido um excelente *hedge* contra a inflação, porque seu preço tende a subir quando o custo de vida aumenta. Nos últimos 50 anos, os investidores viram os preços do ouro dispararem e o mercado de ações despencar durante os anos de alta inflação.

A inflação é frequentemente entendida como sendo o aumento dos preços de bens e serviços ao longo do tempo. No entanto, esse é realmente o sintoma da inflação, ou seja, inflação de preços. Inflação é a expansão da oferta de dinheiro em uma economia. Isso resulta em ter mais moeda competindo pela mesma quantidade de bens e serviços, aumentando assim os preços.

---

2. Em finanças, *hedge* ou cobertura é o instrumento que visa proteger operações financeiras contra o risco de variações de preço de um determinado ativo. *Hedge* é uma operação que reduz ou elimina o risco com a variação de preços indesejados.

Isso ocorre porque, quando uma moeda fiduciária[3], como o dólar americano, perde seu poder de compra pela inflação, o ouro preserva o poder de compra por longos períodos de tempo. Quando medidos em relação ao ouro, os preços de commodities, como o petróleo, são relativamente estáveis por longos períodos se comparados aos preços de commodities denominadas em uma moeda fiduciária como o dólar americano.

Outra maneira de analisar isso seria imaginar que voltamos em uma máquina do tempo ao período pós-Segunda Guerra Mundial, em meados da década de 1940. Durante esse período, o sistema de Bretton Woods foi implantado, com o qual o mundo concordou em fixar o preço de 1 onça (28,3495 gramas) de ouro em US$ 35.

Se você tivesse enterrado uma onça de ouro e US$ 35 dólares no quintal da sua casa naquela época e desenterrado os dois itens hoje, poderia ver como o ouro preservou seu poder de compra. Os US$ 35 desenterrados usados hoje permitirão que você compre US$ 35 (como US$ 1 equivale a R$ 5,30, o valor seria de aproximadamente cerca de R$ 185) em bens e serviços. Hoje, a onça de ouro desenterrada teria um valor de aproximadamente US$ 1.743 (como US$ 1 equivale a R$ 5,30, o valor seria de aproximadamente cerca de R$ 9.238). Que diferença, hein?

Muitos concluíram que o ouro se tornou mais caro ao longo dos anos. Considere a perspectiva alternativa – agora você precisa de mais unidades da moeda fiduciária para comprar a mesma quantidade de ouro. O valor da moeda fiduciária desvalorizou-se significativamente ao longo do tempo.

Hoje, as moedas podem ser criadas rapidamente em grandes quantidades pelos bancos centrais e governos a uma taxa muito mais célere do que bens e serviços são produzidos e trazidos ao mercado.

Além disso, o ouro é visto como uma boa reserva de valor para que as pessoas sejam incentivadas a comprar ouro quando acreditarem que a moeda de seu país está sendo desvalorizada (veja mais sobre inflação no material complementar, na plataforma on-line da editora, referente ao Capítulo 4).

---

3. *Moeda fiduciária*, como o real, o euro ou o dólar, é aquela que não tem lastro em metal, como ouro ou prata, e não possui valor intrínseco. Seu valor advém apenas da confiança que as pessoas têm em quem emitiu o título.

Gráfico 21.3 – Futuro de ouro de fevereiro de 1979 a abril de 2020

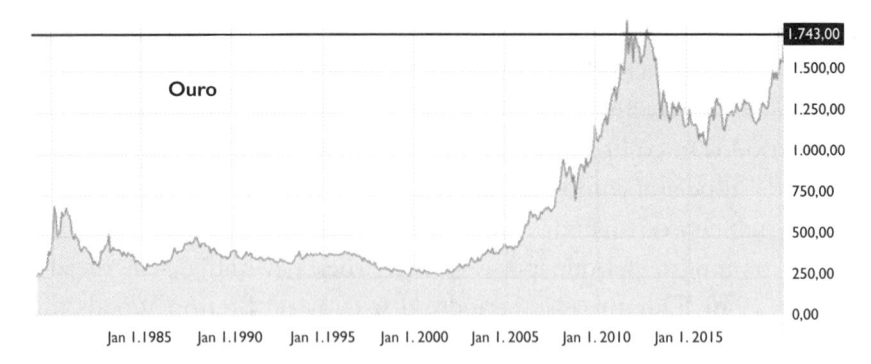

Fonte: Investing.com.

Atenção! O grande problema de investir em commodities como ouro e prata é que as commodities não pagam juros ou dividendos, ou seja, você fica à mercê da flutuação da mercadoria, além da exposição ao mercado de câmbio, pois elas são todas cotadas em dólares, entre outras moedas internacionais.

Commodities × ações

As ações podem ser negociadas para sempre – se a empresa não quebrar, claro. As commodities são produzidas para serem entregues aos seus usuários.

A principal diferença entre elas é a sua necessidade. A demanda por ações é, no máximo, passageira ou efêmera, pois ninguém efetivamente precisa de uma ação para viver – aliás, existem milhões de pessoas que passam a vida inteira sem ter uma única ação. Ninguém "precisa" de ações da Petrobras ou Vale, por exemplo, mas todos precisam de gasolina, de carne, de soja ou outras mercadorias. Não existem produtores ou usuários de ações, somente especuladores.

À primeira vista, a exposição a commodities soa como uma operação arriscada, que somente um louco ousaria, mas, na verdade, é justamente o oposto, pois, propriamente utilizada, é uma forma de reduzir o risco de uma carteira.

Como os preços das commodities normalmente sobem quando a inflação está acelerando, elas oferecem proteção contra os efeitos da inflação. Poucos ativos se beneficiam do aumento da inflação, particularmente a inflação inesperada, mas as commodities costumam fazê-lo. Com o aumento da demanda por bens e serviços, o preço destes normalmente sobe muito, assim como o preço das commodities usadas para produzir esses bens e serviços.

Os métodos primários de exposição à commodities incluem:

- **Investimento direto físico:** geralmente, o investimento físico em commodities é impraticável. A maioria das commodities é perecível, logo, não pode ser estocada por longos períodos, com exceção dos investimentos diretos nos metais preciosos.
- **Carteira de ações relacionadas às commodities:** a rentabilidade dessas empresas depende do preço de mercado para seus produtos. Suas perspectivas tendem a melhorar quando ocorre relevante aumento dos preços de commodities e vice-versa.
- **Futuros de commodities:** esse método simplifica o processo de investimento e introduz fatores de risco adicionais. Retornos para investimentos com base em futuros de mercadorias dependem não apenas de mudanças nos preços à vista, mas também da inclinação da curva de futuros e de nível prevalecente das taxas de juro.
- **ETFs e ETNs[4] e fundos multimercados:** os ETFS oferecem tanto exposição a uma commodity específica, como petróleo, ouro ou prata, quanto exposição a uma ampla cesta de mercadorias, como a cesta agrícola de grãos, que inclui soja, trigo e milho.

Estes três métodos resultam em diferentes exposições, que podem causar riscos e/ou retornos significativamente distintos.

---

4. Exchange Traded Fund (ETF) (veja mais no Capítulo 10) e Exchange Traded Notes são fundos negociados em bolsa de valores. No exterior, existem ETFs com as mais diferentes composições, não apenas ações, representando dívidas de governos (títulos públicos), commodities, setores de tecnologia, consumo, energia... É possível investir em ativos dos Estados Unidos, Europa e Ásia com a mesma facilidade de comprar uma ação da Google ou da Petrobras.

Operações com moedas estrangeiras

Qualquer que seja a taxa de câmbio, ela sempre estará defasada em 30%.
Gustavo Franco, economista

No Brasil, as operações de câmbio somente podem ser realizadas por instituições autorizadas pelo Banco Central (Bacen), que é o órgão que regula esse mercado e entre este e seus clientes, diretamente ou por meio de seus correspondentes. Normalmente, são bancos e corretoras de câmbio.

Hoje em dia, quanto do seu consumo é dolarizado? Muito! Smartphone, tênis ou, ainda mais diretamente, viagens ao exterior. Todas essas despesas dolarizadas precisam ter uma equivalência de ativos dolarizados. Caso contrário, você terá de trocar a viagem para a Disney por um passeio no parque da esquina.

A questão é que você não está bem diversificado se todos seus recursos estão atrelados a ativos brasileiros – sejam eles de renda fixa ou variável. É prudente estar exposto a outros mercados internacionais, como a Europa e os Estados Unidos.

Atualmente, agências de turismo não podem mais comprar e vender moeda estrangeira, a menos que tenham se tornado instituições financeiras ou possuam convênios com estabelecimentos autorizados.

Quaisquer pagamentos ou recebimentos em moeda estrangeira podem ser realizados no mercado de câmbio, inclusive as transferências para fins de constituição de disponibilidades no exterior e seu retorno ao país, e aplicações no mercado financeiro. Pessoas físicas e jurídicas podem comprar e vender moeda estrangeira ou realizar transferências internacionais em reais, de qualquer natureza, sem limitação de valor, observada a legalidade da transação, tendo como base a fundamentação econômica e as responsabilidades definidas na respectiva documentação.

Do ponto de vista da regulamentação cambial brasileira, não há restrição à remessa de valores para fins de investimento brasileiro no exterior. As transferências são realizadas diretamente por meio de instituições autorizadas a operar no mercado de câmbio, mediante apresentação da documentação que for solicitada pela instituição financeira.

Investimento no exterior em dólar

O investimento direto no exterior realizado por PF ou PJ, residente, domiciliada ou com sede no Brasil, não está sujeito a registro no Banco Central. No entanto, os capitais brasileiros no exterior estão sujeitos à declaração, na forma indicada na legislação e na regulamentação em vigor.

As aplicações no exterior no mercado de capitais por pessoas físicas ou jurídicas são permitidas, observada a legalidade da transação, inclusive de ordem tributária. As transferências ao exterior são realizadas por meio de instituições autorizadas a operar no mercado de câmbio. A regulamentação, no entanto, não prevê que essas aplicações sejam realizadas por meio de cartão de crédito.

Transferências financeiras e aplicações

As transferências financeiras relativas às aplicações no exterior por instituições financeiras e demais instituições autorizadas a funcionar pelo Banco Central devem observar a regulamentação específica.

Embora do ponto de vista cambial não exista restrição para a movimentação de recursos, os agentes do mercado e seus clientes devem observar eventuais restrições legais ou regulamentares existentes para determinados tipos de operação. Como exemplo, relativamente à colocação de seguros no exterior, devem ser observadas as disposições dos órgãos e das entidades responsáveis pela regulação do segmento segurador.

As aplicações são feitas de acordo com a taxa de câmbio, que é o valor de uma moeda em relação à outra. As taxas praticadas no Brasil são estabelecidas por bancos ou agências e definidas segundo a oferta e a demanda da moeda.

No mercado de câmbio brasileiro, as instituições financeiras não costumam cobrar taxas para efetuar a compra ou a venda de moeda estrangeira. Seu lucro, nesses casos, provém do chamado *spread*.

Spread é a diferença entre a oferta de compra em relação à oferta de venda. Por exemplo, você liga para um doleiro e pergunta: "Como está o mercado do dólar hoje?". Ele diz "R$ 5 com R$ 5,30". Significa que, se você quiser vender para ele, ele compra a R$ 5, mas, se você quiser comprar dele, ele venderá a R$ 5,30, logo, o *spread* é a diferença entre a oferta de compra e de venda – no caso, o *spread* é R$ 5,30 – R$ 5, logo, R$ 0,30.

Outro exemplo: se você comprar dele a R$ 5,30 agora e quiser vender imediatamente de volta por qualquer motivo, ele comprará de você a R$ 5, ou seja, você perde cerca de 5,6% do dinheiro. Só empatará quando a oferta de compra subir para R$ 5,30 e provavelmente a de venda já terá subido para R$ 5,60, por exemplo. Dá para perceber que o doleiro sempre ganha, mas é assim com qualquer mercado que tenha *spreads*.

Dólar no mercado brasileiro

No Brasil, a moeda mais negociada é o dólar estadunidense. Para cada aplicação, ocorre uma taxa de conversão diferente.

O dólar comercial é utilizado para transações de comércio exterior, entrada e saída de recursos, transações financeiras feitas pelo governo com países estrangeiros, quando algum brasileiro que mora no exterior realiza empréstimos registrados no Banco Central, entre outras situações. Já o dólar turismo é utilizado para balizar valores de passagens, compras no exterior feitas por cartão de crédito ou débito, ou outras operações de turismo. Não há limite de transações com o dólar turismo, mas a legislação brasileira não permite que seja utilizado como poupança. Se o valor a ser comprado ultrapassar R$ 10 mil, deve ser declarado à Receita Federal.

Existe ainda o câmbio negro, chamado dólar paralelo (*Black Market*), que é informal, não recolhe impostos nem exige declaração formal de origem e destino do dinheiro comercializado. É considerado ilegal, por ser adquirido com "doleiros" sem a autorização do Banco Central.

Qualquer pessoa pode comprar ou vender dólar; basta ir a uma agência autorizada e apresentar o documento de identificação (RG). Para compra de valores acima de 3 mil dólares, o correspondente em reais deve ser pago com cheque ou débito em conta corrente. Valores menores podem ser pagos em espécie.

Fundo cambial em dólar

Outra opção é o fundo cambial em dólar, que consiste no investimento feito na moeda estadunidense por meio de títulos emitidos por bancos e empresas e ativos relacionados à variação da moeda.

O fundo cambial não corresponde exatamente à cotação do dólar, pois cobra uma taxa de administração de 1% a 3% ao ano, além de imposto de renda, que varia de 15% a 22,5%, conforme o período de investimento, além da variação da taxa de juros.

Nessas operações, podem ser feitos contratos que estabelecem a troca de riscos e rentabilidade entre investidores, chamados de *swap* cambial. O contrato permite a troca de taxas de dólar por juros pós-fixados. Dessa forma, o investidor corre menos risco quanto à variação da moeda.

Para quem deseja obter rentabilidade com investimento, o fundo cambial é menos indicado, pois pode haver desvalorização da moeda com as oscilações do mercado. Geralmente, esse fundo é utilizado para proteger o dólar para uso futuro. É mais adequado para:

- quem vai viajar para o exterior;
- pessoas ou empresas que tenham dívidas em dólar;
- quem queira morar em outro país;
- pessoas que enviam dinheiro para a família em outro país;
- estudantes ou profissionais que pretendem fazer um curso no exterior

Como receber ou enviar dinheiro ao exterior legalmente

Conheça as formas mais comuns de receber ou enviar dinheiro além das fronteiras nacionais sem desrespeitar a legislação.

Western Union

É a empresa de remessas financeiras mais conhecida do mundo. Fundada em 1851 como uma companhia de telegramas em Nova York, nos Estados Unidos, a Western introduziu o serviço de troca de dinheiro em seu portfólio 20 anos depois.

Nesse tipo de operação, o beneficiário não paga nenhuma taxa para sacar o montante. Os custos ficam a cargo do depositante, que deve preencher uma ficha especificando o local, a quantia e o nome de quem receberá o dinheiro.

Sua principal vantagem é que não é preciso ter conta em banco para resgatar a quantia. Em menos de 24 horas, o dinheiro poderá ser retirado em uma agência autorizada, em qualquer lugar do mundo. No Brasil, o serviço é oferecido no Banco do Brasil e por algumas agências.

Valores acima de R$ 10 mil somente chegam aos brasileiros mediante depósito em conta corrente ou poupança no Banco do Brasil.

Transferência bancária por ordem de pagamento

Quem optar por enviar dinheiro do exterior por meio de transferência bancária poderá utilizar praticamente qualquer agência para fazê-lo. Basta ir até a instituição financeira de sua preferência e solicitar o envio dos recursos por meio da chamada ordem de pagamento.

A característica principal dessa operação é que o beneficiário deve necessariamente ter uma conta bancária. Ademais, ambas as instituições cobrarão pelo serviço. Assim, quem estiver no exterior desembolsará uma taxa para que o dinheiro chegue ao destino pretendido, mesmo não sendo correntista do banco contatado. A tarifa é conhecida como ordem de pagamento expedida. Uma vez no Brasil, a agência que recebeu o montante também descontará uma quantia do dinheiro que disponibilizará ao cliente.

O processo é o mesmo para quem deseja enviar dinheiro para o exterior. Basicamente, será preciso informar os dados da pessoa que vai resgatar a quantia, bem como o código do banco no qual os recursos serão sacados, conhecido como código SWIFT. Para agilizar a operação e incentivar o recebimento de remessas por meio de suas instituições, a maioria dos bancos já disponibiliza formulários semipreenchidos em seus sites, com os SWIFTs devidamente indicados.

A desvantagem da operação é a cobrança de custos dos dois lados da cadeia.

Conta no exterior

Abrir conta em outro país segue os mesmos requisitos necessários no Brasil: apresentação de comprovante de renda, residência e documentos. Ao cliente brasileiro de um banco estrangeiro, cabe a obrigação de informar anualmente o Banco Central sobre os ativos mantidos no exterior caso eles ultrapassem 100 mil dólares. Mas, se o objetivo é transferir dinheiro, a abertura da conta só vale a pena se o migrante precisar do banco para outros propósitos. Isso porque o envio de dinheiro de um país para outro segue a mesma lógica de uma transferência bancária feita por ordem de pagamento, com a única diferença de que, no último caso, tanto o destinatário quanto o remetente têm conta em instituições financeiras. Portanto, além de bancar os custos do processo em si, o cliente vai arcar com o ônus da abertura de conta e com a cobrança de todas as taxas em moeda estrangeira.

Por isso, o processo não compensa para um estudante de intercâmbio, por exemplo, que não trabalhará nem receberá qualquer remuneração lá fora. Para que o dinheiro chegue à sua conta, seus pais deverão realizar uma ordem de pagamento e o custo do processo é o mesmo tendo o sujeito qualquer vínculo com o banco ou não.

Vale postal eletrônico

Os Correios também realizam o envio e recebimento de valores para 41 países, sempre em dólar ou euro, por meio de um serviço chamado vale postal eletrônico. O dinheiro é remetido ou sacado nas agências postais credenciadas no exterior e a transferência é finalizada dentro de um prazo que varia entre 5 e 15 dias úteis.

O limite para as remessas varia em função dos acordos firmados entre as nações. Para Madagascar, por exemplo, o teto da remessa é de 300 dólares, ao passo que o valor cresce para 5 mil euros se o destino for a Polônia. No Brasil, o recebimento do dinheiro é de no máximo 3 mil euros, valor que também varia conforme a política acordada entre os países.

Vale lembrar que o serviço não está disponível para o recebimento de dinheiro dos Estados Unidos, de onde sai a maior quantia destinada ao Brasil.

Dinheiro vivo

Se o objetivo é apenas ter dinheiro durante uma viagem ao exterior, o brasileiro pode levar uma quantia significativa de dinheiro vivo consigo mesmo. Portando até R$ 10 mil em espécie – por pessoa – ou o equivalente em moeda estrangeira, não será preciso informar as autoridades sobre o montante carregado. Caso pretenda transportar mais do que isso, será preciso fazer a chamada Declaração Eletrônica de Bens do Viajante (e-DBV).

A e-DBV é o documento eletrônico de que o passageiro dispõe para cumprir suas obrigações com o mínimo de intervenção por parte da Aduana, seja na saída ou na entrada no país. Está disponível na página da Receita Federal[1],

---

1. Disponível em: <https://receita.economia.gov.br/orientacao/aduaneira/viagens-internacionais/guia-do-viajante/e-dbv>.

podendo ser preenchida, inclusive, via tablet ou celular (App Viajantes), ou nos terminais de autoatendimento nos pontos de entrada em países que dispõem do serviço.

Os viajantes poderão preencher a e-DBV, salvar como rascunho para posterior modificação, bem como editá-la após transmissão, antes de seu registro na Aduana. A qualquer momento, é possível consultar uma declaração registrada e a situação fiscal dos bens declarados.

Após o preenchimento e a transmissão, o viajante deverá apresentar-se à fiscalização da Receita Federal, no canal de bens a declarar, munido do recibo de transmissão da e-DBV com código de barras (impresso ou na tela de um dispositivo móvel) e, no caso de pagamento já realizado, do DARF/comprovantes de recolhimento.

É importante frisar que não há qualquer limite para a quantidade de dinheiro levada para outros países. Também não incidem impostos ou taxas sobre o dinheiro. Basta cumprir as exigências da Receita Federal, que orienta o passageiro a completar o formulário com antecedência.

Dica

A compra de dólar não é investimento no sentido de você comprar e guardar em casa, esperando uma alta. Se acha que vai subir a cotação, você deve procurar um fundo cambial. Outros investimentos indexados ao dólar incluem o ouro (ver Capítulo 21), ETFs – fundos negociados na bolsa de valores, como IVVB11 (ver Capítulo 10), que reflete a variação em reais do índice S&P500 – ou, ainda, as BDRs negociadas na B3, como Google, Microsoft ou Apple (Capítulo 10).

23

Bitcoins – moedas virtuais

Início de conversa

- O que é bitcoin e como ele funciona?
- Quais são os riscos de investir em bitcoin?
- Como declarar bitcoins no imposto de renda?

> *O bitcoin é uma notável conquista criptográfica e a habilidade de criar algo que não é duplicável no mundo digital tem um enorme valor.*
>
> Eric Schimdt, ex-CEO do Google

O que é bitcoin?

Bitcoin é a primeira moeda descentralizada do mundo. Ela foi lançada em 2009 por um cientista da computação desconhecido, cujo pseudônimo é Satoshi Nakamoto (n.d.), e é como uma alternativa às moedas.

As bitcoins não são impressas como uma moeda fiduciária; em vez disso, são "mineiradas"[1] usando o poder de computação em uma rede global distribuída de desenvolvedores voluntários de software. Em sua essência, é um arquivo digital que lista todas as transações que já aconteceram na rede na sua versão de uma contabilidade geral, chamada "cadeia de bloqueio".

Ele é o primeiro exemplo de uma categoria crescente de dinheiro conhecido como criptomoeda, em que um software de código aberto resolve cálculos matemáticos complexos para mineirar mais bitcoins. Esses "mineiros" fazem a

---

1. Mineração de bitcoin é o processo de adicionar registros de transações ao livro-razão público do bitcoin, que armazena transações passadas. Esse livro é chamado cadeia de bloqueiro ou blockchain pelo fato de ser uma cadeia de blocos de transações/registros.

função de Rede Bitcoin para validar transações, criando bitcoins. Isso ocorre quando a Rede Bitcoin recolhe todas as transações efetuadas durante determinado período (geralmente a cada dez minutos) em uma lista chamada "bloco".

Mineiros confirmam tais blocos de transações e os gravam na cadeia por bloco, competindo uns contra os outros para resolver cálculos matemáticos. Toda vez que o sistema de um mineiro encontra uma solução que valida um bloco de operações, ele recebe 25 bitcoins.

A cada quatro anos, essa recompensa é reduzida à metade, de modo que o número total de bitcoins nunca excederá 21 milhões.

Para um novo usuário que não esteja interessado no processo de mineração, a forma mais popular de obter bitcoins é por meio de um câmbio tradicional, em que são convertidas e, depois, armazenadas em uma carteira de bitcoins.

Essas carteiras são de várias formas, incluindo o acesso via desktop, acesso móvel e acesso on-line pela internet. Cada uma tem seus próprios riscos, uma vez que tanto o desktop quanto o acesso móvel são suscetíveis a hackers, falha do disco rígido ou perda do dispositivo móvel. O acesso on-line utiliza terceiros, que também podem ser cortados, enganar seus usuários ou mesmo falirem.

As carteiras de bitcoin possuem uma criptografia digital privada – chaves ou códigos secretos –, necessária para realizar transações de bitcoin.

Como funciona?

Vamos dizer que a pessoa A quer enviar cinco bitcoins para a pessoa B.

A pessoa A usa uma chave privada para assinar uma mensagem com a entrada de input (o endereço bitcoin usado para enviar bitcoins para a pessoa A em primeiro lugar), a quantidade (cinco bitcoins) e a saída de output (endereço bitcoin da pessoa B). A pessoa A envia essa mensagem a partir de sua carteira de bitcoin para a rede mais ampla de bitcoins, a partir da qual os mineiros verificaram a operação, tornando-se parte de um bloco a partir da resolução de um cálculo matemático. A componente matemática do sistema é importante para evitar fraudes, assegurando que uma pessoa não utilize a mesmo bitcoin para múltiplas transações.

Figura 23.1 – Como funciona o bitcoin

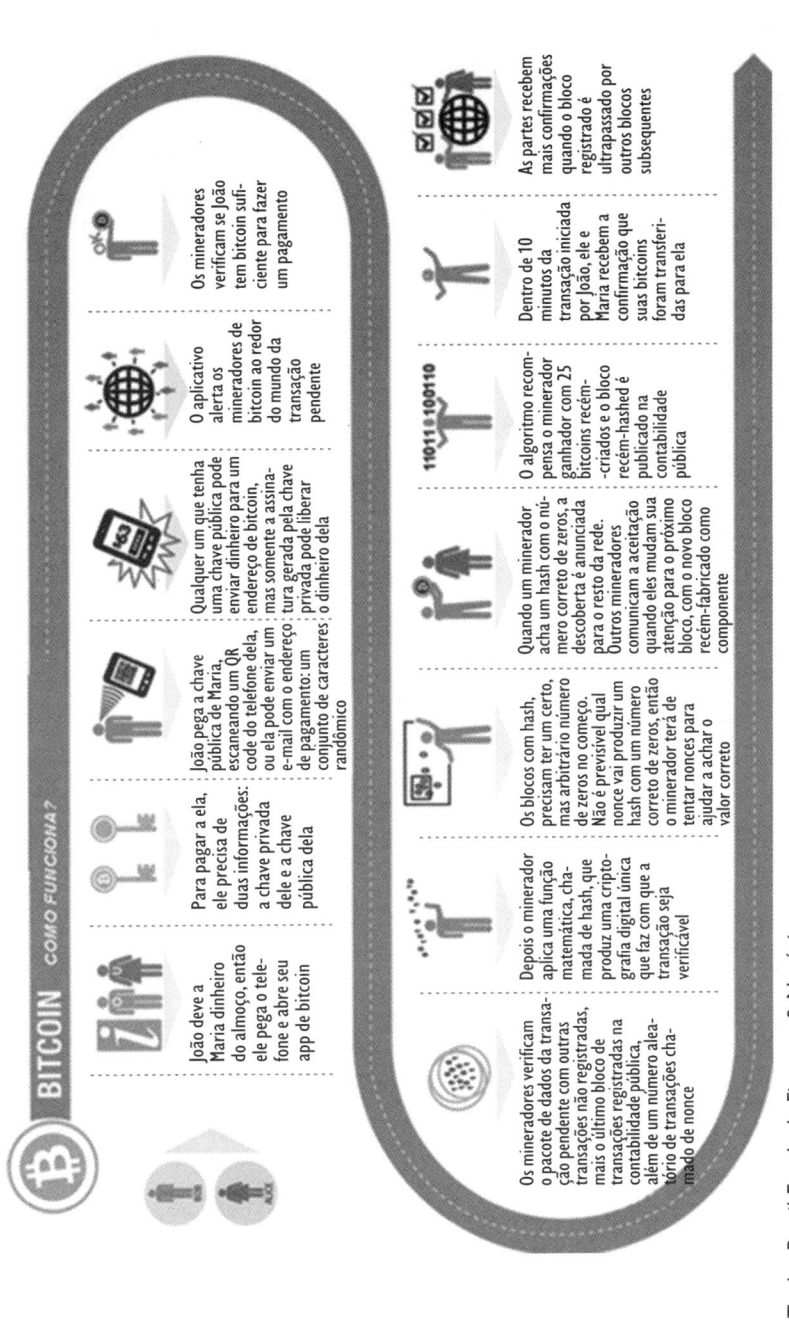

Fonte: Trader Brasil Escola de Finanças & Negócios.

Bitcoins compartilham muitas características com dólares, euros, libras e ouro, como o fato de poderem ser usados para pagamento, para armazenamento de riqueza e como valor de medição. No entanto, o bitcoin é diferente de outras moedas em uma série de maneiras:

- é fora do controle de governos, bancos ou qualquer organização;
- suas operações são anônimas;
- toda a transação pode ser verificada por qualquer pessoa, sem revelar as identidades pessoais;
- as transações são muito rápidas e baratas em comparação com as transferências correntes eletrônicas de fundos;
- as contas não podem ser congeladas ou confiscadas;
- o bitcoin é à prova de inflação porque a quantidade de bitcoin é comprovadamente finita e nunca pode ser aumentada.

Embora as transações de bitcoin sejam anônimas, elas também são transparentes. As transações de bitcoin possuem registros únicos entre os diferentes endereços – de quem comprou para quem vendeu –, que ficam registrados na cadeia de blocos/*blockchain*. Todo mundo na rede pode ver quantos bitcoins são armazenados em cada endereço público de bitcoin, mas eles não podem facilmente identificar a quem aquele endereço pertence.

A transação de bitcoin é irrevogável, ou seja, não há nenhuma maneira de estorná-la, a menos que o destinatário efetivamente envie as moedas de volta para o remetente.

Riscos do bitcoin

A natureza abstrata do bitcoin representa um desafio para reguladores. Como qualquer forma de valor monetário, incluindo dinheiro, moeda eletrônica e cartões de crédito, o bitcoin pode ser usado tanto para fins legítimos quanto ilícitos. A questão é saber se o bitcoin torna mais fácil para os criminosos canalizar dinheiro para fins ilícitos, e como reguladores devem responder a esses riscos percebidos ou reais.

A flutuação de valor do bitcoin também aumenta seu risco. Essa moeda não está atrelada a qualquer moeda do mundo real. Suas cotações são determinadas pela oferta e demanda e pela confiança no sistema.

Gráfico 23.1 – Oscilação em oito anos

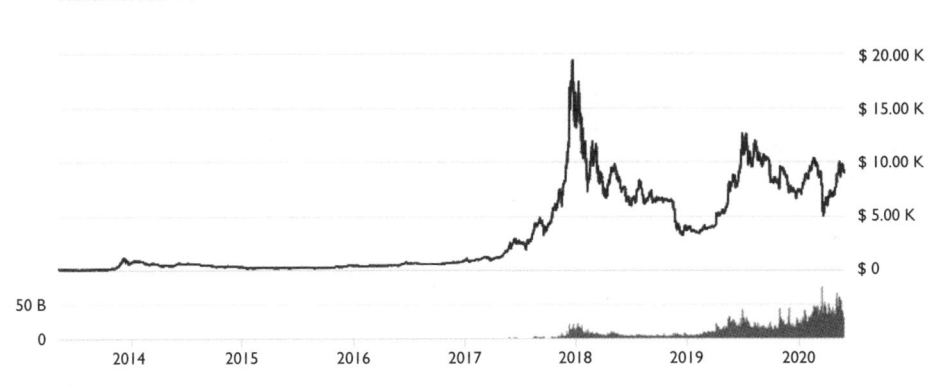

Fonte: Bitcoincharts.com. Acesso em: 25 maio 2020.

Falta de regulação e incerteza regulatória

Como investimento, o bitcoin não é reconhecido pelo Banco Central nem pela Comissão de Valores Mobiliários (CVM), ou seja, ninguém poderá ajudar se algo der errado. Outro problema já comentado é o da segurança da carteira: como você vai guardar seus bitcoins? Pois você pode perder seu celular, queimar o HD ou, ainda, se você guardar com um terceiro de forma on-line, este pode enganá-lo e até mesmo "quebrar".

E-money ou dinheiro virtual

E-money ou dinheiro virtual é comumente definido como valor:

- armazenado eletronicamente;
- emitido contra a recepção de fundos de um montante não inferior em valor do que o valor monetário emitido; e
- aceito como meio de pagamento por outras partes além do emissor.

Em sistemas de moeda eletrônica, a ligação entre o e-money e a moeda fiduciária contra a qual for emitido permanece intacta, com os fundos expressos em unidades dessa moeda, seja real, dólar, euro etc. Ao contrário, nos esquemas de bitcoin, a unidade de conta não tem contraparte em moeda física.

Quadro 23.1 – Comparação entre e-money e bitcoin

	E-money	Bitcoin
Formato	Digital	Digital
Unidade da conta	Moedas (dólares, reais)	Bitcoins (BTC)
Identificação do cliente	Padrões da Financial Action Task Force (FATF) aplicam-se na identificação do cliente	Anônimo
Meios de produção	Digitalmente emitido contra uma moeda de um banco central	Minerado/gerado matematicamente
Emissor	Emissor de e-money legalmente estabelecido, que pode ser uma instituição financeira	Comunidade/mineradores

Fonte: adaptado do Banco Central europeu.

Além do fato de serem digitais, são poucas as semelhanças entre bitcoin e e-money. E-money, assim como outras formas digitais de moeda fiduciária, como cartões de crédito e débito, PayPal e transferências bancárias, é um mecanismo por meio do qual se interage com a moeda fiduciária.

Para mitigar riscos sistêmicos e para proteção do consumidor, os fundos contra o qual o e-dinheiro é emitido geralmente devem ser depositados em instituições financeiras normalmente reguladas. Em contraste com o bitcoin, o e-dinheiro não é uma moeda separada e é supervisionado pela mesma autoridade central, como uma moeda nacional subjacente.

Imposto de renda nas criptomoedas

Achou que a Receita Federal te esqueceria? Em 2017, a Receita Federal incluiu instruções para declarar a moeda virtual bitcoin em seu manual de perguntas e respostas, conhecido como "perguntão"[2].

Apesar de não considerar as moedas de forma oficial, nos termos do marco regulatório atual, moedas virtuais como o bitcoin devem ser declaradas na ficha Bens e Direitos como "outros bens", uma vez que podem ser equiparadas a um ativo financeiro.

O fisco determina que a quantia deve ser descrita como "outro ativo financeiro" – de maneira oficial, como "outros bens e direitos" no programa do IRPF.

---

2. Disponível em: <http://receita.economia.gov.br/interface/cidadao/irpf/2017/perguntao/pir-pf-2017-perguntas-e-respostas-versao-1-1-03032017.pdf>. Acesso em: 2 jun. 2020.

Como esse tipo de moeda não possui cotação oficial, uma vez que não há um órgão responsável pelo controle de sua emissão, não há uma regra legal de conversão dos valores para fins tributários. Entretanto, essas operações deverão estar comprovadas com documentação hábil e idônea para fins de tributação.

Antes de começar, você deve prestar atenção aos valores. Só deve declarar como "outros bens" posses em criptomoedas cujo valor esteja entre R$ 1 mil e R$ 35 mil. Montantes superiores a R$ 35 mil devem recolher 15% de imposto sob o ganho de capital.

Para declarar a posse dos bitcoins, basta acessar o programa do IRPF e abrir a opção "Bens e direitos". Clique em "Novo". No campo "Código", insira a opção "99 – Outros bens e direitos". Na caixa "Discriminação", indique a quantidade de moedas que você possui, por exemplo, "Aplicação em X bitcoins – Corretora A". As criptomoedas devem ser declaradas pelo valor de aquisição.

Atenção! Para incluir seus ganhos no imposto de renda, é preciso comprovar as operações com uma documentação, então guarde seus extratos de transações digitais.

Passo a passo:

1. A apuração e o recolhimento dos rendimentos com bitcoin devem ser feitos em todos os meses nos quais a soma das vendas exceder R$ 35 mil, utilizando-se o Programa de Apuração dos Ganhos de Capital (que pode ser baixado no site da Receita Federal).

2. Na declaração anual do imposto de renda, deve-se apontar os ganhos do ano anterior e o saldo em bitcoins do dia 31 de dezembro no software de declaração anual.

3. Até o final de dezembro do ano anterior, quem obteve ganhos de capital na venda de bitcoin pagou 15% de imposto de renda independentemente do valor do lucro. A partir de janeiro do ano seguinte, somente os ganhos de capital de até R$ 5 milhões serão tributados em 15%. A alíquota sobe para 17,5% nos ganhos entre R$ 5 milhões e R$ 10 milhões, para 20% nos ganhos entre R$ 10 milhões e R$ 30 milhões e para 22,5% nos lucros acima de R$ 30 milhões.

4. Quem possui R$ 1 mil ou mais em bitcoin deve incluí-los na seção "Outros bens" da declaração de imposto de renda, usando o valor de aquisição.

5. Caso você não tenha declarado os ganhos com bitcoin nos últimos cinco anos, precisa pagar o imposto com multa e juros.

Para mais informações, consulte o site da Receita Federal.

Investimentos: o que nunca usar

Início de conversa

- Descubra quais investimentos você nunca deve usar.
- Vamos comparar alguns investimentos para você entender onde deixa de ganhar dinheiro.

Em investimentos, o que é confortável raramente é lucrativo.
Robert Arnott

Se você chegou até aqui, certamente já leu algumas dicas interessantes e já sabe que precisa investir o que sobrou do seu dinheiro. No entanto, você pode ter sido mal aconselhado, ou até mesmo caiu em algum "conto" de algum gerente de banco ou vendedor mal-intencionado e acabou fazendo péssimas escolhas de investimento. Algumas delas podem ser devido a um momento específico, o que prejudicou aquele investimento por um período determinado. Mas há aplicações que você nunca – NUNCA mesmo – deve usar, como:

a) títulos de capitalização (veja mais no Capítulo 25);
b) consórcios (consulte o Capítulo 26);
c) poupança;
d) fundos com alta taxa de administração.

Poupança

A poupança é o investimento preferido dos brasileiros. No entanto, conforme falei no Capítulo 7, sua rentabilidade é baixíssima, constantemente inferior à inflação oficial medida pelo IPCA, o que, na prática, significa que quem deixa o dinheiro na poupança perde poder de compra.

Os poucos momentos em que o rendimento da poupança vale a pena em relação a outros investimentos são aqueles em que você pode precisar do dinheiro de um a três meses depois de aplicado. No entanto, a decisão vai depender de quatro respostas:

1. Quanto o banco lhe oferece em um CDB ou LCI sem carência ou com carência de 30 ou 60 dias? (Só para lembrar, carência é o prazo pelo qual você não pode mexer no investimento).
2. Quanto rendem, em média, os fundos referenciados DI a que você tem acesso?
3. Quanto estão pagando os títulos do Tesouro Direto?
4. Prazo para aplicar a tabela regressiva de imposto de renda em cima das outras aplicações.

Tabela 24.1 – Comparativo de rentabilidade entre poupança, LFT, CDB e Fundo DI

Selic	Poupança	LFT com IR 22,5%	LFT com IR 20%	LFT com IR 17,5%	LFT com IR 15%
9,0%	6,17%	7,00%	7,22%	7,45%	7,68%
8,5%	6,17%	6,61%	6,82%	7,04%	7,25%
8,0%	5,60%	6,22%	6,42%	6,62%	6,83%
7,0%	4,90%	5,45%	5,62%	5,80%	5,98%
6,0%	4,20%	4,67%	4,82%	4,97%	5,13%
5,0%	3,50%	3,90%	4,02%	4,15%	4,28%
4,0%	2,80%	3,12%	3,22%	3,32%	3,43%
3,0%	2,10%	2,35%	2,42%	2,50%	2,58%
2,0%	1,40%	1,57%	1,62%	1,67%	1,73%
Selic	Poupança	Fundo DI com IR 22,5%	Fundo DI com IR 20%	Fundo DI com IR 17,5%	Fundo DI com IR 15%
9,0%	6,17%	6,95%	7,18%	7,40%	7,63%
8,5%	6,17%	6,57%	6,78%	7,04%	7,20%
8,0%	5,60%	6,18%	6,38%	6,62%	6,78%
7,0%	4,90%	5,41%	5,58%	5,80%	5,93%
6,0%	4,20%	4,64%	4,79%	4,97%	5,08%
5,0%	3,50%	3,86%	3,99%	4,15%	4,24%
4,0%	2,80%	3,09%	3,19%	3,32%	3,39%
3,0%	2,10%	2,32%	2,39%	2,50%	2,54%
2,0%	1,40%	1,55%	1,60%	1,67%	1,69%

Selic	Poupança	CDB com IR 22,5%	CDB com IR 20%	CDB com IR 17,5%	CDB com IR 15%
9,0%	6,17%	6,28%	6,48%	6,68%	6,89%
8,5%	6,17%	5,93%	6,12%	6,31%	6,50%
8,0%	5,60%	5,58%	5,76%	5,94%	6,12%
7,0%	4,90%	4,88%	5,04%	5,20%	5,36%
6,0%	4,20%	4,19%	4,32%	4,46%	4,59%
5,0%	3,50%	3,49%	3,60%	3,71%	3,83%
4,0%	2,80%	2,79%	2,88%	2,97%	3,06%
3,0%	2,10%	2,09%	2,16%	2,23%	2,30%
2,0%	1,40%	1,40%	1,44%	1,49%	1,53%

Dados: Selic variando de 9% a 2% ao ano

Fundo DI: taxa de administração 0,3%

LFT (Tesouro Selic): Selic + 0,03%

CDB pagando 90% da taxa Selic

Poupança variando de acordo com sua tabela de remuneração após 2012

IR segundo tabela

Fonte: Trader Brasil Escola de Finanças & Negócios.

Fundos com alta taxa de administração

Qualquer fundo de renda fixa pós-fixada do tipo fundo DI que demande pouquíssimo trabalho de seus gestores não pode ter taxa de administração superior a 0,5%. Então, sempre verifique qual é a taxa cobrada pelo seu banco. Normalmente, nós, clientes, não nos preocupamos em ver isso e, quando decidimos ver, já foi tarde demais e perdemos um dinheirão.

Por **exemplo**, se você deixa uma aplicação de R$ 100 mil com taxa de 1% ao ano de administração, você pagará em torno de R$ 1 mil, enquanto um outro fundo, com a mesma rentabilidade e risco – pode ser até do mesmo banco –, tem taxa de administração de 0,4% a.a., o que dará por volta de R$ 400. Com essa diferença dá para pagar um excelente jantar para sua família, não acha?

25

Títulos de capitalização

Início de conversa

- Como funcionam os títulos de capitalização.
- Por que eles são péssimos como investimentos?

O jogo é a mãe das mentiras, dos perjúrios e da pobreza.
Robert Burton

Lembra que, na introdução deste livro, eu comentei como passei a ter consciência da minha ignorância em finanças? Então, foi graças aos famosos planos de capitalização que isso começou a mudar – na época, precisei sacar o valor com oito meses de "investimento" e recebi apenas 80% do valor que apliquei! Aliás... deveria ser proibida a utilização de "título de capitalização" e "investimento" na mesma frase.

Antes de mais nada, é preciso destacar que título de capitalização e consórcios não podem ser considerados um investimento, mas sim um produto para quem gosta e acredita na sorte dos sorteios. Resumindo: são jogos de azar vendidos como investimentos.

O que é título de capitalização?

De acordo com a Superintendência de Seguros Privados (Susep), autarquia que regulamenta esse produto, título de capitalização[1] "é um produto em que parte dos pagamentos realizados pelo subscritor é usada para formar um ca-

---

1. Disponível em: <http://www.susep.gov.br/menu/informacoes-ao-publico/planos-e-produtos/capitalizacao>. Acesso em: 1 jun. 2020.

pital, segundo cláusulas e regras aprovadas e mencionadas no próprio título (Condições Gerais do Título) e que será pago em moeda corrente num prazo máximo estabelecido. O restante do valor do pagamento é usado para custear os sorteios, quase sempre previstos neste tipo de produto e as despesas administrativas das sociedades de capitalização".

Títulos de capitalização que funcionam como "poupança programada" costumam prometer seu dinheiro de volta após o prazo do título. Mas, se o resgate for feito antes do vencimento, normalmente só é possível recobrar uma parte do dinheiro – funciona, *grosso modo*, como uma espécie de penalidade. Além disso, há um período de carência, geralmente de 12 meses, em que o dinheiro fica realmente "preso" e você é punido se resgatar antes do vencimento.

Há, ainda, outras penalidades. No título de capitalização, um atraso de mais de três mensalidades resulta na suspensão do título. Enquanto estiver suspenso, o titular da capitalização não participa dos sorteios. Se o pagamento não for feito por quatro meses, o título é definitivamente cancelado, quando, então, parte do valor das mensalidades é devolvido, como se fosse um resgate antecipado.

O Quadro 25.1 nos mostra que até a poupança, que é uma das aplicações de rendimento mais baixo do mercado, fornece uma rentabilidade superior à dos fundos de capitalização. Isso demonstra que o título de capitalização é jogo, servindo apenas para concorrer a prêmios, e não um investimento.

Quadro 25.1 – Simulação de rentabilidade de títulos de capitalização

Quanto rende R$ 1 mil mensal na aplicação	Valor gasto após 60 parcelas	Valor devolvido após 60 meses	Valor na poupança após 60 meses	Diferença recebida na poupança
Pé Quente Bradesco	R$ 67.645,12	R$ 68.884,27	R$ 79.111,11	R$ 10.226,84
CAP Torcedor Caixa	R$ 67.645,12	R$ 68.868,28	R$ 79.111,11	R$ 10.242,83

Além da poupança, há uma série de aplicações financeiras isentas de imposto de renda, como os aluguéis dos fundos imobiliários (Capítulo 18) e as Letras de Crédito Imobiliário (LCI), abordadas no Capítulo 8.

Os gerentes de banco têm metas de venda mensais, que incluem a comercialização de títulos de capitalização. Por isso, muitos acabam insistindo e convencendo o cliente a comprar os tais títulos. Como especialista em finanças, posso dizer que, para os especialistas, a capitalização não é um investimento, mas um jogo. E existem alternativas melhores, tanto de investimentos quanto de jogos. Minha recomendação é que, se você gosta de jogar, viaje a Las Vegas, que é bem mais divertido – embora seja bem provável que você fique pobre mais rápido! De qualquer forma, boa sorte...

Tributação

No caso dos títulos de capitalização, quem conseguir resgatar um valor um pouco maior do que o total das mensalidades terá de pagar imposto de renda sobre seus ganhos, a uma alíquota de 20% (no caso de resgate sem sorteio), reduzindo a já exígua rentabilidade. Caso seja sorteado, o ganhador deve pagar de 25% (caso seja sorteado com amortização antecipada) a 30% (caso seja sorteado sem amortização antecipada) de IR na fonte sobre o valor do prêmio (como ocorre com qualquer prêmio).

Por que evitar um título de capitalização

Quem se sente atraído pela possibilidade de ganhar prêmios em sorteios deve ter em mente que a chance de ganhar com um título de capitalização é da mesma ordem de grandeza da chance de ganhar loterias. Acontece que a aposta em uma loteria é bem mais barata e com a possibilidade de lucros mais interessantes.

Se for só pelo jogo, entre ganhar R$ 5 milhões com um investimento de quase R$ 5 mil em quatro anos e apostar R$ 4 para ganhar R$ 60 milhões, talvez valha mais a pena a segunda opção. Eu optaria por ela...

Muita gente alega que não tem disciplina para poupar e que, por isso, os títulos de capitalização são uma ótima modalidade de poupança forçada. Mas, sinceramente, existem maneiras bem melhores de se "forçar" a poupar e não mexer no investimento. Existem fundos com carência e papéis de renda fixa com pouca ou nenhuma liquidez, como debêntures, Letras de Crédito Imobiliário (LCI) e Recibos de Depósitos Bancários (RDB), que não podem ser negociados antes do vencimento.

Já os que se esquecem de poupar mensalmente podem optar por uma modalidade de investimento realmente programado, com débito automático em conta corrente. É possível programar o investimento no Tesouro Direto ou mesmo na poupança. Também existem corretoras que fazem aplicação automática em ações.

26

Consórcios

Início de conversa

- Entender como funciona.
- Por que não usar os consórcios como investimento.

Depois que você tem uma base sólida de conhecimento,
fica muito mais fácil aprender a investir e a lidar com o dinheiro.
Rafael Seabra

Já vimos anteriormente que consórcio é uma forma de guardar dinheiro, mas não é um investimento. Sem dinheiro para comprar à vista, muitas pessoas veem nos consórcios uma saída para as altas taxas de juros dos financiamentos. No entanto, essa modalidade não deve ser encarada como uma boa opção de "investimento" nem para quem não tem disciplina de guardar dinheiro.

Vou tentar colocar da forma mais simples possível: consórcio é como se você e um grupo de pessoas fizessem uma "vaquinha" para comprar, uma vez por mês, um bem qualquer para cada um. Por exemplo: se cem pessoas se reunissem para comprar uma geladeira que custa R$ 3 mil neste mês, cada uma pagaria R$ 30 e faria o sorteio de quem vai receber a geladeira. No mês seguinte, a geladeira sobe de preço e, então, o valor é rateado entre os cem e assim por diante. Todos pagam até o último receber a geladeira. Uma pessoa é nomeada para administrar os pagamentos e a compra da geladeira a ser entregue (e cobra pelo serviço), cujo valor final é majorado por uma taxa de administração.

O sistema de consórcio, vale destacar, é um produto exclusivamente brasileiro, criado em um momento em que havia pouco crédito disponível no mercado.

Desvantagens

Sua principal desvantagem não é financeira, mas temporal, relativa ao prazo de espera de contemplação ou entrega do bem. Uma pessoa pode pagar o consórcio por anos sem possuir o bem, pagando taxas para o consórcio no lugar de receber juros por sua economia. Outra desvantagem é o mito do juro zero, pois, não se esqueça, os donos do consórcio faturam com a taxa de administração embutida nas prestações.

Funcionamento

O primeiro passo é procurar uma administradora de consórcio, autorizada pelo Banco Central do Brasil, e adquirir uma cota em um grupo de consorciados. Você pode entrar em um grupo que esteja começando ou comprar um consórcio em andamento. Em um consórcio em andamento, o prazo de pagamento é mais curto e as parcelas tornam-se maiores, mas o tempo de espera para ser contemplado é mais curto.

Ao adquirir uma cota, com valor e prazo previamente definidos, o consorciado compromete-se a pagar mensalmente uma parcela destinada à formação de uma poupança comum durante um período também predefinido. O valor da cota corresponde ao valor do bem que se pretende comprar.

Como ter o consórcio contemplado

Duas são as formas de ser contemplado em um consórcio de bens: por sorteio ou por lance. O sorteio é realizado periodicamente, mas somente se tiver dinheiro para comprar o bem. Caso contrário, a contemplação deverá ser diretamente por lance. Não existe sorteio garantido.

> **Dica**
>
> Sempre que um vendedor de consórcio lhe oferecer quotas com contemplação garantida em pouco tempo, desconfie. Não existe consórcio idôneo que possa garantir que o quotista receberá a carta de crédito daqui a 30 ou 60 dias. Tenha sempre em mente que o prazo máximo para que o sonho da compra do bem seja realizado é o da existência do grupo.

Lance é uma oferta em dinheiro dada pelo consorciado e que corresponde a um valor percentual da cota do consórcio. Não acredite em promessas de lance baixo. Geralmente, é muito difícil ser contemplado por lance nos primeiros meses de um consórcio. Os lances para a compra de imóveis ou carros podem chegar a 60% do valor do bem no início do grupo.

As condições dos sorteios e dos lances são definidas pelo grupo e pela administradora financeira, e descritas em contrato. Por isso, deve-se ler atentamente todas as "letrinhas miúdas" e cláusulas antes de fechar negócio.

Note que, ao ser contemplado, você não recebe o dinheiro diretamente, e sim uma carta de crédito, com a qual poderá comprar um bem, de acordo com as cláusulas do contrato. Para utilizar o crédito do consórcio, o consorciado necessita apresentar garantias ao grupo de que continuará pagando as parcelas restantes.

O consorciado deve também comunicar formalmente à administradora a sua opção de compra, identificando o vendedor do bem e o bem que será comprado.

Consórcio, financiamento ou investimento?

Investimento é quando você guarda dinheiro, ele rende juros e você compra um bem. Consórcio, contudo, não é investimento; é uma forma de você contratar alguém – que lhe cobra por isso – para lhe ajudar a juntar dinheiro. Financiamento é uma dívida.

O consórcio é para quem não precisa do bem agora, neste momento. A avaliação de qual é a melhor opção de compra – entre consórcio e financiamento – depende da possibilidade e do custo da espera pelo bem.

Quem está morando de aluguel, por exemplo, deve colocar esse gasto na conta para decidir se pode esperar o sorteio de um consórcio.

No financiamento, o consumidor já retira o carro na hora, logo, há um imediatismo que é diferente do consórcio, em que ele precisa ou dar um lance (o maior lance) ou ser sorteado.

É importante o consorciado ponderar muito bem o tempo de permanência no consórcio com a compra do bem desejado. Se alguém entra em um consórcio para comprar um imóvel em até 120 meses, mas planeja sair do aluguel e mudar-se já no próximo ano, pode ter problemas se não tiver sorte nem o dinheiro necessário para dar um lance. Quem entra em um consórcio e depois se arrepende tem duas formas de deixar o grupo e pegar de volta o dinheiro que já foi pago. Vender a quota para um terceiro é uma delas, mas é o próprio consorciado quem deverá encontrar um interessado. Também é importante manter os pagamentos até o momento da transferência da quota para que ela não seja cancelada. Outra possibilidade é ser sorteado como desistente – algo que passou a ser permitido recentemente. Será, então, nesse caso, uma questão de sorte.

Atenção! Fique atento à taxa efetiva. Alguns consórcios incluem outros custos além da taxa de administração. A maioria possui um fundo de reserva, que será usado para cobrir eventuais perdas com inadimplência.

Dica ─────────────────────────────────

As administradoras de consórcio são livres para estipular as taxas que serão cobradas dos consorciados. Antes de comprar uma quota, vale a pena pesquisar a taxa mais baixa, e não checar apenas se a prestação cabe ou não cabe no bolso.

27

Obtenção de *green card* nos EUA por meio de investimento

....

Início de conversa

- Como obter o visto americano legalmente por meio de investimentos.

....

> *Brasil, país do futuro. Sempre.*
> Millôr Fernandes

Se você é daqueles que já desistiu daquela história de que "o Brasil é o país do futuro", uma alternativa é o programa EB-5, que estimula investimentos estrangeiros nos Estados Unidos, garantindo, assim, a concessão do *green card* ao estrangeiro que fizer um aporte mínimo de 500 mil dólares para ser aplicado em negócios novos, com capacidade de geração de pelo menos dez empregos nos Estados Unidos.

Outros tipos de pessoas que também procuram o EB-5 são:

- aqueles que buscam segurança para a família e oportunidades para os filhos;
- pessoas de 30 a 40 anos que já tiveram contato com a cultura como estudantes e querem voltar a viver no país;
- aposentados que já conquistaram estabilidade econômica, talvez até já tendo um imóvel nos Estados Unidos, e querem consolidar sua situação com o *green card*.

Programa EB-5

O Programa EB-5 foi criado em 1990 pelo governo estadunidense e proporciona ao investidor qualificado e seus familiares diretos (filhos até 21 anos de idade) a residência permanente no país (abrindo portas para a cidadania estadunidense) por meio de investimento em um novo negócio ou em um projeto imobiliário que gere novos postos de trabalho.

Têm direito a receber o *green card* o investidor, seu cônjuge e seus filhos solteiros menores de 21 anos. É possível que crianças adotadas também recebam o *green card*.

Depois de obter o documento e tornar-se um residente permanente legal, você tem a maioria dos direitos e dos deveres dos cidadãos locais, exceto o passaporte estadunidense, o direito de voto e a possibilidade de se candidatar a cargos públicos. Você está sujeito às mesmas exigências de declaração de impostos, com as mesmas alíquotas e deduções dos cidadãos daquele país.

O investidor não tem nenhuma ligação ou obrigação com o negócio que foi gerado a partir de seu investimento, e, em um ano, ele obtém o *green card* provisório (para ele e seus familiares diretos, como mencionado anteriormente); o documento definitivo é recebido em dois anos.

Ao final do processo, o investidor pode ter o retorno da quantia inicial empregada no programa, mas isso dependerá do desempenho do negócio, ou seja, o EB-5 tem como principal objetivo receber o *green card*.

O mais comum entre os investidores EB-5 é aplicar seus recursos no setor imobiliário, pois é um investimento relativamente fácil, no qual há tanto empregos diretos quanto indiretos que podem ser facilmente comprovados. Entretanto, a estratégia de saída desse tipo de investimento EB-5 pode ser mais difícil para o investidor, que pode não reaver todo o capital, ou pode levar muitos anos até que o receba. Uma alternativa de investimento EB-5 é o setor de franquias de *fast food*.

O investimento pode ser feito de duas formas: para quem quer abrir uma empresa própria ou para quem deseja apenas investir em um fundo (Centro Regional EB-5).

As pessoas físicas devem procurar seu próprio projeto de investimento e assumir um papel direto na supervisão gerencial desse projeto. Investimento individual é a melhor opção para aqueles que querem ter controle sobre o investimento.

A outra opção para os requerentes de visto EB-5 é fazer o investimento em um Centro Regional EB-5 definido pelo governo dos Estados Unidos.

São áreas que precisam de mais desenvolvimento. Esta é a melhor opção para aqueles que estão mais interessados na imigração e menos na responsabilidade da gestão direta do investimento, ao invés de obter alto retorno do seu investimento.

Os Centros Regionais são designados pelo Serviço de Cidadania e Imigração dos Estados Unidos para administrar projetos de investimento EB-5. Cerca de 90% de todos os candidatos de EB-5 investem por meio de um Centro Regional.

Atenção! Se você quiser investir em outra região dos Estados Unidos, fora das determinadas pelo governo norte-americano, pode fazer isso. No entanto, o mínimo exigido será o dobro: 1 milhão de dólares.

Como o EB-5 é um investimento de risco, nenhum Centro Regional ou escritório de imigração pode dar garantias de sucesso aos investidores, tampouco é permitido garantir o reembolso do valor investido. Por isso, a calma e o pleno entendimento do que está sendo proposto são muito importantes na hora de escolher o plano de negócios e a estrutura do projeto, assim como as pessoas que vão auxiliá-lo durante o processo.

O investidor de EB-5 poderá morar e trabalhar em qualquer lugar dos Estados Unidos, não precisa ter experiências profissionais específicas e não precisa aguardar sorteios ou lista de espera para obter o *green card*. Seus filhos estarão qualificados a pagar uma anuidade reduzida nas universidades. Não há limitação de idade, exigência de conhecimento do idioma nem restrição de viagens.

Exigências

Existem cinco requisitos importantes que devem ser cumpridos para participação com êxito no programa EB-5. São eles:

1. **Exigência mínima de capital**
   > **Investimento geral:** o investimento mínimo de qualificação nos Estados Unidos é de 1 milhão de dólares.
   > **Investimento em área-alvo de geração de emprego:** o investimento mínimo de qualificação, seja dentro de uma área de alto desemprego ou na área rural dos Estados Unidos, é de 500 mil dólares. Esse investimento não pode ser financiado. Noventa e cinco por cento dos investimentos EB-5 são realizados por meio de Centros Regionais (500 mil dólares),

investidos em um novo negócio ou projeto imobiliário. Os outros 5% são realizados de forma direta, mas pelo valor de 1 milhão de dólares.

2. **Geração de novos postos de trabalho:** criar e manter pelo menos dez empregos para trabalhadores estadunidenses.

3. **Elegibilidade:** comprovação de que o investidor não tenha sido condenado por um crime, não tenha em seu histórico fraude financeira e não tenha previamente violado as leis de imigração nos Estados Unidos.

4. **Fonte dos recursos:** os recursos devem ter sido obtidos por meios legais. Eles podem ser procedentes de uma variedade de fontes, como:
   - salário obtido em empregos lícitos;
   - presente (doação) de familiares, amigos ou empregadores;
   - lucros obtidos com a venda de propriedades, imóveis ou outros ativos;
   - empréstimo (desde que o empréstimo seja garantido e o investidor tenha a obrigação de quitá-lo).

5. **Riscos do projeto:**
   - a totalidade do investimento deve ficar comprometida no projeto ou no novo negócio por um período não inferior a cinco anos;
   - a lei estadunidense não permite que seja oferecido ao investidor garantia de retorno do principal, rentabilidade futura ou direito de resgate do capital.

PARTE III

Sobrevivendo em meio à crise

Nesta parte serão abordadas estratégias de como sobreviver às crises e sair delas fortalecido.

Estamos em crise:
o que fazer para me proteger?

Início de conversa

- Estratégias de como sobreviver às crises.

> *Recessão é quando o seu vizinho perde o emprego;*
> *depressão é quando você perde o seu.*
> Harry S. Truman

Seja em pandemias globais, seja em intermináveis crises políticas com graves reflexos econômicos, se você quer sobreviver às crises financeiras, comece cortando na própria carne. Analise sua vida financeira e descubra tudo aquilo que você consome e o que pode ser substituído, modificado e, por que não, cortado.

Dizem que 25% dos nossos gastos são supérfluos. Então, vamos cortá-los!

Adapte-se

Durante uma crise, precisamos fazer trocas, como adquirir um carro mais econômico ou mais barato, um ar-condicionado que gaste menos energia e assim por diante.

TV a cabo

Você tem mesmo a necessidade de ter milhões de canais sendo que só gosta de ver filmes? Tenho dois filhos, nascidos após 2011, que gostam de ver o que querem e na hora que querem, ou seja, são a geração *on demand*, que fica horas vendo YouTube, Netflix, Amazon Prime e outros conteúdos pela internet, muitos deles gratuitos.

☆ Dica

Invista em uma internet rápida e deixe de ser escravo da TV a cabo. Assine os canais que são imprescindíveis para você. Eu gosto de ver a Bloomberg, mas minha operadora queria me empurrar um pacote mais caro só por causa dela. Agora, eu vejo este canal pela internet. E de graça. Então, aqui vemos mais um caso de tecnologia rompendo paradigmas. A tecnologia é uma de nossas maiores aliadas na crise. Essas novas empresas com alto potencial de crescimento, as chamadas startups, focam exatamente em problemas que atingem milhões de pessoas e podem ser resolvidos de forma rápida, simples e muito mais barata.

Reveja seus planos de telefonia

Você sabia que existem alternativas às operadoras telefônicas? Você usa SMS? Sério?! Então, saiba que 93% da população que acessa internet no Brasil usa o WhatsApp, uma espécie de *short message service* (SMS) via internet de graça. Você está na estatística dos 7% e isso não é bom... Com aplicativos como este, dá até para ligar para seus contatos, se ver pelo vídeo e conversar por escrito – além de compartilhar arquivos e imagens. Igual ao saudoso desenho animado futurista da década de 1960, *Os Jetsons*.

Com o VoIP (*Voice over Internet Protocol*), você pode ter um telefone e fazer ligações interurbanas pela internet, de forma muito mais barata.

Você usa toda sua minutagem de celular? Corte seu plano para o necessário e use e abuse do WhatsApp ou de similares, como o Telegram e o Skype.

Na pandemia do coronavírus, várias pessoas em todas as cidades do mundo precisaram trabalhar em casa pela primeira vez. Softwares como Zoom, Teams da Microsoft, Hangouts Meet do Google e o Go to Meeting foram os principais aplicativos de software de videoconferência do mercado utilizados no mundo inteiro.

Migalhas também são pães

Economizar água ao escovar os dentes, apagar as luzes quando não há ninguém no cômodo, usar o gás necessário... Você já deve estar cansado de escutar essas dicas, mas não me custa nada lembrá-lo.

Renegocie aluguéis

Quando os juros sobem, em um cenário econômico que combina recessão com inflação alta, o mercado de imóveis para. Consequentemente, os aluguéis começam a cair.

Uma situação que até então era impensável de acontecer em tempos de vacas gordas aparece: a negociação entre inquilinos e proprietários para reduzir os preços dos aluguéis, como aconteceu entre 2015 e 2018.

Os proprietários, que dependem da renda do aluguel, ficam mais sensíveis a negociações com locatários. O dono do imóvel, que tem experiência, sabe que, se deixar vago, terá de pagar condomínio e IPTU mensalmente, além de uma série de despesas.

Os novos contratos de aluguel estavam, em média, bem mais baratos do que os antigos, incentivando inquilinos a renegociarem com proprietários ou até mesmo terminarem o contrato, encontrando outro imóvel mais barato e, às vezes, até melhor.

A pandemia da Covid-19 trouxe horas infelizes para os proprietários de imóveis comerciais. Os gerentes das empresas reavaliaram seu espaço imobiliário necessário e o layout do escritório para acomodar menos pessoas intervaladas em uma programação em que os funcionários possam trabalhar em casa alguns dias da semana. Outros estão informando aos proprietários que não renovarão seus contratos de aluguel.

Controle seus gastos

Em tempos de crise, é essencial revermos nossos custos pessoais, como restaurantes, shoppings, cinemas, viagens etc. Não é uma hora propícia para manter esses "luxos". É a hora do faça você mesmo: aprenda a fazer aquele prato que você adora, aprenda a fazer cerveja artesanal, costurar suas roupas... Mas, se não tiver "jeito para a coisa", você pode simplesmente abrir mão desses gostos até que as contas se regularizem.

Seja cauteloso

Devemos nos programar para fazer os pagamentos e evitar adquirir longos financiamentos. Junte dinheiro para comprar à vista, conseguindo, assim, bons descontos.

Reduza imediatamente suas dívidas

É exatamente nesses momentos que os credores também oferecem as melhores condições para negociações.

Um dos maiores erros que continuo vendo com amigos é alguém que tenha uma aplicação em poupança estar devendo no cheque especial ou o cartão de crédito. Não existe negócio que consiga bater os juros cobrados no cheque especial.

Seja um agente de mudanças

Colabore e implemente mudanças que forneçam lucratividade para sua empresa.

Diferencie-se, seja criativo

É em momentos de crise que você pode se destacar dos demais. Ou seja, a crise é um incentivo à diferenciação. Se você ficar sentado, chorando suas pitangas e não fazendo absolutamente nada, aí, sim, a coisa vai ficar bem feia para o seu lado.

Peça a opinião de outras pessoas, bote a cabeça para funcionar. Esteja aberto a sugestões e não crie qualquer tipo de barreira a mudanças.

Nesses momentos é que avaliamos de forma mais contundente qual valor poderíamos estar entregando ao mercado e que ainda não foi agregado ao nosso produto ou serviço. Como? Inovando processos de trabalho, trazendo ideias de corte de custos para sua casa e sua empresa (ou para a empresa em que você trabalha).

Fique antenado

É um momento de se manter informado sobre o mercado, de forma geral, mas especialmente sobre aquele em que você atua, e acompanhar as mudanças que estão ocorrendo.

Motive-se

Lembre-se que, por pior que seja a situação, ela vai passar. Precisamos acreditar e buscar novas soluções. Motivação é algo intrínseco, portanto estabeleça e siga essas soluções. A crise está aí, mas o mundo não pode parar.

É preciso se reinventar

Criar algo a partir do que já existe, transformar a si, a algo ou outrem, transformar o cotidiano, sair da rotina. É preciso achar um novo eu.

Adote o home office

Em tempos de pandemia, a adoção emergencial do trabalho remoto pode ser um caminho sem volta. O home office (trabalho em casa) estimula o bem-

-estar e a autonomia do funcionário, além de promover ganhos de 10% a 15% de produtividade. Porém, existem algumas desvantagens, como o aumento do fluxo de trabalho; a tendência ao isolamento social; a falta de atualização profissional; a redução do networking; as distrações com os assuntos domésticos etc.

 O comportamento do investidor costuma ser ilógico e, geralmente, baseia-se na emoção – e isso não leva a decisões sábias de investimento a longo prazo. Na plataforma on-line da editora, disponibilizamos algumas orientações sobre como investir em épocas de crise, como a enfrentada durante a pandemia da Covid-19.

Como proteger minha empresa da crise?

Início de conversa

- Conhecer estratégias para o seu negócio sobreviver em tempos de crise.
- Dicas de como ultrapassar a crise.
- Como otimizar receitas e despesas durante o período.

> *A questão não é ter o problema, mas a forma como reagir a ele.*
> Roberto Setúbal, presidente do Itaú

Antes mesmo de você sentir impacto no faturamento da sua empresa em eventuais crises, é sempre hora de refletir sobre suas ações e estratégias. Crises econômicas no Brasil podem ser uma grande oportunidade para inovação e reposicionamento no mercado. Existem atitudes simples que podem auxiliar no crescimento do seu negócio mesmo em período de retrocesso econômico.

Controle de custos e gestão de caixa

A inflação em alta e os custos mais elevados dos insumos "comerão" parte do negócio das companhias. Os executivos terão de controlar os custos com paciência, dia após dia. Por isso, a primeira lição para os gestores é poupar.

Manter o caixa sob controle, com o dinheiro longe de grandes apostas, é a decisão mais sensata em períodos de incerteza.

Questionar cada ação do dia a dia para trazer recursos no fim do mês é uma boa maneira de se manter atento às pequenas perdas, que podem se transformar em grandes buracos mais adiante.

Um sistema diário de acompanhamento do caixa possibilita ações rápidas, seja para revisar a estrutura ou para redirecionar a estratégia.

Geração de valor

Uma empresa só consegue superar suas rivais se puder estabelecer uma diferença competitiva e fazê-la perdurar.

Por que algumas empresas atingem desempenho econômico melhor do que outras? O valor, e não o custo, deve ser usado na análise da posição competitiva de uma empresa.

Valor econômico é a diferença entre o custo de produção do bem e o valor percebido pelo cliente. As empresas devem adotar uma abordagem proativa em relação às novas ideias, criatividade e inovação. Isso significa criar mudanças, não apenas adaptar-se a elas. A inovação deve manifestar-se em todas as atividades da empresa: desenvolvimento de tecnologias, novos produtos e serviços, campanhas de marketing, técnicas de vendas, novos métodos de organização, novas técnicas de gestão etc.

Estratégia competitiva

Estratégia competitiva significa tomar atitudes ofensivas ou defensivas para criar uma posição defensável em um setor, a fim de lidar com as forças competitivas e, assim, obter um retorno superior sobre o investimento.

Embora admita que as empresas encontraram muitas formas diferentes de concretizar isso, o professor norte-americano de Harvard Michael Porter, considerado o papa da matéria, afirma, em seus livros *Vantagem competitiva* e *Estratégia competitiva*, que existem apenas três estratégias bem-sucedidas e internamente coerentes para um desempenho superior ao das outras empresas. Essas estratégias genéricas são apresentadas a seguir.

- **Estratégia da liderança pelos custos:** em algumas empresas, os gerentes dedicam grande atenção ao controle de custos. Embora não negligenciem a qualidade, o serviço e outras áreas, o principal tema da estratégia dessas empresas é o baixo custo em relação aos seus concorrentes. O baixo custo proporciona uma defesa contra as forças competitivas de diversas formas. Obviamente, a liderança de custo não é a estratégia mais adequada a todas as empresas.

  Porter afirmou que as empresas que desejam buscar a liderança de custos como estratégia precisam ter uma alta participação de mercado com relação aos seus concorrentes ou então possuir outras vantagens, como o acesso favorável à matéria-prima.

Os produtos precisam ser projetados de modo a serem de fácil produção, e uma empresa de baixo custo seria sábia se mantivesse uma ampla linha de produtos afins e reduzisse a carga sobre os produtos individuais. Além disso, a empresa de baixo custo deve cortejar uma ampla base de clientes; ela não pode perseguir pequenos nichos de mercado. Mesmo assim, depois que consegue a liderança de custos, a empresa deve ser capaz de gerar altas margens de lucro; se reinvestir esses lucros adequadamente na modernização de equipamentos e instalações, deve ser capaz de sustentar durante algum tempo sua posição de baixo custo.

Porter citou a Texas Instruments, a Black & Decker e a Du Pont como empresas que fizeram exatamente isso. Ele também avisou que havia desvantagens e perigos associados à liderança de custos. Embora o alto volume muitas vezes leve a menores custos, as economias não são automáticas e os gerentes de empresas de baixo custo têm de estar sempre alertas para garantir a obtenção das economias prometidas. Eles devem estar atentos à necessidade de sucatear ativos obsoletos, investir em tecnologia e administrar constantemente o negócio, tendo como base os custos. Por fim, há o perigo de um novato ou um antigo rival imitar a tecnologia ou os métodos de controle de custos do líder e ganhar vantagem. A liderança de custo pode ser uma reação eficaz às forças competitivas, mas nada é garantido.

- **Estratégia de diferenciação:** Porter sugeriu a diferenciação como uma alternativa à liderança de custos. Com a diferenciação, a empresa se preocupa menos com os custos e tenta ser vista no setor como tendo algo de singular a oferecer. A Caterpillar, por exemplo, enfatiza a durabilidade de seus produtos, os serviços, a disponibilidade de peças de reposição e a excelente rede de revendedores para se diferenciar de seus concorrentes. A diferenciação exige alguns trade-offs em relação ao custo. *Trade-off* é um conceito muito importante da economia, pois consiste na escolha de uma opção em detrimento de outra. Os adeptos da estratégia de diferenciação precisam, necessariamente, investir mais em pesquisa do que os líderes em custos; devem ter melhores projetos de produtos; devem usar em seus produtos matéria-prima de melhor qualidade e, muitas vezes, mais cara; precisam investir mais no serviço ao cliente. Além disso, têm que estar dispostos a "abrir mão" de parte da participação de mercado. Embora todos possam reconhecer a superioridade dos produtos e serviços do adepto da estratégia de diferenciação, muitos clientes não podem ou não querem pagar por eles. Uma Mercedes, por exemplo, não é para todos.

- **Estratégia de foco:** a estratégia genérica final de Porter é o enfoque. Nesse caso, uma empresa vai atrás de um comprador, uma linha de produto ou um mercado geográfico. "Embora as estratégias de diferenciação e baixo custo almejem concretizar seus objetivos em todo o setor, a estratégia de enfoque como um todo se desenvolveu em torno de acertar muito bem um único alvo." Por exemplo, a Porter's Paints concentra-se em servir ao pintor profissional, deixando para outros concorrentes o mercado consumidor.

  A vinícola Casa Valduga, por exemplo, sempre teve uma visão com relação à estratégia de foco desde a sua fundação, com a projeção de ser uma vinícola *premium* (com qualidade e preços elevados), por selecionar o público-alvo a ser atendido para oferecer produtos diferenciados, a partir da percepção das necessidades dos consumidores em decorrência da demanda e tendências do mercado. A certificação de produtos *kosher*, com base nos regimentos religiosos, garante processos rigorosos para a produção dos alimentos para os judeus. Foi possível verificar, a partir de uma pesquisa realizada na empresa, que a produção do vinho *kosher* permitiu agregar valor aos seus produtos, transmitindo aos seus clientes um caráter único ao incluir em seu portfólio um produto não oferecido pelos concorrentes.

A principal diferença entre a estratégia de foco e as outras duas é que uma empresa que adote a estratégia do foco decide conscientemente competir apenas em um pequeno segmento do mercado. Em vez de tentar atrair todos os compradores, oferecendo-lhes baixo custo ou características e serviços únicos, a empresa busca servir a um único tipo de comprador. Servindo a esse mercado limitado, a empresa pode buscar a liderança de custos ou a diferenciação com as mesmas vantagens e desvantagens dos líderes de custo e dos diferenciadores.

Foco no cliente

Gerenciar seu negócio com foco no cliente e nas necessidades dele, como oferecer um bom atendimento, é fundamental para garantir sua satisfação. Ofereça uma experiência de relacionamento mais próximo ao seu cliente para o manter sempre por perto. Conceder descontos especiais, oferecer conteúdos exclusivos e ter um atendimento diferenciado são algumas das atitudes que fortalecem o processo de fidelização.

Estratégias do comércio eletrônico da Amazon, por exemplo, com iniciativas de fidelização do cliente e rastreamento dos hábitos de consumo do público, têm o consumidor no centro de todas as suas ações ao atrair (ter grande variedade de produtos e de todos os preços), engajar (pedir avaliação dos produtos, além de deixar os clientes curtirem – ou não – outras avaliações de outros clientes) e encantar os clientes (rapidez na entrega, atendimento cordial e facilidade de devolução de produtos).

Revendo seus processos

O lado nefasto dos tempos de economia em alta e do mercado bom é que, muitas vezes, os empreendedores "relaxam" em termos de controle de processos e custos. A armadilha de se colocar na zona de conforto e não fazer uma revisão desses processos e custos pode ser fatal.

Quando as margens de lucro são amplas, é comum que as pequenas e médias empresas não façam uma análise mais criteriosa de suas estruturas de custos, repassando estes para o preço ao consumidor. Em tempos de crise, essa oportunidade não existe.

O mundo pós-pandemia será mais pobre e demandará melhor uso dos recursos. Será necessário trabalhar com austeridade e senso de prioridade.

Novos canais de vendas e distribuição

Momentos de crise são também momentos de oportunidades. Por isso, se você quer sobreviver à crise econômica, tenha em mente que será necessário buscar novos caminhos, e isso passa por novos canais de vendas e distribuição, que talvez estivessem fora dos seus planos nos tempos de "vacas gordas".

No caso do comércio, por exemplo, uma alternativa é a criação de uma loja virtual para romper as barreiras geográficas do negócio e passar a conquistar novos mercados. Se você planejar direito, essa opção não sai tão cara assim e ainda pode ajudar muito no faturamento do seu negócio.

Em uma pandemia, no cenário de imobilidade global, a internet e outras inovações tecnológicas conseguiram manter atividades econômicas e até acelerar a produtividade.

Vale lembrar também que os custos de distribuição devem ser reduzidos ao mínimo. É preciso assegurar a produção e atender pontualmente ao mercado. Toda empresa tem um nível ideal de estoque, que não sobrecarrega o seu caixa, principalmente com aqueles produtos com giro maior e que geram retornos maiores.

Desligue-se do passado

Resultados passados não necessariamente refletem o desempenho futuro de uma empresa. Essa é uma máxima dos negócios e da análise de investimentos.

Em tempos de crise, ficar se referindo toda hora a situações passadas não garantirá seus resultados futuros e muito menos mudará a situação atual.

Na crise, crie!

A palavra crise, quando escrita em chinês, é composta de dois caracteres. O primeiro representa o perigo, e o segundo, a oportunidade. Apenas a título de curiosidade: a pronúncia é *wëijï*.

Na crise provocada pelo coronavírus, enquanto alguns choravam, outros vendiam lenços e álcool em gel. Foi o caso de uma empresa digital de serviços, que precisou se reinventar. Ela oferecia a ponte entre clientes e prestadores de serviços como pedreiro, pintor, bombeiro etc., mas percebeu um aumento nas buscas por higienização. A contratação de serviços de limpeza de tapetes, sofás e cortinas, por exemplo, cresceu no início da epidemia da Covid-19. Entrando em contato com empresas parceiras de dedetização, a empresa percebeu que poderia oferecer um novo serviço, de desinfecção preventiva de ambientes com produtos capazes de matar o coronavírus.

Assim, pense sempre em oferecer novos produtos e serviços adaptados à realidade do cliente. À medida que as pessoas passaram a trabalhar em home office, por exemplo, restaurantes finos passaram a utilizar serviços de entrega de comida, como Uber Eats, Rappi e iFood, como forma de continuar a servir as refeições e não parar.

Será que o downsizing não seria necessário?

Vão-se os anéis e ficam os dedos. Em épocas de crise, o importante é sobreviver e ajeitar a casa. O chamado downsizing é a redução temporária – ou permanente – da quantidade de empregados. É melhor reduzir a empresa e sua atividade, pois nunca se sabe até quando esta situação permanecerá. Guarde munição de investimentos para quando tiver um horizonte menos nebuloso na sua frente.

As demissões devem ser feitas apenas quando os demais custos fixos tenham sido reduzidos ao máximo e cortes pontuais vão ajudar o caixa da empresa. Antes dessa análise interna, a saída de funcionários pode ser um indicativo de que a empresa superestimou seu potencial de mercado e contratou sem critério.

Qualificar a gestão

Seja seletivo e aplique o dinheiro em resultados rápidos. Maquinário para novas linhas de produtos não são decisões indicadas, assim como a modernização das linhas de produção. O ideal é qualificar seus gestores, para que consigam vender mais e com mais rentabilidade.

Tecnologia agora é item básico

Quem não era viciado em tecnologia antes da "grande crise" do coronavírus, que virou nossas vidas de cabeça para baixo, certamente está agora. Para muitos de nós, trabalhar em casa apenas enfatizou nossa necessidade de conexões sem fio rápidas para a nuvem. Happy hours, congressos e teleconferências via Zoom, Teams, Hangouts, Skype ou Google Meet ajudaram a nos conectar, apesar da separação física. A Netflix e a Amazon Prime, bem como os videogames, que antes, muitas vezes, separavam as pessoas, mantiveram toda a família entretida.

Em 2020, enquanto buscavam se afastar do vírus, as pessoas em quarentena passavam mais tempo em casa. O que elas ficavam fazendo em casa? Além de usar serviços de streaming, estavam comprando coisas no comércio digital, assistindo aulas a distância, lives de cantores e cozinheiros e até fazendo ginástica com personal trainers nas redes sociais. A tecnologia se tornou um item básico em momentos de crises, assim como comida e material de limpeza para desinfecção e papel higiênico.

O isolamento social causado pela pandemia mudou nosso modo de viver. O consumo será intermediado por tecnologias que reduzem o contato ao mínimo, como e-commerce, realidades virtual e aumentada, pagamentos por aproximação e até drones.

Invista no trabalho remoto

Em 2020, o Twitter notificou os funcionários de que a maioria deles poderia continuar trabalhando em casa indefinidamente.

Muitos gerentes de empresas ficaram maravilhados com o notável sucesso do experimento com o trabalho em casa e com sua produtividade após milhões de funcionários de tecnologia, mídia, finanças e outras indústrias serem forçados a trabalhar remotamente por meses. Indiscutivelmente, a produtividade em muitos casos foi impulsionada pela nova rotina, que elimina o desgaste e o tempo necessários para ir ao trabalho ou viajar a negócios.

O silêncio pode custar 75% a mais no fim da crise

A área de comunicação está entre os três primeiros itens na lista de cortes de presidentes de grandes empresas em períodos de crise. O dado faz parte de uma pesquisa reservada de uma das maiores consultorias de gestão de marcas do mundo, que buscou medir como os executivos reagem quando os primeiros sinais de alerta se acendem. A percepção é que "cortar" a verba de comunicação ajuda a manter o investimento em outras áreas. O problema do excesso de cortes nas verbas de marketing é que uma empresa que ficou em silêncio em um período de crise pode demorar muito a voltar a ser ouvida e percebida pelos consumidores.

Participe de eventos setoriais

Em épocas de crise, é importante participar de eventos para poder ter uma avaliação externa da crise e do cenário traçado para o futuro. Trata-se de um ótimo momento para o compartilhamento de experiências e soluções adotadas por outros empresários que estão no mesmo barco. É uma situação na qual a união faz a força.

30

Minhas dívidas: uso do crédito de forma inteligente

Início de conversa

- Como organizar e saldar suas dívidas.
- Entender inadimplência, dívida boa e dívida tóxica.
- Fazer bom uso de seu cartão de crédito.
- Como funcionam os programas de fidelidade.

> *Um banco é um lugar que vai te emprestar dinheiro,*
> *se você provar que não precisa.*
>
> Bob Hope

Escapando das dívidas

Para acabar com as dívidas, é preciso ter informação (como as que você vai obter aqui), paciência (se não tem, trate de desenvolver esse atributo) e muita disciplina.

Você se endividou um tanto além da conta? Respire fundo e mantenha a calma. Entrar em desespero não vai lhe ajudar em absolutamente nada. Pior: desesperado, você pode estar prestes a contrair novas dívidas para pagar as já vencidas ou – *toc toc* na madeira – pode arrumar uma úlcera ou ter um piripaque.

O custo de uma dívida é a taxa de juro que você paga. Mas, se você já está inadimplente, acrescente a esse custo as multas por atraso. Quanto antes você conversar com seu credor, melhor. Ao negociar uma forma de pagamento, você interrompe o acúmulo de juros e multas, que acabam virando uma bola de neve.

A maior parte das pessoas faz dívida porque não tem controle de seus orçamentos e não se planeja para o futuro. Isso inclui não ter uma poupança para emergências como desemprego, doença, canos estourados, pandemias como a Covid-19 etc.

De forma geral, quando você compromete mais de 30% de seu orçamento com dívidas, você é um candidato a se enrolar com elas no futuro, porque provavelmente não conseguirá manter por muito tempo a disciplina dos pagamentos mensais. O ideal é que você reserve entre 20% e 30% de sua renda mensal para o pagamento de dívidas.

Por que alguém pede dinheiro emprestado? Normalmente, pede-se dinheiro emprestado por não ter o suficiente para comprar algo que a pessoa queira ou para o que ela precisa, como uma faculdade, por exemplo.

Ao gastar dez mil em uma viagem, só restarão as memórias e as fotos, mas nenhum valor financeiro – embora, obviamente, as viagens enriqueçam a vida da pessoa com experiências incríveis e a deixem bem mais produtiva quando do retorno.

Minha sugestão: gaste o que você pode pagar. Se você precisar pedir dinheiro emprestado na forma de um cartão de crédito por muitos meses a fim de tirar férias, significa que você não pode pagar.

Tipos de empréstimo

Existem várias alternativas de empréstimo financeiro promovidas por bancos e instituições financeiras afins. As principais são apresentadas a seguir.

Empréstimo pessoal

É o tipo que é solicitado, mediante contrato, ao seu banco ou a uma agência financeira. É estipulado um valor exato, que será concedido e você passará por uma análise completa antes de o crédito ser aprovado.

A principal vantagem desse tipo de empréstimo é a praticidade – está disponível para todos os interessados e a contratação geralmente é muito rápida.

A desvantagem é que você precisa tomar cuidado com os juros e os prazos de pagamento, que muitas vezes podem ser abusivos.

Antes de assinar um contrato, pesquise bastante para garantir que o banco ou a financeira seja idôneo e confiável.

Crédito Direto ao Consumidor (CDC)

A vantagem desse tipo de empréstimo é a de o consumidor passar a possuir o bem no ato da compra, sem precisar pagar o valor total naquele momento. As parcelas são acrescidas de juros, cujas taxas são menores do que as do cheque especial ou dos cartões de crédito. Essas taxas variam segundo a instituição financeira e podem ser consultadas no site do Banco Central.

Empréstimo consignado

A principal vantagem desse tipo de empréstimo é o custo. Ele tem um limite máximo de pagamento mensal, equivalente a 30% do seu salário, pensão ou aposentadoria. Para completar, as taxas de juros geralmente são bem menores.

Pode ser uma forma de crédito excelente para pessoas pouco organizadas financeiramente, pois possuem taxas de juros mais baixas em comparação com outras modalidades de crédito pessoal.

Sua principal desvantagem é a forma de pagamento das parcelas, que é realizada diretamente por meio de desconto em folha de pagamento. Não há como adiar ou mudar a data do pagamento do empréstimo.

Empréstimo via cheque especial

Possui as mesmas vantagens e desvantagens do empréstimo pessoal, embora seu funcionamento seja diferente. No caso do cheque especial, não é preciso fazer uma solicitação; o valor do seu crédito é pré-aprovado pelo seu banco e, geralmente, embutido automaticamente nos limites de sua conta corrente. Ele está disponível para ser utilizado quando você desejar. A única facilidade é não precisar pedir o dinheiro emprestado na hora de ter que equilibrar o orçamento ou em uma emergência, enquanto a desvantagem são as altas taxas de juros, que são muito, mas muito altas mesmo, além do fato de que, ao ver seu extrato, você acha que esse dinheiro faz parte de sua renda. É bom pensar muitas vezes antes de utilizar cheque especial como empréstimo de dinheiro.

Empréstimo rotativo

Este tipo é associado ao uso do cartão de crédito com o pagamento do valor mínimo. Quando você faz uma compra no valor de R$ 2 mil com o cartão, mas só paga o valor mínimo de R$ 200, está pegando emprestado da instituição financeira os R$ 1.800 restantes. O banco paga sua dívida com a loja, mas continua cobrando esses R$ 1.800 nas próximas faturas, mas com juros. E haja juros!

O pior é o efeito bola de neve que isso pode gerar por conta da cobrança de juros mensais sobre o montante da dívida e sobre os juros antigos – os "indigestos" juros sobre juros (juros compostos).

Atenção! Este tipo de empréstimo deve ser evitado ao máximo, pois pode causar uma bola de neve, com um endividamento sem controle.

Empréstimos da família ou amigos

Conseguir um empréstimo (mútuo) de um familiar ou um amigo é, muitas vezes, tudo o que é necessário para resolver uma pendência financeira. Há, naturalmente, vantagens, pois pode até vir sem juros se for empréstimo de pai para filho! Dessa forma só pai e mãe, não é mesmo?

Mas é lógico que, se você não pagar, terá aquele constrangimento sempre que encontrar a pessoa e, se precisar pedir de novo, ninguém vai querer nem atender o telefone. Use esse recurso com parcimônia e bom senso.

Crédito estudantil privado

O empréstimo estudantil oferecido pelas instituições particulares é mais caro do que o do financiamento estatal pelo Fundo de Financiamento Estudantil (Fies), que veremos mais adiante.

O valor máximo financiado não ultrapassa a metade do custo total do curso. Em outras palavras, os alunos deverão pagar metade do valor cobrado pela faculdade, conforme as condições estabelecidas no contrato.

O financiamento pode ser requerido por estudantes que já estão cursando o Ensino Superior ou por aqueles que acabaram de ingressar. A condição para solicitação é que haja parceria entre a instituição de ensino e a empresa que oferece o crédito.

Nas instituições financeiras privadas, o aluno precisa pagar uma parte do crédito enquanto ainda está estudando. No Fies, a quitação da dívida só ocorre depois que o aluno se forma na faculdade, o que possibilita o pagamento com o salário garantido pela nova formação profissional.

Fundo de Financiamento Estudantil (Fies)

Às vezes – eu disse "às vezes" –, o governo faz uma boa coisa com a montanha de dinheiro que o brasileiro paga de impostos. Se você não conseguiu passar em nenhuma faculdade pública com sua nota do Enem e gostaria de ingressar em uma faculdade particular, mas não tem como pagar, você deve conhecer o Financiamento Estudantil feito pelo governo, por meio do Ministério da Educação. A linha de crédito banca a mensalidade do estudante em uma instituição privada de ensino.

O Fies é um programa do Ministério da Educação do governo federal que financia cursos superiores não gratuitos a juros bem mais baixos do que os praticados no mercado e com maior prazo para pagamento da dívida.

Para participar do programa, é necessário cumprir requisitos como:

- ter renda familiar mensal bruta, por pessoa, de até dois e meio salários mínimos;
- participação no Exame Nacional do Ensino Médio (Enem), com pelo menos 450 pontos nas provas objetivas e nota maior do que zero na redação (para quem se formou no Ensino Médio a partir de 2010).

Para ter acesso, o estudante precisa estar cursando ou passar no vestibular de uma das instituições cadastradas no Fies (atualmente, há mais de mil instituições cadastradas) e fazer a matrícula na carreira.

Passada a primeira etapa de exigências, é preciso fazer a inscrição pelo Sistema Informatizado SisFIES e ser aprovado pelo Ministério da Educação. O estudante poderá fazer a inscrição em qualquer período do ano, de janeiro a junho, para o financiamento relativo ao primeiro semestre, e de julho a dezembro, para o financiamento relativo ao segundo semestre do ano.

Durante o curso, o bolsista paga um valor de até R$ 150 a cada três meses. Quando se forma, entra no período de carência de 18 meses, mas, nesse período, deve continuar pagando trimestralmente o valor de até R$ 150, referente aos juros que incidem sobre o financiamento. Encerrada a carência, o financiamento pode ser pago pelo estudante em até três vezes o período financiado do curso; aí começa a fase da amortização da dívida. Todo o saldo que o estudante devia é aplicado em uma fórmula, que calcula os juros e determina um valor fixo para as parcelas de pagamento.

O percentual de financiamento do valor do curso é definido de acordo com o comprometimento da renda familiar mensal bruta *per capita* do estudante.

Tabela 30.1 – Parâmetros para definição do percentual de financiamento

Faixas de renda familiar mensal bruta *per capita* (Ri)	Comprometimento marginal do estudante por faixas de renda familiar mensal bruta *per capita* (k_i^m)	Parcela a deduzir por faixas de renda familiar mensal bruta *per capita*, em R$ (di)	Valor mínimo de participação, em R$ (VMP)	Comprometimento efetivo do estudante por faixas de renda familiar mensal bruta *per capita*
Até 0,5 salário mínimo	15,00%	0,00	50,00	15,00%
De 0,5 a 1,0 salário mínimo	26,50%	45,31	50,00	20,75%
De 1,0 a 1,5 salário mínimo	38,00%	135,93	50,00	26,50%
De 1,5 a 2,0 salários mínimos	49,50%	271,86	50,00	32,25%
De 2,0 a 2,5 salários mínimos	61,00%	453,10	50,00	38,00%

Fonte: Ministério da Educação (2016).

A educação é, geralmente, um bom investimento a longo prazo, porque pode aumentar seu potencial de ganhos, e a taxa de juros do Fies, atualmente em julho de 2020, está em 6,5% a.a., enquanto a taxa Selic está por volta de 2,25% a.a.

Empréstimo com penhor

Ao penhorar algo, você normalmente leva joias ou bens com alto valor monetário a uma casa de penhor regulamentada e recebe um empréstimo em troca – que costuma ser de até 85% do valor do objeto que você entregou. O valor do produto penhorado é definido pelo peso de metal precioso que ele tem, e design e aparência não são levados em consideração.

Podem ser penhorados joias, metais nobres, diamantes lapidados, pérolas, relógios, canetas e prataria.

O local mais conhecido para penhorar os bens é a Caixa Econômica Federal (CEF).

Esse empréstimo sai na hora, sem a necessidade de análise de cadastro de crédito e de apresentar nenhum avalista, porém o bem deixado ali será usado como garantia. No caso do penhor feito pela CEF, você deve quitar o empréstimo de uma única vez para receber de volta o item penhorado.

Além disso, é possível penhorar qualquer coisa mesmo que seu nome esteja "sujo", ou seja, inscrito em cadastros do SPC, Serasa ou CCF por inadimplência.

A taxa de juros do penhor costuma ser menor do que em outros tipos de empréstimo, mas ela varia conforme o prazo de pagamento que você escolher, que pode ser de um a quatro meses.

A penhora de bens é indicada para quem está passando por uma dificuldade momentânea, principalmente por conta do curto prazo de pagamento dessa dívida. Mas se certifique de que você pode dar esse bem como garantia e pagar o empréstimo depois. Caso contrário, o risco de perder o item é muito grande. Os bens podem ir a leilão, e aí você pode ficar sem sua peça, que muitas vezes possui um valor afetivo incalculável. O bem pode ir a leilão a partir do primeiro dia de atraso, mas normalmente a CEF adota um prazo de 30 dias após o vencimento.

Empréstimo com garantia de imóvel (hipoteca)

A hipoteca é conhecida como "crédito com garantia de imóvel" ou "refinanciamento imobiliário". Ela consiste em um tipo de empréstimo no qual o devedor dá um imóvel como garantia para conseguir um empréstimo de valor alto, com prazo longo para pagar e juros um pouco abaixo da média do mercado. É uma opção de crédito pouco conhecida, mas disponível nos principais bancos brasileiros.

Para ter acesso ao crédito hipotecário, é preciso ter imóvel próprio residencial ou comercial, que é avaliado por empresas credenciadas ao banco ou com base no carnê do IPTU, quando se trata de imóveis de até R$ 300 mil.

Entre os principais atrativos estão o prazo de até 30 anos para pagar e o limite alto do valor do empréstimo, quando há. Sua principal utilização é investir em negócio e trocar dívida cara por outra com juros mais baixos.

A legislação brasileira garante que o imóvel residencial não pode ser penhorado por conta de dívidas. No entanto, há exceção para que ele seja dado como garantia – mesmo que seja o único imóvel da família – se isso for feito de forma voluntária, conforme indica a Lei nº 8.009/1990.

Em caso de inadimplência, basta o banco fazer o recolhimento do imposto de transmissão de bens imóveis e solicitar ao cartório a consolidação da propriedade, seguida pelos leilões para quitação da dívida. Ou seja, o tomador do empréstimo pode ter que entregar a própria casa ao banco.

Financiamento coletivo de empréstimos diretos a pessoas (crowdfunding)

O crowdfunding é uma modalidade de investimento em que várias pessoas podem investir pequenas quantias de dinheiro em seu negócio, geralmente via internet, a fim de dar vida à sua ideia. É o chamado financiamento colaborativo, algo que está revolucionando o lançamento de startups mundo afora.

O crowdfunding é utilizado para qualquer tipo de mercado, seja ele cultural, de saúde, tecnologia, industrial etc. Ele serve não apenas para pessoas que não possuem dinheiro para o financiamento, mas também para empreendedores que precisam levantar um capital alto.

O funcionamento é muito simples: o empreendedor apresenta sua ideia ao público, informando quanto necessita arrecadar e qual é o prazo-limite para alcançar este feito. As pessoas acessam o site, conhecem o projeto por meio de vídeos e textos explicativos e decidem contribuir ou não. Caso o projeto consiga 100% do financiamento pedido, o site que divulgou a iniciativa recebe uma comissão da empresa (em geral, 5%); caso contrário, o empreendedor sai sem levar nada do que foi arrecadado e o valor é estornado às pessoas.

Muitos empreendedores que divulgam sua ideia em busca de financiamento colaborativo recompensam seus investidores com alguns brindes, prêmios e até mesmo com participação dentro da empresa. Tudo dependerá da quantia investida no projeto.

No Brasil, é um setor ainda pouco explorado, basicamente pela prematuridade dos instrumentos de análise de crédito (ainda esparsos e deficitários em relação a outros países), mas está crescendo rapidamente. Infelizmente ainda luta contra a desconfiança das pessoas em investir dinheiro em projetos que pouco conhecem.

Grandes empresas e produtos/serviços já usaram a ferramenta de investimento coletivo, como Wikipédia, Linux e YouTube. No Brasil, esse recurso foi utilizado, por exemplo, em 1927, para a construção do estádio São Januário, do time de futebol Vasco da Gama, no Rio de Janeiro.

Empréstimo on-line para PF e PJ

O *peer to peer lending* (P2P) permite que pessoas invistam dinheiro em pessoas sem a intermediação de uma instituição financeira. No Brasil, no entanto, isto não é possível devido à regulamentação do Sistema Financeiro Nacional (SFN). Então, para se adequar às regras do Banco Central, as plataformas on-line atuam como um correspondente bancário para ajudar na estruturação do empréstimo, que é realizado pelo banco parceiro. Esta nova modalidade tende a crescer muito nos próximos anos e os juros devem ser bem mais baixos do que os do mercado.

O tomador do empréstimo se cadastra na plataforma e informa para que ele precisa do dinheiro. A plataforma faz a análise do crédito, verifica o histórico e, se aprovada a solicitação, fica visível para investidores cadastrados. Os investidores cadastrados escolhem se e quanto querem investir.

Por meio da plataforma P2P, investidores podem fazer depósitos no banco parceiro em CDBs, e estes títulos são vinculados aos empréstimos, por meio de Cédulas de Crédito Bancários (CCB), concedidos pelo mesmo banco, também pela plataforma. Vale a pena dar uma verificada antes de pegar um empréstimo.

Empréstimo de capital de giro

Capital de giro é o dinheiro destinado ao pagamento de despesas do dia a dia de uma empresa, como salários e estoque.

Muitos empresários costumam pegar empréstimos na conta corrente da pessoa física para investir na própria empresa, enquanto o ideal seria fazer justamente o inverso, pois o crédito oferecido para empresas costuma ser menos burocrático e ter taxas menores.

A melhor opção será aquela em que você consegue acessar os recursos rapidamente, pelo menor custo e maior prazo para pagamento.

BNDES Microcrédito

O BNDES Microcrédito é um programa que oferta recursos para o microcrédito produtivo, orientado a pessoas físicas e jurídicas empreendedoras de atividades de pequeno porte, visando incentivar a geração de trabalho e renda.

Podem solicitar o financiamento pessoas físicas ou jurídicas com receita operacional bruta (ROB) anual de até R$ 360 mil. Os juros são menores do que os dos bancos comerciais e há, ainda, um período de carência. Para conseguir o crédito, é preciso ter um plano de negócios ou um projeto justificando a utilização do recurso solicitado.

Podem ser financiados o capital de giro e os investimentos fixos, como ampliação das instalações com obras civis, compra de máquinas e equipamentos novos e usados, compra de insumos e materiais, entre outros.

Não são passíveis de apoio quaisquer investimentos ou gastos de qualquer natureza no âmbito dos seguintes setores: comércio de armas; atividades bancárias/financeiras; motéis, saunas e termas; e relacionados a exploração de jogos de azar e apostas.

Leasing

O arrendamento mercantil é uma operação de financiamento sob a forma de locação, constituindo uma opção de médio a longo prazo, indicada para adquirir máquinas, veículos e outros equipamentos. Ao final do contrato, depois de pagar as prestações, a pessoa pode optar por comprar o bem, pois ele é de propriedade da operadora.

As vantagens são menores taxas de juros e isenção do imposto sobre operações financeiras (IOF).

Antecipação de recebível/desconto de duplicatas

Esse é um tipo de financiamento em que o credor antecipa ao devedor valores que tenha a receber de terceiros. É uma forma recomendada principalmente para quem trabalha com comércio. Você pode vender um produto no cartão de crédito ou cheque pré-datado e pedir a antecipação do pagamento para uma instituição financeira.

Project financing/financiamento a projetos

São estruturas de financiamento destinadas a grandes projetos, como a criação de novas fábricas, usinas, grandes obras etc. Por exemplo, no BNDES Project Finance, a taxa de juros é calculada na fase de análise do projeto, levando-se em conta:

- a classificação de risco dos controladores da beneficiária, conforme a dependência do projeto e do financiamento em relação a eles;
- o risco de implantação do projeto e os respectivos mitigadores;
- o grau de alavancagem da beneficiária;
- a suficiência, a previsibilidade e a estabilidade dos fluxos de caixa do projeto;
- o risco operacional do projeto e respectivos mitigadores; e
- o valor, a liquidez e a segurança das garantias oferecidas pela beneficiária.

Debêntures

São títulos de dívida emitidos por grandes empresas, comprados por investidores, que recebem uma remuneração (juros) pelo valor investido. Podem ser do tipo conversível, isto é, que podem ser convertidas em ações da empresa, conforme contrato.

Investimento direto

É o aporte de capital feito em empresas em troca de uma participação na sociedade. Pode ser feito por pessoas físicas ou jurídicas, quaisquer ou especializadas, como empresas de participações e fundos de investimento.

Dívidas tóxicas

A dívida contraída para consumo é a que chamo de tóxica, porque ela é prejudicial à sua saúde financeira de longo prazo. As altas taxas de juros que os bancos e outros credores cobram pelas dívidas tóxicas são uma das razões para que você não as utilize. Você será menos capaz de economizar dinheiro usando este tipo de dívida. Cartões de crédito, cheque especial, financiamento de automóveis e outros tipos de empréstimos ao consumidor são alguns exemplos de dívidas tóxicas.

Importante lembrar que não adianta guardar dinheiro na poupança e dever dinheiro no cheque especial ou no cartão. É impossível achar uma aplicação financeira que pague mais do que a taxa cobrada no cheque especial. Livre-se o quanto antes dessas dívidas tóxicas!

Dica

Você será capaz de tirar muitas férias durante sua vida se poupar dinheiro com antecedência. Se adquirir o hábito do empréstimo para pagar férias, carros, roupas e outros itens de consumo, você acabará gastando mais de sua renda futura para pagar a dívida e os juros, deixando-o com menos dinheiro para suas outras metas.

Troque dívidas caras por baratas

Para sair do buraco, é preciso parar de cavar. Para sair de uma dívida, é preciso parar de aumentá-la. A renegociação de dívidas é um processo necessário para sair do buraco. Para trocar uma dívida cara por outra com juros menores, compare as taxas de juros.

Assim, não se anime com o novo empréstimo só porque ele tem prestações menores. A nova dívida pode ter um custo final mais caro do que as suas dívidas anteriores juntas – e você descobre isso comparando os juros e o Custo Efetivo Total (CET).

O CET corresponde aos encargos e às despesas incidentes nas operações de crédito e de arrendamento mercantil financeiro, contratadas ou ofertadas a pessoas físicas, microempresas ou empresas de pequeno porte. Esse custo deve englobar não apenas a taxa de juros, mas tarifas, tributos, seguros e outras despesas cobradas do cliente.

Por **exemplo**, suponha um financiamento nas seguintes condições:

- Valor financiado: R$ 1 mil.
- Taxa de juros: 12% a.a. ou 0,95% a.m.
- Prazo da operação: cinco meses.
- Prestação mensal: R$ 205,73.

Além desses dados, considere também a hipótese de pagamento à vista (sem inclusão no valor financiado) dos seguintes valores:

- Tarifa de confecção de cadastro para início de relacionamento: R$ 50.
- IOF: R$ 10.

De acordo com a fórmula da Resolução CMN nº 3.517/2007, o FCo (valor do crédito concedido) e o FCj (valores cobrados pela instituição) seriam os seguintes:

- FCo: R$ 940.
- FCj: R$ 205,73.

Considerando as prestações pagas a períodos fixos, e utilizando as fórmulas de matemática financeira, o cálculo do CET ficaria assim:

$$\frac{205,73}{(1+CET)^1} + \frac{205,73}{(1+CET)^2} + \frac{205,73}{(1+CET)^3} + \frac{205,73}{(1+CET)^4} + \frac{205,73}{(1+CET)^5} = 940,00$$

CET = 43,93% ao ano ou 3,08% ao mês.

Repare que o valor financiado não foi R$ 1 mil, mas menor, pois foram emprestados R$ 1 mil e descontaram-se no ato a tarifa e o IOF (50 + 10), logo, você só recebeu R$ 940.

Dívidas de cartão de crédito ou cheque especial

Você precisa eliminá-los imediatamente. Hoje, agora. São dívidas tóxicas que possuem as taxas mais absurdamente caras, então sempre será vantajoso se livrar dessas dívidas o quanto antes. Esse é o momento de pegar um empréstimo pessoal, consignado, fazer um Crédito Direto ao Consumidor (CDC) ou até mesmo penhorar algo e quitar essa cobrança logo.

Lembre-se: de especial o cheque não tem nada! Quanto mais fácil for para conseguir o crédito, mais caro ele será! Tendo renda comprovada, é possível fazer um empréstimo consignado e usar o dinheiro para quitar toda a dívida do cheque especial ou do cartão.

Em vez de pagar somente o mínimo do cartão (o que rola a dívida no rotativo, que tem a taxa mais cara do mercado), é preferível fazer um crediário e pagar a conta mensalmente com taxas menores.

A troca só é vantajosa se você tem certeza de que vai conseguir pagar o novo empréstimo. Trocar uma dívida por outra que não cabe no seu bolso não vale a pena: você terá todo o trabalho para fazer a troca e ficará com o nome sujo do mesmo jeito.

A portabilidade de crédito acontece quando você leva sua dívida para outro banco. Esse novo banco paga o empréstimo anterior, quita o que estava pendente e faz uma nova dívida com você. A troca somente será boa se o novo banco tiver um CET menor do que o anterior.

Ao pagar a dívida do cheque especial ou do cartão, interrompa imediatamente a sua utilização. Acabe com o limite da conta e deixe o cartão de lado da renegociação em diante.

Boas dívidas

Não estou dizendo que você nunca deva tomar dinheiro emprestado e que toda dívida é ruim. Dívida boa pode ser assim considerada quando utilizada para investir e comprar imóveis e empresas de pequeno porte, com taxas de juros mais atraentes. Se bem geridos, esses investimentos podem aumentar em valor.

Vale a pena fazer uma dívida quando ela representar um investimento, que possa valorizar e aumentar seu patrimônio, como comprar ou reformar imóveis, desenvolver ou ampliar um negócio, enfim, qualquer coisa em que se vislumbra um aumento de seus ativos. Deve-se evitar pedir empréstimos caso não seja para os motivos citados.

Vale a pena fazer um empréstimo no banco para pagar dívidas com cartão de crédito e cheque especial?

O cartão de crédito e o cheque especial são duas das modalidades de crédito que possuem as maiores taxas de juros para as pessoas físicas. Assim, devem ser utilizadas por um período curto e emergencial.

Para quem já se encontra no "vermelho", utilizando essas linhas de crédito, o ideal, como já vimos, é fazer um empréstimo pessoal, que possui taxas de juros inferiores (preferencialmente e, se possível, as linhas de microcrédito, penhor de joias ou o crédito consignado). Com isso, estaria trocando um empréstimo caro por um mais barato.

No entanto, lembre-se: só é recomendado fazer o empréstimo se efetivamente a taxa de juros desse novo empréstimo for menor do que você paga atualmente no cheque especial ou cartão de crédito.

Investindo na sua educação

Pegar dinheiro emprestado para pagar as despesas educacionais também pode fazer sentido. O próprio slogan do site do Fies diz: "Quem acredita em si mesmo merece o nosso crédito". Veja mais no início deste Capítulo 30.

Programa Universidade para Todos (ProUni)

O ProUni oferece bolsas de estudos parciais e integrais em faculdades privadas de todo o país. O processo seletivo leva em conta critérios como renda e participação no Enem. São duas edições por ano e as inscrições, sempre gratuitas, devem ser feitas pela internet.

Prazo para pagar o empréstimo

O ideal é que o empréstimo seja pago no menor possível, para que você não pague um montante muito grande referente aos juros. De qualquer forma, é importante avaliar o quanto poderá pagar em cada parcela.

31

Como usar cartões de crédito

Início de conversa

- Entender como usar o cartão de crédito com parcimônia e bom senso.
- Conhecer o mecanismo de *cashbacks*.
- Aprender táticas de guerrilha ao usar cartões.
- Como funcionam os programas de fidelidade.

Dinheiro é o cartão de crédito de um homem pobre.
Marshall McLuhan

Carregar consigo um cartão de crédito é muito mais fácil do que carregar dinheiro, além de ser uma forma muito mais segura, sobretudo se você paga o seguro de roubo e perda. Quem fornece um cartão de crédito está, na verdade, financiando o titular do cartão e o fornecedor da mercadoria que está trocando de mãos.

A empresa emissora ganha da seguinte forma: cobra do comerciante e dá crédito ao titular do cartão, que, se for pago à emissora integralmente na data do vencimento, não sofrerá acréscimo. Além disso, cobra a anuidade do titular e, em caso de atraso, multa de juros e mora.

Atenção! Comprar no cartão de crédito para pagar no mês seguinte é apenas uma facilidade se você tiver o dinheiro para quitar a fatura. Caso contrário, ao pagar o valor mínimo, você vai cair em uma grande cilada. O banco pode cobrar juros sobre a fatura atrasada. Infelizmente, os juros altíssimos estão dentro da lei. Evite pagar o valor mínimo ou parcelar a dívida. Se está com dívidas, o melhor é fazer um empréstimo no banco para pagar à vista.

Facilidade = vantagem ou desvantagem?

É comum escutarmos que, com o cartão de crédito, tudo é fácil: utilizar, comprar, guardar e, evidentemente, gastar demais, enrolar-se e endividar-se. Fácil e rápido.

Você pode facilmente perder a noção do quanto gastou. Pequenos gastos vão se somando e, sem demora, transformam-se em uma quantia imensa, difícil de ser paga. Em uma sociedade consumista, em que o que vale é o *aqui e agora*, um cartão de crédito nas mãos é realmente um grande risco. Seu limite deve ser no máximo 50% de seu salário.

Parece perfeito concentrar pagamentos na mesma data e não correr o risco de desligarem sua conta de luz. Mas as administradoras costumam cobrar tarifas para prestar esses serviços.

Como pagar contas e boletos no cartão de crédito

Existem duas formas de fazer o pagamento de contas com o cartão de crédito: a partir do próprio banco emissor do cartão ou por meio de aplicativos de carteiras digitais, ou fintechs.

A primeira opção, que não recomendamos, é oferecida diretamente pelos bancos. Nela, as taxas adotadas pelos bancos costumam ser bem elevadas, e utilizar esse serviço visando apenas o acúmulo de pontos seria uma operação muito cara.

A segunda opção pode ser mais interessante, pois existem aplicativos disponíveis no mercado que permitem o pagamento de contas com cartão de crédito sem cobrança ou cobrando uma taxa inferior ao valor cobrado pelos bancos. Recomendamos utilizar as opções de pagamento em que não haja incidência de encargos. No princípio, muitos aplicativos e sites disponibilizam tal serviço de graça, mas logo passou a ser cobrada alguma taxa, deixando de ser vantajoso. Então, pesquise bastante antes de começar a usar.

Cashbacks

As fintechs (empresas digitais jovens com foco em finanças) possuem programas de pontos baseados em *cashback*, nos quais uma porcentagem dos gastos no cartão é abatida da fatura seguinte ou equivale a cupons de desconto. Eles funcionam como um "clube de vantagens", no qual empresas cadastradas oferecem descontos diferentes para compras.

Como funciona?

- Primeiramente, você faz o cadastro em um aplicativo ou site de *cashback*;
- depois, procura na plataforma a loja em que tem interesse de fazer a compra;
- abre o site da loja parceira pelo aplicativo;
- realiza a compra;
- após a aprovação da compra, o dinheiro de volta vai ser processado;
- depois, será possível resgatar (após determinado valor mínimo) o valor direto na sua conta bancária, sem pagar nada por isso.

Alguns aplicativos de *cashback*, tanto para Android quanto para iOS, são: Ame, Banco Inter, Beblue, Bumeranggue, Cashback World, Méliuz, My Cashback, Pic Pay, Rappi e Trigg.

Cartões pré-pagos

Os cartões pré-pagos com recarga são uma opção interessante para quem se vê diante de necessidades como pagar funcionários que não têm conta em banco, dar a mesada para os filhos, pedir para a empregada fazer uma compra no supermercado, entre outros. Eles funcionam mais ou menos da mesma forma que os já muito populares pré-pagos em moeda estrangeira para o uso em viagens ao exterior. O cliente deposita um valor no cartão e esse valor fica à disposição para saques, compras e pagamentos de contas, entre outras operações.

Quadro 31.1 – Vantagens e desvantagens dos cartões pré-pagos

Vantagens	Desvantagens
• Práticos, pois poupam o consumidor da obrigação de ir até o caixa eletrônico sempre que precisar de dinheiro.	• É preciso pagar tarifas, por exemplo, para fazer saques e recargas, embora o uso para compras não seja cobrado.
• Seguros, porque evitam que seja preciso andar por aí com dinheiro no bolso.	• O valor depositado não rende juros, então, não deixe dinheiro parado lá, pois é melhor deixar o dinheiro em uma aplicação de investimento.
• Funcionalidades similares às de um cartão de débito de uma conta corrente, mas sem uma linha de crédito atrelada a ele, ou seja, não dá para gastar mais do que o saldo depositado.	• Falta de um limite disponível, o que impossibilita de fazer compras com grandes valores.
• Não é preciso ter conta no banco para possuir um.	• Não poder parcelar as compras, já que você pode usar o que tiver disponível de crédito.

Essa modalidade é positiva para os seguintes perfis de consumidores:

- crianças e adolescentes;
- pessoas que terceirizam compras;
- pessoas sem conta em banco;
- trabalhadores assalariados (empresas da construção civil têm usado cartões pré-pagos para pagar os salários de pedreiros e outros trabalhadores que, antes, recebiam em dinheiro);
- consumidores virtuais (você coloca apenas o crédito necessário para uma compra e evita que seu dinheiro seja usado indevidamente).

Táticas de guerrilha com os cartões

A seguir, apresento algumas táticas adicionais que você pode usar para limitar a influência dos cartões de crédito em sua vida.

Candidate-se a um cartão de crédito com taxa baixa

Diferentes cartões de crédito cobram taxas de juros diferentes. Então, por que pagar 14%, 16% ou 18% (ou mais) ao mês quando se pode pagar menos? Cuidado, porém, porque existem cartões nos quais as taxas são menores, mas o período da cobrança também é maior: em vez de pagar somente a partir da data do vencimento da fatura, agora o juro, em caso de atraso no pagamento, retroage ao momento da compra. Leia as letras miúdas do contrato.

Se você é descontrolado com crédito, simplesmente cancele todos os seus cartões. Para exterminar um péssimo hábito, um viciado deve se livrar das suas drogas. O mundo A.C. (Antes do Crédito) funcionava apenas com dinheiro e cheque há apenas algumas gerações, ou seja, se seus antepassados conseguiram, você consegue!

Algumas vezes, como na locação de automóvel, será imprescindível ter um cartão de crédito como garantia colateral, então, finja que ele não existe e só utilize quando for precisar alugar um carro.

Descubra o cartão de débito

Os cartões de débito realmente oferecerem o melhor de dois mundos. A beleza do cartão de débito é que ele oferece a comodidade de fazer compras com um pedaço de plástico, sem a tentação ou a capacidade de executar a dívida de cartão de crédito.

Cartões de débito evitam que você gaste dinheiro que não tem e lhe ajuda a viver dentro de suas possibilidades. A diferença é que suas compras são debitadas automaticamente de sua conta bancária. Ao trocar crédito por débito, lembre-se de checar seu saldo antes de utilizá-lo, para não entrar na tarifa especial automática.

Reduza seu limite de crédito

Se você não vai aceitar meu conselho e se livrar de todos os seus cartões de crédito, nem vai trocá-los por um cartão de débito, não se esqueça de manter uma trava sobre o limite do seu cartão de crédito. Você não deve aceitar o aumento só porque seu banco continua aumentando seu limite para recompensar você por ser um cliente tão rentável. Ligue para seu serviço de cartão de crédito e solicite redução do seu limite de crédito a um nível com o qual você fique confortável.

Acabe com a taxa anual do cartão

Ligue para o banco que emitiu seu crédito com alta de juros de taxa atual e diga que você deseja cancelar seu cartão, porque encontrou um concorrente que não cobra nenhuma taxa anual e uma taxa de juro mais baixa. Seu banco pode optar por igualar os termos do concorrente em vez de perdê-lo como cliente. Mas tenha cuidado com essa estratégia: cancelar o cartão, especialmente se for um que você teve por um número de anos, pode diminuir sua pontuação de crédito e você pode perder as milhas acumuladas, ou seja, gaste-as antes de cancelar.

Se verificar gastos estranhos aos seus em seu extrato, faça o bloqueio o mais rápido possível. Registre o número do protocolo de atendimento, a hora, o dia e o nome do funcionário da administradora do cartão que lhe atender.

Atenção! Se você receber um cartão de crédito que não solicitou, inutilize-o imediatamente. Em seguida, entre em contato com a administradora do cartão. Recorra ao Programa de Proteção e Defesa do Consumidor (Procon) de seu estado caso continuem a enviar cartões da mesma operadora ou faturas com cobrança. Esta atitude é passível de indenização por danos morais ou materiais, caso você se sinta lesado. Cartões enviados sem que os clientes os tenham pedido são considerados amostras grátis, logo, não se pode cobrar o primeiro ano de taxa de anuidade.

Como funcionam os programas de fidelidade

As empresas de cartões de crédito costumam bombardear os "gastadores" 24 horas por dia com anúncios nos mais variados meios de comunicação (TV, internet, lateral de ônibus, campos de futebol, caixa eletrônico...). Elas ainda sugerem fazer mais gastos com seu cartão, como pagar suas contas de luz (vá por mim: nunca faça isso!) ou usar seu programa de fidelidade para gastar com esse ou aquele produto.

Os programas de fidelidade dos cartões de crédito permitem que o consumidor troque os pontos acumulados por eletrodomésticos, passagens aéreas, descontos em hotéis, entre outros produtos e serviços. Aderir a esses programas, porém, só é interessante para o consumidor se ele conhecer detalhes do seu funcionamento e conseguir acompanhar de perto a pontuação. A pontuação é conquistada de acordo com os valores gastos pelo consumidor em qualquer tipo de compra. A quantidade de pontos conquistada varia de acordo com o tipo de cartão.

Atenção! Quem usa o cartão de crédito para pagar contas de consumo (energia elétrica, água e telefone) também costuma ter direito a pontos. Mas não se esqueça de que os bancos cobram uma tarifa extra e juros para esse serviço, além de o governo cobrar o IOF sobre o empréstimo.

Cada vez que uma pessoa ganha um ponto, a empresa parceira faz um depósito para o programa de fidelidade. Como os pontos normalmente têm validade (dependem do emissor e da categoria em que o cliente se encontra)[1], muitos clientes não fazem as trocas imediatamente, o que gera um fluxo de caixa positivo. Obviamente, esse dinheiro será aplicado, gerando mais lucro. Cerca de 25% da receita dos programas de fidelidade vem de pontos "esquecidos" pelos usuários da rede.

Para as empresas parceiras, esses programas geram fidelização dos clientes. Conforme o membro ganha o hábito de acumular pontos, começa a dar preferência às empresas parceiras.

☆ **Dica** _____

Antes de sair comprando desenfreadamente, informe-se sobre as tarifas cobradas por seu cartão e veja se realmente vale a pena gastar mais para comprar o benefício. É importante ressaltar que o consumidor não precisa gastar os valores todos de uma vez para ▶

---

1. Neste site você pode consultar a validade das milhas e pontos em bancos e programas de fidelidade: <https://passageirodeprimeira.com/a-validade-das-milhas-e-pontos-nos-programas-de-fidelidade>. Acesso em: 4 maio 2020.

► fazer as trocas por produtos e serviços. Os pontos são acumulados ao longo do tempo, mas costumam ter validade de um a dois anos. Se o cliente não faz o resgate no prazo estipulado, ele perde os pontos.

No Gráfico 31.1, os dados do Banco Central e de emissores relativos ao ano de 2018[2] mostram, porém, que são poucos os consumidores que efetivamente resgatam seus pontos. Naquele ano, 31,5 bilhões de pontos foram perdidos pelos consumidores. A taxa de expiração vem caindo, mas ainda é de 16,5% no Brasil.

Gráfico 31.1 – Uso dos programas de pontos em milhas.

Uso dos programas de pontos de cartões de crédito – em milhões

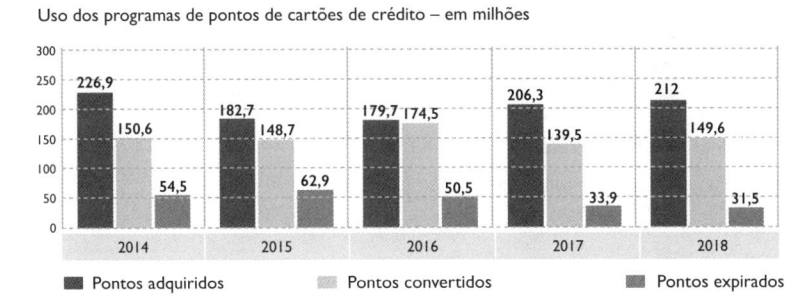

Fonte: Banco Central.

---

2. Disponível em: <https://valor.globo.com/financas/noticia/2019/09/25/cresce-uso-de-pontos-do--cartao-de-credito.ghtml>. Acesso em: 1 mar. 2020.

32

Saindo da inadimplência

Início de conversa

- Como organizar suas dívidas.
- Definir dívidas prioritárias.
- Entender o comportamento de ricos e pobres.
- Verificar se é melhor comprar à vista ou a prazo.

Dívidas e louças, não podemos acumular.
Crasso Santiago

Devo e não nego, pago quando puder. Embora este seja o ditado popular, no mundo real a situação não funciona exatamente assim. Quando se tem uma dívida, é fundamental que, antes de procurar seu credor (aquele para quem você deve), você conheça a fundo a sua situação. Saiba, de verdade, quem são seus credores, qual é o valor real da sua dívida e o quão rápido a dívida cresce (taxas de juros).

Ordenando as dívidas

Para quitar suas dívidas, o primeiro passo é relacioná-las. Veja quantas dívidas você tem, a quem você deve, o quanto está em jogo...

Depois, coloque-as em ordem decrescente, da mais cara para a mais barata. O mais importante ao decidir eliminar seus débitos é aprender a priorizar: as dívidas mais caras são as que você deve pagar primeiro, e não o contrário, embora sejam as mais "simples".

O ideal é que você reserve de 20% a 30% de sua renda mensal para o pagamento de dívidas. Mais do que isso é candidatar-se a problemas no futuro, porque você não conseguirá manter por muito tempo a disciplina dos pagamentos mensais.

Não se preocupe com o tempo que vai levar para quitá-las. O importante é interromper o processo de endividamento e começar a liquidá-las para, a partir de agora, começar a viver melhor.

Se você tem um bem, como um carro, poderá vendê-lo. Além da economia com seguro e taxas como IPVA, você pode eliminar sua dívida ou abater parte dela.

Alguns lembretes importantes:

- Saldar dívidas pode significar perda de capital, mas quem quer sair do "vermelho" precisa estar preparado para isso. Reduzir as contas atuais e vender bens pode fazer parte do processo.
- Defina os gastos prioritários. Corte os gastos supérfluos e que não acrescentam nada aos seus objetivos de equilíbrio financeiro.
- Assim que perceber que terá problemas para continuar pagando uma dívida, procure imediatamente o credor, informando sua situação, e tente renegociá-la. Essa medida evitará que sua dívida cresça muito.
- Mesmo endividado, você deve traçar metas: assim que liquidar uma dívida, comece a poupar para algum objetivo.
- Abra mão de uma coisa que deseje muito hoje, com o objetivo de equilibrar suas finanças e poder adquirir aquilo que quer no futuro.

Faça a portabilidade

Se você já deve e quer uma luz no fim do túnel, uma das possíveis soluções de tentar equalizar sua dívida é a portabilidade da dívida para outro credor. Ela é uma das ferramentas para reduzir o endividamento. Assim, procure por linhas de créditos mais baixas e, ao parcelar suas dívidas, tenha certeza de que elas cabem em seu orçamento.

Negocie com o banco

Outra solução, em caso de dívidas já realizadas, é ir ao banco e tentar fazer um acordo com o gerente da sua conta ou com a administradora do seu cartão. Negocie o valor dos juros e as parcelas. Se o acordo for firmado, seu nome pode ser retirado do SPC/Serasa, mas o banco não é mais obrigado a lhe conceder crédito.

Comportamento de ricos × comportamento de pobres

Alguns estrangeiros têm a impressão de que os brasileiros são muito ricos por pagarem juros e preços tão altos. Na verdade, acredito que seja justamente o oposto: o fator que permite a manutenção de tais preços e juros é o aumento do crédito e a baixa oferta, cenário no qual os preços dos bens não importam, e sim a capacidade de pagamento da prestação. Isso aconteceu há alguns anos com os automóveis, até o ponto em que o aumento da concorrência com a chegada das fábricas asiáticas bloqueou a possibilidade de aumentos constantes de preços.

Parece que ainda estamos no meio do ciclo com os imóveis, com demanda intensa pela casa própria e oferta ainda limitada, o que ainda não permitiu uma queda dos preços, embora a desaceleração já seja sentida em algumas regiões.

Como regra geral, o preço só é importante para quem compra à vista, e este negocia, pechincha e se recusa a pagar preços exorbitantes. Esse é o comportamento típico do rico. O pobre, por sua vez, não tem capacidade de barganha (ou simplesmente sente vergonha de pedir desconto, não sabe como o fazer...) e, por isso, aceita qualquer coisa, desde que possa pagar a prestação. Por isso, geralmente, paga preços mais caros.

É assim que acontece em qualquer loja de eletrodomésticos, que, na verdade, são bancos disfarçados. Para comprar uma geladeira à prestação, os preços de tabela já embutem, disfarçadamente, os juros e o ágio dos longos financiamentos. Se você quer pagar em prestações, pagará a tabela cheia, mas, se quiser pagar à vista, sempre existe um "choro".

Família: solução ou problema?

Um conselho importante, como seu amigo e como especialista em finanças: deixe seus parentes e amigos longe de suas dívidas. Pedir dinheiro emprestado a parentes é um erro comum, que, em geral, além de não resolver o problema inicial, ainda acaba criando mais um, que é a briga entre familiares.

Você deve, contudo, buscar apoio em seus filhos e cônjuge; afinal, dívida é um problema de todos. Reúna a família, exponha a real e, juntos, definam quais serão os gastos que poderão ser cortados.

Muita gente tem o costume, infelizmente, de "emprestar" o CPF para parentes e amigos fazerem alguma compra. Preste atenção no que vou lhe dizer: nunca "empreste" seu nome e seu CPF para que alguém possa contrair uma dívidas. Se eles estão com o próprio nome sujo é porque provavelmente já estão suficientemente endividados. Não faça companhia a eles nesse grupo devedor.

A sedução do crédito fácil

Os setores de marketing das lojas de varejo e de crédito das instituições financeiras já conhecem o poder de consumo de todas as classes e monitoram esses dados constantemente, controlando também o desejo de consumir das pessoas. Assim, passam a oferecer formas de pagamento para os objetos de desejo, do tamanho que se encaixe no bolso de cada consumidor. Lembra-se da propaganda de uma loja que dizia "Quer pagar quanto?". É disso que estou falando.

Quando falamos da aquisição de produtos de menor valor, como roupas, eletrônicos e tantos outros, fica claro que a cultura da compra parcelada é um problema que atinge todas as classes brasileiras, sem exceção.

Atenção! O maior perigo do crédito facilitado é que ele nos dá a sensação de que, no curto prazo, a satisfação de ter algo novo é o mais importante e o prazer da conquista vem no médio prazo. Assim, no longo prazo, temos todas as outras contas para pagar e o que compramos passou da hora de ser trocado, pois todo objeto ou bem possui um tempo útil (obsolescência programada). Sair da dívida pode ser um desafio, mas tenho certeza de que você poderá fazê-lo e até mesmo evitá-lo com o auxílio deste livro.

Nunca compre a crédito nada que deprecie em valor. Refeições, carros, roupas e sapatos, por exemplo, têm valor depreciado. Peça dinheiro emprestado apenas para investimentos sólidos, como educação, imóvel ou para abrir seu negócio, por exemplo.

Pense em termos de custo total. Tudo soa mais barato em termos de pagamentos mensais – que é como os vendedores o seduzirão a comprar coisas que você não pode pagar. Sempre que for comprar algo, leve uma calculadora. O custo total do principal mais juros e tarifas extras assustará você. Ou, pelo menos, deveria assustar.

O consumo imediato a partir do crédito amplamente oferecido pelas lojas, ao invés de pouparmos nosso dinheiro, é um grande desafio. A maioria das pessoas não está habituada a poupar ou ainda não entendeu a importância do prazer de comprar algo à vista.

Mesmo que você se ache um gênio investidor e acredite que possa ganhar mais em seus investimentos, "engula" seu ego e pague as suas dívidas de consumo. Para conseguir esse potencial retorno maior de investimentos, você precisaria tomar um risco substancial adicional. Você pode até ganhar mais investindo em uma dica de "ação quente" ou em uma barganha de negócio imobiliário, mas provavelmente não vai conseguir.

À vista ou a prazo?

Um dos problemas mais comuns no nosso cotidiano é a decisão entre comprar algo à vista ou a prazo. Ao parcelar, os juros aumentam o valor total que você paga, contudo, tornam a sua compra possível e, de certa forma, causam impacto menor no orçamento por estarem divididos em prestações.

Para mudar o hábito de utilizar o "crédito fácil", é preciso começar a entender a diferença entre poupar, economizar e investir. Quem compra a prazo paga juros; quem paga juros paga mais caro e tem dívidas; e quem tem dívidas realiza menos sonhos.

Poupar é guardar o dinheiro que você fez "sobrar" no final do mês para a realização de projetos: uma viagem, a compra de um carro novo ou uma casa. Daí vem o termo "poupança".

Investimento tem o objetivo de fazer o dinheiro trabalhar para você, sem que você necessite fazer nada, e, assim, aumentar suas riquezas, que lá na frente servirão para realizar outros sonhos ou ter um futuro mais tranquilo.

De acordo com o Supremo Tribunal de Justiça, a loja que faz distinção na cobrança por conta da forma de pagamento está agindo de forma abusiva[1], pois não pode repassar ao consumidor as despesas para ter garantia de recebimento. Isso acontece porque o uso do cartão gera à loja a cobrança de uma taxa. Não deixe que estabeleçam diferenças nos preços quando pagar à vista, seja qual for a forma de pagamento.

---

1. BRASIL. Supremo Tribunal de Justiça. *Recurso Especial nº 1.133.410*. 2009. Disponível em: <http://www.jusbrasil.com.br/jurisprudencia/9115355/recurso-especial-resp-1133410-rs-2009-0065220-8-stj/inteiro-teor>. Acesso em: 2 mar. 2013.

PARTE IV

Pensando na aposentadoria

Nesta parte temos um objetivo duplo: dar opções para se aposentar e explicar como o fazer; e mostrar como se proteger das intempéries da vida. Também vamos falar sobre a aposentadoria oficial, a Previdência Social, e a previdência complementar. Trataremos, ainda, sobre a questão do seguro. Vou mostrar-lhe como obter o tipo certo de seguro para se proteger do impacto de grandes e inesperadas despesas e proteger seus ativos e lucros futuros. Também revelo quais tipos de seguro você deve ou não fazer, o que incluir ou não em suas apólices, e a quantidade de coisas que você deve segurar.

33

Como planejar a aposentadoria desde a juventude

Início de conversa

- Como planejar sua aposentadoria.
- Conselhos para os jovens.

> *Dinheiro é um negócio curioso.*
> *Quem não tem, está louco para ter;*
> *quem tem, está cheio de problemas por causa dele.*
> Ayrton Senna

É fato: as pessoas têm o péssimo hábito de deixar tudo para depois e, ao refletir sobre a aposentadoria, elas acabam tendo o mesmo sentimento de quando se pensa na possibilidade de o mundo acabar, ou seja, a maioria acredita que não precisa ficar preocupada com o que está por vir. Mas quem demorar a dar esse primeiro passo estará condenado a passar seus derradeiros dias com patrimônio insuficiente para garantir sua dignidade e subsistência.

A maioria das pessoas começa a pensar na aposentadoria somente após os 40 anos de idade. No entanto, começar a se programar mais cedo rumo à sua estabilidade pode lhe proporcionar uma aposentadoria em um prazo bem mais curto.

Logo, leitor, você deve se preparar, pois, mesmo que a Terra acabe apenas daqui a milhares de anos, os problemas de rombo na Previdência no Brasil estão na iminência de piorar: simplesmente não haverá dinheiro para pagar todos os aposentados seguindo do jeito que está, mesmo após a Reforma da Previdência, e serão necessárias novas reformas no futuro. Diante disso, o trabalhador tem dois caminhos distintos a seguir: guardar dinheiro para viver bem ou optar por curtir a juventude e deixar o governo e a sorte definirem seu futuro. Mas não vai demorar para que o governo mude a forma de concessão de aposentadorias, mexendo na idade mínima de aposentadoria e nos valores pagos pelo Instituto Nacional do Seguro Social (INSS).

Realmente, é difícil pensar em economizar quando a grana fica curta no fim do mês e mal sobra dinheiro para momentos de lazer. No entanto, se pararmos para rever alguns hábitos que envolvem gastos, podemos substituí-los. Por exemplo, troque o carro pela bicicleta; com inflação alta, faça compras no atacado; invista em um freezer...

As outras dicas já vistas no Capítulo 28 envolvem as despesas da casa, como: avalie se o pacote de TV a cabo realmente é necessário, negocie os planos de telefonia e internet, e economize em despesas fixas como água, gás e luz.

Planeje sua aposentadoria

Tão importante quanto começar a economizar hoje mesmo é ter um planejamento para sua aposentadoria. O importante é tomar a consciência de economizar o quanto antes você puder. Se quer saber como se aposentar cedo, pode começar por desenvolver hábitos de poupança cedo. Aos 20 e poucos anos, raramente o jovem possui um bom salário e, menos ainda, independência financeira, mas a programação para mudar seus hábitos com o pensamento 20 anos à frente poderá lhe render tranquilidade e estabilidade para a aposentadoria antes dos 40.

Em média, para conseguir parar de trabalhar antes da maioria das pessoas e viver com conforto, é preciso acumular economias 25 vezes superiores à renda anual que pretende ter quando se aposentar. Quanto mais cedo começar, mais o tempo estará a seu favor: teste, calcule, recalcule e poupe mais se for necessário.

Portanto, não há espaços para erros ou perdas de dinheiro por conta de um investimento malsucedido. Pense muito antes de investir em aluguel de propriedades ou em investimentos em ações individuais.

Para os jovens: qual é o meu conselho?

Para aqueles que acabaram de iniciar sua vida profissional e acreditam ter uma renda baixa para conseguir manter um equilíbrio entre poupar e gastar, existem formas de começar sua aposentadoria. E, sim, seu nome é trabalho. Durante a juventude, o profissional pode aproveitar para ganhar dinheiro fazendo horas extras, vendendo as férias, oferecendo-se para fazer trabalhos que colegas não querem e, ainda, atingindo as metas da empresa para receber bonificações e promoções.

Na hora de pensar na aposentadoria, a pessoa pode até se oferecer para ser gerente de apartamentos de Airbnb (respondendo e-mails dos clientes, levando e trazendo a chave, verificando a manutenção), tomar conta dos filhos do vizinho no fim de semana ou levar o cachorro de algum conhecido ao veterinário em troca de um dinheiro extra.

Não coloque o seu futuro financeiro exclusivamente nas mãos da previdência privada ou da previdência pública (INSS), como muita gente fez e ainda faz.

O futuro é seu e a responsabilidade é sua. Sua qualidade de vida futura é tão importante quanto sua qualidade de vida presente. A vida que você leva hoje é fruto do que você andou fazendo e planejando no passado.

Mesmo para aquela pessoa que chega à aposentadoria com todas as suas finanças organizadas e com uma previdência privada à disposição, a disciplina por poupar deve continuar a existir.

É necessário economizar para o momento mais complicado da vida: quando a velhice roubar o vigor necessário para o trabalho. Com o dinheiro arrecadado por meio da força de trabalho mais a renda oferecida pelo INSS, essas pessoas conseguem viver bem sem necessidade de mexer com o dinheiro aplicado.

Essa economia também tem outra finalidade: evitar que questões financeiras, como algum plano econômico maluco, mudança na taxa de juros ou uma crise econômica, possam abalar a sua futura vida de aposentado.

34

Aposentando-se com a Previdência Social

....

Início de conversa

- Decidir se você deve se aposentar ou não.
- Entender como funciona a Previdência Social.
- Como se aposentar.

....

A arte da aposentadoria não é aposentar-se de alguma coisa,
e sim aposentar-se para alguma coisa.
Harry Emerson Fosdick

A aposentadoria é um evento de transição. Trata-se de um rito de passagem e, por geralmente acontecer em uma idade avançada, é sempre associada à velhice ou a um momento de redefinição de metas. É um período adaptativo ou uma fase para se ocupar com outras atividades e perspectivas.

Muitos precisam manter-se engajados em ocupações para manter seu sustento, ajudar a família, contribuir com o orçamento doméstico.

Aposentar-se: sim ou não?

Com o aumento da expectativa de vida e os avanços da medicina, a maior parte dos brasileiros que hoje chegam à idade de se aposentar forma um contingente de pessoas bem-dispostas, saudáveis e, ainda, com muito a oferecer à sociedade.

Passar o dia de pijama deixou de ser um objetivo na vida da maioria das pessoas, e diversos estudos científicos comprovam que essa é a melhor opção para uma vida longa e com mais qualidade. Prosseguir trabalhando após a aposentadoria traz benefícios de ordens física, psicológica e prática.

Alguns bons motivos para "adiar" a aposentadoria são:

- oportunidade de mudar de profissão;
- manter a renda mensal;
- conquistar novas amizades;
- manter-se atualizado;
- manter o cérebro ativo é essencial para preservar suas funções cognitivas;
- evitar a depressão;
- não desperdiçar a experiência profissional.

 Na plataforma on-line da editora, apresento a história de um famoso playboy brasileiro, Jorginho Guinle (1916-2004), que se gabava de nunca ter trabalhado na vida e cujo dinheiro era oriundo de uma enorme herança familiar. Porém, depois de muito esbanjar, o dinheiro acabou. Acesse e conheça sua história.

Previdência Social

A vida do famoso playboy Jorginho Guinle foi um tanto incomum, com muito dinheiro e pouco trabalho (ver material na plataforma on-line), mas o fato de sobreviver por mais tempo do que tinha planejado para seu dinheiro pode ser mais comum do que parece. Visando manter o padrão de vida após determinada idade em que não se pretende mais trabalhar para o próprio sustento, a previdência complementar tem sido uma opção cada vez mais presente no planejamento para a aposentadoria.

Além de ser uma ferramenta de investimento de longo prazo com incentivo fiscal, a Previdência Social proporciona uma renda mensal vitalícia ou por prazo determinado, que pode ser considerada um "seguro por sobrevivência".

Fazendo uma analogia com o seguro de vida que se contrata para proteção em caso de falecimento, na previdência, além de se ter uma segurança financeira na fase pós-laboral, há a possibilidade de se proteger em caso de viver demais, ou seja, viver além das próprias expectativas.

É fato que nunca se viveu tanto quanto hoje em dia, em que a faixa da população que mais cresce no mundo é a dos idosos, sobretudo os com mais de cem anos. Segundo previsões de especialistas e órgãos governamentais, em 2050, os centenários formarão um grupo 20 vezes maior do que no ano 2000.

Como a Previdência Social é mantida?

A Previdência Social é mantida com as contribuições de empregados, empregadores e do governo. São segurados obrigatórios da Previdência Social os empregados, os empregados domésticos, os contribuintes individuais (pessoas que trabalham por conta própria, autônomos), os trabalhadores avulsos e os segurados especiais, enfim, toda pessoa física que recebe remuneração pelo trabalho é considerada contribuinte obrigatório da Previdência Social. Dessa forma, todo trabalhador com carteira assinada é automaticamente filiado à Previdência Social.

Existem regras distintas para os servidores públicos titulares de cargo efetivo e os demais trabalhadores. O regime de previdência exclusivo dos servidores públicos titulares de cargo efetivo é mantido pelas diferentes esferas do poder público da Federação (União, estados, Distrito Federal e municípios) e denominado de Regime Próprio de Previdência Social (RPPS). Já os trabalhadores da iniciativa privada e os demais servidores públicos não estatutários são enquadrados no Regime Geral de Previdência Social (RGPS), gerido pelo Instituto Nacional do Seguro Social (INSS).

Atenção! Todas as pessoas com mais de 16 anos de idade que não exercem atividade remunerada que as enquadre como seguradas obrigatórias e não tenham renda própria podem contribuir para a Previdência Social como segurado facultativo. Nessa categoria, encontram-se a dona de casa, o estudante, o trabalhador sem registro e o desempregado.

Quais são os tipos de previdência?

Existem quatro tipos de aposentadoria – especial, por idade, por invalidez e por tempo de contribuição – e eles serão explicados a seguir.

Aposentadoria especial

Esse tipo de aposentadoria é destinado àqueles que tenham trabalhado em condições prejudiciais à saúde, como excesso de barulho ou poeira ou manipulação de produtos tóxicos. Para ter direito à aposentadoria especial, o trabalhador deverá comprovar, além do tempo de trabalho, efetiva exposição a essas condições prejudiciais pelo período exigido para a concessão do benefício (que varia entre 15, 20 ou 25 anos, dependendo do tipo de trabalho). A comprovação é feita por meio de formulário, preenchido pela empresa com base em Laudo Técnico de Condições Ambientais de Trabalho (LTCA), expedido por um médico do trabalho ou engenheiro de segurança do trabalho.

Para isso, antes de dar entrada no pedido de aposentadoria, o trabalhador deve ir ao setor de Recursos Humanos da empresa ou ao sindicato de sua categoria para passar por um engenheiro ou médico do trabalho.

Aposentadoria por idade

Depois de novembro de 2019, a idade mínima para obter esse benefício é de 65 anos de idade para homens e de 62 anos para mulheres. Os trabalhadores rurais podem pedir aposentadoria por idade com cinco anos a menos: aos 60 anos (homens) e aos 55 anos (mulheres). O tempo mínimo de contribuição para obter este tipo de aposentadoria é de 20 anos para homens e 15 anos para mulheres.

Aposentadoria por invalidez

Essa modalidade de aposentadoria é concedida às pessoas que, por doença ou acidente, forem consideradas sem condições (inaptas) de trabalhar por um médico da Previdência Social.

Não tem direito à aposentadoria por invalidez quem, ao se filiar à Previdência Social, já tiver uma doença que daria o benefício. O trabalhador precisa ter pelo menos 12 meses de carência e possuir qualidade de segurado na data de incapacidade.

As pessoas que recebem aposentadoria por invalidez têm que passar por um médico da Previdência a cada dois anos, caso contrário, o benefício é suspenso. O INSS informa à pessoa que uma nova perícia deve ser marcada por meio de carta.

Para ter direito a essa aposentadoria, o trabalhador deve contribuir para a Previdência Social por, no mínimo, 12 meses, no caso de doença. Se for acidente, esse prazo de carência não é exigido, mas é preciso estar inscrito na Previdência Social.

O que muda com a reforma da previdência? A aposentadoria passará a se chamar "aposentadoria por incapacidade permanente". Para quem já recebe o benefício nada muda.

Aposentadoria por tempo de contribuição

Após a reforma da previdência, a aposentadoria por tempo de contribuição deixou de existir. Mas, calma, quem já vem contribuindo para a previdência antes da reforma tem direito a algumas regras de transição. Um meio-termo entre a lei de hoje e a lei após a reforma.

A Nova Previdência traz mudanças importantes para quem ainda não começou a trabalhar e para quem já contribui para o INSS ou para os sistemas de aposentadoria dos servidores públicos. Para quem já está no mercado de trabalho, foram criadas regras de transição. O objetivo é diminuir o impacto das mudanças.

Regras para quem ainda não trabalha

- *Trabalhadores privados (urbanos) ou servidores vinculados ao Regime Geral de Previdência Social (RGPS)*
  - ▷ Idade mínima: 62 anos (mulheres) e 65 anos (homens).
  - ▷ Tempo mínimo de contribuição: 15 anos (mulheres) e 20 anos (homens).

Quadro 34.1 – Aposentadoria por idade antes e depois da reforma

Aposentadoria por idade urbana Antes da aprovação	Aposentadoria por idade urbana Depois da aprovação
65 anos para homens; 60 anos para mulheres. Carência de 15 anos (180 contribuições)	65 anos para homens; 62 anos para mulheres. Carência de 15 anos (180 contribuições) para mulheres; carência de 20 anos (240 contribuições) para homens.

Fonte: Trader Brasil Escola de Finanças & Negócios.

- *Servidores públicos da União*
  - ▷ Idade mínima: 62 anos (mulheres) e 65 anos (homens).
  - ▷ Tempo mínimo de contribuição: 25 anos, com 10 anos no serviço público e 5 anos no mesmo cargo em que o servidor irá se aposentar.
- *Trabalhadores rurais*
  - ▷ Idade mínima: 55 anos (mulheres) e 60 anos (homens).
  - ▷ Tempo de contribuição: 15 anos (ambos os sexos).
- *Professores*
  - ▷ Idade mínima: 57 anos (mulheres) e 60 anos (homens).
  - ▷ Tempo de contribuição: 25 anos (ambos os sexos).
- *Policiais federais, rodoviários federais e legislativos*
  - ▷ Idade mínima: 55 anos (ambos os sexos).
  - ▷ Tempo de contribuição: 30 anos (ambos os sexos), além de 25 anos no exercício da carreira.

Cálculo do benefício

O cálculo do benefício é feito da seguinte forma:

- Valor da aposentadoria: é calculado com base na média de 100% do histórico de contribuições do trabalhador.
- Contribuições: ao atingir o tempo mínimo de contribuição (20 anos para homens e 15 anos para mulheres do setor privado), os trabalhadores do regime geral terão direito a 60% do valor do benefício integral, com o percentual subindo 2 pontos para cada ano a mais de contribuição.
- Mulheres terão direito a 100% do benefício quando somarem 35 anos de contribuição. Homens terão direito a 100% do benefício quando completarem 40 anos de contribuição.
- Reajustes: o valor da aposentadoria nunca será superior ao teto do INSS, nem inferior ao salário mínimo.
- Garantia: o reajuste dos benefícios sempre será calculado pela inflação.

Importante ratificar que as novas regras da reforma da previdência são válidas para aqueles que ainda não possuem todos os requisitos necessários para se aposentar. Agora, se você já possuía os requisitos para algum tipo de aposentadoria *antes* de a reforma entrar em vigor, já tem direito adquirido.

Regras de transição

A seguir as regras de transição e algumas dicas de qual provavelmente é a melhor para o seu caso.

Regra de transição dos pontos (INSS)

Indicado para quem estava mirando a aposentadoria por pontos nos próximos 3 a 5 anos.

Atualmente, existem pedidos de aposentadoria integral. É a fórmula de pontuação 86/96. O trabalhador soma a idade mais o tempo de contribuição, que deve alcançar 86 para mulheres e 96 para os homens. O tempo de contribuição para eles tem que ser de 35 anos, e para elas, de 30 anos. Essa regra prevê aumento de um ponto a cada ano, chegando a 100 para mulheres e 105 para homens.

- **Requisitos para a mulher**
  - ▷ 30 anos de tempo de contribuição.
  - ▷ 86 pontos (pontos é a somatória do tempo de contribuição e sua idade, em anos, meses e dias).
  - ▷ +1 ponto por ano, a partir de 2020, até chegar em 100 pontos.
- **Requisitos para o homem**
  - ▷ 35 anos de tempo de contribuição.
  - ▷ 96 pontos (pontos é a somatória do tempo de contribuição e sua idade, em anos, meses e dias).
  - ▷ +1 ponto por ano, a partir de 2020, até chegar em 105 pontos.
- **Valor da aposentadoria**
  - ▷ Média aritmética de todos os salários.
  - ▷ Novo redutor de 60% + 2% para cada ano de contribuição acima de 20 anos de contribuição para o homem e + 2% para cada ano de contribuição acima de 15 anos para a mulher, até o limite de 100%.

Figura 34.1 – Aposentadoria por pontos agora é regra de transição

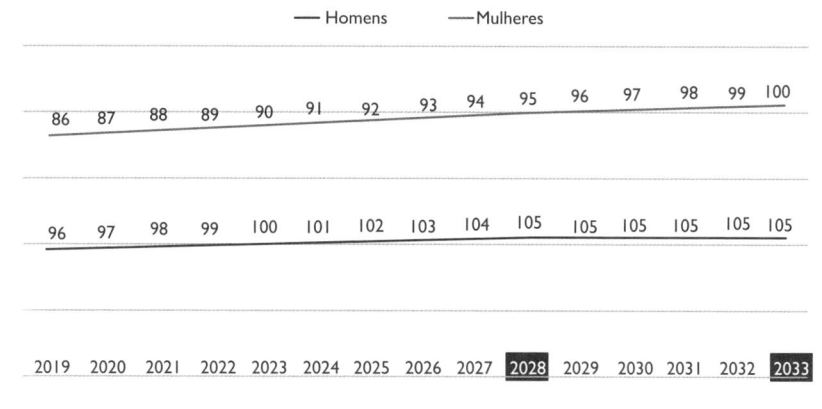

Fonte: Trader Brasil Escola de Finanças & Negócios

Regra de transição da aposentadoria por idade (INSS)

Indicado para quem estava quase se aposentando por idade. Essa regra de transição é válida somente para quem começou a contribuir para o INSS antes da entrada em vigor da reforma (13/11/2019). A partir de janeiro de 2020, haverá um acréscimo de 6 meses na idade mínima de aposentadoria da mulher. Ou seja, a regra inicial de 60 anos de idade e 15 de contribuição chegará a 62 anos em 2023.

- **Requisitos para a mulher**
  - ▷ 60 anos de idade + 6 meses por ano, a partir de 2020, até atingir 62 anos.
  - ▷ 15 anos de contribuição.
- **Requisitos para o homem**
  - ▷ 65 anos de idade.
  - ▷ 15 anos de contribuição + 6 meses por ano, a partir de 2020, até atingir 20 anos.
- **Valor da aposentadoria**
  - ▷ Média aritmética de todos os salários.
  - ▷ Novo redutor de 60% + 2% para cada ano de contribuição acima de 20 anos de contribuição para o homem e + 2% para cada ano de contribuição acima de 15 anos para a mulher, até o limite de 100%.

O valor vai ser apenas 60% da média aritmética dos salários + 2% para cada ano de contribuição acima de 20 anos de contribuição, até o limite de 100%. Isso significa que, para o homem se aposentar com 100% da média, precisa ter no mínimo 40 anos de tempo de contribuição, e a mulher, 35 anos de tempo de contribuição.

Regra de transição de idade progressiva mais tempo de contribuição (INSS)

Indicado para quem já contribuía antes da reforma previdenciária, mas no momento da reforma ainda faltam mais de 2 anos para se aposentar.

- **Requisitos para a mulher**
  - ▷ 30 anos de contribuição.
  - ▷ 56 anos de idade + 6 meses por ano, a partir de 2020, até atingir 62 anos.
- **Requisitos para o homem**
  - ▷ 35 anos de contribuição.
  - ▷ 61 anos de idade + 6 meses por ano, a partir de 2020, até atingir 65 anos.
- **Valor da aposentadoria**
  - ▷ Média aritmética de todos os salários.
  - ▷ Novo redutor de 60% + 2% para cada ano de contribuição acima de 20 anos de contribuição para o homem e +2 % para cada ano de

contribuição acima de 15 anos de contribuição para a mulher, até o limite de 100%.

O cálculo após a reforma vai mudar duramente. Um homem de 61 anos de idade com 35 anos de tempo de contribuição em que a média de suas contribuições seja R$ 2.000 teria uma redução de 20%. Sua aposentadoria seria de R$ 1.600.

Essa regra é pior que o fator previdenciário, porque com 61 anos de idade e 35 anos de tempo de contribuição esse homem não teria redução do fator previdenciário.

Regra de transição do pedágio de 50% menos o tempo de contribuição para quem está próximo de se aposentar (para INSS)

Indicado para quem iria conseguir uma aposentadoria por tempo de contribuição em menos de 2 anos. O pedágio vale para quem vai se aposentar em breve (2 anos ou menos de contribuição) com o tempo mínimo de contribuição de 30 anos para mulher e 35 anos para homem. Quem estiver a um ano da aposentadoria deverá trabalhar mais 6 meses, totalizando um ano e meio. O fator previdenciário ainda estará valendo.

- **Requisitos para a mulher**
  - ◊ Mínimo de 28 anos de contribuição até a data da reforma.
  - ◊ 30 anos de contribuição
  - ◊ Cumprir um período adicional correspondente a 50% do tempo que, na data de entrada em vigor da reforma (13/11/2019), faltaria para atingir 30 anos de contribuição.
- **Requisitos para o homem**
  - ◊ Mínimo de 33 anos de contribuição até a data da reforma.
  - ◊ 35 anos de contribuição.
  - ◊ Cumprir um período adicional correspondente a 50% do tempo que, na data de entrada em vigor da reforma (13/11/2019), faltaria para atingir 35 anos de contribuição. Por exemplo, imagine que João tinha 33 anos de contribuição até a vigência da reforma e quer se aposentar nesta regra de transição. Ele deverá cumprir esses 2 anos + 1 ano de pedágio (50% de 2 anos é igual a 1 ano) = 3 anos para conseguir se aposentar.

- **Valor da aposentadoria**
  - ▷ Média de todos os salários após 1994 até o mês anterior à aposentadoria.
  - ▷ Com fator previdenciário.

Esta regra é pior do que a que existia antes da reforma, porque usa todos os salários de contribuição, e não apenas os 80% maiores salários.

Regra de transição do pedágio de 100% (para INSS e servidores)

Alguns trabalhadores do INSS terão a possibilidade de garantir uma aposentadoria melhor que a regra antes da reforma.

- **Requisitos para a mulher**
  - ▷ 57 anos de idade.
  - ▷ 30 anos de tempo de contribuição.
  - ▷ Cumprir um período adicional correspondente a 100% do tempo que, na data de entrada em vigor da reforma (13/11/2019), faltaria para atingir 30 anos de contribuição.
- **Requisitos para o homem**
  - ▷ 60 anos idade.
  - ▷ 35 anos de tempo de contribuição.
  - ▷ Cumprir um período adicional correspondente a 100% do tempo que, na data de entrada em vigor da reforma (13/11/2019), faltaria para atingir 35 anos de contribuição. Por exemplo, imagine que Mário tinha 27 anos de contribuição até a vigência da reforma e quer se aposentar nesta regra de transição. Ele deverá cumprir 3 anos + 3 anos de pedágio (100% de 3 anos é igual a 1 ano) = 6 anos para conseguir se aposentar.
- **Valor da aposentadoria**
  - ▷ O cálculo será 100% da média de todos os seus salários a partir de 07/1994.
  - ▷ Aqui não tem redutores.

Esta não é a regra de transição que vai fazer você se aposentar antes, mas ela garante um cálculo diferenciado que pode ser benéfico em alguns casos raros, a saber:

- **Policiais federais:** a idade mínima é de 52 anos para mulheres e 53 anos para homens e tempo de contribuição de 25 anos para mulheres, com pelo menos 15 anos no exercício do cargo, e de 30 anos de contribuição para homens, com pelo menos 20 anos no exercício do cargo, mais pedágio de 100% do que faltava para cumprir o tempo de 25/30 na data de publicação da emenda constitucional do Diário Oficial da União.
- **Professores:** a idade mínima exigida é 52 anos para mulheres e 55 anos para homens. O pedágio será de 100% sobre o tempo que faltava para a aposentadoria na data de publicação da emenda constitucional no Diário Oficial da União.
- **Servidores da União:** será preciso cumprir 20 anos de serviço público, com 5 anos no cargo em que o servidor pretende se aposentar.

Regra de transição somente para servidores públicos

A transição será por pontuação, que soma o tempo de contribuição e a idade mínima, que começa em 86 pontos (mulheres) e 96 pontos (homens). A cada ano, haverá aumento de um ponto, com duração de 14 anos para mulheres e de 9 anos para homens. A transição termina quando a pontuação alcançar 100 pontos para mulheres e 105 pontos para homens.

O tempo mínimo de contribuição dos servidores é de 30 anos (mulheres) e de 35 anos (homens). A idade mínima começa em 56 anos para mulheres e 61 anos para homens.

Quem ingressou no serviço público até 31 de dezembro de 2003 receberá aposentadoria integral aos 62 anos (mulheres) e 65 anos (homens). Para quem ingressou após 2003, o benefício será de 60% com 20 anos de contribuição, subindo também dois pontos percentuais para cada ano a mais de contribuição.

Regra de transição da aposentadoria especial

Esta é a regra para quem já tinha atividade especial (insalubre ou periculosa) antes da reforma da previdência. Alguns agentes insalubres que garantem o direito de você se aposentar antes e sem que o fator previdenciário diminua o valor da sua aposentadoria: ruído; químicos quantitativos; químicos qualitativos; biológicos.

Requisitos para o homem e para a mulher

Exercício de atividade com efetiva exposição a agentes nocivos à saúde durante 15, 20 ou 25 anos, a depender do agente a que estiver exposto:

- 25 anos de atividade especial de menor risco + 86 pontos.
- 20 anos de atividade especial de médio risco + 76 pontos.
- 15 anos de atividade especial de maior risco + 66 pontos.

Idade

Tanto para homens quanto para mulheres, pode se aposentar aos:

- 55 anos, quando se tratar de atividade especial de 15 anos de contribuição;
- 58 anos, quando se tratar de atividade especial de 20 anos de contribuição;
- 60 anos, quando se tratar de atividade especial de 25 anos de contribuição.

Figura 34.2 – Aposentadoria especial antes e depois da reforma

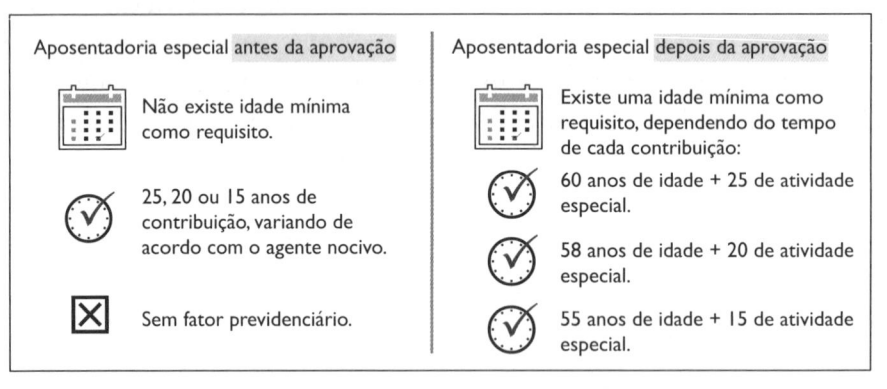

Fonte: Trader Brasil Escola de Finanças & Negócios.

Valor da aposentadoria

- Média aritmética de todos os salários.
- Novo redutor de 60% + 2% por ano de trabalho especial a partir dos 20 anos de atividade especial para os **homens** e + 2% por ano de atividade especial a partir dos 15 anos de atividade especial para as **mulheres**, até o limite de 100%, de menor e médio risco.
- Novo redutor de 60% + 2% para cada ano de contribuição acima de 15 anos de contribuição para o **homem** e **mulher** com atividade especial de maior risco.

A maior parte das atividades é considerada de menor risco. As exceções são amianto e minas não subterrâneas, consideradas como de médio risco, e minas subterrâneas, consideradas de maior risco.

Quem tem direito à aposentadoria?

- **Empregados:** trabalhadores com carteira assinada; trabalhadores temporários, como boias-frias; quem presta serviços a órgãos públicos, como ministros, secretários e pessoas nomeadas para exercerem funções de servidores públicos, mas sem serem concursadas; brasileiros que trabalham em empresas nacionais instaladas no exterior; multinacionais que funcionam no Brasil; organismos internacionais, como a Organização das Nações Unidas para a Educação, a Ciência e a Cultura (Unesco), a Organização Internacional do Trabalho (OIT) e o Programa das Nações Unidas para o Desenvolvimento (PNUD); e embaixadas e consulados instalados no país.
- **Servidores públicos:** a reforma muda a previdência dos servidores públicos. Os servidores já precisam cumprir uma idade mínima e só podem se aposentar aos 55 anos para mulheres e 60 anos para homens. Agora, a idade mínima subirá para 62 anos (mulheres) e para 65 anos (homens). Mas haverá duas regras de transição, por pontos e pelo pedágio, já vistas.
- **Professores (para quem ainda não trabalha)**
  - ⊳ **Idade mínima:** será de 57 anos de idade para mulheres e de 60 anos para homens, com 25 anos e 30 anos de contribuição, respectivamente. Será mantida a aposentadoria especial, com cinco anos a menos em relação ao restante dos trabalhadores.
  - ⊳ **Setor público:** para professores da rede pública, será preciso também ter dez anos no funcionalismo e cinco anos no cargo para ter direito à aposentadoria.
  - ⊳ **Setor privado:** na iniciativa privada, será preciso comprovar que trabalhou no período no Ensino Infantil, Fundamental ou Médio.
  - ⊳ **Regras de transição:** será pelo sistema de pontos, mas sua tabela é diferente. Enquanto para o restante dos trabalhadores do setor privado a soma de idade e tempo de contribuição começa em 86 pontos para as mulheres e 96 para os homens, para o professor começará

em 81 para as mulheres e 91 para os homens. O fim da transição no sistema de pontos termina em 92 para as professoras e cem pontos para o professor. Será preciso ter 25 anos de contribuição (mulheres) e 30 anos (homens), e 57 anos de idade, se mulher, e 60, se homem. A tabela de transição na idade sobe seis meses a cada ano, até atingir 60 anos para ambos os sexos. Há a opção de pedágio de 100% sobre o tempo que falta para se aposentar. Com isso, no setor privado, as professoras deverão ter 52 anos, e os professores, 55 anos. No setor público, além da idade menor para se aposentar, os profissionais que entraram até 2003 receberão o mesmo salário da ativa e os reajustes.

- **Empregados domésticos:** trabalhadores que prestam serviços na casa de outra pessoa ou família, desde que essa atividade não tenha fins lucrativos para o empregador. São empregados domésticos: governanta, enfermeiro, jardineiro, motorista, caseiro, entre outros.

- **Trabalhadores avulsos:** trabalhadores que prestam serviços a empresas, mas são contratados por sindicatos. Nessa categoria estão os trabalhadores de portos: estivador, carregador, amarrador de embarcações, quem faz limpeza e conservação de embarcações e vigia. Na indústria de extração de sal e no ensacamento de cacau e café também há trabalhadores avulsos.

- **Contribuintes individuais:** pessoas que trabalham por conta própria e trabalhadores que prestam serviços a empresas, sem vínculo empregatício. São considerados contribuintes individuais, entre outros, sacerdotes, diretores que recebem remuneração decorrente de atividade em empresa urbana ou rural, síndicos remunerados, motoristas de táxi, motorista de transporte individual privado, vendedores ambulantes, diaristas, pintores, eletricistas, associados de cooperativas de trabalho, entre outros.

- **Segurados especiais:** trabalhadores rurais, pescadores e índios que produzam em regime de economia familiar, sem utilização de mão de obra assalariada. Estão incluídos nessa categoria maridos e esposas, companheiros e filhos maiores de 16 anos de idade que trabalham com a família em atividade rural.

- **Segurados facultativos:** nessa categoria estão todas as pessoas com mais de 16 anos de idade que não tenham renda própria, mas decidem contribuir para a Previdência Social. Por exemplo: donas de casa, estudantes, síndicos de condomínio não remunerados, desempregados e estudantes bolsistas.

Contribuição

Os valores de contribuição previdenciária são progressivos – um percentual maior de quem ganha mais –, variando conforme os salários e o tipo de trabalhador.

Os trabalhadores autônomos que prestam serviço para outras pessoas ou os que fazem contribuição facultativa têm duas opções. Na primeira, podem contribuir com 11% referente a um salário mínimo (salário de contribuição). Nesse caso, receberão um salário mínimo quando se aposentarem. Além disso, a pessoa não poderá aposentar por tempo de contribuição, só por idade.

Outra opção dos autônomos ou contribuintes facultativos é pagar 20% do salário que recebem (salário de contribuição).

Quando o trabalhador autônomo presta serviços a uma empresa, é papel dela recolher sua contribuição. Nesse caso, serão descontados 11% do salário do trabalhador. A empresa tem a responsabilidade de pagar mais 20%, totalizando 31%.

É possível aumentar o valor da minha contribuição?

O trabalhador com carteira de trabalho registrada só terá sua contribuição elevada quando houver reajustes salariais ou promoções que aumentem sua renda mensal. Ele não poderá ultrapassar o percentual máximo de contribuição de 11%. O contribuinte individual (em carnê) pode elevar sua contribuição, sem a necessidade de prévio aviso ao INSS, desde que não ultrapasse o teto de contribuição de 20% do seu salário ou do valor máximo caso sua renda supere o teto previdenciário. O teto previdenciário é de R$ 6.101,06 em 2020.

Atenção! De acordo com informações do Ministério da Economia, a legislação prevê situações nas quais os trabalhadores podem deixar de contribuir para a Previdência Social por um período, chamado "período de graça", e mesmo assim manter sua condição de segurado. Os prazos desse período, conforme a situação do segurado do INSS, são os seguintes:

- não há limite de prazo para manutenção da qualidade de segurado quando ele estiver recebendo algum benefício, ainda que as contribuições não estejam sendo pagas;
- até 12 meses, com prorrogação por mais 12 meses, depois de encerrado o pagamento de benefício por incapacidade ou do não pagamento das contribuições mensais ao INSS, desde que o segurado já tenha contribuído por 120 meses, sem interrupção;
- o prazo de 24 meses ganha acréscimo de mais 12 meses para o trabalhador desempregado que registra sua situação no Ministério da Economia;

- até 12 meses depois do período de segregação de segurados que tenham passado por tratamento de doenças que exigem afastamento obrigatório da pessoa do convívio social;
- até 12 meses depois do livramento de segurado preso;
- até três meses depois de licenciamento de segurado incorporado às Forças Armadas; e
- até três meses depois da interrupção do pagamento das contribuições de segurado facultativo.

Quais são as pensões pagas pela Previdência Social?

- **Pensão por morte:** é o benefício pago à família do trabalhador quando ele falece. Para concessão de pensão por morte, não há tempo mínimo de contribuição, mas é necessário que o óbito tenha ocorrido enquanto o trabalhador tinha qualidade de segurado. Em caso de morte do trabalhador, a viúva receberá 60% do benefício que o marido recebia. Terá direito a acréscimo de 10 pontos percentuais por cada filho menor de 21 anos, até 100% do salário que o contribuinte recebia. Se o filho tiver deficiência grave, física ou mental, a pensão será de 100% do benefício do contribuinte.
- **Pensão especial para portadores da síndrome da talidomida:** é o benefício garantido às pessoas com essa síndrome, causada pelo medicamento usado como anticoncepcional nas décadas de 1950 e 1960, responsável por deficiências físicas em centenas de brasileiros. Essas pessoas têm direito à pensão especial, mensal, vitalícia e intransferível do INSS.

Acúmulo de benefícios

Trabalhadores e pensionistas terão limites para acumular aposentadoria e pensão. Quanto maior for o valor a receber, maior será o corte, que seguirá uma "escadinha", com seus valores aumentando gradativamente. Será possível escolher o benefício de maior valor e 80% do outro benefício, desde que o benefício a ser acumulado não ultrapasse um salário mínimo. Se o outro benefício for superior ao mínimo, o aposentado ou pensionista só poderá receber 60% do benefício até o limite de dois salários mínimos. Se o benefício for maior do que dois salários mínimos, só poderá receber 40% do valor, limitado a três salários mínimos.

Se o segundo rendimento for acima de três salários mínimos, só poderá receber 20%, se não exceder quatro salários mínimos.

Como pedir aposentadoria?

Para dar entrada no benefício, nos quatro casos (aposentadoria especial, por idade, por invalidez ou por tempo de contribuição), o trabalhador deve ir até uma agência do INSS, ou é possível fazer o pedido de sua aposentadoria para o INSS pela internet, através da plataforma Meu INSS direto do seu computador ou celular. Para isso, é importante ter toda a documentação organizada e em mãos, ou digitalizada no caso do uso da internet. Os documentos necessários são:

- **Documento de identificação.**
- **Carteira de Trabalho.**
- **CNIS**. O Cadastro Nacional de Informações Sociais, o conhecido CNIS, comprovará todas as suas contribuições para o INSS, inclusive o valor dos salários de contribuição, que afetará diretamente o valor de sua aposentadoria. É importante conferir se todos os valores que esse documento atesta estão corretos. Caso contrário, você deve pedir uma retificação para o INSS das informações que constam no CNIS (com documentos que comprovem o que você está dizendo).
- **Comprovante de residência.**
- **Requerimento por escrito**. Este é um documento opcional, mas *muito importante* no processo de sua aposentadoria. O requerimento por escrito é como se fosse um guia para o servidor do INSS que analisará o seu pedido de aposentadoria. Neste documento, você escreverá qual foi o seu objetivo com cada comprovante que juntou no seu requerimento de aposentadoria.

Por **exemplo**, você tem períodos de atividade especial e juntou um perfil profissiográfico previdenciário (PPP). No requerimento por escrito você deve escrever: "entre a data xx/xx/xxxx e xx/xx/xxxx eu realizei atividades em situação de insalubridade, o que me confere direito à atividade especial nos períodos mencionados, conforme comprova o PPP".

Ou imagine que você tem períodos de trabalho no exterior (em país que tem Acordo Previdenciário Internacional com o Brasil). Você junta esse comprovante e escreve no requerimento por escrito "este documento comprova o período que trabalhei no país x, entre xx/xx/xxxx e xx/xx/xxxx, onde há provas concretas de que houve contribuição previdenciária para o país em questão".

Conseguiu entender a importância do requerimento por escrito? O servidor se baseia nele quando vai analisar toda a sua documentação.

Acordos internacionais de Previdência

Os acordos internacionais de Previdência permitem a contagem do tempo de contribuição dos trabalhadores aos sistemas de Previdência Social de outros países para a obtenção de benefícios previdenciários como aposentadoria por idade, pensão por morte e aposentadoria por invalidez, além de evitar a bitributação em caso de deslocamento temporário. O Brasil já tem os seguintes acordos bilaterais em vigência:

- **Acordo Multilateral de Seguridade Social do Mercado Comum do Sul:** Argentina, Brasil, Paraguai e Uruguai.
- **Convenção Multilateral Ibero-Americana de Segurança Social:** Argentina, Bolívia, Brasil, Chile, Equador, El Salvador, Espanha, Peru, Paraguai, Portugal e Uruguai.
- **Acordos Bilaterais:** Alemanha, Bélgica, Cabo Verde, Canadá, Chile, Coreia do Sul, Espanha, Estados Unidos, França, Grécia, Itália, Japão, Luxemburgo, Portugal, Quebec (Canadá) e Suíça.
- **Acordos Bilaterais que ainda estão em processo de negociação:** Áustria, Índia, Noruega, República Tcheca e Suécia; e em processo de ratificação pelo Congresso Nacional: Bulgária, Israel e Moçambique. Também se encontra em processo de ratificação a Convenção Multilateral de Segurança Social da Comunidade de Países de Língua Portuguesa (Angola, Brasil, Cabo Verde, Guiné-Bissau, Guiné Equatorial, Moçambique, Portugal, São Tomé e Príncipe e Timor-Leste).

Comprovantes de períodos de atividade especial, no exterior e rural

Períodos de atividade especial

Há outros documentos que são de extrema importância, como o Laudo Técnico de Condições do Ambiente de Trabalho (LTCAT). Geralmente esse documento é requerido por profissionais autônomos que não têm um empregador ou é utilizado por segurados que têm seu PPP com informações erradas e incompletas.

Existe também o Programa de Prevenção de Riscos Ambientais (PPRA), e outros tipos de "PPPs antigos", como os formulários SB-40 e DSS-8030 (utilizados antes do PPP).

Períodos de atividade no exterior

Para esses tipos de atividade, é mais fácil comprovar os períodos de atividade. A documentação importante que você deve juntar é o contrato de trabalho em que conste todas as informações sobre o seu trabalho realizado fora do território brasileiro. É importante também juntar o comprovativo de contribuições realizadas no exterior para a Previdência do país ao qual você foi.

Períodos de atividade rural

Para os empregados rurais, basta demonstrar os seus vínculos de trabalho através da CTPS e/ou CNIS. Para quem é segurado especial, porém, o processo de comprovação do seu período de contribuição funciona de uma maneira diferente. Ele é feito através da demonstração de realização de atividades rurais.

Desde 2019 é utilizado um formulário[1] que comprova seus períodos de atividade na zona rural. Esse documento é uma autodeclaração preenchida pelo próprio segurado especial, atestando as atividades rurais exercidas por ele.

Após preencher essa autodeclaração, você deve autenticá-la em algum dos órgãos do Programa Nacional de Assistência Técnica e Extensão Rural (PRONATER).

Será essa autodeclaração autenticada que servirá como comprovativo de períodos de atividade rural.

Por fim, se você não sabe, existem vários tipos de segurados especiais: o rural, o pescador artesanal e o seringueiro e extrativista vegetal, e para cada um existe uma autodeclaração diferente. Fique atento!

---

1. Disponível em: <https://www.inss.gov.br/wp-content/uploads/2020/03/Autodeclara%C3%A7%C3%A3o-do-segurado-especial-rural.pdf>. Acesso em: 3 jun. 2020.

35

Aposentando-se com a previdência privada

Início de conversa

- Decidir se você deve planejar e complementar sua aposentadoria.
- Entender como funciona a previdência privada.
- Compreender a diferença entre PGBL e VGBL.
- Progressiva ou regressiva: qual tabela escolher.

A palavra aposentar não é sinônimo de "envelhecer", e sim um dos sintomas de vencer.
Márcia Pitta

A cada dia que passa, nossa expectativa de vida aumenta. No Brasil, segundo o IBGE, a expectativa de vida ao nascer, em 2019, é de 80 anos para mulheres e 73 anos para homens. E a tendência é continuar crescendo.

Além de querer descansar e aproveitar a vida, com o passar do tempo, conforme a idade vai avançando, podem surgir alguns custos adicionais. Portanto, é importante que você pense em como obter uma boa renda na sua aposentadoria, além do valor que será pago pela Previdência Social, cujo teto atualmente, em 2020, é de R$ 6.101,06.

A previdência privada serve muito bem a qualquer pessoa que deseja complementar sua renda no período de aposentadoria. Esta aplicação é ainda mais indicada para quem tem renda superior ao teto do benefício pago pelo INSS.

Atenção! Cuide dos seus investimentos enquanto jovem, que eles cuidarão de você no futuro. Quanto antes você começar a planejar seu futuro, maior será sua tranquilidade. Por exemplo, se você começar a contribuir aos 30 anos de idade, com R$ 300 por mês, e supondo que o rendimento médio do período seja de 8% ao ano (líquido da taxa de administração, ou seja, já descontando essa taxa), aos 65 anos de idade terá acumulado R$ 646.905,88. Agora, se você começar a contribuir aos 40 anos de idade, sob as mesmas condições, chegará aos 65 anos com R$ 274.451,83.

O trabalhador deve poder comparar as duas opções – INSS e previdência privada. Para isso, deve saber quanto espera receber de aposentadoria nos dois casos, com as mesmas contribuições e pelos mesmos prazos. Até porque, no futuro, pode ser tarde demais para consertar o erro. Vale lembrar que, ficando sem pagar a Previdência Social, a pessoa perde a qualidade de segurada.

Como funciona um plano de previdência privada?

Para compreender melhor como funciona, podemos dividir em duas fases:

- **Fase de acúmulo:** você contribui com uma quantia mensal durante um longo período (em geral, de 20 a 35 anos).
- **Fase de recebimento do benefício:** você recebe o montante que acumulou no período anterior (inicia-se logo após o término da fase anterior), e pode optar pelo recebimento em forma de renda ou de uma única vez.

Para definir seu plano de previdência privada, você precisa ter em mente três questões básicas: quando você deseja iniciar a aplicação, quando deseja se aposentar e quanto quer receber na aposentadoria.

Com isso você chega ao valor das contribuições mensais, ou seja, de quanto precisa desembolsar para atingir o montante desejado para o seu futuro. Aí, é só escolher o tipo de plano que deseja.

Os produtos mais comuns disponíveis no mercado brasileiro são o Plano Gerador de Benefício Livre (PGBL) e o Vida Gerador de Benefício Livre (VGBL).

Quadro 35.1 – Comparativo entre PGBL e VGBL

	PGBL	VGBL
A quem se destina	Mais atraente para quem declara IR no formulário completo, contribui para a previdência oficial e tem renda declarada.	Para quem não tem renda declarada ou declara IR no formulário simplificado, é isento ou tem previdência complementar e já abate o limite máximo de 12% da renda bruta anual.
Dedução fiscal durante o período de acumulação	As contribuições podem ser deduzidas da base de cálculo do IR, em até 12% da renda bruta anual.	As contribuições não podem ser deduzidas da base de cálculo do IR.

Tributação do imposto de renda	Durante o período de acumulação os recursos aplicados estão isentos de tributação. Somente no momento do recebimento de renda/pagamento único ou resgate haverá incidência de IR.	Durante o período de acumulação, os recursos aplicados estão isentos de tributação. Somente no momento do recebimento de renda/pagamento único ou resgate haverá a incidência de imposto de renda, apenas sobre os rendimentos auferidos no período.
Tipos de tributação	Tabela progressiva ou tabela regressiva.	Tabela progressiva ou tabela regressiva.
Vantagens	Contribuindo com o PGBL, você terá redução do valor do imposto a pagar no momento da declaração anual. Lembre-se de que você só pode abater as contribuições do seu IR até o limite de 12% dos seus rendimentos brutos anuais (por exemplo, salários, aluguel etc.), portanto, suas contribuições ao PGBL não podem superar este limite. Se você precisar resgatar sua reserva ou aposentar-se, será cobrado IR sobre o valor total do resgate ou do benefício.	Não existe o abatimento dos 12% na declaração anual de imposto. Em compensação, na hora do resgate, o imposto é cobrado somente sobre o rendimento, e não sobre o total resgatado ou recebido como aposentadoria.

Fonte: Trader Brasil Escola de Finanças & Negócios.

Previdência privada como opção para o planejamento sucessório

Fazer um plano de previdência aos 80 anos parece absurdo? Acredite: não é.

A principal vantagem de ter um VGBL objetivando a herança é o fato de o patrimônio do plano não entrar no inventário. Nele, é possível incluir nomes de beneficiários, visando à garantia de renda aos herdeiros.

As entidades abertas de previdência privada são reguladas pela legislação aplicável às sociedades seguradoras e, assim, normatizadas como seguros de vida.

A estrutura dos planos de previdência complementar possibilita a livre indicação de beneficiários pelo titular do plano durante o período de acumulação de recursos. Dessa forma, de acordo com a regulamentação previdenciária, a indicação de beneficiários é válida desde que realizada de boa-fé e que não haja qualquer impedimento na legislação. Assim, é imprescindível que você, no momento da disposição patrimonial, observe as regras de Direito de Família e Sucessões.

É importante verificar o regime de casamento celebrado, o período em que o patrimônio foi adquirido (se antes ou depois do casamento), quantos são os herdeiros necessários, qual é o patrimônio total a ser distribuído, qual é o valor especificado nesse plano de previdência, se houve algum detalhamento em testamento e, em caso de separação, se a partilha dos bens foi resolvida.

É preciso investigar também se o montante desse plano faz parte ou não da legítima, ou seja, daquela parte do seu patrimônio que deverá ser necessariamente distribuída aos herdeiros legais, pois, assim, a transmissão aos netos poderia ser questionada por seus herdeiros.

O patrimônio em VGBL não faz parte do inventário, que costuma demorar pelo menos seis meses para ficar pronto. O dinheiro deixado no VGBL também pode ser útil para arcar com custos com advogados ao longo do inventário ou, por exemplo, fazer manutenção de imóveis até a partilha definitiva. Veja mais sobre isto na Parte IV deste livro.

Além do benefício da liquidez, o VGBL pode trazer vantagens tributárias. Para transferir os recursos ali investidos não é preciso pagar o Imposto de Transmissão *Causa Mortis* e Doação (ITCMD), que incidirá sobre todo o patrimônio doado em vida ou repassado por meio do inventário. Desse modo, os planos de previdência complementar, como PGBL ou VGBL, são cada vez mais utilizados em um processo de planejamento sucessório familiar, pois, com eles, é possível planejar a distribuição dos bens em vida, optando muitas vezes por uma discussão conjunta com os herdeiros, o que traz dois benefícios imediatos: economia de custos tributários e redução de desgastes nos relacionamentos entre cônjuges, filhos e parentes.

Apesar de o VGBL não entrar no inventário, advogados e *private bankings* recomendam obedecer às regras do Código Civil na hora de definir os beneficiários do plano.

Quadro 35.2 – Características que valem tanto para o PGBL como para o VGBL

▪ No caso de falecimento do contribuinte, o valor acumulado vai para os beneficiários que ele escolheu na hora da contratação do plano de previdência.
▪ Ambos oferecem algumas alternativas de tipos de renda, como renda vitalícia, renda temporária e renda por prazo certo.
▪ Todo plano de previdência privada tem duas fases distintas. A primeira é de acumulação. A segunda é de pagamento de benefícios. A empresa gestora, neste caso, precisa cuidar para ter um bom rendimento nos fundos e administrar o pagamento dos benefícios.

Fonte: Trader Brasil Escola de Finanças & Negócios.

Formas de tributação

Há duas formas de tributação dos planos de previdência complementar no Brasil. São elas:

- **Regime tributário da tabela progressiva de IR:** a tributação ocorre de acordo com o valor do resgate ou do benefício. Os valores resgatados e os benefícios recebidos serão tributados de acordo com a tabela progressiva vigente para o imposto de renda. Desde 2005, exclusivamente no caso dos resgates, a tributação se dá na fonte, pela alíquota de 15%, a título de antecipação do imposto devido, sujeita a ajuste na declaração de ajuste anual.

Tabela 35.1 – Tabela progressiva para o cálculo anual do imposto sobre a renda da pessoa física a partir do exercício de 2020, ano-calendário de 2019

Base de cálculo (R$)	Alíquota (%)	Parcela a deduzir do IR (R$)
Até 22.499,13	–	–
De 22.449,14 até 33.477,72	7,5	1.687,43
De 33.477,73 até 44.476,74	15	4.198,26
De 44.476,75 até 55.373,55	22,5	7.534,02
Acima de 55.373,55	27,5	10.302,70

Fonte: Receita Federal.[1]

- **Regime tributário da tabela regressiva:** os valores resgatados e os benefícios recebidos serão tributados na fonte, de acordo com a tabela regressiva, em função do tempo de permanência de cada contribuição no plano. Veja a Tabela 35.2, que trata de prazos e alíquotas sobre o valor do resgate.

Tabela 35.2 – Tabela regressiva

Prazo de acumulação/recebimento de renda	Alíquota sobre o valor de resgate/renda
Até 2 anos	35%
2 a 4 anos	30%
4 a 6 anos	25%
6 a 8 anos	20%
8 a 10 anos	15%
Acima de 10 anos	10%

---

1. Disponível em: <https://receita.economia.gov.br/acesso-rapido/tributos/irpf-imposto-de-renda-pessoa-fisica>. Acesso em: 26 maio 2020.

Opção pelo regime

A opção pelo regime tributário com alíquotas regressivas é irrevogável e irretratável, isto é, uma vez escolhido, ele não poderá ser alterado. Se não houver manifestação do participante/segurado até o último dia útil do mês subsequente à contratação do plano, será automaticamente enquadrado no regime da tabela progressiva.

Atenção! A legislação permite a mudança de regime tributário progressivo para regressivo, porém essa alteração é irreversível, e veta a mudança inversa. Alterando para a regra regressiva, o tempo de acumulação para efeito de tributação inicia no primeiro dia de vigência da alteração e o tempo de permanência no regime progressivo é desconsiderado.

Qual tabela escolher?

Em princípio, a escolha não é tão complicada, mas exige do investidor muita atenção sobre o que fará no futuro.

Em linhas gerais, o regime regressivo é indicado para quem permanecer no plano de previdência por um prazo superior a quatro anos, tendo com isso uma alíquota de IR menor do que a do participante que tenha alíquota de IR de 27,5% no regime progressivo.

Para quem permanecer por um prazo inferior a quatro anos ou objetiva receber o benefício numa faixa isenta de IR ou numa alíquota máxima de 7,5%, o regime progressivo é indicado. Por exemplo, se ele pretende fazer saques de baixo valor (abaixo do limite de isenção), é recomendável optar pela tabela progressiva. O mesmo vale para quem for sacar valores mais altos e manterá a aplicação antes dos primeiros seis anos. A partir deste período, a tabela regressiva já se torna mais vantajosa, já que a partir desse período a alíquota é de 25% (contra 27,5% da tabela progressiva) e cai ainda mais.

No limite, após dez anos, a economia fiscal em optar pelo regime regressivo ao progressivo pode chegar a 17,5%.

Portanto, não existe um regime tributário melhor; os objetivos do participante é que justificam a escolha de um regime ou outro.

Atenção! É importante frisar que os planos de previdência não possuem qualquer tipo de garantia de rentabilidade, uma vez que o dinheiro é aplicado em fundos de investimento.

As principais taxas aplicadas em um plano de previdência privada são: taxa de administração financeira (TAF) e taxa de carregamento. Essas informações podem ser consultadas no site das instituições financeiras e nos materiais de publicidade dos produtos de previdência, e variam de acordo com o plano contratado.

A taxa de carregamento incide somente sobre o valor da aplicação (nunca sobre o rendimento). Na maioria das vezes é cobrada na entrada, ou seja, no momento da contribuição no plano (VGBL e/ou PGBL), seja essa uma contribuição periódica ou esporádica. Alguns planos também podem cobrar o carregamento na saída (ou seja, no momento de um eventual resgate, ou se houver portabilidade para outra instituição ou plano).

Vale lembrar:

- É importante negociar e pesquisar produtos com condições atrativas. A taxa de administração, em especial, deve ser analisada com bastante cuidado, pois ao longo do tempo ela terá impacto maior em termos de rentabilidade, já que é cobrada sobre o patrimônio aplicado ao longo do período.
- Procure uma seguradora que lhe ofereça baixas taxas de administração e, se possível, isenção da taxa de carregamento. Normalmente, as seguradoras independentes são as que oferecem os melhores produtos.

Atenção! Cuidado com as simulações irrealistas na hora que seu gerente ou agente de investimentos lhe oferece um fundo de previdência. É fundamental que a rentabilidade média usada para simular quanto você vai ganhar na aposentadoria leve em conta a inflação do período e incorpore o patamar de juros mais baixos. Simulações com rentabilidade média de 12% ao ano já não são muito realistas. Seria mais indicado fazer a simulação diretamente utilizando a rentabilidade real (acima da inflação), que pode ser de algo como 2% ou 3% ao ano.

Você poderá optar por receber o benefício em forma de renda vitalícia ou por tempo determinado, dependendo do que estiver disponível no plano. Também poderá optar pelo recebimento do valor acumulado, de uma única vez.

Também é possível contratar coberturas adicionais, que servem para proteger você e sua família em caso de imprevistos, como morte e invalidez. As coberturas mais comuns que você pode contratar em conjunto com seu plano de previdência são: pecúlio por morte e as pensões (por prazo certo, aos menores, ao cônjuge ou companheiro), que são indicadas para quem quer deixar a família amparada em caso de falecimento. Também existe a cobertura para invalidez, que oferece uma renda mensal em casos de invalidez total e permanente.

Atenção! Lembre-se de que uma previdência é uma aplicação de longo prazo e que você precisa se sentir tranquilo quanto à instituição que escolher para aplicar o seu dinheiro.

Risco da previdência privada

Quanto ao risco, a previdência privada não é garantida pelo Fundo Garantidor de Crédito (FGC) – aquela associação que, como vimos no fim do Capítulo 7, protege os titulares de crédito. Os ativos do plano de previdência ficam separados dos fundos da seguradora, constituindo uma pessoa jurídica distinta. Portanto, no caso de quebra, os participantes dos planos nada sofrerão; logo, se a instituição quebrar e você ainda estiver na fase de contribuição, será possível solicitar a portabilidade para uma concorrente. Porém, se o leitor já tiver convertido seu saldo em uma renda vitalícia, os recursos não serão mais seus, e sim da seguradora. Dessa forma, haverá risco de não receber seu dinheiro caso ela venha a quebrar.

É importante frisar que essas instituições são controladas pelos órgãos reguladores e devem constituir reservas para suportar esses pagamentos, o que minimiza o risco para os beneficiários. Ainda assim, é possível manter seu plano de previdência em uma seguradora enquanto estiver na fase de contribuição e efetuar a portabilidade para outra no momento da contratação da renda.

Pela legislação brasileira, a Superintendência de Seguros Privados (Susep), órgão que regulamenta o setor de seguros no Brasil, obriga a participação do corretor de seguros na contratação de seguro. Esse profissional é investido de poderes de representação do segurado junto às seguradoras. Assim, ele é livre para intermediar apólices com qualquer seguradora sem que haja vínculo empregatício com esta, prevalecendo a independência e autonomia da responsabilidade.

Durante a contratação do seguro, é de suma importância que o segurado confira os dados informados/transmitidos à seguradora junto com seu corretor, pois possíveis falhas nas informações repassadas à companhia poderão acarretar problemas futuros, como o aumento do valor do prêmio e até mesmo a recusa de um sinistro.

Que tipo de renda escolher?

Existem as seguintes opções de renda: vitalícia, vitalícia reversível e de prazo determinado. O que devo considerar para escolher o mais adequado?

Antes de tomar qualquer decisão sobre qual tipo de renda escolher, algumas reflexões são necessárias, como: nesta nova fase, quais serão as despesas projetadas? Outros dependem de mim economicamente? Possuo outros investimentos? Isto porque, apesar de alguns gastos diminuírem nessa fase (como aqueles com refeições fora de casa, roupas, transporte etc.), outras despesas serão acrescentadas e até aumentadas (por exemplo, com plano de saúde, viagens, novos projetos).

- **Considerando a renda vitalícia**: de um lado, tem-se a segurança de uma renda garantida pelo resto da vida; por outro lado, na sua ausência, esta renda não vai para nenhum beneficiário, ou seja, cessa com a morte do titular. Ela é indicada caso seja direcionada ao pagamento de despesas específicas (plano de saúde, por exemplo, que tende a aumentar com a idade), ou caso não haja a necessidade de garantir uma renda a algum beneficiário na sua falta.
- **Outra opção seria a renda vitalícia reversível.** Ela possui as mesmas características da renda vitalícia, porém, na sua falta, essa renda mensal será paga ao beneficiário durante toda a sua vida. Existem diversos tipos de renda vitalícia reversível: ao cônjuge, ao cônjuge com continuidade ao filho menor ou revertida a um beneficiário indicado. Esse tipo de renda seria mais indicado àquela pessoa que tem dependentes econômicos, com o objetivo de manter o padrão de vida ou prover segurança financeira aos beneficiários. É importante ressaltar que, nas rendas vitalícia, vitalícia reversível e temporária, a seguradora, ao calcular a renda, leva em consideração, além do saldo acumulado, a Tábua Atuarial, que mede a expectativa de vida, o que faz com que as rendas variem bastante. Para melhor visualização, peça para a seguradora apresentar uma simulação para cada tipo de renda.
- **A renda por prazo determinado,** por ser uma renda financeira, não utiliza a expectativa de vida no cálculo do valor a ser pago. Por isso, umas das vantagens é que ela tende a dar um valor de renda superior à vitalícia. Você escolhe o prazo pelo qual deseja receber a renda e tem a garantia de pagamento mensal durante esse período. Não é recomendado para quem for depender exclusivamente desta renda na aposentadoria, dado que, ao fim do prazo contratado, ela cessa. Uma das vantagens é que, caso ocorra o falecimento do titular do plano antes de completar o prazo contratado, a renda é direcionada ao(s) beneficiário(s) indicado(s) até o fim do período.

- **Por fim, uma opção seria manter o plano ativo** e você mesmo fazer resgates programados do saldo. Lembrando que, neste caso, você terá que ter disciplina para balizar suas necessidades de capital com o prazo e o saldo acumulado. Isto porque, em vez de delegar para a seguradora o pagamento da renda, você será o responsável por realizar a própria gestão dos recursos.

Atenção! Não se esqueça de considerar o pagamento do imposto de renda. No PGBL, o IR incide sobre o montante total (nominal + rendimentos). Analise seu momento atual e as preocupações que tem quanto ao futuro. Quanto mais variáveis forem levadas em consideração antes da tomada de decisão, melhor será sua escolha e o aproveitamento desta nova etapa. Boa sorte!

Existem outros tipos de planos de previdência complementar aberta?

Além dos planos PGBL – que não têm garantia de remuneração mínima durante a fase de acumulação –, existem planos que oferecem garantia de remuneração e preveem reversão de parte do excedente financeiro para o participante. Esses planos de previdência podem garantir uma rentabilidade mínima de correção monetária mais juros de 6% ao ano ou apenas a variação da inflação por um determinado índice de preços.

O excedente financeiro é a diferença entre o índice de correção mais juros e a rentabilidade total obtida pelo gestor do plano ao aplicar seu dinheiro no mercado.

A reversão ocorre quando uma parte desse excedente vai para o investidor. O percentual de reversão deve constar do regulamento (plano individual) ou do contrato (plano coletivo). O percentual de reversão de resultados financeiros definido na assinatura do plano não pode ser reduzido.

A seguradora ou a entidade aberta de previdência complementar aberta (EAPC), no entanto, poderá aumentar esse percentual, a seu critério, para todos os participantes do plano, indistintamente.

- **Plano com remuneração garantida e performance (PRGP):** garante, durante o período de diferimento (tempo decorrido entre a data da contratação do plano e o início do recebimento do benefício ou fase de acumulação), remuneração do montante acumulado por taxa de juros e índice de inflação previstos no regulamento do plano. Já a distribuição de excedente financeiro à época da concessão do benefício é facultativa.

- **Plano com atualização garantida e performance (PAGP):** garante, durante o período de diferimento (fase de acumulação de recursos), remuneração do montante acumulado por índice de inflação previsto no regulamento do plano. A distribuição de excedente financeiro à época da concessão do benefício também é facultativa.
- **Plano com remuneração garantida e performance sem atualização (PRSA):** garante, durante o período de diferimento (fase de acumulação de recursos), remuneração do montante acumulado por taxa de juros prevista no regulamento do plano. A distribuição de excedente financeiro à época da concessão do benefício também é facultativa.
- **Plano de renda imediata (PRI):** garante, mediante contribuição única, o pagamento de benefício por sobrevivência sob a forma de renda imediata. Neste caso, a apuração de excedente financeiro também é facultativa.
- **Fundo de aposentadoria programada individual (FAPI):** é um Fundo de Investimento Financeiro (FIF) que tem como objetivo a poupança de longo prazo, sem garantia de rendimento mínimo. Não é um fundo de previdência privada, embora possa servir para formar uma poupança que vire previdência privada no futuro. É por isso que o FAPI tem benefícios fiscais sobre contribuições como os planos PGBL. As contribuições feitas para esse fundo podem ser deduzidas da renda bruta, no limite de até 12% do total, para fins de redução do imposto de renda. No caso do FAPI, o gestor apenas cuida do rendimento na fase de acumulação. Ao final do período, o poupador retira todo seu capital de uma só vez e faz o investimento que for mais conveniente – pode, inclusive, comprar à vista um plano de previdência para garantir benefícios mensais (renda complementar à aposentadoria) ou comprar uma casa ou gastar o dinheiro como quiser. O participante pode resgatar o dinheiro aplicado a qualquer momento, sem carências. Como não garante rendimento mínimo, este fundo repassa todo o ganho financeiro para os cotistas, excluída a taxa de administração. Resgates antes de um ano de investimento pagam Imposto sobre Operações Financeiras (IOF) de 5%. O FAPI pode receber pagamentos bem esporádicos, à medida das possibilidades do contribuinte. Esses fundos não cobram taxa de carregamento sobre as contribuições, mas também são mais um

plano de poupança do que de previdência privada, uma vez que, no final, não pagam benefícios. Por outro lado, cobram taxa de administração como qualquer fundo de investimento. Esta modalidade atualmente está praticamente em desuso.

Fundos de previdência

Classificam-se nesta categoria os FAPIs (vistos acima) e os fundos exclusivos dedicados a receber recursos de reserva técnica dos planos de previdência aberta.

Previdência Renda Fixa

São fundos que buscam retorno por meio de investimentos em ativos de renda fixa (sendo aceitos títulos sintetizados por meio do uso de derivativos), admitindo-se estratégias que impliquem em risco de juros e de índice de preços do mercado doméstico. Excluem-se estratégias que impliquem risco de moeda estrangeira ou de renda variável (ações etc.). Não admitem alavancagem.

Previdência com fundos balanceados

Fundos que possuem renda fixa e até 15% em renda variável
São fundos que buscam retorno no longo prazo a partir de investimento em diversas classes de ativos (renda fixa, ações, câmbio etc.). Tais fundos utilizam uma estratégia de investimento diversificada e deslocamentos táticos entre as classes de ativos ou estratégia explícita de rebalanceamento de curto prazo. Devem ter explicitado o mix de ativos (percentual de cada classe de ativo) com o qual devem ser comparados ou o intervalo definido de alocação. Neste tipo, devem ser classificados os fundos cujo limite máximo de alocação em ativos de renda variável é até 15%. Assim, não podem ser comparados a indicador de desempenho que reflita apenas uma classe de ativos (por exemplo: 100% CDI). Não admitem alavancagem.

Fundos que possuem renda fixa e 15-30% de renda variável
Trata-se de fundos que buscam retorno no longo prazo por meio de investimento em diversas classes de ativos (renda fixa, ações, câmbio etc.). Estes fundos utilizam uma estratégia de investimento diversificada e deslocamentos táticos entre as classes de ativos ou estratégia explícita de rebalancea-

mento de curto prazo. Devem ter explicitado o mix de ativos (percentual de cada classe de ativo) com o qual devem ser comparados ou o intervalo definido de alocação. Neste tipo, devem ser classificados os fundos cujo limite máximo de alocação em ativos de renda variável está acima de 15% até 30%. Deste modo, não podem ser comparados a indicador de desempenho que reflita apenas uma classe de ativos (por exemplo: 100% CDI). Não admitem alavancagem.

Fundos que possuem renda fixa e acima de 30% de renda variável

São fundos que buscam retorno no longo prazo a partir de investimento em diversas classes de ativos (renda fixa, ações, câmbio etc.). Estes fundos utilizam uma estratégia de investimento diversificada e deslocamentos táticos entre as classes de ativos ou estratégia explícita de rebalanceamento de curto prazo. Devem ter explicitado o mix de ativos (percentual de cada classe de ativo) com o qual devem ser comparados ou o intervalo definido de alocação. Neste tipo, devem ser classificados os fundos cujo limite máximo de alocação em ativos de renda variável está acima de 30%. Assim, não podem ser comparados a indicador de desempenho que reflita apenas uma classe de ativos (por exemplo: 100% CDI). Não admitem alavancagem.

Previdência Multimercados

Trata-se de fundos que buscam retorno no longo prazo por meio de investimento em diversas classes de ativos (renda fixa, ações, câmbio etc.). Estes fundos não têm explicitado o mix de ativos (percentual de cada classe de ativo) com o qual devem ser comparados, podendo, inclusive, ser comparados a parâmetro de desempenho que reflita apenas uma classe de ativos (por exemplo: 100% CDI). Classificam-se também neste tipo os fundos cujo intervalo de alocação esteja omisso. Não admitem alavancagem.

Previdência Data-Alvo

São fundos que buscam retorno em um prazo referencial, ou data-alvo, a partir de investimento em diversas classes de ativos (renda fixa, ações, câmbio etc.) e estratégia de rebalanceamento periódico. Estes fundos têm compromisso de redução da exposição a risco em função do prazo a decorrer para a respectiva data--alvo. Não podem ser comparados a indicador de desempenho que reflita apenas uma classe de ativos (por exemplo: 100% CDI). Não admitem alavancagem.

Previdência Ações

Estes fundos devem possuir, no mínimo, 67% da carteira em ações à vista, bônus ou recibos de subscrição, certificados de depósito de ações, cotas de fundos de ações, cotas dos fundos de índice de ações – Brazilian Depositary Receipts (ver Capítulo 10) –, classificados como nível II e III. Neste tipo, devem ser classificados os fundos que se destinam a somente receber aplicações de outros fundos de previdência aberta. Não admitem alavancagem.

Faço um plano de previdência ou invisto por conta própria?

Anteriormente, eu falei como funciona um plano de previdência e comentei todos os aspectos necessários para você entender seu beabá. O lugar-comum, o senso coletivo, os bancos, as seguradoras, o fundo de pensão... falam maravilhas sobre o plano de previdência privada. Mas como diria Nelson Rodrigues: "Toda unanimidade é burra. Quem pensa com a unanimidade não precisa pensar".

A possibilidade de postergar o pagamento do imposto de renda ou até mesmo reduzir efetivamente a mordida do leão são alternativas concretas, em que um planejamento financeiro bem executado pode significar mais dinheiro na aposentadoria.

Apesar das vantagens dos fundos de previdência, não é possível generalizar e assumir que todos são adequados para qualquer investidor. Se o rendimento for baixo, todo o esforço de poupança realizado ao longo dos anos pode ser em vão, mesmo levando em conta o benefício fiscal.

Montar uma carteira própria diversificada de investimento com ações, fundos multimercados, títulos públicos e privados tende a ser mais rentável, embora exija mais tempo e conhecimento do aplicador ou ajuda de um profissional qualificado, como os agentes autônomos de investimentos registrados na CVM.

Se, para você, "dinheiro na mão é vendaval", provavelmente é melhor investir em previdência privada e, de preferência, com débito automático no mesmo dia em que o salário é creditado. Já para as pessoas mais disciplinadas, e eu acredito piamente que você é ou será uma dessas pessoas, a resposta já não é tão simples. Alguns motivos para fazer por conta própria:

- Se você declara o IR usando o formulário simplificado ou apenas não tem renda tributável, esqueça o PGBL. O diferimento fiscal proporcionado por esse plano não estará ao seu alcance.

- Você adéqua o investimento do modo que deseja, de acordo com seu perfil de risco. O problema é que você precisará estudar sobre finanças pessoais e entender como as diferentes alternativas de investimento funcionam, ou seja, precisará dedicar tempo.
- Você pode fazer o balanceamento de sua carteira de forma muito mais rápida e mais simples.
- Você economiza no pagamento de taxas de carregamento e de administração.
- Você sabe exatamente o que tem na sua carteira, enquanto no fundo você não sabe sua composição.

Casos em que não há dúvida sobre ter uma previdência privada:

- se seu empregador patrocina o plano de previdência, ou seja, ele aporta certa quantia desde que você também contribua, não tenha dúvidas de que você realmente deve investir neste plano, ao menos até o valor que faça com que o seu empregador contribua o máximo previsto;
- se a sua intenção é a de ter uma ferramenta para planejamento sucessório ou mesmo para que sua família possa acessar parte do patrimônio rapidamente, ter um plano de previdência é uma boa alternativa;
- se você declara o imposto de renda usando o formulário completo e tem renda tributável.

Com disciplina, dá para ganhar mais planejando você mesmo sua aposentadoria

Os planos de previdência abertos comercializados no mercado em geral apresentam custos elevados. Quanto menor for a rentabilidade esperada, maior será o peso das taxas de administração no desempenho dos fundos de previdência. No passado recente, em que tínhamos taxas de juro mais altas, o peso das taxas de administração era menor e não era tão aparente o quanto era pago aos administradores dos planos; no ambiente atual de queda de juros nominais e reais, que acho que é irreversível, o peso de taxas de administração ficou mais elevado. Não recomendo investir em produtos que tenham mais de 1% ao ano de taxa.

Sendo um profissional do mercado financeiro, sempre questiono as diversas fórmulas prontas que o mercado te empurra a aceitar. Então decidi utilizar, para fazer minha própria previdência, o Tesouro Direto no veículo das NTN-Bs Principal com taxas acima de 6% de longo prazo, que me pareceram bastante interessantes, pois mantendo o título até o final você garantirá a taxa pactuada na compra do papel, sem correr o risco da volatilidade do mercado no meio do caminho. Porém, se for necessário resgatar o título antes de seu vencimento, poderá ter até uma rentabilidade negativa.

O VGBL só é indicado para aqueles que não conseguem se controlar e precisam de um "carnê" para poupar ou pretendem usar o produto como instrumento de planejamento sucessório. As taxas de administração e de carregamento precisam diminuir bastante para que passe a ser um produto de investimento competitivo.

Já o PGBL é uma alternativa de investimento interessante por conta do diferimento fiscal. Deixa-se de pagar 27,5% de IR agora para pagar apenas 10% daqui a vários anos no resgate, caso a opção de tributação tenha sido a tabela regressiva. Para aqueles que optarem pelo regime de tributação progressivo, ainda há a possibilidade de não pagar IR algum se os resgates ou os pagamentos de benefícios forem feitos em parcelas com valores dentro do limite de isenção e se não houver outras fontes de renda tributáveis.

Obviamente, tanto na gestão própria quanto na aplicação em planos de previdência privada, podem-se melhorar bastante os ganhos pesquisando por produtos com custos mais baixos e retornos mais interessantes, mesmo sem assumir grandes riscos. No entanto, é preciso pesquisar bastante e não se contentar em aceitar apenas os produtos oferecidos pelo seu gerente de banco.

Independentemente do produto escolhido, é sempre bom optar por uma aplicação automática e de preferência na data do recebimento de seu salário. Assim, você evitará o esquecimento ou a falta de dinheiro no final do mês.

Investindo na aposentadoria

Esta é uma questão que muitos perguntam: se quando se aposentarem precisarão alocar todo seu patrimônio em ativos conservadores para que não corram riscos. Isso depende muito de quanto dinheiro você possui e se vai precisar dele, ou de pelo menos de parte dele, para seu sustento.

Se você possui outras fontes de renda, como aposentadoria, pensão ou aluguéis, e não vai precisar da poupança para suas despesas correntes, ou, então, se utiliza apenas os juros reais dos investimentos, ou seja, o que rende acima da inflação – e seu patrimônio vai gozar da perpetuidade –, não será necessário alocar todo seu dinheiro em produtos conservadores. Por outro lado, se for utilizar sua reserva como complemento de renda, o melhor é que suas aplicações sejam mais conservadoras e não estejam correndo o risco dos altos e baixos do mercado.

Vamos considerar que você se enquadre na primeira situação: possui outras fontes de renda e não utilizará seu dinheiro como complemento ou utilizará apenas os juros reais mensalmente e terá a perpetuidade do seu patrimônio. Neste caso, basta aplicar pelo menos o montante de 12 vezes seus gastos mensais em produtos conservadores e com boa liquidez para formar uma reserva para emergências, como gastos imprevistos de curto prazo. Com o restante, você deverá montar uma carteira diversificada de longo prazo de acordo com seu perfil de investidor.

Caso seu perfil demonstre maior tolerância ao risco, será possível diversificar o portfólio com ativos um pouco mais arriscados e com perspectiva de maiores rentabilidades no longo prazo. Essa diversificação poderá ser efetuada em produtos atrelados a índices de preços, fundos multimercados, de renda variável e fundos imobiliários.

Em contrapartida, se você estiver na segunda situação e suas despesas mensais foram maiores do que os juros reais de suas aplicações, parte principal do seu patrimônio deverá ser utilizada para seu sustento. Esse montante, portanto, deverá estar aplicado em produtos conservadores.

Com a parte restante, que será transmitida para seus herdeiros, você poderá compor uma carteira diversificada para eles. Seus filhos ainda têm um longo caminho pela frente e podem contar com esse longo prazo a seu favor. Você pode obter mais informações na Parte IV deste livro.

Atenção! É importante lembrar que, com a expectativa de juros mais baixos, o perigo de ter uma carteira muito conservadora seria não alcançar uma rentabilidade que acompanhasse a inflação, diminuindo o seu poder de compra no futuro. De qualquer forma, será importante efetuar um rebalanceamento periódico do portfólio para evitar que seu patrimônio esteja correndo mais riscos do que o desejável. Pois, ao longo do tempo, os eventuais resgates ou mesmo as diferentes rentabilidades entre as variadas classes de ativos poderão fazer com que os percentuais originalmente estabelecidos para cada ativo sejam alterados.

36

Seguros – vai que...

Início de conversa

- Entender três recomendações de compra de seguros.
- Quais são os diversos tipos de seguro.
- Como receber o dinheiro de um sinistro.

> *O seguro morreu de velho.*
> Provérbio português

Imprevistos acontecem – isso é um fato incontestável. Este é o motivo pelo qual tomamos várias ações para minimizar suas consequências. Uma das ações mais tradicionais e garantidas para esse fim é contratar um seguro, afinal, nada como proteger nossos bens para ficarmos tranquilos diante de algo inesperado.

E que bem é mais valioso do que a sua vida e a das pessoas que você ama? A possibilidade da perda de um ente querido é um assunto pouco abordado no ambiente familiar. Para evitar o desequilíbrio das finanças, além do abalo emocional, é importante ter uma boa combinação de seguros dentro do planejamento financeiro familiar.

Em caso de um acidente, uma doença grave ou uma doença terminal, situações diversas podem ocorrer, desde o aumento dos custos devido à necessidade de um tratamento médico específico ou mesmo no caso de invalidez.

O ato de comprar um seguro decorre do reconhecimento de que certos eventos aleatórios e incontroláveis podem causar desembolsos vultosos e pontuais. Como tais perdas monetárias são capazes de abalar tanto a poupança de pessoas quanto a solvência de empresas, é prudente estabelecer mais de um tipo de contrato de seguro com mais de uma empresa do mercado segurador.

A compra de seguro não visa proporcionar lucro ao segurado, pois não se trata de uma opção de investimento. Esse aspecto poderá provocar certo desconforto, pois você paga por uma coisa que – se Deus quiser! – nunca vai precisar usar. O segurado deve lembrar que houve uma transferência de risco para alguém que espera uma recompensa em troca. Por isso, os seguros devem ser bem dimensionados para sua necessidade.

Lembre-se: ter patrimônio sem proteção é uma aventura perigosa.

De quais seguros eu preciso?

O primeiro passo é conhecer os benefícios de renda providos pelo Instituto Nacional de Seguridade Social (INSS) em casos de invalidez, acidente, doença e aposentadoria. Além disso, há o benefício de pensão por morte, que é vitalício para certos dependentes, como o cônjuge, e concedido a qualquer tempo para o segurado ativo, ou que tenha cumprido os requisitos para aquisição da aposentadoria.

A segunda etapa será a escolha de seguros privados que protejam diante dos riscos de morte, invalidez e doenças.

- **Morte:** o seguro de vida em caso de morte deverá cobrir três aspectos:
  - ▷ **Despesas imediatas:** despesas com inventário, que podem chegar a até 15% do valor total do patrimônio, quitação de dívidas, despesas funerárias e póstumas. Para esta cobertura, o pagamento deverá ser em forma de pecúlio, para que, quando ocorrer o fato, o dinheiro seja liberado de uma só vez.
  - ▷ **Restabelecimento familiar:** para o recebimento de uma renda durante o período de readaptação à nova realidade da família. Se a renda do faltante for a única, a escolha pela renda vitalícia pode ser a melhor opção.
  - ▷ **Provimentos futuros:** para garantir, por exemplo, uma renda para quando a filha atingir a maioridade, por meio de um seguro a termo fixo, em que a renda seja paga a partir da idade desejada e pelo tempo que o segurado achar necessário.
- **Invalidez:** o que aconteceria com uma família caso o provedor principal ficasse incapaz de desenvolver suas funções laborais e pessoais? Para manter a qualidade e o padrão de vida é preciso se proteger das duas grandes causas da invalidez.
  - ▷ **Acidentes:** o seguro de acidentes pessoais cobre casos de invalidez parcial ou total, quando há uma redução ou total impossibilidade

da execução de suas atividades. A indenização é concedida depois de esgotadas as possibilidades de recuperação. Durante o tratamento, o seguro poderá cobrir despesas médico-hospitalares, assim como diárias de internação hospitalar.

> **Doenças:** a cobertura será por invalidez permanente quando o segurado perder a autonomia devido a doenças como cegueira, cardiopatias graves, doenças que afetam o sistema nervoso, entre outras. Além disso, há a cobertura para doenças graves, em que é paga uma indenização para tratamento de casos específicos, como alguns tipos de câncer.

Você deve segurar-se contra o que poderia ser uma enorme perda financeira para você ou seus dependentes. O preço do seguro não é barato, mas é relativamente pequeno em comparação com a perda total potencial de uma catástrofe financeira.

 Dica _____

- Revise periodicamente seus planos de seguro para adequar os valores de cobertura em cada momento de vida, assim como dos seus beneficiários.
- Não se esqueça da proteção para imprevistos do dia a dia (como um eventual desemprego), construindo uma reserva de recursos com liquidez e baixo risco; e de se preparar para a longevidade, formalizando um plano para aposentadoria. Desta forma poderá aproveitar sua família com mais tranquilidade.

Veja três conceitos bastante simples, mas poderosos, que podem facilmente poupar-lhe muito dinheiro. E, enquanto está poupando dinheiro, você ainda pode obter a cobertura de qualidade que precisa, a fim de evitar uma catástrofe financeira.

- **Compre uma ampla cobertura:** cobertura de seguro muito estreita é um grande erro que as pessoas fazem ao contratar um seguro. Tais apólices muitas vezes parecem maneiras baratas de colocar o seu medo para descansar.
- **Escolha companhias financeiramente sólidas:** além do preço da apólice e da reputação e do histórico da seguradora de pagamentos dos sinistros, a saúde financeira de uma seguradora é um item importante a ser considerado ao escolher uma empresa. Se você pagar seus prêmios

fielmente ano após ano, ficará muito irritado se a seguradora for à falência antes de você fazer uma grande reivindicação. As companhias de seguros podem quebrar como qualquer outra empresa. Algumas organizações avaliam e dão uma nota para a estabilidade financeira das companhias seguradoras. As principais agências de classificação de risco incluem Standard & Poor's, Fitch e Moody's.

- **Pesquise os preços e cheque os corretores e seus agentes:** os seguros são vendidos por meio de agentes e corretores, que ganham comissões com base no que eles vendem. As comissões, é claro, podem influenciar o que eles recomendam. Não surpreendentemente, as seguradoras que pagam as maiores comissões aos agentes também tendem a ser as mais caras. Pesquise em várias e tente comprar diretamente da seguradora escolhida.

Histórias do autor

Uma vez, comprei um seguro de um intermediário de uma grande empresa do setor, que me passou informações erradas e me influenciou a trocar de seguradora sem respeitar o período de carência de 60 dias. Pior ainda, me enviou um contrato no qual ele apagou a carência! Pesquisando mais a fundo, o corretor não tinha registro e a agência no registro funcionava no endereço de uma portaria de um prédio do centro da cidade. Conclusão: paguei duas vezes o seguro. Precisei fazer um acordo judicial com a seguradora, que me cobrou por esses 60 dias, e eu já estava pagando também o mesmo seguro em outra seguradora.

Empregador e outros planos de grupo

Quando você compra o seguro como parte de um grupo maior, geralmente tem um preço menor por causa do desconto de grupo. A maior parte das apólices de saúde que podem ser acessadas por meio de seu empregador são menos onerosas do que a cobertura equivalente comprada por você sozinho.

Problemas com seguros

Uma característica típica do mercado é que a apólice vem depois de a proposta ter sido assinada e enviada à seguradora. Isso ocorre porque as empresas precisam de alguns dias para checar as informações e decidir se aceitam ou não o risco.

Digamos que você recebeu a apólice e constatou discrepância em alguma cláusula em comparação com a proposta. Você pode – e deve – reclamar, mas, para maior eficácia da reclamação, a sugestão é seguir um caminho lógico.

Se você tiver algum tipo de problema relacionado com o seguro, a seguradora ou a corretora de seguro, a primeira coisa que você pode fazer é entrar em contato com a ouvidoria da seguradora. Normalmente, as empresas possuem este departamento, que pode ser usado para receber denúncias, reclamações e para resolver problemas. Essas informações estão no site da seguradora.

Se o problema não for resolvido, o próximo passo pode ser entrar em contato com o Procon da sua cidade. Você também pode fazer uma reclamação no órgão regulador (Susep ou Agência Nacional de Saúde – ANS), de modo a formalizar a reclamação. Existem ainda entidades às quais você pode se associar para contar com ajuda jurídica e fazer denúncias, como o Instituto Brasileiro de Defesa do Consumidor (IDEC) e o Proteste – em ambos os casos você precisa se tornar sócio das entidades.

A última instância é a Justiça, que deve ser evitada devido ao conhecido problema de sua morosidade no Brasil.

 Na plataforma on-line da editora, disponibilizamos um glossário com os principais termos utilizados na área de seguros. Vale a pena consultar para entender direitinho o que está sendo falado no momento da contratação.

Seguro de vida: provendo o futuro de seus entes

Durante seus anos de trabalho, multiplicando seu rendimento anual típico pelo número de anos pelos quais pretende continuar trabalhando, você produz um belo e grande número. Esse montante é provavelmente seu ativo mais valioso – a sua capacidade de gerar renda. É importante proteger esse ativo segurando você.

Além de proteger sua renda, você também precisa segurar financeiramente de despesas catastróficas, como uma estadia forçada em um hospital e eventuais procedimentos cirúrgicos.

Você geralmente só precisa de seguro de vida quando outras pessoas dependem de sua renda. As seguintes pessoas não precisam de seguro de vida para proteger seus rendimentos:

- pessoas solteiras sem filhos;
- casais que trabalham, que poderiam manter um estilo de vida aceitável para eles em um dos seus rendimentos;
- pessoas ricas independentes, que não precisam trabalhar;
- aposentados que vivem fora de seu pecúlio de aposentadoria;
- os filhos menores (você está financeiramente dependente de seus filhos?).

Se os outros estão total ou parcialmente dependentes do seu salário (geralmente cônjuge e/ou filhos), você deve comprar um seguro de vida, especialmente se tiver grandes compromissos financeiros, como uma hipoteca ou anos de criação dos filhos pela frente. Precaução semelhante está relacionada a adultos que dependem financeiramente de você, como cônjuge/companheiro, pais, irmãos e filhos que continuam a precisar de seu apoio financeiro apesar da idade adulta.

Com esse seguro você pode oferecer, por um período, estabilidade financeira a seus familiares em caso de morte ou de invalidez. O valor da indenização será correspondente ao capital contratado na apólice.

Esse seguro proporciona benefícios às mais diferentes camadas sociais, em especial às menos favorecidas, nas quais a falta do provedor compromete, total ou significativamente, e de forma imediata, a renda e a subsistência familiar.

Quando acontece a falta inesperada da pessoa que era a provedora do sustento da família, por acidente ou por doença, geralmente o padrão de vida dos que ficaram tende a cair. A indenização do seguro de vida é uma rede de proteção, pelo menos para os primeiros anos, para que os familiares se reestruturem financeiramente.

O seguro de vida possibilita garantir o término do estudo dos filhos, o sustento da casa pelo período considerado necessário, a quitação do financiamento da casa própria ou um patrimônio para os herdeiros, sem exigência de inventário, entre outros benefícios.

O leque de coberturas oferecidas, além da básica para morte por qualquer causa, inclui garantias para variados riscos, como casos de invalidez por doença ou acidente, aumentando sua proteção e de sua família.

A indenização é paga na forma de capital ou renda. São, em geral, planos de longa duração ou mesmo por toda a vida.

Podem ser contratados para garantir os riscos destacados:

- **Sobrevivência:** caso o segurado sobreviva ao período estipulado na apólice, terá direito ao recebimento do pagamento.
- **Invalidez:** caso o segurado venha a se invalidar durante o período de cobertura estipulado na apólice, terá direito ao recebimento de uma indenização.
- **Morte:** caso o segurado venha a falecer durante o período de cobertura estipulado na apólice, seus beneficiários terão direito ao recebimento de uma indenização.

Limite da cobertura

Para definir qual é o limite de cobertura a ser contratada, a dica é calcular todas as novas despesas que a família teria caso o segurado não pudesse mais arcar com elas, levando em consideração o tempo que a família demoraria para recuperar a estabilidade financeira.

Esse tempo depende de caso para caso, mas geralmente se considera entre três e cinco anos, ou seja, o valor do capital segurado (valor da indenização) seria equivalente à necessidade atual de seus dependentes (sua renda anual, por exemplo) multiplicada pelo número de anos que sua família levaria para se reestruturar após sua falta. Se forem cinco anos, renda anual multiplicada por cinco. Se forem oito anos, renda anual multiplicada por oito, e assim por diante.

Quadro 36.1 – Modelo simplificado para cálculo de indenização

Despesas de sua família	Valores (R$)
Educação (mensalidade, uniforme, material escolar, cursos, atividades extracurriculares)	
Custos com a educação de filhos e dependentes, de acordo com os anos de estudos que ainda faltam para se tornarem financeiramente independentes	
Moradia (aluguel, prestação do imóvel, condomínio, IPTU, telefone, gás, luz)	
Saúde (planos de saúde, farmácia, médicos, dentistas)	
Carro (prestações, combustível, manutenção, estacionamento, IPVA, seguro)	
Alimentação	
Faxineira ou empregada doméstica	
Roupas	
Mesada	
Lazer (cinema, teatro, diversão, restaurantes, viagens etc.)	
Subtotal de despesas	
Descontos	

▶ Valor total de suas aplicações financeiras	
Dívidas com imóveis (desconte o valor das prestações da casa própria amparada por financiamento com seguro de vida incluso)	
Dívidas (consórcios, leasing ou outros financiamentos com seguro incluso)	
Despesas exclusivamente pessoais de quem vai contratar o seguro (locomoção, roupas, cursos, alimentação, academia de ginástica etc.)	
Subtotal de despesas – descontos = valor da cobertura	

Vale ressaltar que o seguro de vida também não cobre algumas situações nos dois primeiros anos de vigência do contrato, como: morte ou invalidez decorrente de atos de operação ou de guerra, doenças preexistentes não declaradas na proposta de seguro, fenômenos da natureza, suicídio e suas tentativas.

No regime de repartição, o seguro de vida não é um investimento, por isso não permite resgate ou devolução dos valores que você pagou. Ao contratar esse seguro, você buscará uma compensação para um evento danoso em sua vida, na hipótese de acontecer um sinistro (morte, invalidez, doença, perda de renda, incapacidade de exercer a atividade etc.). Se houver sinistro, a seguradora pagará a indenização correspondente ao capital segurado, de acordo com a cobertura contratada.

Se o plano for estruturado no regime financeiro de capitalização, o resgate será devido, obrigatoriamente, nos planos de renda por sobrevivência (aposentadoria) e, desde que previsto no regulamento, será devido nos planos de pecúlio, pensão e invalidez.

Em geral, os planos de seguros seguem o regime financeiro de repartição (maior parte dos planos de pecúlio, pensão e invalidez), que não admite resgate ou devolução dos prêmios pagos, seja para o segurado ou para seus dependentes.

Como escolher

Encontrar um seguro de vida que atenda às nossas necessidades nem sempre é tarefa fácil, pois em um plano de seguro de vida pode haver inúmeras coberturas. Estas precisam ser muito bem colocadas quando da explanação do plano de seguro de vida para não gerar situações desagradáveis, como a frustração da utilização de uma cobertura que não foi incluída pelo plano escolhido.

Qual cobertura eu devo escolher: morte ou morte por acidente? O importante é saber quais são os eventos cobertos pelo seguro a ser contratado, seja ele seguro de vida ou de acidentes pessoais.

Para que o plano seja considerado "seguro de vida", é obrigatória a cobertura de morte por causas naturais e/ou acidentais. Dessa forma, os beneficiários terão direito à indenização, seja a morte decorrente de acidente ou de doença do segurado. No seguro de acidentes pessoais, a cobertura é exclusivamente de morte por acidente. Isso significa que morte causada por doença não tem indenização. O pagamento do capital segurado é garantido quando a morte do segurado for decorrente de acidente coberto pelo plano. No caso de falecimento de um segurado que tenha contratado coberturas de morte e de morte acidental, seus beneficiários receberão os valores das duas indenizações, ou seja, a soma das duas indenizações (capitais segurados) das duas coberturas. Ambas as coberturas, no entanto, possibilitam a contratação de proteções adicionais, como invalidez por acidente, invalidez funcional permanente por doença, perda de renda, despesas médicas, hospitalares e odontológicas, funeral, doenças graves etc.

A contratação do seguro de vida pode ser individual ou coletiva. Veja as diferenças:

- **Seguro de vida individual:** nesta modalidade, o seguro de vida cobre o risco de um único segurado (pessoa física), responsável pela contratação e pelo custeio do plano. É feito sob medida para as características pessoais, como idade, sexo, estado civil, estilo de vida, profissão e condições de saúde. O prêmio (preço) é calculado com base nesses dados. Garantias (coberturas), capitais segurados, vigência, prazo e forma de pagamento são livremente negociados entre segurado e seguradora.
- **Seguro de vida coletivo (vida em grupo):** a contratação de apólice coletiva é feita por uma empresa, associação profissional, clube, sindicato ou entidades de classe, em favor de pessoas físicas vinculadas a uma dessas instituições. Para efeito do seguro, a instituição é chamada estipulante e vai representar os segurados perante as seguradoras. É o estipulante quem contrata o seguro com a seguradora e define as condições do plano (garantias, capitais segurados, prazo de vigência, idade máxima, forma de reajuste do prêmio etc.). Diferentemente do seguro de vida individual, no de vida em grupo não há negociação isolada com os segurados. O segurado, por sua vez, ingressa em uma apólice já existente do seguro de vida em grupo mediante uma proposta de adesão. Em vez de uma apólice individual, cada segurado recebe um certificado com o resumo das condições contratuais. O documento completo fica com o estipulante.

Este tipo de seguro admite três formas de custeio:

> **totalmente contributário:** os segurados são responsáveis pelo custeio integral do plano;

> **parcialmente contributário:** segurados e estipulante custeiam o plano, na proporção convencionada; ou

> **não contributário:** o estipulante é totalmente responsável pelo custeio do plano.

Uma das vantagens do seguro coletivo é o preço menor em relação ao individual, pois possibilita redução de custos para a seguradora, devido à forma simplificada de contratação, entre outros fatores.

Tipos de planos previdenciários

Os planos previdenciários podem ser contratados de forma individual ou coletiva (averbados ou instituídos) e oferecer, juntos ou separadamente, os seguintes tipos básicos de benefício:

- **Renda por sobrevivência:** renda a ser paga ao participante do plano que sobreviver ao prazo de diferimento contratado, geralmente denominada de aposentadoria.
- **Renda por invalidez:** renda a ser paga ao participante em decorrência de sua invalidez total e permanente ocorrida durante o período de cobertura e depois de cumprido o período de carência estabelecido no plano.
- **Pensão por morte:** renda a ser paga aos beneficiários indicados na proposta de inscrição em decorrência da morte do participante ocorrida durante o período de cobertura e depois de cumprido o período de carência estabelecido no plano.
- **Pecúlio por morte:** importância em dinheiro, pagável de uma só vez ao(s) beneficiário(s) indicado(s) na proposta de inscrição, em decorrência da morte do participante ocorrida durante o período de cobertura e depois de cumprido o período de carência estabelecido no plano.
- **Pecúlio por invalidez:** importância em dinheiro, pagável de uma só vez ao próprio participante, em decorrência de sua invalidez total e permanente ocorrida durante o período de cobertura e depois de cumprido o período de carência estabelecido no plano.

Limite de idade para comprar o seguro de vida (cobertura de morte)

A maioria das seguradoras faz restrições para pessoas com mais de 65 anos de idade, sendo que algumas impõem limitação a partir dos 60 anos para a contratação, dependendo da cobertura. Por outro lado, já existem no mercado seguros de vida direcionados para a terceira idade, com aceitação de segurados com até 80 anos de idade.

Na ponta do lápis, isso significa preços quase proibitivos para quem passou dos 60 anos de idade, pois, a partir dessa faixa etária, o risco para a seguradora é maior (maior probabilidade de ocorrência do evento).

No entanto, o limite de idade para contratação do seguro de vida já foi menor no passado e tende a ser maior no futuro. Essa tendência decorre do aumento da expectativa de vida ao nascer da população brasileira e mundial.

A recomendação para os interessados em fazer um seguro de vida a partir dos 60 anos é a formação de uma poupança para eventuais emergências, a partir do pressuposto de que a pessoa nessa faixa etária geralmente está com sua vida financeira estabilizada e filhos crescidos e encaminhados, sem a responsabilidade pelo sustento de outras pessoas.

A orientação é válida porque o segurado passa a pagar prêmios muito altos enquanto os capitais disponíveis para contratação (indenização a ser paga) diminuem. Os muito jovens, por sua vez, têm limitações de ordem legal.

O seguro de vida só pode ser comercializado a partir dos 14 anos de idade. Abaixo desta idade, a única cobertura permitida é para reembolso de despesas com funeral e de gastos médico-hospitalares e odontológicos decorrentes de acidentes.

Isenção do imposto de renda

A indenização que os beneficiários citados na apólice receberão é isenta do imposto de renda, porque não existe incidência de IRPF sobre o capital segurado (indenização) pago em função da morte do segurado.

O valor do seguro não se sujeitará às dívidas do segurado nem se considerará herança

O Código Civil estabelece que a indenização paga aos beneficiários em razão da morte do segurado, seja no seguro de vida (morte) ou de acidentes pessoais (morte por acidente), não é considerada herança. Assim, o segurado pode nomear beneficiários e distribuir o valor do capital segurado da forma que julgar mais adequada.

Poderá se instituir contrato de seguro de vida a terceiro (cônjuge/filho) desde que comprovado o interesse pela preservação da vida que se assegura.

O segurado deve ter cuidados especiais, caso nomeie menores de 16 anos de idade como seus beneficiários, porque eles não terão acesso direto e imediato à indenização em caso de falecimento de pai e mãe ao mesmo tempo. O juiz nomeará um tutor, que será responsável pelo menor, podendo sacar aos poucos a indenização, autorizado pela Justiça. Os valores permitidos poderão ser mensais, calculados de acordo com a necessidade de sustento e pagamento de escola do menor de idade.

Você pode escolher livremente as pessoas que serão seus beneficiários

E também pode substituí-los por outros, a qualquer tempo. A nomeação dos beneficiários é feita na proposta de contratação, quando o seguro é individual, ou na proposta de adesão, quando o seguro é coletivo.

- **Quando o segurado não indica seus beneficiários**, 50% da indenização ficam com o cônjuge não separado judicialmente e a outra metade é destinada aos herdeiros legais, obedecida a ordem de sucessão legal.
- **A lei impede que um amante seja eleito beneficiário do segurado.** O companheiro, por sua vez, será considerado beneficiário se, na época do contrato, o segurado era separado judicialmente ou se já se encontrava separado de fato.

Posso contratar simultaneamente mais de um seguro de vida?

As pessoas que você indicar nas apólices de seguros como seus beneficiários irão receber a indenização contratada de todas as apólices. De acordo com o Art. 789 do Código Civil, você pode contratar quantas apólices desejar e com qualquer valor segurado.

No entanto, a seguradora tem o direito de perguntar sobre a existência de apólices em outras seguradoras, solicitar dados para saber se o valor do capital segurado que você pretende contratar não está em desacordo com seus rendimentos ou até mesmo seu patrimônio.

A indagação sobre a existência de outras apólices de seguro de vida só pode ser realizada pela seguradora no momento da assinatura da proposta ou da solicitação de aumento do valor do capital segurado.

Em geral, o contrato de seguro de vida é temporário e estruturado no regime financeiro de repartição. Assim, os valores pagos não dão direito à renda, devolução ou benefícios que não estejam previstos na apólice. Verifique detalhadamente as informações da declaração pessoal de saúde.

Confira a exatidão dos seus dados e da declaração do seu estado de saúde real, porque divergências podem causar embaraços e até a negativa de indenização, se confirmada má-fé.

Atenção! Leia atentamente a proposta que você vai assinar e as condições gerais do contrato para ter certeza de todas as garantias oferecidas pelo seguro e, principalmente, os chamados riscos excluídos, aqueles aos quais a seguradora não garante indenização caso ocorram.

Entre as exclusões, as mais usuais são:

- Doenças e sequelas preexistentes à contratação do seguro e não declaradas na proposta, a não ser que sejam, comprovadamente, desconhecidas pelo segurado.
- Suicídio ocorrido durante o período legal de carência de dois anos.
- Contaminação radioativa ou exposição a radiações nucleares, além do uso de material nuclear.
- Prática de atos ilícitos dolosos (vontade consciente de enganar para obter vantagem pessoal ou para outros) por parte do segurado ou de seus beneficiários.
- Lesões causadas por esforços repetitivos (LER), doenças osteomusculares relacionadas ao trabalho (DORT), lesão por trauma continuado (LTC) e outras semelhantes.
- Intoxicação alimentar ou medicamentosa, à exceção das provocadas por remédios prescritos por médico.

Recomendações

Antes de você assinar a proposta, a seguradora deverá apresentar as condições gerais do contrato, em que são estabelecidos os direitos e os deveres de ambas as partes. Certifique-se, ainda, se nas condições gerais estão previstas cláusulas de suspensão, reabilitação (revalidação da apólice) e cancelamento.

É muito importante a leitura atenta da proposta e das condições gerais do seguro para ter conhecimento dos riscos cobertos e de suas exclusões, glossário, período de carência, critério de atualização dos valores, documentos para pagamento da indenização etc. Os valores iniciais do prêmio e das indenizações (capitais segurados), discriminados por tipo de cobertura contratada, têm que estar claramente definidos.

Glossário, período de carência, critério de atualização do prêmio e da indenização, documentos necessários no caso de pagamento da indenização, riscos excluídos e critérios de cancelamento são informações importantes que devem constar das condições gerais.

É importante guardar a apólice (seguro individual) ou o certificado individual (seguro coletivo) que a seguradora envia regularmente, porque esse é o documento que prova o valor atualizado do capital segurado para o pagamento de qualquer indenização. Nesse documento, deve constar o capital segurado de cada garantia e a data do início do seguro.

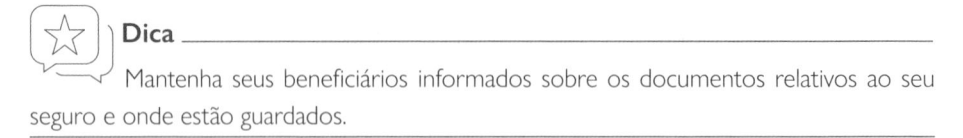

Dica

Mantenha seus beneficiários informados sobre os documentos relativos ao seu seguro e onde estão guardados.

Atenção! A aposentadoria por invalidez concebida por instituições oficiais de Previdência Social não caracteriza, por si só, quadro clínico incapacitante que comprove a invalidez funcional permanente e total por doença na esfera dos seguros privados. Frequentemente, quando o segurado assina a proposta de seguro de vida na qual devem constar o capital segurado, as coberturas e os prazos de carência, ele não se atenta aos riscos excluídos e tampouco lê as condições gerais do plano por ele escolhido. Em um primeiro momento, parece-lhe bastante reconfortante o fato de acabar de adquirir uma tranquilidade para si e uma proteção aos seus beneficiários. Mas é exatamente quando o seguro deveria ser o "porto seguro" que começam os infortúnios.

Dentre as coberturas disponíveis que contemplam o próprio segurado, além da invalidez por doença já mencionada, há também a invalidez por acidente e a diária de incapacidade temporária, sendo que nesta última o segurado terá a garantia de uma renda diária até a volta às suas funções laborativas.

É claro que a contratação dessas coberturas implica um adicional ao prêmio pago, mas, muitas vezes, não são apresentadas ao cliente e estes acabam nem tendo noção de que elas existem.

Processo de indenização

O processo de indenização do seguro de vida abrange três fases:

1. **Apuração dos danos:** nesta etapa inicial, mediante a apresentação do aviso de sinistro preenchido pelo segurado ou por seus beneficiários, a seguradora terá ciência da ocorrência do fato e dos danos sofridos.
2. **Regulação:** uma vez apurados todos os danos, é nesta segunda etapa que a seguradora avaliará se as coberturas contratadas na apólice cobrem os riscos sofridos.
3. **Indenização:** nesta última etapa, após análise minuciosa da equipe técnica da seguradora, será pago ao beneficiário ou a seus dependentes o capital segurado ou a pensão devida.

A seguradora deve pagar a indenização aos beneficiários ou ao segurado, dependendo das coberturas contratadas, em até 30 dias, contados a partir da entrega da documentação solicitada para o pagamento do sinistro. Este é o prazo estabelecido por regulamentação da Susep.

A escolha de um plano de seguro de vida vai além de um breve relato do capital segurado que você gostaria de deixar para sua família.

Procure um profissional competente que, além de conhecedor dos produtos do mercado, possa identificar corretamente o seu perfil e suas necessidades.

Seguro de acidentes pessoais

Uma alternativa para quem possui um baixo orçamento é o seguro de acidentes pessoais. Eles costumam ser mais baratos do que os seguros de vida por não incluírem a cobertura por morte natural.

Essa modalidade de seguro cobre morte e invalidez permanente (total ou parcial) e outros riscos causados unicamente por acidente. São acidentes pessoais, externos, que o segurado pode sofrer de forma súbita, violenta, imediata e involuntária, provocando lesões físicas ou morte. Se as lesões do acidente exigirem, esse tipo de seguro também pode garantir tratamento médico.

É um dos ramos dos "seguros de pessoas", que garante uma indenização ao segurado ou a seus beneficiários caso um dos riscos cobertos venha a se concretizar. É o acidente, e não suas consequências, que caracteriza o sinistro (concretização de um ou mais riscos previstos no contrato do seguro). Por isso, existem vários sinistros de acidentes pessoais que não são cobertos pela garantia do seguro. Nas situações de acidentes pessoais que não provocam dano ou apenas danos temporários, não há cobertura do seguro.

É importante destacar que doenças profissionais, mesmo provocadas por um acidente pessoal, não têm cobertura do seguro. Também não estão cobertas complicações decorrentes de tratamento médico, cirurgia e exames clínicos quando não for consequência de um acidente pessoal.

A diferença básica entre a cobertura de morte no seguro de vida e no seguro de acidentes pessoais é que o primeiro garante indenização para a morte natural ou acidental, enquanto essa cobertura no seguro de acidentes pessoais será paga unicamente no caso de falecimento por acidente pessoal coberto. Exatamente por ter uma cobertura menos ampla, o seguro de acidentes pessoais geralmente tem custo menor do que o de vida. Além disso, o valor pago pelo seguro de acidentes pessoais normalmente não faz distinção entre jovens e idosos, enquanto o cálculo do preço do seguro de vida varia de acordo com a idade do segurado. Ambos, no entanto, têm uma vantagem em comum: a indenização recebida pelos familiares e/ou beneficiários não entra no inventário e não responde por eventuais dívidas deixadas pelo segurado. O valor da indenização (capital segurado) é pago diretamente aos beneficiários, completamente isento de impostos.

Para quem é recomendado um seguro de acidentes pessoais?

Quem trabalha por conta própria, empresários e profissionais liberais dependem de boas condições físicas para exercerem suas atividades. Um acidente pode forçá-los a parar de trabalhar temporariamente, significando interrupção de sua renda. Essa é uma condição em que, certamente, vale a pena ter esse seguro.

Também é recomendável para quem trabalha com carteira assinada em uma empresa que não fornece ao funcionário a opção de aderir a uma apólice coletiva de acidentes pessoais. Uma pessoa jovem, solteira, sem filhos, independente e com bom estado de saúde representa risco baixo de falecimento, pela ordem natural da vida. Mas, se você ainda não contar com segurança financeira que lhe possa garantir o pagamento de suas despesas no caso de ser forçado a se ausentar do trabalho por motivo de um acidente, também terá uma boa motivação para contratar o seguro.

O custo do seguro de acidentes pessoais é um dos mais baixos do mercado, possibilitando a contratação de coberturas complementares. Entre elas, a não cobrança mensal do seguro, no caso de o segurado ficar desempregado, e o pagamento das mensalidades escolares dos filhos do segurado.

Seguro-saúde

A crescente procura pela assistência privada à saúde decorre da melhoria de renda da população brasileira que foge da precariedade do atendimento da rede pública e do alto custo médico-hospitalar. Os planos de assistência médica atendem a 33,8% da população brasileira, ou seja, mais de um em cada três brasileiros têm plano de saúde.

De 2010 a 2020, o número de brasileiros que paga regularmente planos particulares de saúde cresceu de 34,5 para 47,8 milhões. Esse movimento tem sido apoiado por políticas governamentais. O Estado isenta a medicina privada de impostos e permite que seus usuários deduzam do imposto de renda parte das mensalidades que pagam, e o fato de ainda ficarem a cargo do SUS procedimentos mais caros, como tratamentos oncológicos e transplantes, não cobertos pelos planos de saúde, também contribui para a realidade do sistema privado de hoje.

A grande vantagem do sistema privado sobre o público é o acesso à medicina complementar. Exames laboratoriais ou de imagem são agendados sempre com facilidade; os procedimentos são mais rápidos; as filas de espera, infinitamente menores. Mas isso se dá porque a quantidade de pessoas atendidas na rede privada é muito menor, por ser menor o número de indivíduos que podem pagar por saúde. Mas mesmo essa celeridade vem se reduzindo, na medida em que mais famílias têm acesso a convênios.

Atenção! O preço de uma consulta particular varia muito, e o senso comum é de que os melhores médicos não atendem pacientes com plano de saúde, mas somente os que pagam do próprio bolso – e apenas alguns planos de saúde reembolsam parte ou integralmente essa consulta feita fora da rede. E é caro, pois o tempo médico tem o valor de sua formação cara e dedicada. Planos de saúde mais acessíveis (mas caros, ainda assim) não podem pagar por esses médicos. Essa é a razão pela qual, em sistemas privados, as pessoas queixam-se muito comumente da rapidez da consulta, da desatenção do profissional – quando não é um médico residente, termo médico para estagiário sem experiência –, da dificuldade de seguimento e da ausência de informações sobre a doença. Pagam caro para ter acesso ao sistema, sem saber que os médicos que os atendem não recebem por aquela consulta sequer um oitavo do valor da mensalidade do plano.

Diferença entre seguro e plano de saúde

A grande diferença entre seguro e plano de saúde é o reembolso das despesas médico-hospitalares. O primeiro possibilita a livre escolha de médicos e hospitais, com direito a reembolso. Já o plano de saúde, não.

Ambos oferecem serviços de assistência médica diferenciados, com maior ou menor abrangência, de acordo com o contrato assinado entre você e a operadora. Tanto no seguro como no plano de saúde, basicamente, você, pessoa física, pode escolher entre contratos individuais ou familiares e contratos coletivos por adesão. Atualmente, entretanto, as seguradoras especializadas em saúde não estão comercializando contratos individuais.

Algumas operadoras oferecem planos e seguros diferenciados, com acomodações mais caras ou coberturas para cirurgias plásticas, por exemplo. Tudo é uma questão da capacidade financeira do consumidor.

Características dos diferentes tipos de seguros e de planos de saúde

- **Ambulatorial:** compreende a cobertura de consultas médicas em número ilimitado, em consultório e ambulatório, atendimentos e procedimentos de urgência e emergência até as primeiras 12 horas e a realização de exames de laboratório e de imagem (radiografia, ultrassom etc.). Também estão incluídos procedimentos especiais, como hemodiálise, quimioterapia (desde que não exija internação), hemoterapia ambulatorial etc. Nesse plano, você não terá direito à realização de exames mais prolongados, que necessitam de permanência acima de 12 horas no hospital, como cateterismo. Este tipo de plano não cobre internações hospitalares, o que exclui toda cirurgia com anestesia que necessite período de observação pós-operatória no hospital.
- **Hospitalar:** garante a cobertura de internações hospitalares com número ilimitado de diárias, inclusive em UTI, além de custos associados à internação com médicos, enfermeiras, alimentação, exames complementares, transfusões, quimioterapia, radioterapia, medicamentos anestésicos, sala cirúrgica e materiais utilizados durante o período de internação. Inclui também os atendimentos de urgência e emergência que possam evoluir para internação, além de remoção do paciente para outro hospital. Este tipo de plano não cobre consultas médicas e exames fora do período de internação.
- **Hospitalar com obstetrícia:** acrescenta ao plano hospitalar a cobertura de consultas, exames e procedimentos relativos ao pré-natal, à assistência ao parto e ao recém-nascido, natural ou adotivo, durante os primeiros 30 dias de vida contados do nascimento ou adoção.

- **Odontológico:** planos exclusivamente para tratamento dentário. Apresentam cobertura para procedimentos realizados em consultório, incluindo exames clínicos e radiológicos, dentística (odontologia estética), endodontia, periodontia, exames e atendimentos de urgência e emergência.
- **Referência:** é o mais completo de todos os planos oferecidos pelas operadoras. Compreende os atendimentos ambulatorial, hospitalar e de obstetrícia, podendo incluir ou não a assistência odontológica.

Os contratos individuais ou familiares são feitos diretamente por iniciativa de uma pessoa, podendo incluir familiares ou dependentes, com escolha livre de qualquer plano. É fundamental que você defina quais são as suas necessidades de uso antes de contratar o serviço.

Para traçar o chamado perfil de uso, você precisa identificar as coberturas médico-hospitalares essenciais, como obstetrícia, entre outras, além da área geográfica do plano, que pode ser nacional, estadual, grupo de estados, municípios e grupo de municípios.

Os planos coletivos por adesão, por sua vez, são aqueles contratados por pessoas jurídicas, constituídos ou estruturados para uma população que mantém vínculo associativo com uma pessoa jurídica de caráter profissional, classista ou setorial. A adesão ao plano é espontânea e opcional. Pode ser incluído como dependentes, desde que previsto contratualmente, o grupo familiar do beneficiário titular até o terceiro grau de parentesco consanguíneo, até o segundo grau de parentesco por afinidade, cônjuge ou companheiro.

Atenção! Dependendo do número de participantes, as operadoras oferecem mais vantagens, como isenção de carências, inclusão de dependentes acima de 65 anos etc.

Quadro 36.2 – Planos individuais × coletivos

	Planos individuais	Planos coletivos
Contratação	Por qualquer pessoa física	Apenas com a intermediação de pessoa jurídica (empresa, associação ou sindicato)
Preço	Geralmente são mais caros do que os coletivos	Em geral, são mais baratos do que os individuais
Reajustes	Regulados e limitados pela ANS	Não têm regulamentação da ANS

Rescisão	ANS proíbe a rescisão unilateral da operadora	As operadoras podem rescindir o contrato unilateralmente
Duração do contrato	Prazo indefinido	Em contratos coletivos empresariais, quando o empregado perde o vínculo com a empresa, pode permanecer, por um prazo determinado, com a cobertura do plano

Lembram-se da história que eu contei de quando comprei um seguro de um intermediário de uma grande empresa do setor? Se o seguro-saúde fosse individual, a Justiça daria ganho de causa a mim, mas ele era coletivo, logo, não tem regulamentação da ANS e eu tive de fazer um acordo judicial.

Quando você for contratar um plano ou seguro, preste atenção se a operadora exige carências e para quais coberturas. Tudo isso deve estar escrito de forma clara no contrato, facilitando a compreensão do consumidor.

Por lei, os prazos máximos de carência são:

- **urgência e emergência:** 24 horas;
- **parto a partir da 38ª semana de gravidez:** 300 dias ou dez meses;
- **consultas, exames, internações e cirurgias:** 180 dias ou seis meses;
- **doenças ou lesões preexistentes:** 24 meses.

A carência para o parto, no entanto, deixa de ser exigida para casos de nascimento prematuro do bebê, sendo tratado como procedimento de emergência. Já a carência exigida para doença ou lesão preexistente – situação de conhecimento do beneficiário no momento da contratação – possui duas alternativas de atendimento.

Mudança de operadora

Na hipótese de você querer mudar de operadora, há a possibilidade de aproveitamento dos períodos de carência já cumpridos. Desde abril de 2009, os consumidores de seguros ou planos de saúde que assinaram contrato depois de janeiro de 1999 podem trocar de operadora levando para a nova empresa as carências já cumpridas no plano anterior. No caso de você permanecer na mesma operadora e haver modificações no seu contrato, não concorde com novas carências. Isso não é permitido.

Seguros destinados à cobertura de riscos de profissionais liberais autônomos e executivos

A questão da responsabilidade civil está presente em toda a atividade humana. Atos involuntários podem causar prejuízos a outras pessoas e afetar o seu patrimônio, já que os desdobramentos de um acidente são difíceis de prever.

Seguro de responsabilidade civil

O seguro de responsabilidade civil geral representa proteção para situações que fogem do nosso controle. Este tipo de seguro tem amplo espectro de coberturas: do automóvel à residência, passando pelos serviços prestados por profissionais autônomos e liberais, como médicos, dentistas, advogados, arquitetos, engenheiros, corretores de seguros, contadores, entre outros. Seu principal objetivo é garantir a proteção do seu patrimônio na hipótese de você ser responsabilizado, judicialmente ou por meio de reclamação direta, por ter causado danos materiais, corporais ou morais involuntários a terceiros.

Profissionais liberais autônomos

Para estes profissionais, existem os seguros E&O (Erros e Omissões), conhecidos como RC Profissional, que cobrem prejuízos causados a terceiros por falhas, imperícia e negligência cometidas no exercício da profissão. É o tipo de seguro utilizado por médicos, cirurgiões-dentistas, engenheiros, corretores, tabeliães, notários etc.

A exclusão de riscos no seguro E&O inclui, entre outros:

- erros por dolo, ou seja, com intenção de prejudicar;
- fraude ou má-fé;
- descumprimento do código de conduta da atividade profissional;
- multas geradas pelos erros ou omissões e as de qualquer natureza;
- reclamações apresentadas fora do prazo previsto no seguro: feitas pelo cônjuge, ascendentes, descendentes ou pessoas economicamente dependentes do segurado, além de funcionários;
- erros ou omissões cometidas no exterior ou submetidos à legislação estrangeira;
- reconhecimento da responsabilidade ou acordos com a parte prejudicada, sem a concordância da seguradora;
- reclamações decorrentes de assédio sexual;
- quebra de sigilo profissional; e

- reclamações relacionadas a qualquer tipo de discriminação, como racial ou sexual.

Executivos

Diretores, administradores, conselheiros e gerentes de empresas, por sua vez, têm à disposição o seguro D&O (do inglês *Directors and Officers Liability Insurance*), que garante danos decorrentes de eventual tomada de decisão desses altos executivos. É uma proteção ao patrimônio pessoal do executivo em processos movidos contra a pessoa física, decorrentes de atos de sua gestão. Dentre os principais riscos cobertos, destacam-se:

- garantia de penhora on-line e indisponibilidade de bens dos executivos;
- pagamento integral (principal, juros e multas) de condenação por dívidas trabalhistas, tributárias e previdenciárias;
- regulação local e especializada de sinistros;
- atividade de contadores e advogados internos;
- despesas de defesa na Justiça, incluindo depósitos para recursos, fianças criminais, custos de extradição, custos com peritos e gastos emergenciais;
- exigências regulatórias, inquéritos, processos administrativos e investigações;
- multas e penalidades civis; e
- danos morais e corporais.

A exclusão de riscos no seguro de D&O abrange:

- prejuízos financeiros e custos de defesa judicial, quando a reclamação contra o segurado for causada por enriquecimento ilícito pelo uso de informações privilegiadas, por consentimento de atos ilícitos ou dolosos e por ato ou omissão criminal – a exclusão só será feita após sentença definitiva referente a essas acusações;
- reclamações decorrentes de processos, notificações, inquéritos ou investigações iniciadas antes da contratação do seguro;
- despesas de limpeza e despoluição ambiental;
- danos causados por descumprimento de obrigações impostas pelo estatuto ou código de conduta da empresa, ou a leis, durante o exercício do cargo executivo com poder de decisão;

- prejuízos causados por desrespeito às obrigações e deveres impostos por lei ou norma, relativos a investimentos e administração de planos de previdência privada complementar, planos de pensão, programas de participação nos lucros e de benefícios para os empregados;
- práticas trabalhistas indevidas, reclamadas pela empresa;
- reclamações feitas por executivos que tenham se afastado da função ou da empresa;
- prejuízos decorrentes de atos dos executivos segurados praticados em data anterior à aquisição do controle ou posterior à transferência do controle de uma coligada, subsidiária ou controlada.

Os contratos desses produtos se tornaram bastante específicos. Por exemplo, a apólice de E&O de um advogado inclui indenizações para perdas econômico-financeiras do cliente pela prescrição de prazos, falta de acompanhamento dos processos etc. Já o seguro de responsabilidade civil de um médico inclui indenização ao paciente por erros ou imperícia.

Na responsabilidade civil individual existe a apólice familiar, que também pode ser oferecida com o seguro residencial, que cobre danos e prejuízos involuntários causados a terceiros, por você e seus familiares, além de agregados, empregados a serviço e animais de estimação.

No seguro do seu automóvel, você pode contratar a cobertura adicional de RC que garanta o pagamento de danos e prejuízos materiais e corporais causados a outras pessoas, como num acidente de trânsito pelo qual você é responsável. A RCF-V compreende a cobertura básica de danos materiais e corporais causados a terceiros de forma involuntária, e permite também a contratação de coberturas adicionais, como as de danos morais e estéticos causados a terceiros, e ainda a extensão do perímetro do seguro para o âmbito dos países da América do Sul.

Atenção! Vale destacar que o seguro de RCF-V é de contratação facultativa e só será acionado como complementação ao valor de eventual indenização paga pelo seguro obrigatório de DPVAT por danos corporais causados a outras pessoas. Ou seja, o RCF-V deve ser contratado a segundo risco do seguro DPVAT, de modo que somente será acionado no que exceder ao prejuízo que for coberto pelo seguro obrigatório.

A importância da contratação das coberturas de RCF-V está no fato de que o DPVAT não cobre, por exemplo, danos materiais, acidentes ocorridos fora do território nacional ou indenizações a que o condutor esteja obrigado em decorrência de processos judiciais. Um exemplo é um acidente de trânsito que cause discussão calorosa entre dois condutores e resulte em ofensas, injúrias ou na exposição vexatória do outro condutor. Nesta hipótese, passaria a existir, para o ofendido, a pretensão de propor uma ação indenizatória por danos morais.

Outra boa razão para sua contratação é a de que, com relação à cobertura de Reembolso de Despesas Médico-hospitalares (DMAS), o DPVAT tem como limite atual o valor de R$ 2.700. Dependendo da gravidade dos danos corporais, e considerando-se uma vítima que seja conduzida ao atendimento médico-hospitalar da rede privada, despesas dessa natureza podem ultrapassar significativamente esse valor. Com relação à extensão do perímetro para a América do Sul, a cobertura de RCF-V pode ser mais útil como segundo risco quando se tratar de viagem para países excluídos do Mercosul, pois, no caso de países pertencentes a este bloco, há um seguro obrigatório chamado Carta Verde, que possui limites de cobertura bem significativos (teto de 40 mil dólares para danos materiais, 200 mil dólares para danos corporais e os mesmos tetos para honorários advocatícios e custas judiciais).

Tanto no caso do seguro obrigatório da Carta Verde quanto no caso da contratação facultativa de RCF-V, a cobertura de custas judiciais ou indenizações poderá ser feita pela seguradora na forma de pagamento direto a terceiros ou reembolso ao segurado. Tal pagamento é feito somente quando houver sentença judicial transitada em julgado, ou na hipótese de acordo autorizado, de modo expresso, pela seguradora.

Dentre algumas das reclamações excluídas da cobertura de RCF-V estão: perdas e danos decorrentes de tumultos; danos causados a bens de terceiros em poder do segurado; multas, fianças e despesas de qualquer natureza relativas a processos criminais etc.

Atenção! É indispensável que o segurado leia detalhadamente as condições contratuais do seguro, que devem estar sempre em consonância com as disposições do Código Civil aplicáveis a seguros de danos e com o Código de Defesa do Consumidor.

Que seguro um condomínio precisa ter?

O Decreto-lei nº 73/1966, a Lei nº 4.591/1964 e o Código Civil (Lei nº 10.406/2002, artigos 1.346 e 1.348, inciso IX) definem que a contratação do seguro por parte do condomínio é uma obrigação do síndico. Assim, caso haja um acidente e o condomínio não esteja segurado, o síndico poderá ser processado pelos demais condôminos por perdas e danos.

De acordo com a destinação e o tipo de condomínio, o seguro pode ter coberturas complementares ou especiais, sendo que algumas são comuns a todos os contratos e outras, específicas. Nenhuma delas, no entanto, elimina a obrigatoriedade da contratação de uma das modalidades de cobertura básica disponível (cobertura básica simples ou cobertura básica ampla). Além da cobertura básica, é comum a contratação de coberturas de danos elétricos, responsabilidade civil, vidros e guarda de veículos na garagem, entre outras garantias.

Em condomínios de apartamentos, é importante destacar, porém, que a proteção para as unidades individuais usualmente está restrita à sua estrutura física, ou seja, paredes, pisos, esquadrias, portas, janelas, tubulações elétrica e hidráulica, acabamento e pintura. Assim, estão cobertos os danos ocorridos à estrutura do prédio, causados por incêndio, queda de raio e explosão, abrangendo as áreas comuns, além dos bens de propriedade do condomínio. O seguro do condomínio não cobre os bens que estão dentro do imóvel, a menos que seja contratada uma cobertura específica para condôminos.

Seguro-desemprego

O seguro-desemprego é uma assistência financeira temporária, garantida constitucionalmente ao trabalhador desempregado sem justa causa. Integra o sistema de seguridade social, garantido pelo Art. 7º dos Direitos Sociais da Constituição Federal.

Além de ajuda em dinheiro, há ainda a alternativa de transformá-la em um auxílio para a qualificação profissional, proposto pelo empregador ao trabalhador formal temporariamente suspenso. No período de suspensão, o trabalhador preserva o vínculo empregatício, porém não presta serviço nem recebe salário.

Esse seguro não beneficia somente o trabalhador formal, com relação de emprego regida pela Consolidação das Leis Trabalhistas (CLT). O trabalhador formal desempregado por demissão indireta, o empregado doméstico, o pescador profissional e o trabalhador resgatado também estão amparados. Cada tipo de trabalhador recebe o seu seguro-desemprego específico.

O seguro-desemprego é administrado pelo governo federal com recursos do Fundo de Amparo ao Trabalhador (FAT), vinculado ao Ministério do Trabalho.

No mercado de seguros privados, existe também a cobertura de desemprego e/ou perda de renda, que, porém, é menos abrangente que o seguro-desemprego público. Na prática, as seguradoras comercializam a cobertura desemprego e/ou perda de renda em produtos específicos, como o **seguro prestamista**, o **seguro educacional** e, mais recentemente, o **microsseguro**.

O **seguro prestamista** é uma modalidade do seguro de vida em grupo e garante a liquidação de uma dívida ou o pagamento de um determinado número de prestações assumidas pelo segurado nas seguintes situações:

- morte natural e/ou acidental (geralmente de contratação obrigatória);
- invalidez permanente e total por acidente;
- invalidez funcional permanente e total por doença;
- invalidez laborativa permanente e total por doença;
- perda de renda por desemprego involuntário;
- perda de renda por incapacidade física temporária de (decorrente de acidente e/ou doença).

Em geral, para ter direito a essa cobertura é preciso que o segurado respeite alguns critérios, como tempo mínimo de carteira profissional assinada, tempo mínimo no último emprego e motivos de demissão, sendo que esses critérios podem variar de contrato para contrato e de seguradora para seguradora, e essas regras são definidas pela política de aceitação de cada empresa.

O **seguro educacional** auxilia nas despesas com educação, principalmente as mensalidades escolares, em caso de desemprego, invalidez ou morte do responsável pelo estudante.

O **microsseguro** é um plano de seguro destinado exclusivamente à população de baixa renda e aos microempresários individuais. Trata-se de um mecanismo de inclusão social para as classes C e D, criado pelo governo federal em parceria com as empresas de seguros. Pode englobar várias coberturas, dentre elas, as garantias contra os riscos de desemprego e de perda de renda.

Quem tem direito ao seguro-desemprego?

A assistência financeira temporária será prestada ao trabalhador que:

- tiver sido dispensado sem justa causa;
- estiver desempregado quando do requerimento do benefício;
- tiver recebido salários consecutivos no período de seis meses anteriores à data de demissão;

- tiver sido empregado de pessoa jurídica por pelo menos seis meses nos últimos 36 meses;
- não possuir renda própria para seu sustento e de sua família;
- não estiver recebendo benefício de prestação continuada da Previdência Social, exceto pensão por morte ou auxílio-acidente.

O trabalhador formal tem do 7º ao 120º dia após a data da demissão do emprego para dar entrada no requerimento do seguro-desemprego.

Seguro de automóveis

O seguro de automóveis no Brasil se divide em dois grupos bem distintos: seguro obrigatório (DPVAT – Danos Pessoais Causados por Veículos Automotores de Vias Terrestres) e seguro facultativo (seguro de automóveis).

O seguro facultativo de automóveis garante indenização por:

- danos acidentais causados ao veículo ou por roubo ou furto deste (ou suas partes);
- ressarcimento de danos (materiais ou pessoais) causados pelo veículo a terceiros;
- indenização aos passageiros acidentados do veículo (ou seus beneficiários);
- assistência ao veículo e seus ocupantes, em caso de acidente ou pane.

A contratação do seguro é feita por meio de uma proposta, que posteriormente gera uma apólice, que é o contrato entre o segurado e a seguradora.

A primeira coisa a fazer é conhecer todas as suas regras, as garantias contratadas (coberturas) e as exclusões. Você precisa saber bem quais partes de seu automóvel estão seguradas, em quais situações se aplica o seguro e em quais situações ele não se aplica. Ler bem o contrato de seguro e tirar todas as dúvidas com o seu corretor pode ser cansativo, mas é fundamental para que o seguro dê certo. A escolha não deve ser feita apenas em função do preço, das condições de pagamento e dos benefícios que as seguradoras oferecem. É importante conhecer a tradição do corretor de seguros e da seguradora.

Franquia é a parte em dinheiro que você vai pagar para consertar as avarias do seu carro em cada sinistro que ocorrer. Na proposta e na apólice do seguro de seu carro está determinado o valor da franquia. Caso o prejuízo causado por um acidente não supere esse valor, o pagamento do conserto será de sua responsabilidade, não cabendo à seguradora pagar indenização.

As avarias de um sinistro que podem ser consertadas por um valor abaixo de 75% do valor do carro, conforme o critério adotado no contrato, são consideradas para efeito do seguro "perda parcial".

Dependendo da extensão dos danos, ou seja, não ultrapassados os 75% do valor do carro, a seguradora se responsabilizará pelo reparo do veículo, ficando o segurado responsável pelo pagamento da franquia (participação do segurado nos prejuízos) diretamente à oficina.

O sinistro de danos ao veículo que, em decorrência de sua extensão, não torna viável economicamente a sua reparação é, comumente, chamado indenização integral. Essa situação ocorre quando os custos de reparação do veículo são superiores a 75% do Limite Máximo de Indenização, que é a quantia correspondente ao valor segurado do veículo. A seguradora indenizará o segurado em valor equivalente ao veículo – indenização integral –, conforme a modalidade de contratação escolhida. No caso de roubo e furto, a indenização integral só é reconhecida se o seu carro não for recuperado antes do pagamento da indenização pela seguradora.

A apólice de seguro de automóveis inclui cobertura para Acidentes Pessoais de Passageiros (APP)?

No caso de acidente em que algum dos passageiros do veículo segurado seja ferido e a cobertura de APP tiver sido contratada, a seguradora arcará com as despesas médico-hospitalares ou indenizará o segurado ou seus beneficiários.

O seguro para acessórios (rádios e similares), carrocerias e equipamentos "de serviço" de caminhões, assim como blindagem de veículos e kit-gás (cilindros e demais equipamentos necessários), deve ser contratado com cobertura específica.

Atenção! Na hipótese de se materializar o risco previsto na cobertura, inclusive roubo ou furto, a seguradora se responsabilizará pelo reparo ou pagará a indenização, de acordo com o valor estipulado na apólice.

Prêmio

Na linguagem do seguro, prêmio é o valor que você paga para ter direito ao seguro. No seguro de automóveis, como em qualquer outra modalidade, quanto maior é o risco, maior é o prêmio.

O valor final do prêmio é o resultado do custo do risco (quanto a seguradora estima que vai gastar, em média, com os sinistros da apólice) mais a remuneração do corretor (comissão), os gastos administrativos (funcionamento) da seguradora, impostos e lucro. As seguradoras têm liberdade para estipular o valor do prêmio e oferecem várias opções de financiamento do seguro.

Atenção! Vale lembrar que o documento de cobrança deve ser entregue ao segurado no máximo em até cinco dias úteis antes da data do vencimento.

Seguro-viagem

Na hora de viajar, é imprescindível uma boa organização, e se o destino escolhido for fora do país o planejamento deve ser redobrado, já que nem sempre os seguros contratados no Brasil terão valor.

Casos de turistas que tiveram prejuízos consideráveis com despesas médicas em outros países são inúmeros, como um senhor que foi passar sete dias em Miami sem contratar seguro-viagem e teve uma infecção urinária. Ao sair do hospital, veio o susto: teve de arcar com contas hospitalares que, juntas, somaram 15 mil dólares. Enquanto um seguro básico para os Estados Unidos, pelo mesmo período, poderia custar cerca de 60 dólares, com todas as coberturas básicas, incluindo despesas médicas e até mesmo gastos com medicamentos.

Obrigatoriamente, um seguro desse tipo tem de oferecer proteção para riscos de morte acidental e invalidez permanente, total ou parcial.

É possível, por exemplo, que o seguro cobre, além de possíveis despesas com saúde, problemas que o cliente possa vir a ter com extravio de bagagens, assistência odontológica emergencial, orientação no caso de perda de documentos e até mesmo passagens de ida e volta para algum familiar em casos de urgência.

O seguro-viagem é obrigatório em quais países?

Em países como Austrália e Estados Unidos, a contratação não é obrigatória. No entanto, em terras australianas, o seguro é requisito para estudantes. Em Cuba, é mandatório e fiscalizado em alfândega.

Nenhum país no continente asiático exige que o turista contrate um seguro de viagem. Entretanto, é altamente recomendado que você adquira um antes de viajar devido a alguns problemas recorrentes com turistas brasileiros, como intoxicação alimentar, epidemias como a Covid-19 e a Sars, a poluição do ar e problemas devidos aos voos longos e sem escalas.

Já para países da Europa signatários do Acordo Schengen (do qual fazem parte Áustria, Luxemburgo, Bélgica, Holanda, Dinamarca, Noruega, Finlândia, Portugal, França, Espanha, Alemanha, Suécia, Grécia, Itália e Islândia), a obrigatoriedade varia de país para país, mas, via de regra, é necessário que o viajante tenha em mãos um plano de assistência médica e hospitalar com cobertura mínima de 30 mil euros. Caso a cobertura contratada seja de valor inferior, o seguro não tem validade alguma do ponto de vista das exigências destes territórios.

Embora não seja um procedimento rotineiro das autoridades aduaneiras, é recomendável não as contrariar no caso de exigirem a apresentação do cartão de assistência médico-hospitalar. A falta do documento implica o retorno do turista ao país de origem.

Para o Reino Unido, não é obrigatório que o turista tenha um seguro de viagem para entrar no território. No entanto, o consulado britânico recomenda que os passageiros contratem, previamente, um seguro de viagem que cubra possíveis despesas com atendimento médico. Segundo o órgão, caso o turista não tenha nenhum tipo de seguro e, apenas em casos emergenciais, precise vir a fazer uso dos serviços da rede pública de saúde, podem fazê-lo sem custo algum. Entretanto, o consulado adverte que todos os outros serviços relacionados aos tratamentos médicos são cobrados.

Cartões que oferecem seguro-viagem

Operadoras de cartões de crédito também podem oferecer facilidades para seus clientes na hora de organizar uma viagem.

São quatro categorias de cartões, e o enquadramento do cliente em cada um deles depende de critérios estipulados pelas instituições bancárias, mas que envolvem renda mensal e perfil do portador. O valor da cobertura varia entre 50 mil dólares até 1,5 milhão de dólares no caso do mais caro. No entanto, as semelhanças entre as categorias terminam aqui, pois, naturalmente, quanto mais sofisticado for o cliente, mais selecionada é a categoria na qual se enquadra.

Todas as categorias de cartões oferecem algum tipo de assistência de viagem, que ajuda o cliente a sanar toda e qualquer dúvida com relação ao país de destino, desde a cotação da moeda em relação ao real até a temperatura local e indicações de restaurantes, além do Seguro de Acidente em Viagem.

O sistema público de saúde do Brasil oferece assistência médica no exterior?

Turistas brasileiros filiados ao INSS podem ter assistência médica gratuita em oito países por conta de acordos bilaterais assinados entre Brasil e a previdência social de Portugal, Espanha, Grécia, Itália, Uruguai, Argentina, Chile e Cabo Verde – que garantem o serviço médico-hospitalar extensivo à família do segurado.

O atendimento médico nos países signatários é feito por médicos e hospitais do serviço público de saúde. Brasileiros residentes em um desses países também podem utilizar esses serviços. Antes de viajar, você precisa tirar o *Certificado de Direito à Assistência Médica Durante Estadia Temporária*, que pode ser solicitado nas representações estaduais do Departamento Nacional de Auditoria do SUS.

Para requerer o documento, você precisa apresentar passaporte e os três últimos comprovantes de contribuição ao INSS ou carteira de trabalho ou contracheques. Para seus dependentes, leve a certidão de casamento e de nascimento dos filhos. O INSS garante que o certificado fica pronto em três dias úteis, sem cobrança de taxa.

> **Dica**
> Se, durante sua viagem a algum dos países que assinaram o acordo internacional, você precisar de atendimento, procure médicos e hospitais da rede pública de saúde, tendo em mãos o certificado emitido no Brasil.

Seguro habitacional

O seguro habitacional é uma garantia fundamental para o crédito imobiliário, com benefícios para todas as partes envolvidas. Garante que a família permaneça com o imóvel na falta do mutuário por morte ou invalidez permanente. E, para a instituição financeira que concedeu o financiamento, a quitação da dívida. Também garante a indenização ou a reconstrução do imóvel, caso ocorram danos físicos causados por riscos cobertos.

São duas as modalidades de seguro habitacional: do Sistema Financeiro da Habitação (SFH) e de apólices de mercado. A primeira é exclusiva e obrigatória para os imóveis financiados pelo SFH. As condições são padronizadas, em uma única apólice, para todas as seguradoras. O governo federal participa dessa operação, por meio do Fundo de Compensação de Variações Salariais (FCVS), responsável pela liquidação de eventuais saldos devedores residuais. As apólices de mercado, por sua vez, são utilizadas para imóveis financiados fora do SFH. Cada seguradora administra sua carteira de seguro habitacional, cujas condições de operação seguem as normas definidas pela Susep. Na compra de um imóvel financiado pelo SFH, e mesmo fora desse sistema, a instituição financeira contrata este seguro com as coberturas para morte e invalidez permanente do mutuário (MIP) e para danos físicos ao imóvel (DFI). Esta última cobertura (DFI) abrange os riscos de incêndio, queda de raio, explosão, inundação e alagamento, destelhamento, desmoronamento total e parcial, além de ameaça de desmoronamento. A indenização é igual ao valor necessário para a reposição dos prejuízos, com a recuperação do imóvel em condições idênticas às que apresentava antes do sinistro (materialização de um dos riscos previstos na apólice).

A cobertura de MIP, por sua vez, protege o mutuário e sua família na eventualidade de morte ou invalidez permanente dele ou de um dos integrantes da renda familiar, quando o financiamento do imóvel foi concedido prevendo essa hipótese, isto é, a mais de uma pessoa. O saldo devedor será totalmente quitado na hipótese de o único responsável pelo contrato de financiamento falecer ou ficar inválido. Mas a indenização será proporcional quando houver mais de um participante da renda familiar para a garantia do empréstimo. Por exemplo, financiamento de imóvel no nome do marido e de sua esposa, sendo ela responsável por 60% da renda da família e ele por 40%. No caso de o homem morrer, serão quitados apenas 40% do saldo devedor.

Atenção! O seguro habitacional não tem franquia. Quanto à carência, esta só se aplica às seguintes situações: no caso de morte por suicídio, a cobertura só será válida depois de dois anos da entrada em vigor da apólice do seguro; e, no caso de morte ou invalidez permanente, a seguradora poderá exigir carência limitada a 12 meses nos casos de alterações de contrato movidas para composição de renda, necessária para aprovação do financiamento do imóvel. Veja mais no Capítulo 19, sobre imóveis.

PARTE V

Planejamento fiscal, sucessório e financeiro

Nesta parte vou apresentar algumas ferramentas de planejamento financeiro, fiscal e sucessório, que o ajudarão a economizar dinheiro em tributos e taxas, além de orientá-lo sobre quando conversar com seu advogado e contador. Também apresentarei um novo profissional, o planejador financeiro.

37

Você e o leão do imposto de renda

Início de conversa

- Dicas de economia tributária para pessoa física.
- Rendimentos isentos e gastos dedutíveis.
- Dicas sobre como fazer a declaração do imposto de renda (conjunta ou individual).
- Como escolher entre os modelos simplificado ou completo.

> *Neste mundo, nada pode ser dado como certo, à exceção da morte e dos impostos.*
> Benjamin Franklin

Ao declarar seu imposto de renda de pessoa física, é importante que saiba tudo que pode ajudar você a realizar uma significativa economia tributária. As dicas a seguir vão auxiliá-lo nesse sentido.

Deduções para a fonte pagadora

Para não sofrer retenção excessiva do imposto de renda na fonte, apresente à fonte pagadora os seguintes documentos e informações, que constituem deduções da base de cálculo:

- declaração de dependentes, por escrito;
- o INSS retido deduz da base de cálculo, tanto para o autônomo quando para o assalariado;
- contribuição de previdência privada, para os assalariados e dirigentes de empresa, desde que o valor seja encargo da pessoa física, no limite de 12% da renda tributável do contribuinte;

- pensão alimentícia judicial, quando a fonte pagadora tiver a obrigação de reter.

Dedução de despesas profissionais

Para os profissionais liberais, é admissível a dedução, em livro-caixa, das despesas decorrentes de suas atividades. Assim, o recolhimento do imposto mensal (carnê-leão) pode ser minimizado, pois a base de cálculo compreenderá as receitas auferidas na atividade profissional menos as despesas escrituradas em livro-caixa (como água, luz, telefone, aluguel de consultório, salários e encargos pagos aos empregados etc.).

Deduções anuais

Durante o ano, guarde os recibos ou as cópias dos cheques nominais emitidos – que também são comprovantes válidos – contendo despesas médicas, odontológicas e pagamentos de seguro-saúde e planos médicos. Esses valores são dedutíveis na apuração anual do imposto, desde que tenham sido ônus da pessoa física declarante. Também podem ser deduzidas as despesas de educação, tanto do contribuinte quanto de seus dependentes.

Alienação de bens e direitos de pequeno valor

A partir de 16 de junho de 2005, tornou-se isento do imposto de renda o ganho de capital auferido na alienação de bens e direitos de pequeno valor, cujo preço unitário de alienação, no mês em que esta ocorrer, seja igual ou inferior a:

- R$ 20 mil, no caso de alienação de ações negociadas no mercado de balcão;
- R$ 35 mil, nos demais casos:
  - ▷ Em caso de alienação de diversos bens ou direitos da mesma natureza, deve ser considerado o valor do conjunto de bens ou direitos alienados em um mesmo mês, como automóveis e motocicletas, imóvel urbano e terra nua[1], quadros e esculturas. Sendo ultrapas-

---

1. Considera-se "terra nua" o imóvel rural, por natureza, que compreende o solo com sua superfície e respectiva floresta nativa, despojado das construções, instalações e melhoramentos, das culturas permanentes, das árvores de florestas plantadas e das pastagens cultivadas ou melhoradas.

sado esse limite, o ganho de capital deve ser apurado em relação a cada um dos bens.

> Em caso de sociedade conjugal ou união estável (salvo contrato escrito entre os companheiros), o limite de isenção aplica-se em relação ao valor de cada um dos bens ou direitos possuídos em comunhão e ao valor do conjunto dos bens ou direitos da mesma natureza, alienados em um mesmo mês.

> Na alienação de bens ou direitos em condomínio, o limite é aplicado em relação à parte de cada condômino ou coproprietário.

> Quando se tratar de permuta com recebimento de algum valor de volta em dinheiro, deve ser considerado o valor total da alienação e não apenas o valor da torna.

> O limite de R$ 35 mil é aplicado à alienação de ações em bolsa no exterior, por residente no Brasil, sujeita à apuração de ganho de capital em moeda estrangeira.

Venda de imóveis

Em caso de venda de imóvel residencial para aquisição de outro imóvel mais caro ou de igual valor, o contribuinte está isento da cobrança do imposto de renda. Porém, se o contribuinte comprar outro imóvel por valor inferior ao da venda ou utilizar o dinheiro para outro fim, será necessário recolher ganho de capital por meio do programa da Receita Federal. Depois de lançar os dados da venda nesse programa e recolher o imposto, o contribuinte conseguirá relacionar essas informações na declaração anual do IR.

Isenção

A isenção se aplica somente para a aquisição, no prazo de 180 dias, a contar da primeira alienação, de imóveis residenciais construídos ou em construção, não abrangendo os gastos para a construção de imóvel, para a continuidade de obras em imóvel em construção ou com benfeitorias ou reformas em imóveis de propriedade do contribuinte.

Está dispensado de recolher o imposto quem vender um imóvel por menos de R$ 35 mil. Há também a possibilidade de isenção para venda de imóvel até R$ 440 mil, mas, neste caso, é obrigatório que o bem vendido tenha sido o único imóvel do contribuinte no momento da venda.

O contribuinte somente poderá usufruir desses benefícios uma vez a cada cinco anos, ou seja, existe um prazo de carência de cinco anos para poder fazer a venda e a compra de um novo imóvel sem cobrança do IR.

Considera-se imóvel residencial a unidade construída em zona urbana ou rural para fins residenciais, segundo as normas disciplinadoras das edificações da localidade em que se situar.

No caso de venda de mais de um imóvel, o prazo referido será contado a partir da data de celebração do contrato relativo à primeira operação.

A aplicação parcial do produto da venda implicará tributação do ganho proporcionalmente ao valor da parcela não aplicada.

No caso de aquisição de mais de um imóvel, a isenção será aplicada ao ganho de capital correspondente apenas à parcela empregada na aquisição de imóveis residenciais.

Investimentos isentos de IR ou que oferecem a possibilidade de a pessoa física, dentro de determinadas regras, diminuir a incidência do tributo:

- **Poupança:** considerada um dos investimentos mais conservadores disponíveis, a caderneta de poupança é, por enquanto, livre de qualquer tributo.
- **Letra Hipotecária (LH) ou Letra de Crédito Imobiliário (LCI):** vistas em todo o mundo como um investimento de baixo risco, pois têm garantia real – que é o imóvel financiado com seus recursos –, as LCIs e as LH são isentas de IR para investidores pessoa física, tanto na fonte como na declaração.
- **Certificado de Recebível Imobiliário (CRI):** papel atrelado à securitização de recebíveis imobiliários de imóveis prontos, financiados por incorporadoras e bancos, ou aluguéis de imóveis comerciais. Cada CRI tem valor mínimo de R$ 300 mil, garantia real e rendimento isento de IR para pessoas físicas.
- **Cédula de Crédito Bancário (CCB):** na negociação do título, não haverá IOF nem IRRF por se tratar de operação realizada entre instituições financeiras.
- **Fundos imobiliários:** o investidor pessoa física é isento de IR sobre os rendimentos, desde que não detenha 10% ou mais do total de cotas do fundo imobiliário. Além disso, o fundo deve ter um mínimo de 50 cotistas e precisa negociar em bolsa ou em mercado de balcão organizado. O IR, entretanto, incidirá no eventual ganho de capital derivado

da venda de cotas e, neste caso, a alíquota será de 20% para qualquer tipo de investidor.

- **Títulos agrícolas isentos:** LCA, CRA, CDCA, WA, CDA (veja mais no Capítulo 8).
- **Cédula de Produtor Rural (CPR) financeira:** negociada em mercados organizados, cuja remuneração é auferida por pessoa física. A CPR física não é isenta.
- **Ações e ouro financeiro:** ganhos líquidos de pessoas físicas em operações no mercado à vista de ações, cujo valor das vendas realizadas em cada mês seja igual ou inferior a R$ 20 mil para o conjunto de ações, estão isentos do imposto de renda. Apesar dessa isenção, essas aplicações sujeitam-se ao imposto de renda na fonte, à alíquota de 0,005% como antecipação, podendo ser compensado com o imposto de renda mensal na apuração do ganho líquido. É importante destacar que nas transações de *day trade* não existe isenção, independentemente do valor da operação.

  Ocorrendo alienação no mesmo mês de ações e de ouro, ativo financeiro, o limite de isenção aplica-se separadamente a cada modalidade de ativo. A isenção não se aplica, entre outras, às operações de *day trade*, às negociações de cotas dos fundos de investimento em índice de ações, aos resgates de cotas de fundos ou clubes de investimento em ações e à alienação de ações efetivadas em operações de exercício de opções e no vencimento ou liquidação antecipada de contratos a termo.

- **Dividendos de ações:** os dividendos (parcela de lucro distribuída aos acionistas na proporção da quantidade de ações detida, apurado ao fim de cada exercício social) são considerados rendimentos isentos, por força de lei, pois os valores já foram tributados pela pessoa jurídica, ou seja, a empresa já pagou IR em suas operações.
- **Lucros ou dividendos:** os dividendos distribuídos pelas empresas são isentos de IR, pois os valores já foram tributados pela pessoa jurídica – valores pagos ao titular ou sócio da empresa que optar pelo Simples, salvo pró-labore, aluguéis ou serviços prestados.
- **Juros sobre capital próprio:** juros sobre capital próprio são sujeitos a uma alíquota de 15%. Mas, como o IR é retido na fonte, o contribuinte deverá discriminá-lo em "Rendimentos Sujeitos à Tributação Exclusiva/ Definitiva".
- **Seguros:** os seguros recebidos de entidades de previdência privada decorrentes de morte ou invalidez permanente do participante estão isentos.

- **Seguro e pecúlio:** o capital das apólices de seguro ou pecúlio por morte do segurado, bem como os prêmios de seguro restituídos em qualquer caso.
- **Sinistro:** o valor que a seguradora paga ao segurado por liquidação de sinistro, furto ou roubo do objeto segurado também não paga IR.

Heranças e doações

As heranças não pagam imposto se forem avaliadas pelo mesmo valor da última declaração. Já as doações – em dinheiro, bens móveis ou imóveis – recebem o mesmo tratamento.

Recomenda-se ter alguma prova documental da doação, como um contrato público ou particular da transferência, e uma confirmação de que doador tinha renda suficiente para doar.

Contribuições feitas aos fundos controlados pelos conselhos nacional, distrital, estadual e municipal da Criança e do Adolescente, ao Programa Nacional de Apoio à Atenção da Saúde da Pessoa com Deficiência (Pronas/PCD) e ao Programa Nacional de Apoio à Atenção Oncológica (Pronon), mediante a indicação do fundo a ser beneficiado na própria declaração, estão limitadas, individualmente, a 1% do IR devido.

Rendimentos ligados à demissão

Estão isentos de imposto de renda uma série de rendimentos ligados ao fim do contrato de trabalho: a indenização por despedida ou rescisão de contrato de trabalho, o Plano de Demissão Voluntária (PDV), o aviso prévio e a multa e os depósitos do Fundo de Garantia do Tempo de Serviço (FGTS). Também não se desconta imposto de renda do seguro-desemprego e das indenizações por acidente de trabalho.

Resgate de contribuições de previdência privada

- **Resgate do Fundo de Aposentadoria Programada Individual (FAPI):** para mudanças das aplicações entre fundos instituídos pela Lei nº 9.477/1997 ou para aquisição de renda junto às instituições privadas de previdência e seguradoras que operam com esse produto.
- **Pensão alimentícia judicial e aposentadoria recebida por portador de doença grave:** o contribuinte deve ter laudo pericial emitido por perito

credenciado pela Previdência Social ou por serviço médico oficial da União, dos estados, do Distrito Federal ou dos municípios. Somente são consideradas as doenças listadas em lei. No caso de pensão alimentícia judicial, é preciso ter ação judicial.

- **Seguro-desemprego e auxílio-doença:** são pagos pela previdência oficial da União, dos estados, do Distrito Federal ou dos municípios e pelas entidades de previdência privada. Esses rendimentos vêm descritos no informe de rendimentos.
- **Aposentadoria de aposentado com mais de 65 anos no limite de isenção.**

Compensação de perdas

Para fins de apuração e pagamento do imposto mensal sobre os ganhos líquidos, as perdas incorridas nas operações de renda variável nos mercados à vista, de opções, futuros, a termos e assemelhados poderão ser compensadas com os ganhos líquidos auferidos, no próprio mês ou nos meses subsequentes, em outras operações realizadas em qualquer das modalidades operacionais, exceto em caso de perdas em operações de *day trade*, que somente serão compensadas com ganhos auferidos em outras operações semelhantes.

As perdas decorrentes em operações iniciadas e encerradas no mesmo dia (*day trade*), realizadas em mercados de renda fixa ou de renda variável, não serão dedutíveis na apuração do lucro real. Para efeito de apuração e pagamento do imposto mensal sobre ganhos líquidos, as perdas em operações *day trade* poderão ser compensadas com os ganhos auferidos em operações da mesma espécie.

Considera-se ganho líquido o resultado positivo auferido nas operações realizadas em cada mês, admitida a dedução dos custos e despesas incorridos, necessários à realização das operações, e a compensação de perdas apuradas nas operações. As perdas apuradas nas operações poderão ser compensadas com os ganhos líquidos auferidos nos meses subsequentes, em operações da mesma natureza.

Dica _____

Os rendimentos e os ganhos de capital pertencentes a titulares menores de idade e outros incapazes serão tributados em seus respectivos nomes, com o número de inscrição próprio no Cadastro de Pessoas Físicas (CPF). Portanto, coloque seu filho para declarar IRPF desde a adolescência e, com 30 anos, ele já terá um patrimônio declarado razoável. ▶

► No caso de rendimentos percebidos em dinheiro a título de alimentos ou pensões, em cumprimento de acordo homologado judicialmente ou decisão judicial, inclusive alimentos provisionais ou provisórios, verificando-se a incapacidade civil do alimentado, a tributação será feita em seu nome pelo tutor, curador ou responsável por sua guarda.

Alíquotas do imposto sobre a renda retido na fonte

Rendimentos de capital

- Fundos de longo prazo e aplicações de renda fixa, em geral:
  - ▸ 22,5% para aplicações com prazo de até 180 dias;
  - ▸ 20,0% para aplicações com prazo de 181 até 360 dias;
  - ▸ 17,5% para aplicações com prazo de 361 até 720 dias;
  - ▸ 15,0% para aplicações com prazo acima de 720 dias.
- Fundos de curto prazo:
  - ▸ 22,5% para aplicações com prazo de até 180 dias;
  - ▸ 20,0% para aplicações com prazo acima de 180 dias.
- Fundos de ações:
  - ▸ 15%.
- Aplicações em renda variável:
  - ▸ 0,005%.

Remessas ao exterior

- 25% – rendimentos do trabalho, com ou sem vínculo empregatício, aposentadoria, pensão por morte ou invalidez e os da prestação de serviços, pagos, creditados, entregues, empregados ou remetidos a não residentes;
- 15% – demais rendimentos de fontes situadas no Brasil.

Outros rendimentos

- 30% – prêmios e sorteios em dinheiro;
- 20% – prêmios e sorteios sob a forma de bens e serviços;
- 1,5% – serviços de propaganda;
- 1,5% – remuneração de serviços profissionais.

Títulos de capitalização

- Os prêmios distribuídos sob a forma de bens e serviços por meio de concursos e sorteios de qualquer espécie estão sujeitos à incidência do imposto, à alíquota de 25%, exclusivamente na fonte.

Quando optar pela declaração completa ou simplificada de IR

Não é difícil escolher entre o modelo de declaração completo ou simplificado do imposto de renda. Basta calcular se as despesas que podem ser deduzidas excedem 20% dos seus rendimentos ou passam de R$ 16.754,34 (valor válido para a declaração de 2020). Se sim, vale a pena preencher a declaração completa para ganhar um desconto maior.

O *modelo simplificado* é a melhor opção para quem não tem muitas despesas para deduzir. Já o *modelo completo* é indicado a quem tem muitas despesas para deduzir, como gastos com plano de saúde, educação, dependentes etc. Nele, é necessário informar todos os gastos e rendimentos ocorridos em 2015.

Quanto mais gastos dedutíveis houver, menor será a renda tributável e menor será o montante sobre o qual incidirá a alíquota de imposto de renda – lembrando que os gastos dedutíveis são as despesas pagas durante o ano e que podem ser abatidas da base de cálculo do imposto. Caso contrário, o contribuinte sai no lucro com o modelo simplificado. Afinal, a opção pelo abatimento único de 20% (limitado ao teto de R$ 16.754,34) substitui todos os descontos previstos na legislação.

Geralmente, quem possui apenas uma fonte de renda, nenhum dependente e poucos gastos com educação e saúde encontra mais vantagem com a declaração simplificada. É o caso de jovens em início de carreira, que não têm filhos e não recebem salários muito altos. Por outro lado, quem recebe mais de R$ 75.985,10 por ano (cerca de R$ 6.300 por mês), abaterá menos de 20% da renda tributável caso opte pela declaração simplificada, pois não poderá deduzir mais do que o valor-limite de R$ 16.754,34. Por isso, o modelo completo será mais vantajoso.

Quase todos os contribuintes podem escolher entre o modelo simplificado ou o completo. Somente os produtores rurais que têm prejuízo a compensar e os contribuintes que queiram compensar o imposto já pago no exterior são obrigados a optar pela declaração completa.

É importante guardar todos os comprovantes das despesas dedutíveis listadas. A Receita Federal tem um prazo de cinco anos para pedir a comprovação desses valores.

Preencha toda a declaração antes de escolher

Mesmo que você tenha uma vaga ideia de qual modelo é melhor para você, vale a pena preencher toda a declaração, detalhando os gastos dedutíveis. Ao fazer isso, antes de finalizar o processo e gravar a declaração, o programa da Receita Federal apresentará um quadro comparativo dos dois modelos e, assim, você não correrá o risco de optar por um modelo que seja menos vantajoso de acordo com os seus gastos e receitas.

Atenção! Vale ressaltar que apenas as despesas que tiverem comprovação poderão ser lançadas para dedução. Caso não haja comprovante, o contribuinte corre o risco de cair na "malha fina". Portanto, mesmo ao preencher a declaração para testar qual modelo vale mais a pena, é importante lançar apenas os gastos com comprovante, já que essa será a forma mais confiável de saber qual é a melhor opção.

Entenda seus direitos

Para fazer a escolha correta, é fundamental estar "por dentro" de todos os benefícios tributários aos quais você tem direito. Por exemplo, alguns autônomos não sabem que têm direito à dedução dos gastos do livro-caixa, assim, optam pelo modelo simples e pagam mais imposto do que o necessário. O livro-caixa permite que os profissionais que não trabalham em regime de CLT possam abater todos os gastos com aluguel, água, luz, telefone, material de expediente ou de consumo.

Além das despesas com a manutenção do consultório, um dentista, por exemplo, pode lançar o material que utiliza nas consultas, além de gastos com congressos, revistas e livros, desde que possam ser comprovados com notas e se relacionem com o exercício da profissão.

Quem é freelancer e trabalha em casa também conta com o benefício. Nesse caso, é permitido deduzir um quinto das despesas residenciais, exceto com reparos, conservação e recuperação do imóvel. Na cesta de descontos, podem ser calculados os gastos com aluguel, energia, água, gás, impostos e condomínio. Telefones só entram na conta em caso de assinatura comercial.

Quem recebe de pessoa física pode deduzir as despesas do livro-caixa mensalmente, lançando-as no programa carnê-leão, que já calcula a dedução automaticamente. Se receber apenas de pessoa jurídica, a dedução terá de ser feita no momento do preenchimento da declaração e o contribuinte provavelmente terá imposto a restituir.

Gastos dedutíveis

A seguir, apresento um resumo de outros gastos que podem ser deduzidos pelos contribuintes que optam pela declaração completa:

- **Educação:** limite de R$ 3.561,50 por contribuinte ou dependente em despesas com Ensino Técnico, Fundamental, Médio ou Superior, pós-graduação, mestrado e doutorado. Materiais e atividades extracurriculares, como escolas de idiomas ou cursinhos preparatórios, não entram na lista.
- **Dependentes:** abatimento limitado a R$ 2.275,08 por dependente.
- **Previdência:** o contribuinte pode reduzir toda a contribuição destinada ao INSS em 2020. Também é possível abater o dinheiro investido na previdência privada complementar (PGBL) e em fundo de pensão oferecido pelo empregador com o propósito de previdência, observado o limite de 12% da renda tributável. É importante ressaltar que, no caso da previdência privada, o IR não deixará de ser cobrado; a mordida do leão será apenas postergada para a data de resgate do plano.
- **Saúde:** é permitido deduzir todas as despesas médicas, de qualquer valor, para o contribuinte e seus dependentes – gastos com plano de saúde, consultas com médicos e dentistas, terapias, exames, cirurgias e até próteses dentárias e ortopédicas.
- **INSS de empregado doméstico:** não é mais permitido deduzir. Em 2020, o Ministério da Economia decidiu acabar com benefício de dedução com INSS para ajudar no desempenho das contas públicas.
- **Pensão judicial:** todo valor estabelecido judicialmente pode ser deduzido, mas contribuições informais são consideradas mesadas e não entram nos critérios de dedução.
- **Doações com incentivos fiscais:** limite de 6% sobre o imposto devido para o somatório de doações incentivadas.

Quais são as doações incentivadas?

Atualmente, podem ser abatidas as doações filantrópicas feitas para:

- fundos dos direitos da criança e do adolescente (nacional, distrital, estaduais ou municipais);
- fundos do idoso (nacional, distrital, estaduais ou municipais);
- projetos aprovados no âmbito das leis de incentivo à cultura, ao esporte e à atividade audiovisual;
- projetos aprovados pelo Ministério da Saúde no âmbito de um dos seguintes programas: Pronas/PCD (para a pessoa com deficiência) ou Pronon (de combate ao câncer).

Para os fundos de direitos da criança e do idoso e para os projetos aprovados segundo as leis de incentivo, o contribuinte pode doar e abater até 6% do seu imposto de renda devido. Assim, ele pode doar para um ou mais fundos e projetos aprovados, desde que não ultrapasse o limite global de 6%.

No caso dos projetos aprovados pelo Ministério da Saúde, o limite é contabilizado à parte: é possível doar até 1% do IR devido para projetos no âmbito do Pronas/PCD e mais 1% para projetos no âmbito do Pronon, totalizando 2%. Ou seja, no total, é possível doar até 8% do IR devido para projetos filantrópicos aprovados pelo poder público. Os valores doados são deduzidos diretamente do imposto de renda devido, e não da base de cálculo da declaração, como ocorre com outros gastos dedutíveis.

Atualmente, essa modalidade só permite a doação de até 3% do imposto de renda devido aos fundos municipais, estaduais, distrital ou nacional do idoso ou da criança e do adolescente. Além disso, a soma das doações incentivadas feitas na declaração com aquelas eventualmente feitas no ano passado não pode ultrapassar 6% do IR devido.

Declaração conjunta ou separada?

Uma questão sempre presente na época em que temos de prestar contas ao leão é saber qual é a forma mais vantajosa para preparar a declaração do imposto de renda da pessoa física, no caso de rendimentos auferidos pelos cônjuges.

Na declaração em conjunto, todos os bens, direitos e rendimentos são declarados em nome de um único titular. Neste caso, o cônjuge, companheiro ou um filho podem entrar como dependentes na declaração do titular.

Na declaração em separado, todos aqueles que são obrigados a declarar o fazem separadamente. Porém, alguns pontos devem ser observados.

Quanto aos rendimentos

a) Caso se opte pela declaração em separado, cada contribuinte deve incluir seus próprios rendimentos e 50% dos rendimentos em comum (como os aluguéis, por exemplo), independentemente de qual dos cônjuges tenha recolhido ou sofrido retenção do imposto de renda.

b) Caso opte pela declaração em conjunto, um dos cônjuges deve incluir **todos** os rendimentos, incluindo os seus próprios, os do cônjuge e de seus dependentes.

Quanto aos bens em comum

a) Nas declarações em conjunto, todos os bens comuns devem constar na declaração.

b) Quando os cônjuges optarem por apresentar a Declaração de Ajuste Anual em separado, todos os bens ou direitos comuns devem ser relacionados em apenas uma das declarações, independentemente de qual cônjuge consta na documentação dos referidos bens ou direitos, como imóveis, conta corrente, veículos, ações etc.

Nesse caso, na declaração do contribuinte em que não constar os bens e direitos, deve ser adicionado um bem na ficha "Bens e Direitos", utilizando-se o código 99 ("Outros bens e direitos"), com a seguinte informação no campo "Discriminação": os bens e direitos comuns estão apostos na declaração do cônjuge (nome e CPF do cônjuge).

Quanto aos bens adquiridos em condomínio, deve ser informada a parte que couber a cada um. Para chegar ao veredito, o contribuinte precisa fazer algumas simulações para certificar-se da escolha. São basicamente cinco as formas de o casal declarar o IRPF:

1. declaram juntos pelo modelo completo, com a esposa como dependente do marido;
2. declaram juntos pelo modelo completo, com o marido como dependente da esposa;
3. declaram juntos por meio do modelo simplificado;
4. declaram separadamente com o modelo simplificado;
5. declaram separadamente pelo modelo completo.

Existem algumas possibilidades de variações, como:

- fazer a declaração separadamente, dividindo os dependentes entre as declarações;
- declarar separadamente, informando os dependentes apenas em uma das declarações;
- para casais com despesas dedutíveis muito altas, a declaração em conjunto pode ser mais interessante, já que o abatimento será feito sobre a renda somada. Já os que têm poucas despesas dedutíveis podem optar por declarar em separado, ambos no modelo simplificado, usufruindo o desconto de 20% permitido por lei.

É comum – embora não signifique que seja a melhor opção – os contribuintes optarem pela declaração em separado, na qual o cônjuge com os maiores rendimentos utilize-se do modelo completo, fazendo uso dos abatimentos possíveis, como dependentes, educação, planos de saúde, entre outros. Nestas circunstâncias, o outro cônjuge lança mão do modelo simplificado, fazendo jus ao desconto automático de 20%.

Caso a opção seja pela apresentação da declaração conjunta, é importante destacar que, se o cônjuge ou companheiro não apresentar declaração em separado, seus dependentes próprios podem ser considerados encargos de família na declaração apresentada em nome do outro cônjuge ou companheiro, haja vista que na declaração em conjunto o contribuinte representa a unidade familiar.

Pode fazer declaração conjunta:

- quem é oficialmente casado;
- quem vive em união estável há mais de cinco anos;
- casais com filhos em comum (independentemente do tempo de união, mesmo informal).

Com relação aos bens comuns do casal, se as declarações forem feitas em separado, um dos cônjuges pode informar os bens em sua declaração. Neste caso, o outro deve lançar, na ficha "Bens e Direitos", que os bens estão na declaração do cônjuge, informando nome e CPF.

Divorciados – de fato ou não

Caso você e seu cônjuge tenham se separado, mas ainda não formalizaram a separação, devem apresentar a declaração de IR como se ainda estivessem casados, em função dos bens em comum. Por outro lado, se a separação já foi oficializada, deve-se fazer a declaração como solteiro, incluindo despesas com dependentes que estão sob sua guarda. Contudo, se os dependentes também receberam rendimentos na forma de pensão do ex-cônjuge, por exemplo, esses rendimentos deverão ser tributados em conjunto com os rendimentos do contribuinte.

Filhos

Apenas um dos dois pode declarar filhos como dependentes. A parte que não tiver a guarda da criança, e for responsável pelo pagamento de pensão alimentícia, por exemplo, pode deduzir do seu imposto de renda os gastos com o alimentado, uma vez que não pode se beneficiar com a dedução de dependentes.

Dica

Uma dica importante: preencher sua declaração de imposto de renda com tempo permite efetuar uma série de simulações a fim de evitar uma mordida maior do leão.

38

Técnicas de planejamento sucessório

Início de conversa

- Entendendo o que é herança.
- O que é uma holding familiar e administradora de bens imóveis próprios.
- Planejamento com investimentos.
- Dicas de planejamento sucessório.
- Quais os tipos de casamento.

A gratidão é uma dívida que os filhos nem sempre aceitam no inventário.
Honoré de Balzac

Quem tem patrimônio deve se preocupar com a forma como seus bens serão transmitidos aos herdeiros após seu falecimento. Por mais que pensar na própria morte não seja empolgante, processos de inventário podem ser longos, complicados e caros, principalmente quando há conflitos entre membros da família.

A sucessão é o ato jurídico pelo qual uma pessoa substitui outra em seus direitos e suas obrigações, podendo ser consequência tanto de uma relação entre pessoas vivas quanto da morte de alguém. O Direito, portanto, admite duas formas de sucessão: *inter vivos* e *causa mortis.*

Antes de começarmos este capítulo, é importante que você conheça algumas palavrinhas básicas sobre sucessão.

- **De cujus:** pessoa falecida; refere-se ao morto, de quem se trata da sucessão.
- **Espólio:** relação de bens deixados pelo falecido.
- **Inventariante:** pessoa nomeada pelo juiz para representar o espólio no processo judicial. Geralmente, é algum dos herdeiros.

- **Legatário:** beneficiado em um testamento.
- **Donatário:** aquele que recebe uma doação.
- **Usufrutuário:** aquele que desfruta da posse de um bem.
- **Nu-proprietário:** dono de um imóvel sob usufruto.
- **Transmissão** *causa mortis*: legado ou herança.
- **Quinhão:** "porção" de um bem material.

Atenção! Não se pode confundir **sucessão** com **herança**. A primeira é o ato de alguém substituir outrem nos direitos e nas obrigações em função da morte, ao passo que herança é o conjunto de direitos e obrigações que se transmitem em virtude da morte a uma pessoa ou várias pessoas, que sobreviveram ao falecido. Segundo o Art. 1.788 do Código Civil: "Morrendo a pessoa sem testamento, transmite a herança aos herdeiros legítimos; o mesmo ocorrerá quanto aos bens que não forem compreendidos no testamento; e subsiste a sucessão legítima se o testamento caducar, ou for julgado nulo".

A legítima

Podemos condicionar somente 50% do patrimônio total de acordo com a nossa vontade (parte disponível da herança), porque a outra metade (chamada legítima) deve obrigatoriamente ficar com os herdeiros necessários (herdeiros obrigatórios determinados por lei). Sobre esta parte também não é possível impor alguma condição.

Herdeiros necessários

São os herdeiros sucessivos, isto é, todos os parentes em linha reta (filhos, netos, bisnetos etc.), bem como os ascendentes e o cônjuge, não tendo estes sido excluídos da sucessão por indignidade ou deserdação. Para estes, a legislação certifica o direito à legítima correspondente à metade dos bens do testador.

Eles não podem ser afastados da sucessão pela simples vontade do sucedido. Apenas quando fundamentado em fato caracterizador de ingratidão por parte de seu herdeiro necessário, poderá o autor da herança dela afastá-lo e, ainda assim, apenas se tal fato estiver previsto em lei como autorizador de tão drástica consequência.

Existem ferramentas de planejamento sucessório que podem garantir o adiantamento de herança legitima aos filhos, com a manutenção de todos os direitos aos atuais proprietários.

Testamento

Segundo o Art. 1.786 do Código Civil, "A sucessão dá-se por lei ou por disposição de última vontade". Uma solução simples, pouco onerosa e muito poderosa, é o *testamento*. Com ele, você e seu cônjuge podem deixar declarado que toda a parte disponível (50% de todo o patrimônio) passa de um para o outro. Assim, sendo vocês meeiros e herdeiros, já garantem ao menos 75% do patrimônio ao que ficar.

Holding familiar e administradora de bens imóveis próprios

Se a família possui imóveis e/ou empresas, constituir uma empresa para abrigar este patrimônio pode ser uma excelente ideia. A forma societária mais adotada é a limitada (Ltda.), pois permite a separação dos bens pessoais do sócio dos bens da empresa. O sócio responde por dívidas da pessoa jurídica até o limite da sua quota no capital social e por suas dívidas pessoais até o limite do patrimônio em seu nome (pura autonomia patrimonial).

Diferente é o caso do empresário individual que atua sem essa separação de patrimônio. Ao organizar seu patrimônio pessoal, precisará separar as participações societárias dos demais bens do patrimônio pessoal dos sócios, ou seja, uma holding para participações societárias e outra holding para os demais bens: bens de família, imóveis de aluguel, imóveis para venda, fazenda e terrenos. Dinheiro, aplicações financeiras, VGBL/PGBL e carros pessoais não entram em nenhuma das duas. Mais adiante veremos o motivo.

Proteção patrimonial

A constituição de uma sociedade protege o patrimônio, pois os bens da sociedade não são atingidos diretamente em razão das dívidas dos sócios e vice-versa. Dessa forma, é possível separar o patrimônio particular que não se quer arriscar do patrimônio empresarial, sujeito aos riscos da atividade empresarial. O que são penhoráveis são as quotas. Se houver doação com cláusula de impenhorabilidade, apenas os frutos poderão ser penhorados.

O sócio pode responder se configurada hipótese de desconsideração da personalidade jurídica. Bens pessoais respondem pelos débitos da sociedade na fraude, no abuso, no desvio de finalidade e na confusão patrimonial caso a sociedade não tenha bens suficientes para pagar a obrigação.

- A responsabilidade dos ex-sócios se mantém por dois anos após a alteração contratual por débitos contraídos durante sua permanência como sócio.
- Débito fiscal/previdenciário inscrito na dívida ativa é fraudulento por presunção.
- Débitos trabalhistas – segundo consta no Art. 2º da CLT, grupo econômico é o conjunto de empresas que, mesmo com personalidade jurídica própria, estejam sob direção, controle ou administração de outra.
- Sucessão do adquirente da empresa.
- Responsabilidade penal ambiental – os sócios podem receber pena de um a quatro anos e multa em virtude de serem responsabilizados por poluição de qualquer natureza em níveis tais que possam causar danos à saúde humana ou mortandade de animais ou destruição significativa da flora.

O simples ato de ser sócio não autoriza a instauração de processo criminal por crimes praticados no âmbito da sociedade se não estiver comprovada a mínima relação de causa e efeito entre as imputações e a sua função na empresa.

Neste caso, o capital da empresa é integralizado com os imóveis e/ou empresas e ambos são eleitos como administradores. Desta forma, o cônjuge sobrevivente se mantém como administrador da empresa e seu filho herdará somente as cotas que cabem a ele. Também protege os bens caso haja conflitos na família, pois a partilha pode ser feita em vida, com a doação de cotas ou ações com usufruto do doador. O doador fica como usufrutuário, com direitos políticos e patrimoniais. Ou seja, antes de o doador morrer, cada um já sabe com que parte vai ficar, mas só tem acesso às cotas ou ações após o falecimento. Seus filhos ficam sócios com nu-propriedade (dono de um imóvel que ele próprio desfruta) gravada de incomunicabilidade, impenhorabilidade e inalienabilidade. Veja na Figura 38.1 o significado desta salada de termos específicos.

Holding familiar

A Classificação Nacional de Atividades Econômicas (CNAE) é usada com o objetivo de padronizar os códigos de identificação das unidades produtivas do país nos cadastros e nos registros da administração pública nas três esferas de governo, em especial na área tributária, sob a coordenação de representante da

Secretaria da Receita Federal e com a participação de representantes da administração tributária das esferas estadual e municipal e do IBGE.

Figura 38.1 – Cláusulas contratuais aplicáveis em uma holding familiar

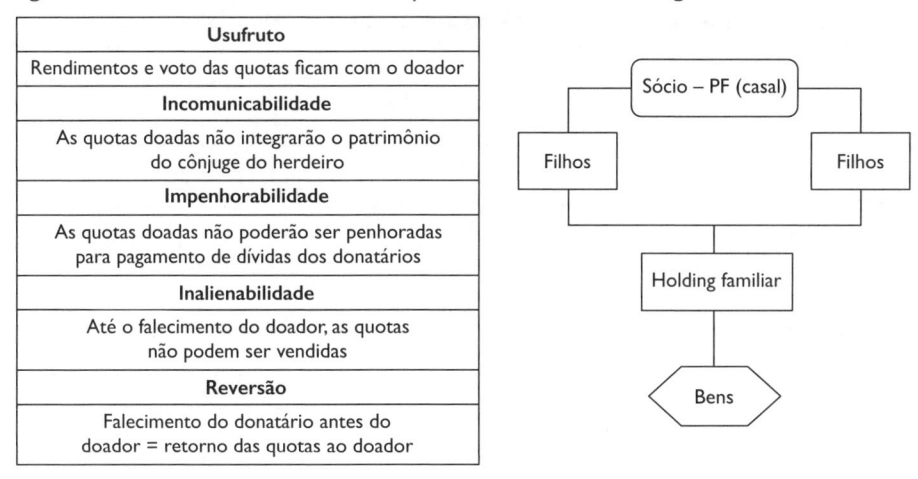

Usufruto
Rendimentos e voto das quotas ficam com o doador
Incomunicabilidade
As quotas doadas não integrarão o patrimônio do cônjuge do herdeiro
Impenhorabilidade
As quotas doadas não poderão ser penhoradas para pagamento de dívidas dos donatários
Inalienabilidade
Até o falecimento do doador, as quotas não podem ser vendidas
Reversão
Falecimento do donatário antes do doador = retorno das quotas ao doador

A holding familiar (possui a CNAE 6462-0/00) constitui uma forma preventiva e econômica de se realizar a antecipação de herança, pois o controlador poderá doar aos seus herdeiros as quotas-partes da companhia, gravando-as com cláusula de usufruto vitalício em favor do doador, assim como de impenhorabilidade, incomunicabilidade, inalienabilidade e reversão.

Em aspectos gerais, as holdings são classificadas como:

- **Holding pura:** é a sociedade empresária que possui como objetivo social apenas a participação no capital de outras empresas, ou seja, sua atividade é a manutenção de ações/quotas de outras companhias, de modo a controlá-las sem distinção de local, podendo ter sua sede social transferida sem maiores problemas.
- **Holding mista:** é a sociedade empresária que, além da participação e controle de outras empresas, explora alguma outra atividade empresarial, como prestação de serviços civis e/ou comerciais, sendo este tipo o mais utilizado no país por razões fiscais e administrativas.

O planejamento sucessório permite driblar custos e pagar menos imposto em certos casos. Por meio da formalização de uma holding familiar/patrimonial, eliminará grande parte da carga tributária que incide regularmente sobre os processos de inventário e partilha, como o ITBI, pois a integralização de capital com bens e direito não é fato gerador do citado imposto. O ITCMD também não acarretará fato gerador, pois a transmissão se realizará como antecipação da legítima. Quanto ao IR, este incidirá com uma alíquota de apenas 15% sobre o ganho de capital, com taxa judiciária de 1%.

Tabela 38.1 – Comparativo entre holding familiar × inventário

Eventos	Holding familiar	Inventário
ITCMD	Doação com usufruto: % na doação e % na extinção.	4% em alguns estados.
Tempo para criação ou tempo do inventário	15 dias, em média.	Alguns anos.
Tributação dos rendimentos de aluguéis	11,33%	27,50%
Tributação da venda de bens imóveis	5,93%	15%
Sucessão entre cônjuges, conforme o Código Civil	Cônjuge é herdeiro necessário, dependendo do regime de casamento.	Cônjuge é herdeiro necessário, dependendo do regime de casamento.

Base legal

As pessoas físicas poderão transferir às pessoas jurídicas, a título de integralização de capital, bens e direitos, pelo valor constante da respectiva declaração de bens ou pelo valor de mercado (Lei nº 9.249/1995, art. 23).

> § 1º – Se a transferência for feita pelo valor constante da declaração de bens, as pessoas físicas deverão lançar nesta declaração as ações ou quotas subscritas pelo mesmo valor dos bens ou direitos transferidos, não se aplicando o disposto no Art. 464.
>
> § 2º – Se a transferência não se fizer pelo valor constante da declaração de bens, a diferença a maior será tributável como ganho de capital – alíquota de 15%.

Administradora de bens imóveis próprios

Uma administradora de bens próprios é uma empresa criada para que bens, como imóveis, por exemplo, sejam integralizados ao capital social com o objetivo de facilitar a gestão destes bens e gerar benefícios fiscais e sucessórios. Essa empresa poderá atuar na compra, venda e locação de imóveis próprios.

Trata-se de uma sociedade empresarial limitada, cujos objetos sociais são:

- administração de bens imóveis próprios e aluguéis (CNAE 6810-2/02);
- compra e venda de bens imóveis próprios (CNAE 6810-2/01).

Constituir uma empresa para administrar bens próprios pode ser uma excelente alternativa de planejamento sucessório. Neste caso, você, seus irmãos (se houver) e seus pais integralizam os imóveis no ato de constituição da empresa. Um ou mais administradores devem ser indicados e regras estabelecidas – e, quando um dos sócios vier a faltar, o que vai para o inventário são as quotas da empresa, e não os imóveis. Assim, a gestão não fica impedida pelo inventário e, caso se queira vender ou fazer modificações em qualquer imóvel, isso poderá ser realizado a qualquer momento.

Outra vantagem é que não será mais necessária a concordância e assinatura de 100% dos sócios para se tomar algumas medidas como as citadas. Isso poderá ser feito de acordo com o preestabelecido entre os sócios.

Além das vantagens do ponto de vista de planejamento sucessório, pode haver ainda importante redução na carga tributária, tanto no caso de venda quanto de locação dos imóveis. A renda de aluguel para pessoas físicas é tributada de acordo com a tabela progressiva do IRPF, que chega a 27,5%. No caso de venda, o imposto é calculado sobre o ganho de capital, com a alíquota de 15%. Para as empresas, no entanto, os impostos são bem menores. Para as receitas com aluguéis, giram em torno de 12% e, no caso de venda, de aproximadamente 6% sobre o faturamento.

> **Dica**
>
> Para se integralizar os bens na nova empresa, deve-se pagar o imposto municipal chamado Imposto sobre Transmissão de Bens Imóveis (ITBI), que é de 3% sobre o valor do imóvel.

Enfim, mesmo tendo poucas informações sobre seu caso específico, provavelmente constituir uma empresa patrimonial é a melhor alternativa para administrar esses bens.

Recomendo, entretanto, que, antes de tomar qualquer decisão, você e seus irmãos (se você tiver) procurem ajuda de profissionais especializados e façam bem as contas. Se decidirem por abrir a empresa, conversem muito entre si no intuito de chegar a um equilíbrio entre deixar a empresa ágil e pouco engessada e, ao mesmo tempo, salvaguardar os interesses de cada um dos sócios. Afinal, a boa relação entre irmãos deve estar acima de tudo.

Impenhorabilidade do bem de família

A legislação brasileira impede que um imóvel que seja considerado bem de família possa ser utilizado para o pagamento de dívidas inadimplentes de seu proprietário. Isso quer dizer que quem atrasou o pagamento de algum débito não pode ter a própria casa executada judicialmente como forma de ressarcir os credores pelo prejuízo. O objetivo da legislação é impedir que o devedor não tenha onde abrigar sua família.

Caso a pessoa tenha mais de uma casa e queira proteger da penhora outro imóvel que não seja aquele onde vive, deve se dirigir ao cartório e registrar como bem de família a outra residência. O valor da propriedade que será registrada como bem de família não pode superar um terço do valor total do patrimônio da pessoa. Atendida essa exigência, é feito o registro em cartório, mas a residência onde a pessoa mora perde a proteção contra penhora. Nesse caso, é pela vontade do próprio morador que a propriedade ocupada pela família fica sujeita à penhora.

Atenção! A Justiça brasileira, no entanto, tem concedido ganho de causa aos credores em outras oito situações:

- Para pagar prestações em atraso do financiamento imobiliário que permitiu a compra ou a construção da residência, é possível penhorar o imóvel. O banco que financiou a aquisição da propriedade pode, portanto, retomá-la se houver inadimplência. Desde meados da 2010, o mesmo direito também é garantido aos bancos pela chamada "alienação fiduciária". Por meio desse instrumento, a pessoa só terá direito à propriedade quando terminar de pagar as prestações do financiamento. Até lá, o imóvel fica em nome do banco e o morador só tem direito à posse.
- Para pagar dívidas trabalhistas com os empregados domésticos do próprio imóvel, é permitida a penhora. Se o proprietário da residência não pagar os salários e os benefícios da faxineira ou do jardineiro, por exemplo, o imóvel poderá ser retomado para a quitação dos débitos.
- Outra exceção que pode levar à penhora de um bem de família é quando uma pessoa deixa de pagar a pensão alimentícia aos filhos.

Essa é uma infração com uma das penalidades mais rígidas da legislação brasileira. Deixar de pagar a pensão dos filhos também é crime inafiançável. O devedor pode ser preso e ficará detido até que regularize a situação.

- Um imóvel pode ser penhorado para o pagamento de dívidas tributárias relativas ao próprio imóvel. Se o proprietário deixar de pagar o Imposto Predial Territorial Urbano (IPTU), pode perder o bem de família. Desde 2011, a Prefeitura de São Paulo tem fechado o cerco aos devedores do IPTU. Como nas últimas décadas houve diversas oportunidades de renegociar esses débitos com a prefeitura e se livrar de multas e juros, muita gente deixava de recolher o IPTU na data dos vencimentos para acertar a pendência mais para a frente em condições favoráveis. Em 2020, a Prefeitura decidiu começar a notificar os donos dos imóveis com pendências e a ameaçá-los com a possibilidade de execução judicial e de leilão da propriedade se não houver a quitação dos débitos. No Rio de Janeiro, onde esse tipo de ação já é realizado há mais tempo, há muitos questionamentos judiciais da constitucionalidade dessa política de cobrança. Muitos proprietários contestaram a possibilidade de execução na Justiça, mas a vitória ou a derrota na ação depende principalmente do juiz que analisa o processo, uma vez que a questão não está pacificada.
- Quando o imóvel é oferecido como garantia de uma dívida, o devedor também pode perdê-lo se não a pagar em dia. O imóvel de família que serve como garantia de hipoteca está sujeito à penhora.
- Quando o imóvel foi comprado com dinheiro sujo ou gerado por conduta criminosa, fica sujeito à penhora mesmo que abrigue a família do criminoso.
- Quando alguém é fiador em um contrato de aluguel e se compromete a garantir os pagamentos do inquilino, também fica sujeito a ter o imóvel penhorado caso haja inadimplência.
- A questão mais polêmica em relação à penhora de imóveis de família é quando a pessoa mora em uma propriedade de luxo. A Lei nº 8.009/1990 não prevê explicitamente essa possibilidade, mas muitos juízes de primeira e segunda instâncias permitem que a propriedade seja vendida para arcar com a dívida inadimplente. O devedor, nesses casos, não ficaria desamparado porque pode pegar o dinheiro restante e

comprar outra residência menor. Uma pessoa que perde um imóvel de R$ 2 milhões para o pagamento de uma dívida de R$ 200 mil reais, por exemplo, ainda terá R$ 1,8 milhão no bolso para encontrar um novo lar para a família.

A regra que nenhum bem de família, independentemente do valor, pode ser penhorado foi confirmada pela 3ª turma do Supremo Tribunal de Justiça (STJ), mas o Tribunal Regional do Trabalho (TRT) de estados como São Paulo, Minas Gerais e Rio Grande do Sul já permite a penhora de imóvel de família luxuoso. O Tribunal Superior do Trabalho (TST), entretanto, nunca referendou a decisão.

Investimentos

Se o patrimônio estiver alocado em investimentos financeiros, não convém colocá-los na empresa, porque os impostos sobre os rendimentos financeiros são proibitivos. A alíquota de imposto de renda sobre o ganho de capital (lucro) é de 34%, e não de 15%, como ocorre com as pessoas físicas. Além disso, há o risco da dupla tributação: se algum dos ativos da holding for tributado na fonte, ele deverá ser tributado novamente quando for levado ao balanço anual da companhia.

Clube de investimentos

Montar um clube de investimentos é uma opção interessante. Os clubes são isentos de IOF, a tributação de IR ocorre somente no resgate da aplicação e os custos de administração são rateados pelos participantes. Veja mais no Capítulo 11.

PGBL/VGBL

Na sucessão, tais recursos não passam por inventário. Veja mais no Capítulo 35.

Fundo de investimento

Dependendo do valor acumulado, pode ser interessante constituir um fundo de investimentos restrito, cujos cotistas sejam exclusivamente o casal ou, ainda, fazer a doação em vida a seu filho, porém com usufruto vitalício de ambos os cônjuges. Desta forma, seu filho herdaria as cotas, mas só poderia usufruir depois que ambos os pais se forem.

Existem outras ferramentas muito eficientes também. Por isso, o melhor a se fazer é procurar um bom advogado de família e um planejador financeiro para organizarem a sucessão do patrimônio conforme a vontade de vocês e com a melhor relação custo/benefício possível.

Planejamento sucessório no casamento

Existem ferramentas que podem garantir que o cônjuge sobrevivente mantenha o padrão de vida e o controle sobre o patrimônio. Porém, algumas limitações impostas pela lei devem ser consideradas. A mais relevante – e pior delas – é o fato de podermos condicionar somente 50% do patrimônio total de acordo com a nossa vontade (parte disponível da herança), porque a outra metade (chamada legítima) deve obrigatoriamente ficar com os herdeiros necessários (herdeiros obrigatórios determinados por lei). Sobre esta parte também não é possível impor alguma condição.

Quadro 38.1 – Considerações sobre os regimes de casamento

Comunhão universal de bens	Os cônjuges são meeiros (e não herdeiros) de todo o patrimônio do casal.
Comunhão parcial de bens	Os cônjuges são meeiros de todo o patrimônio adquirido durante o casamento, porém os bens adquiridos antes do casamento (bens particulares) não se comunicam.
Separação total de bens	O cônjuge é herdeiro, concorrendo com os filhos na divisão dos bens.
União estável	Se vocês forem conviventes, o companheiro é meeiro e herdeiro do patrimônio adquirido durante a constância da união.

Estas informações são importantes para avaliar qual seria o risco de questionamento por parte de outros herdeiros em relação à correta disposição patrimonial do plano de previdência. Porém, uma solução simples, pouco onerosa e muito poderosa é o testamento. Com ele, você e seu cônjuge podem deixar declarado que toda a parte disponível (50% de todo o patrimônio) passa de um para o outro; com isso, sendo vocês meeiros e herdeiros, já garantem ao menos 75% do patrimônio ao que ficar.

União estável

O que é mais seguro: morar com alguém ou estabelecer uma união legalmente reconhecida? Inicialmente, é preciso entender o tratamento legal do regime de união estável, no qual você e seu parceiro(a) estarão (ou já estão) civilmente enquadrados.

Os artigos a seguir foram retirados do Novo Código Civil (NCC).

- **Art. 1.723:** é reconhecida como entidade familiar a união estável entre o homem e a mulher, configurada na convivência pública, contínua e duradoura e estabelecida com o objetivo de constituição de família.
- **Art. 1.725:** na união estável, salvo contrato escrito entre os companheiros, aplica-se às relações patrimoniais, no que couber, o regime da comunhão parcial de bens.

Perceba que não há um tempo específico de convivência para que seja caracterizada a união estável, e que as regras aplicadas a este regime são as mesmas do casamento com comunhão parcial de bens. Neste caso, todos os bens adquiridos na constância da união se comunicam, passando a pertencer a ambos.

Ainda no NCC, o Art. 1.790 afirma que "a companheira ou o companheiro participará da sucessão do outro, quanto aos bens adquiridos onerosamente na vigência da união estável [...]" e estabelece as regras de herança dos bens comuns: "[...] II – se concorrer com descendentes só do autor da herança, tocar-lhe-á a metade do que couber a cada um daqueles".

O Art. 1.666 estabelece outro ponto importante: "As dívidas, contraídas por qualquer dos cônjuges na administração de seus bens particulares, e em benefício destes, não obrigam os bens comuns".

Se o casal simplesmente optar por conviver, valerá a regra do regime legal de casamento, que é o da comunhão parcial de bens, o qual determina que bens adquiridos antes do casamento ou provenientes de herança ou doação não comunicam com o cônjuge, enquanto todos os bens adquiridos onerosamente durante o casamento pertencerão aos dois, ou seja, os cônjuges serão sócios de 50% cada um de todos os bens e das dívidas, se houver.

Para os conviventes, é basicamente a mesma coisa durante a relação ou se ela acabar em divórcio.

Para os casos de sucessão, os efeitos são bem diferentes

O Art. 1.790 do Código Civil trata dos efeitos da sucessão dos conviventes. No caso de um dos dois vir a faltar, o legislador em parte prejudicou e em parte favoreceu os conviventes, o que pode provocar desavenças e injustiças na hora de os favorecidos dividirem a herança, especialmente se houver filhos exclusivos do falecido. Além do mais, existe uma série de regimes de casamento que podem ser boas opções, de acordo com os objetivos e necessidades do casal.

Pode ser que um dos cônjuges não queira dividir seu patrimônio e, portanto, o casal pode optar pelo regime da separação total dos bens. Em contrapartida, se quiserem compartilhar tudo, podem escolher o regime da comunhão total dos bens. Tem ainda o regime de participação final dos aquestos, que pode ser uma boa opção para quem quer praticidade, pois determina que durante o casamento não há comunicação dos bens, mas somente no caso de dissolução do casamento, que pode ocorrer por divórcio ou a morte de um dos cônjuges. Para todos os casos em que não seja escolhido o regime legal (comunhão parcial de bens), há a necessidade de pacto pré-nupcial, cujo objetivo é contemplar todas as questões que são relevantes para o casal.

Além de todos os regimes previstos em lei, há sempre a possibilidade de simplesmente se fazer um contrato de convivência, o que pode ser muito útil para casais homossexuais ou namorados que decidem passar uns tempos juntos, mas que não têm intenção de conviver estavelmente. Quando se decide estabelecer uma união estável, faz-se uma sociedade que, conforme vimos, traz consequências relevantes do ponto de vista financeiro, mas há uma série de outras consequências não mensuráveis e que são igualmente importantes para uma saudável convivência ou mesmo no encerramento da relação. Com todo este rol de possibilidades à disposição, só consigo vislumbrar vantagens em se formalizar um relacionamento que tem intenção de perdurar. Este será um momento importante para se estabelecer combinados, acertar os ponteiros e organizar todas as questões que nortearão a relação. A formalização da união deixa o casal consciente do acordo que fez e previne transtornos e injustiças.

Considerando a base legal exposta, podemos entender as três situações possíveis:

- **Condição atual:** durante o namoro, você não será responsável pelas dívidas contraídas pelo parceiro anteriormente. Já no que diz respeito ao período pós-união, tudo passa a valer "na alegria e na tristeza, na riqueza e na pobreza", ou seja, em tese você terá direito ao eventual crescimento da empresa dele, mas também será responsável pelas dívidas contraídas daqui para a frente.
- **Separação:** em caso de separação, vocês dividem todos os bens adquiridos na constância da união e as dívidas referentes a estes. Já os bens

e as dívidas particulares (que cada um possuía antes da união) não são divididos.

- **Falecimento:** na sua falta, seu companheiro não teria direito aos seus bens particulares. Porém, ele receberia metade dos bens adquiridos durante a união estável (meação) e ainda dividiria com seus filhos a herança destes bens, conforme descrito no Art. 1.790 do NCC.

Vale ressaltar que para todos os casos existe possibilidade de divergências na interpretação do juiz. Portanto, recomendo que você contrate uma assessoria jurídica para lhe auxiliar na elaboração de um contrato público de união estável. Estabeleçam neste documento todas as regras em relação aos seus bens particulares e ao patrimônio que será (ou está sendo) constituído após o início da união estável. Isso trará mais tranquilidade a você e, se for o caso, seus filhos.

No futuro, caso esta seja a decisão de vocês, basta oficializar sua união por meio do casamento no civil, elaborando um pacto antenupcial com as novas regras.

Como montar um planejamento financeiro

Início de conversa

- Como fazer um planejamento financeiro.
- Onde procurar ajuda.
- O que são finanças comportamentais?

Um objetivo sem planejamento é só um desejo.
Antoine de Saint-Exupéry

Cuide de seus investimentos enquanto jovem para que eles cuidem de você no futuro.

Se você não nasceu herdeiro de uma grande fortuna (o que, infelizmente, é o caso da maioria das pessoas), a fonte para "fabricar" seu dinheiro será o seu trabalho. No entanto, esperar mais dinheiro de sua atividade profissional é algo que naturalmente levará muitos anos, quiçá décadas, seja para funcionários de empresas, autônomos, empreendedores ou pequenos empresários bem-sucedidos.

Fazendo o dinheiro trabalhar para você

Como vimos no Capítulo 1, existe uma coisa maravilhosa ao alcance de todos aqueles que são pacientes e disciplinados: a famosa lei vital do valor do dinheiro no tempo, chamada de *juros compostos*. Eles fazem do tempo um grande aliado: quanto maior é o período em que seu dinheiro fica investido, mais ele cresce.

Toda maratona tem um início. Se você começa sem dívidas, já larga na frente, guardando seus ganhos em investimentos sólidos e apreciando "de camarote" o poder dos juros sobre juros trabalhando a seu favor. Agora, se você tem dívidas, não se desespere: comece adotando dívidas e gastos comedidos dentro de sua possibilidade, troque as dívidas tóxicas por dívidas menores, corte os supérfluos até a situação permitir que você comece a poupar.

Vale lembrar que ganhar e poupar dinheiro não são garantias de sucesso financeiro, mas, sim, pré-requisitos. O dinheiro é um reflexo de sua criatividade, de sua capacidade de se concentrar e de agregar valor e receber de volta. A disciplina para poupá-lo é como um músculo, que você precisa exercitar, devagar e sempre, para fortalecê-lo.

Se você deixar para começar a poupar quando "ganhar bem", mas estiver com esse músculo atrofiado, será difícil conseguir dizer não para todas as coisas que quer fazer e comprar, ainda mais ganhando bastante dinheiro.

Além disso, se você não sabe como escolher bons investimentos que atendem às suas necessidades, provavelmente vai acabar jogando dinheiro fora, o que leva ao mesmo resultado de sempre: ter ganhado e nunca guardado. Qual é o padrão de vida que eu posso esperar do meu patrimônio no atual cenário?

Como montar um planejamento financeiro

Para iniciar seu planejamento, é preciso seguir alguns passos, que indicarei a seguir.

Faça um **levantamento dos gastos atuais necessários** para sua vida cotidiana. Lembre-se de que as despesas não são iguais em todos os meses, por isso, faça uma previsão média com base em um ano inteiro. Repita o mesmo levantamento para todas as suas receitas.

Depois disso, **estabeleça seus objetivos** de curto, médio e longo prazos, como: carro, viagem, casa própria, educação no exterior, aposentadoria etc. Veja quanto você precisa poupar para cada um dos seus objetivos.

A **alocação dos investimentos** vai depender, inicialmente, do quanto você gasta, pois apenas o excedente será direcionado para acumular recursos para cada um dos objetivos. Se não houver excedente, ou se faltar dinheiro, você precisará reavaliar seu modo de vida. Se conseguir pagar todas as despesas normais usando até 70% da renda líquida, estará em uma situação confortável para atingir seus objetivos, porque poderá direcionar todos os meses os 30% restantes para investimentos com vistas à acumulação necessária para a execução dos objetivos. Uma dica bacana é poupar 10% do que se ganha assim que receber o dinheiro – é o "pague-se primeiro". Não torça para sobrar dinheiro no fim do mês. Separe 10% para investir mensalmente e invista esse dinheiro assim que o salário entrar na sua conta, e acostume-se a viver com o restante.

Resumindo, primeiramente, você vai reservar o dinheiro para sonhos e objetivos (que serão arcados com seus investimentos), e o restante para as despesas do dia a dia. No começo é sofrido, mas, com o passar do tempo, o orçamento se adapta aos 90% restantes e a partir daí vira hábito. Assim, você pode começar alocando 10% para os objetivos de curto prazo, 10% para os de médio e 10% para os de longo prazo. À medida que atingir os primeiros, poderá aumentar a parcela para os objetivos de médio e longo prazos.

Para ter sucesso, é fundamental que você mantenha sempre uma boa **administração dos gastos**.

Fique atento para manter também sempre uma **reserva de segurança** (equivalente a seis meses dos gastos mensais) e para que os investimentos escolhidos para os recursos de cada objetivo estejam sempre alinhados com os prazos desses objetivos.

Lembre-se de **investir de acordo com o prazo**. Para os objetivos de curto prazo, busque investimentos seguros, mesmo que rendam pouco, como LCIs, LCAs e CDBs de grandes bancos, assim como títulos públicos do tipo LFTs. Para prazos mais longos, pense em ousar mais para rentabilizar mais. Nesse sentido, NTN-Bs longas ou ações podem ser opções interessantes.

Quanto ao **monitoramento de seu portfólio**, não é preciso se preocupar em verificar com muita frequência. Se o seu portfólio for corretamente dimensionado, verifique-o trimestralmente. Fazer isso, juntamente com um possível rebalanceamento, é tudo o que você precisa (o rebalanceamento pode ser semestral ou anual). Checar frequentemente apenas aumenta a ansiedade.

Qual profissional pode te ajudar?

O papel do planejador financeiro

Os planejadores financeiros ajudam os indivíduos a desenvolver planos que garantam sua estabilidade financeira atual e futura. O profissional acompanhará seus planos, cobrará você quando necessário e tentará motivá-lo a seguir em frente.

Os planejadores são como personal trainers nas academias. Você até pode malhar sozinho, mas tem um serviço personalizado se quiser pagar por isso. E o resultado pode ser melhor.

Esse profissional é multiespecialista, responsável por orientar seus clientes a organizarem ou reestruturarem suas vidas financeiras, de acordo com seus objetivos e necessidades, aliando planejamento e investimentos.

Um planejador financeiro será de grande valia para o auxiliar no processo de montagem de um portfólio diversificado, equilibrado e de acordo com seu perfil. Além disso, ele poderá esclarecer todas as dúvidas que você possa ter, mesmo em outros assuntos que podem afetar sua vida financeira.

Também é fácil para um planejador financeiro trazer especialistas para esclarecer assuntos mais complexos. Em caso de dúvidas, procure o especialista, afinal, não é fácil abrir mão de prazeres momentâneos para usufruir no futuro.

Esse profissional – e me incluo na categoria – pode ou não possuir a certificação CFP® (Certified Financial Planner), uma espécie de selo de qualidade, e você pode consultar a relação destes profissionais no site da Planejar[1]. Para ser um planejador financeiro certificado, é preciso prestar uma prova e seguir um código de ética.

O papel do consultor financeiro

O consultor financeiro pode fazer tudo que um planejador financeiro faz – uma faxina na sua vida financeira e um plano de acordo com as suas características e objetivos – e, ainda, sugerir investimentos. Só não pode investir, de fato, para você. Ele faz as recomendações e você investe sozinho.

Regulado pela CVM, esse profissional, após ser aprovado no exame do CEA (Certificado de Especialista Anbima), não pode ser vinculado a nenhuma instituição financeira. É como se fosse um personal stylist que você contrata para ajudar você a se vestir. Ele não é funcionário da loja, que diz que tudo está lindo só para ganhar uma taxa sobre a venda, mas ajuda a escolher os produtos mais indicados para você.

Além do seu perfil de risco, ele leva em conta os seus objetivos para sugerir os melhores investimentos, porque conhece a sua vida. E o mais importante: para garantir sua independência, ele não recebe nenhum tipo de comissão de instituição financeira, por mais que indique produtos de banco, *asset* ou corretora.

Assim como o planejador financeiro, a atividade de consultoria de valores mobiliários não envolve a adoção nem a implementação das recomendações oferecidas. É o cliente quem decide se irá efetivar as recomendações e de que forma.

Processo de planejamento financeiro

O objetivo do planejamento financeiro é fornecer consultoria financeira coordenada para indivíduos e suas famílias. Os benefícios desse planejamento

---

1. Disponível em: <https://www.planejar.org.br/>. Acesso em: 4 jun. 2020.

incluem uma abordagem coordenada para as múltiplas facetas das necessidades diárias e da vida financeira dos clientes, que estão ocupados demais para aprender o que eles precisam saber.

Além disso, os clientes beneficiam-se de ter uma pessoa que pode trabalhar com os vários especialistas necessários para montar um plano financeiro global, e que pode ajudá-los a compreender a linguagem dos especialistas.

O planejamento financeiro é composto por oito componentes principais:

1. informações genéricas;
2. necessidades especiais;
3. gestão de risco (seguros);
4. investimentos;
5. planejamento tributário (impostos);
6. benefícios (por meio do trabalho);
7. aposentadoria;
8. planejamento sucessório.

São seis etapas de um planejamento financeiro:

1. definição da forma de relacionamento entre planejador financeiro e cliente;
2. obtenção de informações, dados e objetivos do cliente;
3. análise e avaliação das condições financeiras do cliente;
4. desenvolvimento e sugestão de alternativas de planejamento financeiro para o cliente;
5. execução das recomendações do planejamento financeiro;
6. monitoramento das recomendações do planejamento financeiro.

Para o sucesso de um planejamento financeiro, poupar e investir corretamente são fundamentais. Como tudo começa na capacidade de poupar, fala-se que poupar é mais importante do que investir, pois, sem poupança, não há investimentos, muito menos conquista de sonhos, segurança e tranquilidade.

O que são finanças comportamentais?

Segundo as finanças comportamentais, campo de pesquisa desenvolvido na década de 1970 pelos psicólogos Daniel Kahneman e Amos Tversky, os investidores apresentam diversos comportamentos não racionais, como aversão a perdas e excesso de confiança, assim como baseiam suas decisões de investimento em preferências pessoais e experiências anteriores (boas e ruins).

Através de estudos empíricos[2], demonstraram, que, em valores equivalentes, frequentemente sentimos mais as perdas do que valorizamos os ganhos, levando ao importante conceito de aversão à perda – e não simplesmente ao risco –, e por isso somos inclinados a ter aversão ao risco quando estamos ganhando e propensão ao risco quando perdemos.

A teoria nos mostra que a análise do perfil do investidor apenas estará completa quando juntarmos o perfil situacional e o perfil de personalidade. Então, além da classificação usual de investidores (conservadores, moderados e agressivos), o perfil de personalidade busca identificar de forma mais detalhada o tipo de personalidade que um investidor exibe.

Evidentemente, qualquer tentativa de classificação de pessoas em um número limitado de tipos é uma simplificação da realidade e pode induzir a erros. Porém, tal exercício é importante para que se tenha uma compreensão mais ampla sobre os objetivos do investidor, suas atitudes em relação a risco, suas expectativas e seu comportamento.

Com base em questionários de pesquisa de perfil, os profissionais de investimento podem classificar os investidores em quatro tipos distintos, como vemos no Quadro 39.1. Descubra qual é o seu tipo!

Quadro 39.1 – Classificação de diferentes investidores segundo o perfil de personalidade

Perfis	Características
Precavidos	Desejam alto grau de segurança e são avessos a riscos. Tendem a fazer análises cuidadosas e demoradas de suas aplicações. Baixo giro e pouca volatilidade.
Metódicos	Pesquisam mercados, indústrias e empresas com potencial e utilizam relatórios de analistas. São racionais e conservadores. Aconselhar esses investidores pode ser difícil devido à confiança que eles possuem em seus próprios métodos.
Individualistas	Fazem pesquisas e são confiantes em suas próprias habilidades. Questionam análises e recomendações profissionais. Tomam decisões de investimentos independentes. Tendem a ser menos conservadores do que os metódicos.
Espontâneos	Tendem a ajustar a carteira para conter as novidades. O desempenho é prejudicado por taxas e custos de comissão associados aos constantes ajustes. O foco é o retorno em detrimento ao risco.

2. Para a ciência, empírico é um tipo de evidência inicial para comprovar alguns métodos científicos. O primeiro passo é a observação, para então fazer uma pesquisa, que é o método científico.

PARTE VI
Mudanças na vida

Nesta parte você encontra alguns capítulos práticos e úteis que podem ajudá-lo com estratégias financeiras para mudanças de vida e guiá-lo com dicas de como abrir sua empresa ou viajar para o exterior.

40

Situações financeiras importantes na vida

Início de conversa

- Como enfrentar as diversas situações financeiras que surgirão na sua vida.
- Minimizando preocupações financeiras para focar no que importa.

A inteligência resolve problemas e gera dinheiro.
Robert Kiyosaki

Uma mudança em nossas vidas pode acontecer de uma hora para outra, como um tsunami ou uma tempestade, que você consegue enxergar a distância ou prever com certa dose de antecedência. Para tanto, indico algumas atitudes positivas comuns que ajudarão em todos os tipos de mudanças na sua vida:

- **Conheça-se e eduque-se**. Mudanças na vida são frequentemente acompanhadas de estresse e carga emocional.
- **Não deixe para depois**. Procrastinar pode sair bem mais caro. Você e sua família podem gastar a mais se não estiverem devidamente preparados.
- **Mudanças requerem mudanças**. Começar uma família ou um negócio requer um planejamento estratégico. Essas mudanças afetam sua renda, seus gastos, suas necessidades de seguro e suas habilidades de tomar risco financeiro.
- **Mente sã, corpo e bolso sãos**. Fique com a saúde física e financeira em dia para se preparar para as mudanças.

Vamos ver algumas mudanças que atingem a maioria das pessoas em algum ponto de suas vidas?

Primeiro emprego

Seja se você acabou de se formar ou simplesmente resolveu começar a trabalhar, você começará a ganhar dinheiro e diminuirá seus gastos educacionais, o que lhe trará algum fôlego. Você está virando um adulto e, como tal, deve saber evitar enrascadas financeiras.

- **Não compre ou use crédito**. O caminho é longo, portanto, não derrape na primeira curva. Veja mais sobre o uso do cartão de crédito no Capítulo 30.
- **Comece o hábito de poupar e investir.** Tente guardar 5% de seu salário e vá aumentando gradualmente. Se tiver problemas financeiros, pelo menos tome controle dos gastos e corte suas despesas.
- **Continue sua educação**. O aprendizado é infinito e nosso cérebro é um músculo que precisa de exercícios constantes para não atrofiar. Além disso, o mercado está mais competitivo do que nunca; a continuidade de sua educação vai defender sua atual posição, bem como ajudá-lo a avançar em sua carreira.

Mudança de carreira ou de emprego

Em sua vida adulta profissional, dificilmente você será igual a *sir* Alex Ferguson, que atuou por 26 anos como treinador do time de futebol Manchester United, da Inglaterra. Mesmo que você tenha passado em um concurso público, você pode e deve tentar evoluir em sua carreira. No entanto, às vezes esta mudança não é por nossa iniciativa, e sim da empresa. Seja por sua escolha ou necessidade, veja algumas dicas para enfrentar esta transição:

- **Estruture suas finanças para suportar uma queda de renda**. Gastar menos do que ganha sempre é coerente, mas, diante de tal situação de mudança profissional, é particularmente essencial gastar bem menos. Tenha um fundo de reserva de emergência. Caso perca seu emprego, você terá a indenização trabalhista para o auxiliar nesta reserva. De qualquer forma, evite manter o nível de gastos anterior à sua demissão.
- **Avalie toda a situação financeira quando de mudança profissional geográfica**. Não compare somente salários e benefícios. Seja mudando para um bairro mais afastado ou para outra cidade, custos como deslocamento, tempo no trânsito, gastos com educação e aluguel, por exem-

plo, devem ser analisados previamente. Em São Paulo e Rio de Janeiro, morar em bairros muito longe do trabalho pode ajudar a economizar em aluguel, mas suas horas perdidas no trânsito podem valer muito mais em qualidade de vida.

Casando-se

Vai juntar as escovas de dente? Parabéns. O casamento é tão importante que temos um capítulo inteiro dedicado a ele – veja mais no Capítulo 46. Gerenciar sua vida a dois é bem mais difícil do que a de solteiro, assim, confira algumas dicas para se preparar.

- **Teste de compatibilidade de casais**. Os casais dificilmente falam sobre seus planos antes do casamento, e isto pode acarretar muitos problemas no futuro. Saber em que barco você está entrando pode ser uma boa chance de minimizar as chances de um coração partido. Psicólogos, padres, rabinos e pastores oferecem aconselhamento pré-marital, que ajuda a trazer assuntos e diferenças à tona.
- **Discuta e ajuste objetivos conjuntos**. Quando conversamos para onde queremos ir, asseguramos que remamos na mesma direção.
- **Decida manter finanças em conjunto ou separado**. Para o bem do casamento, não esconda o dinheiro um do outro e, se você for a parte do casal com maior renda, não assuma que você está no poder e controle sobre o todo.
- **Coordene e maximize seu imposto de renda e seus benefícios**. Simule, entenda e estude a melhor maneira de declarar impostos e utilizar os planos de previdência e de saúde. Compare em qual plano de saúde você terá acesso aos melhores benefícios. Compare também se é melhor fazer a declaração conjunta ou a individual nos modelos simplificado e completo – veja mais no Capítulo 37.
- **Discuta a necessidade de seguro de vida e de acidentes**. Se você e seu cônjuge podem se virar sem a renda de ambos, talvez não precisem de nenhum tipo de seguro para proteger a renda. No entanto, como muitos maridos e esposas, se ambos dependem dos rendimentos de cada um, ou se um de vocês depende totalmente ou em parte da renda do outro, vocês podem precisar de apólices de seguro individuais de vida e de acidentes.

- **Faça um planejamento sucessório.** Veja mais na Parte IV deste livro.
- **Reconsidere seus beneficiários de seguro de vida e plano de previdência.** Quando você se casa, provavelmente vai querer repensar quem serão seus beneficiários.

Comprando a casa própria

Como diria o provérbio: "Quem casa quer casa". Se você está pensando em comprar seu imóvel:

- **Coloque suas finanças em ordem.** Antes de comprar um imóvel, analise seu orçamento atual, sua capacidade de contrair dívida e seus objetivos financeiros futuros. Tente assegurar que suas despesas esperadas lhe permitam economizar adequadamente para a aposentadoria e outros objetivos de curto ou longo prazo.
- **Determine se está na hora.** O imóvel começa com i: I-MÓVEL, ou seja, não tem liquidez. Comprar ou vender um imóvel custa dinheiro – taxas de registro, cartório etc. Se você precisar vender em menos de cinco anos, não é um investimento adequado, ainda mais se você tiver planos para montar seu próprio negócio ou investir em sua educação. Para mais informações, consulte o Capítulo 19.

Ter filhos

A decisão de aumentar a família envolve questões como estabilidade emocional, situação financeira, capacidade de lidar com rotina e vida pessoal, profissional e amorosa, entre outros.

Quanto mais cedo você descobrir como gerir seu tempo e seu dinheiro, melhor. Você será capaz de ter uma vida sã, feliz e bem-sucedida financeiramente.

Aqui estão algumas coisas importantes a fazer:

- **Estabeleça suas prioridades.** Como toda decisão financeira, estabeleça seu plano previamente. Lembre-se que as despesas aumentam, como: alimentação, médico, escola, vestuário etc.
- **Reveja o orçamento familiar.** Você provavelmente terá preocupações que não tinha, como ter um seguro de vida caso aconteça alguma coisa com você. Pode ser que você queira aumentar o tempo em casa para

ficar com seu filho e, com isso, diminuir seus ganhos ao ficar menos tempo no trabalho. Utilize as planilhas do *Apêndice* no final do livro.

- **Aumente sua cobertura de seguros antes da gravidez.** Tenha certeza de que seu plano de saúde cobre gravidez e certifique se de qual é a carência do plano.
- **Verifique se seu empregador oferece creche.**
- **Faça seu planejamento sucessório.** Reveja seus beneficiários de seguro e de planos de previdência. Veja mais sobre isso na Parte IV deste livro.
- **Coloque o bebê no seu plano de saúde.**
- **Coloque seu filho como dependente na declaração do IR.** Veja mais sobre o tema no Capítulo 37.

Os pais (e as crianças) que parecem mais felizes e mais bem-sucedidos financeiramente são os que distinguem claramente entre luxos materiais e necessidades familiares. Considere dar às suas crianças uma mesada semanal e deixe-as descobrir como gastar e gerenciar. E, quando elas tiverem idade suficiente, um estágio ou trabalho em tempo parcial pode ajudá-las a aprender mais sobre responsabilidade financeira.

Tomando conta de seus pais idosos

Para muitos de nós, chega um momento em que se invertem os papéis com os nossos pais e nos tornamos seus cuidadores. Com o avançar da idade, seus pais podem precisar de ajuda com várias questões e tarefas da vida. Embora você provavelmente não tenha tempo ou capacidade para realizar todas essas funções, você pode contratar alguns prestadores de serviços.

Conheça as questões-chave a considerar quando for cuidar de pais idosos:

- **Consiga ajuda onde for possível.** Em algumas comunidades, existe uma variedade de organizações sem fins lucrativos que oferecem informações e até aconselhamento para cuidar de pais idosos. Você vai precisar de assistência se seus pais precisarem de cuidados de *home care,* enfermagem e acompanhantes.
- **Envolva-se com a saúde deles.** Seus pais podem estar com a cabeça cheia de problemas ou simplesmente não conseguem coordenar e gerenciar plano de saúde, medicamentos e receitas. Fale com os médicos de seus pais e tente entender sua condição atual, a necessidade de cada medica-

ção e como coordenar os acompanhantes. Converse com outras famílias na mesma situação e que utilizam o mesmo serviço de *home care*.

- **Entenda as deduções de imposto de renda.** Se você está cuidando financeiramente de seus pais, você pode colocá-los como dependentes e utilizar as deduções de IR.
- **Discuta se há um planejamento sucessório.** Verifique se há testamento ou um planejamento sucessório que possa otimizar os diversos custos envolvidos em uma abertura de espólio. Veja mais na Parte IV deste livro.
- **Tire umas férias.** Cuidar de um parente idoso, sobretudo aquele que tem problemas de saúde, pode ser emocionalmente desgastante e demorado. Dê aos seus pais e a si próprio algum tempo de férias para ajudar a fazer as coisas em ordem. Isso deve ajudá-lo a reduzir o estresse e obter mais energia para o que está por vir.

Divorciando-se

Quando os casamentos estão com sinais de encerrar a convivência, normalmente ambas as partes reconhecem o alerta. Às vezes, no entanto, um dos cônjuges pode surpreender o outro com um pedido inesperado de divórcio.

Embora para alguns casais realmente seja melhor se separar, outros desistem muito facilmente, porque descobrem que o convívio tem problemas. Dinheiro e discordâncias sobre o uso dele certamente são fatores que contribuem para a desavença conjugal.

Lamentavelmente, em alguns relacionamentos, o dinheiro é empunhado com poder pelo cônjuge que ganha mais.

Tente discutir a questão, talvez com um conselheiro matrimonial. Se você investir em fazer seu relacionamento mais duradouro, colherá os dividendos nos próximos anos. Veja mais no Capítulo 47.

Recebimento de herança ou valor inesperado

Imagine, em uma segunda-feira pela manhã, um advogado bater à sua porta para lhe avisar que um tio que você não via há 20 anos, que não tinha descendentes, tornou você o único herdeiro de uma fortuna incalculável. Ou então que aquele bilhete de loteria – que você comprou para trocar uma nota de 50 reais – acabou de levar a Mega-Sena acumulada e ganhou sozinho.

Seja por meio de herança, opções de ações, ganhos de loteria... você pode receber uma "bolada" financeira em algum momento de sua vida. Como muitas pessoas são totalmente despreparadas psicológica e organizacionalmente para sua súbita fortuna, você pode achar que uma enxurrada de dinheiro pode criar mais problemas do que resolver.

Veja algumas dicas para lhe ajudar a aproveitar ao máximo esse dinheiro:

- **Eduque-se.** Seja para tentar gerenciar sozinho o dinheiro, seja para coordenar gestores, é muito importante ter noção do que fazer e do que não fazer. Às vezes, deixar essa fortuna na poupança – o que eu considero um péssimo investimento – é melhor do que cair na conversa de um corretor mal-intencionado, que lhe oferece ações com potencial incrível e meses depois as empresas quebram.
- **Tome cuidado com os aproveitadores.** Sejam gerentes de bancos, corretores, amigos, parentes ou pretendentes, lembre-se que "malandro é o gato que já nasce de bigode". O melhor é se educar e procurar ajuda, pois os melhores conselheiros dificilmente vão ter tempo para procurá-lo.
- **Reconheça o lado emocional de receber muito dinheiro.** Um dos efeitos colaterais de acumular dinheiro repentinamente é o de ter sentimento de culpa ou ficar infeliz, especialmente se você esperava que o dinheiro resolvesse todos os seus problemas. Se você não investiu em seu relacionamento com seus pais e após o falecimento se arrepende de como interagiu com eles, receber uma grande herança de seus pais pode fazer que você se sinta mal.
- **Zere suas dívidas.** Este é um dos melhores usos que o seu dinheiro poderá lhe proporcionar.
- **Diversifique.** Monte um portfólio variado e adequado ao seu perfil e aos seus objetivos. Veja mais na Parte II deste livro.
- **Faça valer a oportunidade.** Por que não desfrutar dos passatempos que você vem há muito tempo adiando? Que tal tentar uma nova carreira que você possa achar mais gratificante e que pode fazer do mundo um lugar melhor? Que tal doar algo a uma instituição de caridade?

Aposentando-se

Se você passou a maior parte de sua vida adulta trabalhando, aposentar-se pode ser um desafio, especialmente para aqueles que não planejaram com antecedência – na verdade, aposentar-se sob essa condição pode ser uma tragédia financeira.

Conheça algumas dicas para lhe ajudar até a aposentadoria:

- **Planeje financeira e pessoalmente.** Prepare-se para ter tempo livre.
- **Reavalie suas necessidades de seguro.** Se você tem ativos suficientes para se aposentar, não precisará mais proteger sua renda.
- **Avalie opções de seguro saúde.** As despesas médicas nos anos de aposentadoria podem ser astronômicas. Se você esperar ter problemas de saúde para se proteger, talvez fique caro demais. A preparação antecipada aumenta suas opções.
- **Faça um balanço dos seus recursos.** Muitas pessoas se preocupam se têm ativos suficientes para se aposentar antes de juntar os números para saber a situação real.
- **Decida o que fazer com seu plano de aposentadoria.** Se você tem um PGBL/VGBL a retirar, considere sacar e diversificar seus investimentos.
- **Faça um planejamento sucessório.** Confrontar-se com a morte não é engraçado, mas, se você está se aposentando ou já é aposentado, coloque seu legado em ordem e faça um testamento e/ou um planejamento que beneficie você e seus herdeiros. Você pode considerar doar se tem mais do que o necessário. Veja mais sobre o assunto na Parte IV deste livro.

Proteção contra roubo de dados e fraudes

A ação de fraudadores pode causar muitos transtornos, como já aconteceu comigo. Certa vez, recebi uma cobrança indevida por uma conta de telefone que nem era minha. Por incrível que pareça, tive que pagar o valor (para poderem retirar a cobrança de meu CPF), e então passei três horas em uma delegacia para fazer um Registro de Ocorrência, além de ter acionado a Agência Nacional de Telecomunicações (Anatel).

Confira a seguir algumas dicas de prevenção preparadas por especialistas para o consumidor:

- Nunca responda a telefonemas, e-mails ou SMS solicitando informações.
- Não forneça ou confirme informações por telefone, principalmente se você não iniciou o telefonema.

- Nunca digite sua senha se você chegou ao site do banco a partir de um link em um e-mail ou bate-papo no qual você não confia.
- Nunca forneça seus dados pessoais para pessoas estranhas.
- Não informe os números de seus documentos quando participar de sorteios.
- Revise seus extratos bancários e cartões de crédito mensalmente.
- Guarde os recibos.
- Feche contas bancárias desnecessárias.
- Proteja seu computador e arquivos pessoais com senha, firewall e anti-vírus atualizado.
- Não faça cadastros em sites que não sejam de confiança. Fique atento às dicas de segurança da página, por exemplo, a presença do cadeado de segurança.
- Não ande com o talão de cheques ou folhas já assinadas. Porte apenas as folhas que for utilizar no dia.
- Quando for preencher o cheque, utilize sempre uma caneta própria e evite deixar espaços em branco.

41

O que saber antes de investir em seu próprio negócio

Início de conversa

- Informações de qual tipo de empresa abrir.
- Entendendo a tributação das pessoas jurídicas e autônomos.

> *Eu estava pensando em abrir meu próprio negócio quando algo falou para mim:*
> *você tem que soprar seu trompete! E eu venho tentando desde então.*
> Miles Davis

Com que tipo de investimento as pessoas constroem a maior riqueza? Se você disse "mercado de ações" ou "mercado de imóveis", você está errado. A resposta é: de pequeno porte.

Você pode investir em pequenas empresas, iniciando uma você mesmo (e, portanto, encontrando o melhor chefe que você provavelmente já teve) ou comprando uma já existente. Ou, ainda, investir em uma pequena empresa de outra pessoa.

Muita gente deseja ser seu próprio chefe, mas poucas pessoas realmente deixam seus empregos a fim de alcançar esse sonho. Desistir da segurança aparente de um trabalho com benefícios e uma rede interna de colegas de trabalho é difícil para a maioria das pessoas, tanto psicológica quanto financeiramente.

Iniciar um pequeno negócio não é para todos, mas não deixe que a inércia fique no seu caminho.

Prepare-se para abandonar seu trabalho

Para maximizar sua capacidade de poupar dinheiro, tenha um estilo de vida espartano enquanto estiver empregado. Você vai desenvolver hábitos frugais que vão ajudá-lo a enfrentar a renda reduzida e o aumento do período de despesas que vêm com a maioria das pequenas empresas iniciantes (startups). Você também pode conciliar seu pequeno negócio com seu emprego, trabalhando nele parcialmente, no início, com ou sem cortes em seu dia de trabalho normal.

Reveja sua cobertura de seguros e sua previdência

Antes de deixar seu emprego, contrate o seguro apropriado. A Lei nº 9.656/1998 estabelece a continuação da cobertura do plano de saúde do funcionário desde que ele tenha sido demitido sem justa causa. Se a demissão for voluntária, ou por justa causa, o ex-funcionário não tem esse direito. Após o desligamento, o demitido pode permanecer no plano por um período equivalente a um terço do tempo em que permaneceu na empresa. O benefício varia de seis meses a dois anos, a depender do tempo na empresa. Uma das vantagens de se continuar no convênio é que o plano coletivo costuma ter um preço menor do que o individual.

Tenha também a cobertura de um seguro de invalidez antes de deixar seu emprego para que você tenha renda a fim de se qualificar para a cobertura. Se você tem seguro de vida por meio de seu empregador, obtenha uma nova cobertura individual logo que você saiba que vai deixar seu trabalho. Veja o Capítulo 36, sobre seguros, para obter mais detalhes.

Leia e estude sobre o assunto

Mudar de vida nem sempre é previsível. Sua capacidade de navegar com sucesso pelos diferentes desafios e de se ajustar rapidamente às novas circunstâncias depende muito do seu grau de preparação.

Desenvolva um plano de negócios

Está começando ou já tem um negócio? Quer melhorá-lo, mas não sabe que rumo tomar? Faça seu plano de negócio.

Para a maioria dos empreendedores, a elaboração do plano de negócios tem como principal objetivo a apresentação do empreendimento a possíveis futuros parceiros comerciais, como sócios, incubadoras e investidores, além de servir como um guia para os proprietários abrirem um novo empreendimento.

Questões como "quem é o comprador de meu produto?", "é possível produzi-lo a um custo comercialmente viável?", "meu projeto é lucrativo?", entre inúmeras outras, são determinantes para o sucesso ou o fracasso do empreendimento. A busca por essas respostas tem boas chances de gerar conhecimento para o empreendedor, diminuindo incertezas e, consequentemente, os riscos.

Um bom plano de negócios deve descrever em detalhes a ideia do negócio, o mercado no qual você vai atuar, seus planos de marketing e as receitas e despesas esperadas. Para saber mais, veja o Capítulo 42.

Quem não arrisca não petisca

Considere o risco de ficar em um emprego do qual você não gosta ou que não te desafie.

Comprar uma empresa já existente pode ser mais arriscado

Se você não tem um produto ou serviço específico que deseja vender, mas está apto a gerenciar e melhorar as operações de uma empresa, comprar um empresa de pequeno porte pode ser para você. Encontrar e comprar uma boa empresa de pequeno porte leva muito tempo e paciência, por isso você deve estar disposto a dedicar pelo menos vários meses a sua procura.

Você provavelmente precisará da consultoria de um advogado, de um contador e de um consultor financeiro para verificar a ocorrência de passivos de todo tipo (trabalhista, fiscal, previdenciario, ambiental, penal etc.), pois você não vai querer entrar em uma barca furada, não é? Além disso, bons negócios não são baratos. Se o negócio é um sucesso, o proprietário já removeu o risco inicial, por isso o preço da empresa deve ter um prêmio para refletir essa ausência de risco.

Que tipo de empresa é mais adequada a mim?

Abrir uma empresa com garantias tributárias e jurídicas requer planejamento por parte dos empreendedores, que devem planejar desde o início em qual modalidade o novo negócio vai se enquadrar. As mais variadas siglas, como MEI, EIRELI e Ltda., podem confundir o empresário, mas cada uma tem características próprias.

O Quadro 41.1 resume as características essenciais dos tipos de empresas mais comuns no Brasil.

Quadro 41.1 – Tipos de empresa mais comuns para iniciar

Tipos de empresa	Enquadramento/faturamento anual				Sócio/ titular	Operações tributárias	Onde formalizar
	MEI	ME	EPP	Empresa normal			
Empresário individual	Até R$ 81 mil	–	–	–	Um titular	Simples Nacional	Internet
	–	Até R$ 360 mil	Até R$ 4,8 milhões	Por opção ou com faturamento acima de R$ 4,8 milhões	Um titular	Simples Nacional, Lucro Real ou Presumido	Junta Comercial
EIRELI	–	Até R$ 360 mil	Até R$ 4,8 milhões	Por opção ou com faturamento acima de R$ 4,8 milhões	Um titular	Simples Nacional, Lucro Real ou Presumido	Junta Comercial
Sociedade limitada	–	Até R$ 360 mil	Até R$ 4,8 milhões	Por opção ou com faturamento acima de R$ 4,8 milhões	Um ou mais sócios	Simples Nacional, Lucro Real ou Presumido	Junta Comercial

Legenda:
ME: Microempresa.
EPP: Empresa de Pequeno Porte.
Fonte: Portal Empreendedor.

EIRELI: Empresa Individual de Responsabilidade Limitada.
MEI: Microempreendedor Individual.

Diferentes portes para diferentes níveis de faturamento
O **Microempreendedor Individual (MEI)** é a pessoa que trabalha por conta própria e que se legaliza como pequeno empresário. Para ser um microempreendedor individual, é necessário faturar no máximo até R$ 81 mil por ano e não ter participação em outra empresa como sócio ou titular. O MEI também pode ter um empregado contratado que receba o salário mínimo ou o piso da categoria. Além disso, o MEI está enquadrado no Simples Nacional e ficará isento dos tributos federais (imposto de renda, PIS, Cofins, IPI e CSLL). Assim, pagará apenas um valor fixo mensal, que será destinado à Previdência Social e ao ICMS ou ao ISS. Essas quantias são atualizadas anualmente, de acordo com o salário mínimo.

Com essas contribuições, o microempreendedor individual tem acesso a benefícios como auxílio-maternidade, auxílio-doença, aposentadoria, entre outros.

O MEI é a forma de iniciar o negócio legalizado, com a opção de emitir nota fiscal e ter uma máquina de cartão.

Porém, algumas atividades não podem ser MEI:

- Construção de imóveis e obras de engenharia em geral, inclusive sob a forma de subempreitada, execução de projetos e serviços de paisagismo, bem como decoração de interiores,
- Serviços de natureza intelectual regulamentados por lei, como consultórios médicos e odontológicos, empresas de consultoria e instrutoria, escritórios de advocacia, serviços de engenharia, arquitetura e veterinária, dentre outros.
- Conservação, vigilância e limpeza.

A **microempresa (ME)** é um empreendimento que tem receita bruta anual inferior ou igual a R$ 360 mil. Para formalização, é necessário optar entre uma das formas de tributação (Simples Nacional, Lucro Real ou Lucro Presumido) e realizar o registro em uma Junta Comercial. Nessa modalidade, não há restrições para o desempenho de serviços, mas é importante ter o controle do faturamento a partir do registro correto do fluxo de caixa. Se o lucro ultrapassar o limite para ME, o contrato social deve ser revisto, alterando também o regime tributário do empreendimento.

A microempresa pode ser dividida em quatro categorias: sociedade simples, EIRELI, sociedade empresária e empresário.

Em relação à **empresa de pequeno porte (EPP)**, trata-se de negócios com limite de faturamento anual de R$ 4,8 milhões. Da mesma forma que a ME, o titular de uma EPP deve formalizar o negócio em uma Junta Comercial, optando por um dos regimes tributários (Simples Nacional, Lucro Real ou Lucro Presumido).

Por fim, uma **empresa de médio a grande porte** é aquela que, diferente de uma ME e uma EPP, não tem limite de faturamento ou tem receita bruta anual acima de R$ 4,8 milhões. Por esse motivo, não pode optar pelo Simples Nacional.

Tipos de empresa

Pela limitação do MEI para algumas atividades, existe a **Empresa Individual de Responsabilidade Limitada (EIRELI)**, que é constituída por uma única pessoa titular da totalidade do capital social, devidamente integralizado, que não poderá ser inferior a cem vezes o maior salário mínimo vigente no país. O titular não responderá com seus bens pessoais pelas dívidas da empresa.

A pessoa natural que constituir este tipo de empresa somente poderá figurar em uma única empresa dessa modalidade.

Ao nome empresarial deverá ser incluído a expressão EIRELI após a firma ou a denominação social da empresa individual de responsabilidade limitada. A EIRELI também poderá resultar da concentração das quotas de outra modalidade societária em um único sócio, independentemente das razões que motivaram tal concentração.

Sociedade limitada (Ltda.) é aquela que realiza atividade empresarial, formada por um ou mais sócios, que contribuem com moeda ou bens avaliáveis em dinheiro para formação do capital social. A responsabilidade dos sócios é restrita ao valor do capital social, porém eles respondem solidariamente pela integralização da totalidade do capital, ou seja, cada sócio tem obrigação com sua parte no capital social. No entanto, poderá ser chamado a integralizar as quotas dos sócios que deixaram de integralizá-las.

A Lei nº13.874 (antiga Medida Provisória da Liberdade Econômica), de 2019, inclui a possibilidade de constituição de Sociedade Limitada Unipessoal, na qual é necessário apenas uma pessoa no quadro societário da empresa. As alterações não foram apenas no número mínimo de sócios; no caso de uma Sociedade Limitada Unipessoal, a Instrução Normativa determina que a firma deverá conter o nome civil do sócio único, acrescido da palavra "limitada" por extenso ou abreviada (Ltda.).

Outro ponto importante é que atividades profissionais regulamentadas podem ser exercidas por uma sociedade desse tipo.

Esta é a forma societária mais adotada, pois permite a separação dos bens pessoais do sócio dos bens da empresa. O sócio responde por dívidas da pessoa jurídica até o limite da sua quota no capital social e por suas dívidas pessoais até o limite do patrimônio em seu nome (pura autonomia patrimonial).

Quadro 41.2 – Comparativo entre EIRELI e Unipessoal Ltda.

	EIRELI	Unipessoal Ltda.
Responsabilidade do titular/sócio	Limitada	Limitada
Número de pessoas necessárias	Uma	Uma
Restrições para pessoas naturais	**Uma por pessoa**	Não possui

Restrições para pessoas jurídicas	Não possui	Não possui
Capital mínimo integralizado	**100 salários mínimos**	Não exige

Além dos tipos citados, cabe lembrar que existem outros. A **sociedade anônima**, também chamada de companhia, é a pessoa jurídica de direito privado composta por dois ou mais acionistas, de natureza eminentemente empresarial, independentemente da atividade econômica desenvolvida por ela (Art. 13 da Lei nº 6.404/1976). O capital social é dividido em ações de igual valor nominal, que são de livre negociabilidade, limitando-se a responsabilidade do acionista ao preço de emissão das ações subscritas ou adquiridas.

Atenção! A companhia poderá ser classificada em aberta ou fechada. O Art. 4º da Lei das Sociedades Anônimas as distingue: "Para os efeitos desta lei, a companhia é aberta ou fechada conforme os valores mobiliários de sua emissão estejam ou não admitidos à negociação no mercado de valores mobiliários". A aberta é aquela em que os valores mobiliários (ações, debêntures, partes beneficiárias etc.) são admitidos à negociação nas bolsas de valores ou mercado de balcão, devendo, portanto, ser registrada e ter seus valores mobiliários registrados perante a CVM (Comissão de Valores Mobiliários), enquanto a fechada não emite valores mobiliários negociáveis nesses mercados.

A **sociedade em comandita simples** é constituída por sócios que possuem responsabilidade ilimitada e solidária pelas obrigações sociais e sócios que respondem apenas pela integralização de suas respectivas cotas, sendo estes denominados de comanditários e aqueles de comanditados. Essa sociedade deve ser administrada por sócio comanditado. Na ausência de sócio que detenha a qualidade de comanditado, os sócios comanditários deverão nomear um administrador provisório, que não assumirá a condição de sócio, para realizar os atos de administração, durante o prazo de 180 dias. O sócio comanditário que praticar atos de gestão e fizer uso da firma social estará sujeito às responsabilidades de sócio comanditário, ou seja, solidária e ilimitadamente.

A **sociedade em comandita por ações,** por sua vez, é aquela em que o capital social é dividido em ações, sendo que os acionistas respondem apenas pelo valor delas subscritas ou adquiridas, mas tendo os administradores (diretores) responsabilidade subsidiária, ilimitada e solidária, em razão das obrigações sociais. A representação da sociedade se dá pelos diretores, que deverão ser necessariamente acionistas. O diretor é nomeado por tempo indeterminado no ato constitutivo e sua responsabilidade é subsidiária e ilimitada diante das obrigações da sociedade.

A **sociedade em nome coletivo** refere-se àquela em que todos os sócios devem ser, necessariamente, pessoas físicas e respondem solidária e ilimitadamente pelas obrigações sociais, entretanto, poderão estipular limites de responsabilidade pelas obrigações sociais entre si, mas que não terão quaisquer eficácias perante credores.

Atenção! A administração da sociedade cabe exclusivamente aos sócios, sendo vedada a nomeação de terceiros para tal função. A sociedade em nome coletivo deve adotar firma social, não sendo permitido o uso de denominação social.

A **cooperativa** é uma sociedade de pessoas, com forma e natureza jurídica própria, e, independentemente de seu objeto, a Lei nº 10.406 de 10 de Janeiro de 2002 (parágrafo único, Art. 982, CC/2002) a classifica como sociedade simples, não sujeita à falência. É constituída para prestar serviços em proveito dos associados (Art. 4º da Lei nº 5.764/1976), sem finalidade lucrativa. Para constituição de uma cooperativa singular, exige-se o concurso de associados, pessoas físicas, em número mínimo necessário para compor a administração da sociedade, órgão de administração e conselho fiscal (inciso II, Art. 1094, CC/2002), levando em conta a necessidade de renovação desses órgãos. Apesar de ser classificada como sociedade simples, o arquivamento dos seus atos deve ser realizado na Junta Comercial, conforme dispõe a alínea "a" do inciso II do Art. 32 da Lei nº 8.934/1994.

O **consórcio**, por sua vez, é a reunião de companhias e quaisquer outras sociedades, sob o mesmo controle ou não, com a finalidade de constituir um consórcio para execução de um empreendimento específico. As companhias ou sociedades que o integram são denominadas de consorciadas. Ele é constituído para executar determinado empreendimento; não adquire personalidade jurídica com o arquivamento do contrato de constituição na Junta Comercial de sua sede, o qual deve ser aprovado pelo órgão da sociedade competente para autorizar a alienação de bens do ativo não circulante, e a certidão do arquivamento do contrato deve ser publicada. A falência de uma consorciada não se estende às demais, subsistindo o consórcio com as outras contratantes; os créditos que porventura tiver a falida serão apurados e pagos na forma prevista no contrato de consórcio.

Sociedade empresária estrangeira e nacionalização ou abertura de filial no país

A sociedade empresária será considerada estrangeira quando, cumulativamente, não tiver sede no Brasil nem for organizada em conformidade com a legislação brasileira, de acordo com os artigos 1.126 e 1.134 do Código Civil. A sociedade estrangeira, bem como suas filiais, agências ou sucursais, somente poderá explorar a atividade empresarial no país se for regularmente autorizada pelo Poder Executivo Federal.

A sociedade estrangeira pode atuar no Brasil transferindo sua sede, mediante processo de nacionalização, conforme Art. 1.141 do CC, ou instalando filial, sucursal ou agência, desde que devidamente autorizada pelo governo brasileiro, conforme dispõe o Art. 1.134 do Código Civil, e também como sócia ou acionista de sociedade brasileira, independentemente da referida autorização.

Você é autônomo?

Se você atua como profissional autônomo, avalie se não é melhor abrir uma empresa.

Ao desempenhar uma atividade por conta própria, sem carteira assinada, o planejamento financeiro do profissional deve ser redobrado. O fluxo de caixa pode não ser homogêneo e contínuo, os impostos e as contribuições devem ser recolhidos pelo profissional e ele deve conhecer as vantagens das quais pode se beneficiar para gastar o mínimo possível.

Para regularizar sua situação, o autônomo deve se inscrever no Cadastro de Contribuintes Mobiliários (CCM) na Secretaria de Finanças ou equivalente de seu município. Esses profissionais também podem se inscrever na Previdência Social e contribuir para o INSS a fim de ter direito a benefícios como aposentadoria, salário-maternidade e aposentadoria por invalidez, entre outros.

Por exemplo, o cadastro na Prefeitura de São Paulo garante a profissionais como médicos, psicólogos, veterinários, cabeleireiros e fotógrafos o direito à isenção do Imposto sobre Serviços (ISS), descontado da sua remuneração.

O recolhimento da contribuição para o INSS deve ser feito por meio de um carnê obtido no próprio site da Receita Federal. A contribuição deve ser de 11% quando for sobre o salário mínimo e de 20% quando for sobre uma quantia maior, limitada ao teto.

☆ **Dica** _____

O profissional autônomo tem maior responsabilidade do que os celetistas no recolhimento de seu imposto de renda à Receita Federal. Tal qual o celetista, porém, seu IR segue a tabela progressiva de acordo com a renda, e as alíquotas variam de 0% a 27,5%. ▶

► Quando o autônomo presta serviço a uma empresa, é dela a responsabilidade de recolher o IR e fornecer um informe de rendimentos no início do ano seguinte, para que o profissional possa preencher sua Declaração de Ajuste Anual.

Porém, quando ele presta serviços a pessoas físicas, a responsabilidade de recolher o IR é dele mesmo, por meio do programa carnê-leão, da Receita Federal.

Autônomos têm um benefício com a Receita Federal: eles podem deduzir de seus ganhos todas as despesas de custeio indispensáveis à obtenção de receita e manutenção de sua fonte produtora, como aluguel (do consultório ou escritório, por exemplo), água, luz, telefone, material de expediente ou de consumo.

Por exemplo, entram no livro-caixa gastos com material de escritório, com produtos para conservação e limpeza do local de trabalho, além de benfeitorias e melhoramentos do ambiente de trabalho pelos quais o profissional não vá receber reembolso do proprietário.

É possível abater, ainda, despesas com palestras, congressos, seminários e publicações necessárias à atualização profissional, além de gastos com roupas especiais, propaganda da atividade profissional e pagamentos feitos a terceiros, desde que essenciais à geração de receita e manutenção da fonte produtora.

É o caso de uma secretária com vínculo empregatício, ou mesmo outro profissional sem vínculo, mas essencial para a entrega do trabalho no prazo.

Quem trabalha de casa pode deduzir um quinto das despesas residenciais no imposto de renda, como aluguel, energia, água, gás, taxas, impostos, telefone, telefone celular e taxa de condomínio. Só não é possível abater gastos com reparos, conservação e recuperação do imóvel, quando este for de propriedade do contribuinte. Para fazer as deduções, basta que o profissional mantenha os comprovantes.

As despesas do livro-caixa podem ser deduzidas mensalmente no caso de quem recebe de pessoa física. Basta lançá-las no programa carnê-leão, que o próprio software já calcula a dedução.

Dessa forma, o profissional paga um imposto mensal menor. Se receber apenas de pessoa jurídica, essa dedução terá de ser feita na hora de preencher a Declaração de Ajuste Anual, e o contribuinte provavelmente terá imposto a restituir.

Dependendo da situação do profissional, pode ser melhor abrir uma empresa para prestar seus serviços. Isso porque, nesse caso, a tributação é menor, variando de 8% a 15%.

Atenção! Quem atua por meio de pessoa jurídica precisa contratar um contador ou empresa de contabilidade. Para rendimentos mensais de até 5 mil reais pode ser mais vantajoso ser autônomo. Acima disso, começa a ser mais interessante atuar por meio de PJ e, para alguns profissionais, há ainda a possibilidade de ser MEI, que é uma espécie de PJ. Porém, não é qualquer profissional que pode se tornar MEI. Atividades regulamentadas, como médicos e dentistas, são impedidas.

Entendendo a tributação da pessoa jurídica (PJ)

O entendimento do processo de tributação pode gerar novas oportunidades ao empresário e ampliar as possibilidades de crescimento e expansão do seu negócio, de maneira sustentável. Como a legislação não permite mudança de sistemática no mesmo exercício, a opção por uma das modalidades será definitiva. Se a decisão for equivocada, ela terá efeito no ano todo.

A opção é definida no primeiro pagamento do imposto (que normalmente é recolhido em fevereiro de cada ano), ou, no caso das optantes pelo Simples Nacional, por opção até o último dia útil de janeiro.

Se você não se enquadrar no MEI, uma vez que existem restrições de atividade e de faturamento (R$ 81 mil anual), existirão apenas três tipos de opção tributária para as empresas que não estão obrigadas a recolher seus tributos com base no Lucro Real, estão enquadradas nas normas de Lucro Presumido e não se encontram nas atividades vedadas do Simples Nacional, ou seja:

- Lucro Real (apuração anual ou trimestral);
- Lucro Presumido;
- Simples Nacional (opção exclusiva para MPE).

Lucro Real

Base de cálculo do imposto sobre a renda apurada segundo registros contábeis e fiscais efetuados sistematicamente, de acordo com as leis comerciais e fiscais. Lucro Real é o lucro líquido do período de apuração ajustado pelas adições, exclusões ou compensações prescritas ou autorizadas pela legislação fiscal.

Determinando a base de cálculo do imposto de renda e da contribuição social, aplicam-se as seguintes alíquotas:

- **Imposto de renda:** 15% sobre o Lucro Real apurado pelas PJ em geral mais adicional de 10% da parcela do lucro que exceder o resultado da multiplicação de R$ 20 mil pelo número dos meses do respectivo período de apuração.
- **Contribuição Social:** 9% sobre o Lucro Real apurado pelas PJ em geral.

As empresas que são obrigadas a tributar pelo Lucro Real são aquelas:

- que tenham receita total, no ano-calendário anterior, superior ao limite de R$ 78 milhões;
- cujas atividades sejam de instituições financeiras em geral ou *factoring*;
- que tiverem rendimentos oriundos do exterior;
- que sejam autorizadas a usufruir de benefícios fiscais relativos à isenção ou à redução do imposto;
- que tenham efetuado pagamento mensal determinado sobre a base de cálculo estimada.

Essa modalidade é vantajosa quando você tem pouco lucro ou tem prejuízo. Se tiver prejuízo no Lucro Real, você não paga imposto, enquanto nas outras modalidades você paga sobre a receita! Outra vantagem é que o prejuízo apurado no próprio ano pode ser compensado integralmente com lucros do exercício.

Lucro Presumido

O Lucro Presumido é uma forma de tributação para determinação da base de cálculo do imposto de renda e da CSLL das pessoas jurídicas que não estiverem obrigadas à apuração do Lucro Real. Neste caso, o IRPJ e a CSLL são devidos trimestralmente.

A alíquota de cada tributo (15% ou 25% de IRPJ e 9% da CSLL) incide sobre as receitas com base em percentual de presunção variável (1,6% a 32% do faturamento, dependendo da atividade). Esse percentual deriva da presunção de uma margem de lucro para cada atividade (daí a expressão Lucro Presumido) e é predeterminado pela legislação tributária.

A Tabela 41.1 apresenta os percentuais para determinar a base de cálculo do Lucro Presumido, de acordo com algumas atividades:

Tabela 41.1 – Base do cálculo do Lucro Presumido

Atividades	Percentuais (%)
Atividades em geral (RIR/1999, Art. 518)	8,0
Revenda de combustíveis	1,6
Serviços de transporte (exceto cargas)	16,0
Serviços de transporte de cargas	8,0
Serviços em geral e intermediação de negócios	32,
Serviços hospitalares	8,0
Administração, locação ou cessão de bens e direitos de qualquer natureza (inclusive imóveis)	32,0

Fonte: Portal Tributário[1].

É importante ressaltar, no entanto, que nem todas as empresas podem optar pelo Lucro Presumido, pois há restrições relativas ao objeto social e o faturamento. O limite da receita bruta para optar pelo Lucro Presumido, a partir de 2014, é de até R$ 78 milhões da receita bruta total, no ano-calendário anterior.

Esta modalidade de tributação pode ser vantajosa para empresas com margens de lucratividade superior à presumida, servindo, inclusive, como instrumento de planejamento tributário. Empresas que tenham boa margem de lucro podem, respeitados os eventuais impedimentos, utilizar-se do Lucro Presumido. Por exemplo: uma empresa comercial possui margem de lucro efetivo de 15%, no entanto, a administração observou que, ao optar pelo Lucro Presumido, a referida margem, para fins tributários, estaria fixada em 8%, demonstrando que esse regime seria o mais interessante para o caso.

Simples Nacional

É um regime especial de tributação para micro e pequenas empresas, que permite realizar o pagamento unificado de tributos, com tratamento jurídico simplificado e diferenciado. As condições gerais de opção são baseadas no faturamento anual, excluindo as deduções legais, sendo de até R$ 4,8 milhões para empresa de pequeno porte, excluindo as vedações.

Há questões que exigem análise detalhada, como a ausência de créditos do IPI e sublimites estaduais para recolhimento do ICMS. Outro detalhe do

---

1. Disponível em: <http://www.portaltributario.com.br/guia/lucro_presumido_irpj.html>. Acesso em: 26 maio 2020.

Simples Nacional é que as alíquotas são progressivas, podendo ser, nas faixas superiores de receita, especialmente para empresas de serviços, mais onerosas do que os regimes de Lucro Real ou Presumido.

Observe também que determinadas atividades exigem o pagamento, além do percentual sobre a receita, do INSS sobre a folha.

Os tributos devidos no Simples são inferiores ao Lucro Presumido e Lucro Real – a não ser que você tenha prejuízo ou pouco margem de lucro, tanto no comércio e indústria quanto na prestação de serviços, antes mesmo de considerar a isenção das contribuições previdenciárias patronais do Simples Nacional.

Vejamos alguns **exemplos** práticos:

Exemplo 1

Um comércio com faturamento de R$ 180 mil no ano e mensal de R$ 15 mil recolherá no:

- **Simples Nacional**
  Contribuição previdenciária = 2,75%
  ICMS = 1,25%
  Total = 4% → R$ 600.

- **Lucro Presumido**
  IRPJ = 1,2%
  CSLL = 1,08%
  Cofins = 3,0%
  PIS/Pasep = 0,65%
  Total = 5,93% → R$ 889,50.

Ainda deverão ser recolhidos o ICMS, conforme legislação estadual, e as contribuições previdenciárias patronais.

Exemplo 2

Uma indústria com faturamento de R$ 180 mil no ano e mensal de R$ 15 mil recolherá no:

- **Simples Nacional**
  Contribuição previdenciária = 2,75%
  ICMS = 1,25%
  IPI = 0,50%
  Total = 4,5% → R$ 675.

- **Lucro Presumido**
  IRPJ = 1,2%
  CSLL = 1,08%
  Cofins = 3,0%
  PIS/Pasep = 0,65%
  Total = 5,93% ➜ R$ 889,50.

Ainda deverão ser recolhidos o ICMS, conforme legislação estadual; IPI, conforme Tabela da TIPI; e as contribuições previdenciárias patronais.

Exemplo 3

Uma prestadora de serviços com faturamento de R$ 180 mil no ano e mensal de R$ 15 mil, recolherá:

- **Simples Nacional**
  Contribuição previdenciária = 4,0%
  ISS = 2,0%
  Total = 6,0% ➜ R$ 900.

- **Lucro Presumido**
  IRPJ = 4,8%
  CSLL = 2,88%
  Cofins = 3,0%
  PIS/Pasep = 0,65%
  Total = 11,33% ➜ R$ 1.699,50.

Ainda deverão ser recolhidos: o ISS, conforme legislação municipal, e as contribuições previdenciárias patronais.

Recomenda-se que os administradores realizem cálculos, visando subsídios para tomada de decisão pela forma de tributação, estimando-se receitas e custos, com base em orçamento anual ou valores contábeis históricos, devidamente ajustados em expectativas realistas.

A opção deve recair para aquela modalidade em que o pagamento de tributos – compreendendo não apenas o IRPJ e a CSLL, mas também PIS, Cofins, IPI, ISS, ICMS e INSS – se dê de forma mais econômica, atendendo também às limitações legais de opção a cada regime.

Quem toma conta de seu negócio é você. O contador normalmente só muda de regime de tributação se você pedir; ele não fará este estudo por você. Eu já tive umas cinco empresas diferentes e com vários contadores diferentes e nunca nenhum deles fez a sugestão de trocar de regime. Se você é contador e está lendo o livro, uma sugestão para você ganhar um "extra" é sugerir e cobrar por esse estudo. O empresário vai ficar feliz em pagar pelo estudo um preço razoável e economizar muitos reais de impostos. O jeito é arregaçar as mangas, conversar com o contador e fazer contas e mais contas antes de optar pela forma de tributação. Pode ter certeza de que seu caixa vai valer seu esforço.

Planejamento tributário para empresas

Para um adequado planejamento tributário, busca-se por meio das características e das limitações de cada regime aplicar uma metodologia legal que reduza, efetivamente, a carga tributária global (e não apenas do imposto de renda).

a) O Lucro Real é vantajoso para atividades com pouca ou nenhuma lucratividade.

b) O Lucro Presumido é vantajoso para atividades com alta lucratividade (como prestação de serviços profissionais).

c) O Simples tende a ser vantajoso para quase todas as empresas de pequeno porte.

Especificamente, cada empreendimento deve ser avaliado com base nos balanços/balancetes, visando-se contemplar as possibilidades de utilizar os diferentes regimes de tributação. Busca-se não apenas comparar o impacto tributário de cada opção em si, mas as possibilidades advindas da alternância entre os regimes, como alternar o Lucro Real para o Presumido em períodos em que a atividade esteja com elevada lucratividade.

As seguintes questões são relevantes:

- nível de lucratividade (% lucro sobre o faturamento);
- nível de faturamento;
- atividades mais lucrativas × menos lucrativas, dentro da mesma empresa;
- aproveitamento dos créditos do PIS e Cofins;
- possibilidades adicionais de redução tributária no Lucro Real.

No tocante à separação de atividades empresariais, é relevante que o balanço/balancete esteja segregado com as receitas e despesas por área.

Por **exemplo**, vamos considerar uma empresa com duas atividades, sendo uma comercial e outra de serviços.

Pelo balancete contábil, apura-se que a atividade comercial tem lucro médio de 5% sobre o faturamento, enquanto a atividade de serviços tem lucro médio de 45% sobre o faturamento.

Portanto, há de se considerar a possibilidade de segregar as atividades em duas empresas: uma, com atividade exclusivamente comercial, que provavelmente terá menor ônus tributário se optar pelo Lucro Real; outra, com atividade exclusivamente de serviços, que com certeza terá economia tributária se optar pelo Lucro Presumido.

A opção deve recair naquela modalidade em que o pagamento de tributos – compreendendo não apenas o IRPJ e a CSLL, mas PIS, Cofins, IPI, ISS, ICMS e INSS – se dê de forma mais econômica, atendendo também às limitações legais de opção a cada regime.

Sobrevivência de uma PME

Início de conversa

- Como sobreviver com sua empresa.

Não existe prosperidade construída com o dinheiro dos outros.
Guilherme Afif Domingos

Empreendedores são pessoas que fornecem empregos, lançam inovações e estimulam o crescimento e a atividade econômica, inclusive assumindo riscos. O sonho do brasileiro – ou, pelo menos, de grande parte dos brasileiros – é trabalhar por conta própria. Um sonho de liberdade. Por isso, mesmo com a economia em baixa, muita gente continua criando empresas.

Os empreendedores também possuem algumas características específicas: são pessoas que saem da zona de conforto para atingir sua necessidade de realização elevada, o que os estimula a competir; têm disposição de assumir riscos, pois são vários os riscos que as pessoas assumem ao operar suas próprias empresas; possuem autoconfiança, que faz com que enfrentem os desafios que são apresentados a eles, entre outras características.

Abrir uma empresa no Brasil não é um processo simples. Além da burocracia do Estado, os altos impostos e as dificuldades em conseguir financiamento para investir na nova empresa acabam não contribuindo para seu crescimento.

O maior inimigo de quem quer abrir um negócio é a burocracia, arraigada nos setores privado e público. A tecnologia e a simplificação dos processos possibilitaram eliminar a função de muita gente que vive às custas da burocracia. Todo excesso de controle facilita o surgimento da corrupção, pois, como fica tão difícil conseguir as coisas, alguns empresários se veem obrigados a pagar propinas.

Além de conhecer muito bem os ambientes econômico, demográfico, tecnológico, regulatório e legal, a PME dever ter muito claro quem são seus clientes, bem como suas características demográficas e comportamentais.

Os problemas comumente apontados nas pequenas e médias empresas (PME) constituem apenas os sintomas de problemas estruturais mais profundos, como:

- a obsolescência das técnicas e dos equipamentos produtivos e a falta de controle de qualidade;
- a ausência de registros contábeis e financeiros mais sistemáticos;
- as dificuldades de recrutar e manter pessoal qualificado, em face da concorrência das grandes empresas;
- a falta de organização racional, de divisão de trabalho, e o nepotismo no preenchimento de cargos diretivos;
- a falta de acesso à inovação tecnológica e fontes de capital de giro, implicando custos mais elevados.

Executando um planejamento estratégico

Planejamento estratégico é um processo gerencial que permite que se estabeleça um direcionamento a ser seguido pelas organizações, visando à obtenção de uma otimização na relação entre empresa e seu ambiente. Diz respeito à formulação de objetivos para a seleção de programas de ação e sua execução, levando em consideração tanto as condições internas quanto as externas das empresas, bem como sua evolução esperada.

O planejamento considera, além do compromisso de conquistar e reter clientes satisfeitos, que as organizações estejam sempre prontas a se adaptar a mercados em mudança contínua.

Cabe ao planejamento estratégico oferecer um processo sistemático para perguntar e responder a questões críticas – especialmente decisões de grande impacto e comprometimento da organização.

As principais etapas do planejamento estratégico são descrever a missão, a visão e os valores fundamentais da organização.

Missão é a razão de existência de uma empresa e representa seu ponto de partida, pois identifica e dá rumo ao negócio. É a definição, em termos amplos e gerais, do motivo de ser do empreendimento. A missão descreve o que uma empresa está tentando alcançar no curto prazo. Ela deve ser vaga o bastante para não restringir as possibilidades de atuação e específica o suficiente para dar um foco ao trabalho do grupo. Em outras palavras, a missão está diretamente ligada às metas (aonde se quer chegar) e aos motivos para os quais foi criada. Na hora de elaborá-la, tenha em mente as seguintes questões:

- O que a empresa deve fazer?
- Para quem deve fazer?
- Por que deve fazer?
- Como deve fazer?
- Onde deve fazer?
- Qual é a responsabilidade social?

Veja alguns exemplos de missões de grandes empresas:

- **Missão da Ambev:** "Criar vínculos fortes e duradouros com os consumidores e clientes, fornecendo-lhes as melhores marcas, produtos e serviços".
- **Missão do Google:** "Organizar as informações do mundo para que sejam universalmente acessíveis e úteis".

A **visão** é a ideia básica para a existência de uma empresa, que oferece uma visão do que a empresa pode se tornar no longo prazo. Vejamos alguns exemplos:

- **Visão do Magazine Luiza:** "Ser o grupo mais inovador do varejo nacional, oferecendo diversas linhas de produtos e serviços para a família brasileira. Estar presente onde, quando e como o cliente desejar, seja em lojas físicas, virtuais ou online. Encantar sempre o cliente com o melhor time do varejo, um atendimento diferenciado e preços competitivos".
- **Visão da Embraer:** "A Embraer continuará a se consolidar como uma das principais forças globais dos mercados aeronáutico e de defesa e segurança, sendo líder nos seus segmentos de atuação e reconhecida pelos níveis de excelência em sua ação empresarial".

Os **valores organizacionais** são crenças e atitudes que dão uma personalidade à empresa, definindo uma ética para a atuação das pessoas e da organização como um todo.

- **Valores da Tim:** "Cuidar do cliente, transparência, inovação, comprometimento e agilidade".
- **Valores da Apple:** "Meio ambiente, responsabilidade dos fornecedores, inclusão e diversidade, acessibilidade, privacidade e educação".

Invista em atendimento

O empresário norte-americano Bill Gates afirma que "seus clientes insatisfeitos são sua maior fonte de aprendizado".

Para competir no mercado de concorrência crescente, com serviços e produtos cada vez mais diversificados, é preciso investir em diferenciais. É um entendimento comum de que apenas as empresas preocupadas em manter a fidelidade dos clientes têm chances de garantir seu lugar no futuro. Nesse cenário, ouvir o cliente por meio de instrumentos adequados tem se firmado como uma estratégia eficiente, ganhando cada vez mais espaço nas organizações. As empresas mais antigas, de uma renomada trajetória, pecam bastante neste quesito.

Ouvir o cliente pode não só antecipar a resolução de problemas, como, em muitos casos, reverter uma experiência negativa.

O cliente está cada vez mais exigente em relação a fatores como preço, atendimento, qualidade dos produtos e serviços. Dessa forma, ouvir sua opinião é fundamental para mensurar seu nível de satisfação e identificar eventuais dificuldades no relacionamento e atendimento oferecidos.

Treine seus atendentes e utilize esta lacuna do mercado para atrair novos clientes, bem como os fidelizar – e este é o primeiro passo para um crescimento sustentável.

A Zappos, um e-commerce de sapatos, comprada pela Amazon, tem o que eles chamam de "Experiência Wow"; saber o que os clientes querem e desenvolver maneiras de atender a essas necessidades é a base da criação de oportunidades tangíveis que excedam as suas expectativas. Eles oferecem retorno gratuito em todos os produtos sem questionamento. Essas devoluções são parte do modelo de negócios deles; inclusive eles encorajam seus clientes a pedirem vários pares de sapatos de tamanhos diferentes se estes não sabem qual vai se ajustar melhor a seus pés. Com isso, recebem comentários destes clientes e acrescentam mais detalhes aos produtos, a fim de ajudar os próximos clientes em suas experiências de compras.

Conheça bem o processo de segmentação de mercado

Uma vez conhecido o consumidor e seu comportamento, estrutura-se um composto de marketing adequado a ele com os 4 Ps:

- **produto** – o que você oferta;
- **preço** – por quanto você oferta;
- **promoção** (comunicação) – como você oferta. Defina quais são as melhores estratégias para seu público-alvo e faça sua empresa crescer com o marketing sempre integrado;
- **ponto de venda** – onde você vende.

Com o crescimento da empresa, as atividades do empreendedor também mudam. Na fase inicial de uma empresa, seu "principal executivo" dedica 95% do seu tempo a atividades de execução (linha de frente em contato com clientes, falando com empregados e fornecedores). Apenas 5% do tempo é destinado ao gerenciamento. Isso mostra que a estruturação da empresa – ou seja, a elaboração e a construção de visão, missão e valores – assume um papel altamente estratégico, pois a dedicação do empreendedor ao futuro, quando a empresa inicia suas atividades, é muito pequena.

Se já não estiverem claros os objetivos de longo prazo e a razão de existir da empresa, representada por sua missão, dificilmente haverá um direcionador forte para as atividades da empresa na fase de crescimento.

No processo de realocação do tempo, os empreendedores podem se dedicar mais às questões de planejamento e orientação, deixando para os gerentes profissionais o papel do cumprimento desses planos e do controle das atividades que visem à sobrevivência e o crescimento da empresa.

Recursos humanos

Outro aspecto que contribui para a sobrevivência e a gestão das pequenas e médias empresas é a administração de seus recursos humanos. Esse tema assume uma importância ainda maior para empresas menores, pois a relação e a proximidade com o empreendedor são ainda maiores, e cabe ao empreendedor ter algumas habilidades nesse campo também. Como ele tem poucos funcionários, o relacionamento não é impessoal. Uma microempresa é como uma macrofamília.

Os demais processos que envolvem a área de recursos humanos devem ser cuidados para a busca de profissionais adequados, com sua correta seleção, avaliação e contratação.

Invista em capacitação

Não se deve menosprezar a etapa de treinamento e desenvolvimento. Por ser uma etapa estratégica, investir em capacitação é fundamental tanto para os profissionais e colaboradores da sua equipe quanto para si próprio. Ao cortar custos, muitas empresas optam por reduzir os gastos com qualificação profissional, mas se esquecem que, na verdade, trata-se de um investimento.

Gestão de processos

Outro tópico fundamental é a administração da qualidade e dos processos. Programas de qualidade aplicados em pequenas empresas têm seus resultados rapidamente percebidos por seus mercados-alvo, podendo representar alterações significativas em seu ritmo de crescimento.

Quando o assunto são as finanças empresariais, três coisas podem impedir a sobrevivência de sua empresa: mau planejamento, falta de capital de giro e gestão irregular. Os lucros e a rentabilidade da empresa vêm da forma como ela administra seus processos básicos. Grande parte das falhas processuais das finanças está na falta de acompanhamento e controle delas. A ferramenta do fluxo de caixa controla as entradas e saídas de dinheiro. Não confundir o caixa da empresa com seu caixa pessoal é uma das maiores dificuldades pelas quais empreendedores passam. Deve-se separar e respeitar tal separação.

Correr riscos é importante para o crescimento do negócio, mas não confunda isso com irresponsabilidade. Assim, tome cuidado ao pegar dinheiro emprestado: se fizer um financiamento, saiba que está assumindo um compromisso e que os recursos para pagar a dívida têm que caber dentro da margem que você vai gerar.

Aplicativos como o Conta Azul[1] e o Zero Paper[2] podem lhe ajudar bastante neste processo.

---

1. Disponível em: <https://contaazul.com/>. Acesso em: 4 jun. 2020.
2. Disponível em: <https://www.zeropaper.com.br/>. Acesso em: 4 jun. 2020.

A empresa deve mapear detalhadamente todos os seus processos e ter definidas, de modo claro, as interações entre eles. Além disso, deve conhecer seus "gargalos", ou seja, em quais processos deve haver maior cuidado em função de seu impacto, tanto em tempo quanto em qualidade, no produto final.

Atenção! Um bom contador pode ajudar na organização contábil. Mas, como existem bons e maus profissionais em qualquer carreira, tome conta de seu contador, pedindo, por exemplo, suas certidões negativas trimestralmente, para verificar alguma possibilidade de ele ter papado mosca em algum imposto ou taxa. Lembre-se: o que você faz pelo hoje da sua empresa é para ser recompensado amanhã.

Startups e jovens empreendedores: a relação com o dinheiro

Início de conversa

- Conhecer seu perfil de empreendedor.
- O que é uma startup.
- Como investir em startups de terceiros através do método *little bets*.

Se você não ficou constrangido com a primeira versão do seu produto,
você provavelmente o lançou muito tarde.
Reid Hoffman, fundador do LinkedIn

Você tem perfil empreendedor?

Qualquer pessoa pode ser empreendedor ou mesmo estudar para ser. Existem cursos como o Empretec, do Sebrae, e o Startup Master, da Escola de Startup, que lhe ajudarão a desenvolver seu lado e seu potencial de empreendedor.

Todo empreendedor deve se dedicar ao seu negócio de forma entusiasmada e automotivada, todo o tempo, com envolvimento pessoal. Como dizem, o boi só engorda no olho do dono. Um negócio de sucesso exige criatividade e inspiração, mas também com muita transpiração.

Características de um empreendedor de sucesso

Para ter sucesso, existem dez características de comportamento a serem aprendidas e/ou desenvolvidas:

- **Busca de oportunidade e iniciativa:** encontrar a realização pessoal no trabalho.

- **Persistência:** manter-se firme em seus propósitos, sem deixar de enxergar os limites de sua possibilidade.
- **Riscos calculados:** aceitar desafios e encarar problemas como oportunidades, buscando soluções viáveis para seu equacionamento.
- **Exigência de qualidade e eficiência:** antecipar-se aos problemas principais, analisando-os friamente.
- **Comprometimento:** dedicar-se plenamente e de forma entusiasmada ao seu negócio.
- **Busca de informações:** buscar constantemente informações sobre o mercado e atualização profissional.
- **Estabelecimento de metas:** buscar metas viáveis até mesmo em situações desfavoráveis.
- **Planejamento e monitoramento sistemáticos:** planejamento, execução e medição para melhorar continuamente.
- **Persuasão e rede de contatos:** inspirar confiança, motivar, delegar responsabilidades, formar equipe, criar um clima de moral elevado, saber compartilhar ideias, ouvir, aceitar opiniões, elogiar e criticar pessoas.
- **Independência e autoconfiança:** estar aberto para estudar e aprender sempre, pois o empreendedor é sempre chamado de maluco no início, mas depois que fica rico vira "excêntrico" e "visionário".

Hoje em dia, existem mais empreendedores no mundo do que em qualquer outra época. Isso acontece sobretudo por mudanças na economia, que, entre outras coisas, provocam a diminuição dos empregos na indústria.

O que é uma startup?

Startup, na etimologia da palavra, é sinônimo de iniciar algo e colocá-lo em funcionamento. É uma organização de pessoas que existe para criar produtos ou serviços sob condição de extrema incerteza. Seu objetivo é descobrir, o quanto antes, o que os consumidores querem e estão dispostos a comprar, e depois oferecer uma solução (produto ou serviço) que entregue esse valor.

Ao invés de elaborar planos de negócio complexos e repletos de "chutes", o método *lean startup* (startup enxuta) ajuda o empreendedor a atravessar sua jornada rumo à construção de uma empresa viável por meio de feedbacks e ajustes constantes.

Há uma definição atual que parece satisfazer a diversos especialistas e investidores: uma startup é um grupo de pessoas à procura de um modelo de negócios repetível e escalável, trabalhando em condições de extrema incerteza.

Startup é um experimento

O aprendizado de uma startup tem de ser validado, ou seja, é preciso demonstrar de forma empírica, concreta e rápida se a startup está caminhando no sentido de oferecer algo que seja valorizado pelos seus clientes.

O modelo de negócios de uma startup sempre estará embasado em determinadas hipóteses. Uma hipótese é a previsão de um resultado esperado. Para validar cada uma das hipóteses (e, por consequência, o modelo de negócios), é preciso elaborar e executar testes práticos. Os resultados desses testes mostrarão se os esforços estão sendo empregados no sentido de construir um negócio viável ou não.

As duas principais hipóteses que devem ser testadas o mais cedo possível estão relacionadas à proposta de valor e ao modelo de crescimento do negócio. No entanto, quaisquer outras premissas críticas do negócio também devem ser testadas e validadas.

Os experimentos também ajudam a entender o que os clientes realmente querem e valorizam. Muitas vezes, eles mesmos não sabem dar essa resposta (por isso, nem sempre pesquisas de mercado tradicionais são as melhores opções para entender profundamente o comportamento dos clientes).

No universo das startups, o chamado loop (mostrado na Figura 43.1) mostra esse processo. No caso de uma startup, a ideia é minimizar o tempo para se atravessar o loop.

Figura 43.1 – Loop "Construir – Medir – Aprender"

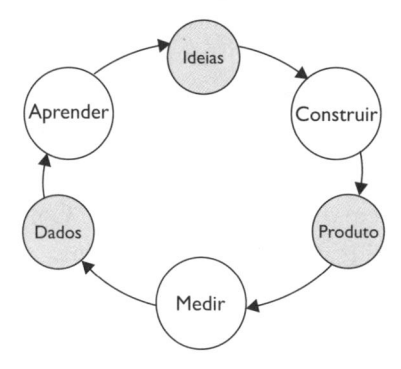

Fonte: adaptado de Escola de Startup. Disponível em: <www.escoladestartup.com.br>.

A entrada no loop acontece com a construção do Produto Mínimo Viável (PMV). O PMV é a versão mais simples possível de um conceito/produto/serviço que permita à startup dar uma volta completa no loop e, assim, adquirir aprendizado validado.

O Produto Mínimo Viável não é um produto que não funciona. Ele é um produto simples, mas funcional, que permite a seu cliente interagir e ao empreendedor adquirir algum aprendizado com ele. É importante ele ter características interessantes para testar as respostas dos usuários.

Figura 43.2 – Como fazer e não fazer um PMV

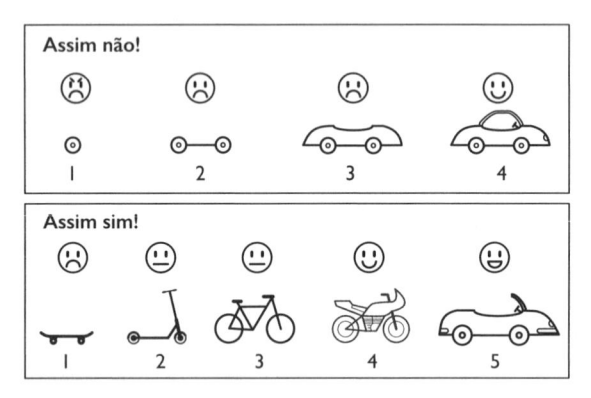

Fonte: adaptado de Escola de Startup.

Com o PMV vigente, é preciso medir os resultados de modo a verificar se os esforços empregados estão se traduzindo em progressos concretos: aumento do grau de satisfação dos clientes, aumento do tempo no site, cadastro no site, compra de produtos/serviços, entre outros indicadores.

Por fim, após mensurados os resultados, é hora de tomar a decisão mais difícil para qualquer empreendedor: manter a estratégia até aqui definida ou "pivotear" (alterar) para uma nova?

Um dos diferenciais do *lean startup* é antecipar a decisão de "pivotear ou persistir", acarretando menor desperdício de recursos pela empresa.

Apesar da sequência em que o loop avança ser "Construir – Medir – Aprender", seu planejamento é realizado na ordem inversa:

a) identificar o que se deseja aprender;

b) estabelecer como medir a validação do aprendizado;

c) definir qual PMV deve ser construído para o experimento em questão.

É comum startups lançarem um produto ou serviço antes que ele esteja 100% funcional e com a qualidade esperada, pois quanto mais tarde esse produto for lançado, mais energia e mais recursos terá consumido, e maior será o risco de não estar adequado às reais necessidades e expectativas dos clientes.

Figura 43.3 – PMV do Twitter (à época, chamado Twttr)

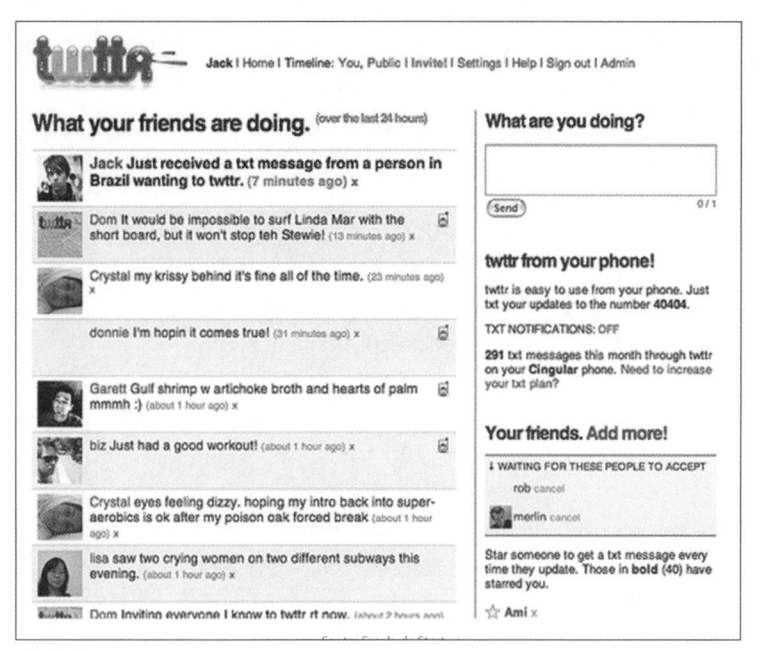

Fonte: Escola de Startup.

Testando seu MVP

O comediante norte-americano Chris Rock, ao se preparar para seus shows, costuma ir a algum bar de Nova Jersey e, sem aviso prévio, senta-se diante de plateias de cerca de 50 pessoas, carregando um bloco amarelo no qual rabisca algumas ideias.

Ele não faz um de seus shows tradicionais, cheios de energia e movimentação. Em vez disso, conversa com a audiência de modo informal, e vai anotando as reações das pessoas às suas piadas, como pistas para saber se há nelas alguma boa ideia a ser desenvolvida.

A maioria das piadas é recebida com frieza. Alguns espectadores o escutam com impaciência. Mesmo quando acerta, não recebe nenhuma ovação. Ele percebe que está no caminho porque algum pequeno grupo reagiu com simpatia. Até finalizar seu show, Rock tenta centenas de ideias preliminares.

Dica

Dez dicas da Escola de Startup para quem quer abrir a sua própria:

- Escolha bons cofundadores: é importante ter pessoas ao seu lado que agreguem em conhecimento e acreditem no sucesso da empresa. Você vai passar mais tempo com eles do que com sua família, logo, escolha-os muito bem.
- Lance o produto rapidamente.
- Deixe sua ideia ser desenvolvida: muitas ideias começam com um formato e modificam-se completamente ao longo do desenvolvimento do produto. Não se apegue à ideia inicial!
- Adapte-se. Lembre que toda ideia pode ser melhorada e deve ser adaptada ao mercado local.
- Melhor fazer poucos usuários felizes do que muitos ambivalentes.
- Ofereça um atendimento surpreendente ao consumidor.
- Você faz o que você mede: se você não cresce, você não é uma startup. Esse crescimento, no entanto, deve ser medido corretamente.
- Gaste pouco: o dinheiro do seu investidor é um dinheiro que você não tem.
- Não se sinta desmoralizado: nada vem no tempo que você espera. As pessoas não vão responder, os consumidores vão tentar não pagar, mas continue remando o barco.
- Seja persistente e não desista: desenvolva a habilidade do "ouvido seletivo" – aprender a filtrar críticas e identificar as melhores recomendações.

Investindo em startups

Os investidores de startups são conhecidos como anjos. O investidor-anjo pode ser um ex-empresário ou executivo que já trilhou uma carreira de sucesso, acumulando patrimônio suficiente para arriscar uma parte de seu dinheiro para investir em novas empresas, bem como aplicar sua experiência apoiando a empresa.

O anjo não é um investidor exclusivamente financeiro, que fornece apenas o capital necessário para o negócio, mas apoia o empreendedor, orientando-o com sua experiência e seus conhecimentos, e usando sua rede de relacionamento para aumentar as chances de êxito.

Estudos mostram que existe uma pequena probabilidade de sucesso desse tipo de empreendimento. Ou seja, indicam que investir em startups é um negócio de alto risco, e, mais, com grande chance de perda do capital investido.

Ao investir em startups, diversifique as apostas, não reze!

O modelo de investimento *little bets* (pequenas apostas, em inglês) em startups nos mostra que, ao invés de investir 100% de seu capital disponível em apenas uma startup, você deve diversificar essa quantia entre várias startups diferentes, de vários setores.

Quadro 43.1 – Modelo de investimento *little bets*

I. Fazer várias pequenas apostas em startups iniciais.
2. Nos próximos dois anos, aumentar o investimento nas melhores – os top 20% (após tração).

3. Espere de três a dez anos pelo retorno:
  • 10-20% pequenas saídas a I-5 vezes o valor investido (US$ 5-25 milhões);
  • 5-10% saídas superiores a 5-20 vezes o valor investido (US$ 25-250 milhões);
  • I-2% unicórnios a 20-50 vezes o valor investido (US$ 250 milhões a I bilhão).

Gráfico 43.1 – Modelo *little bets* – probabilidade de acerto ao investir em startups × retorno sobre o investimento inicial

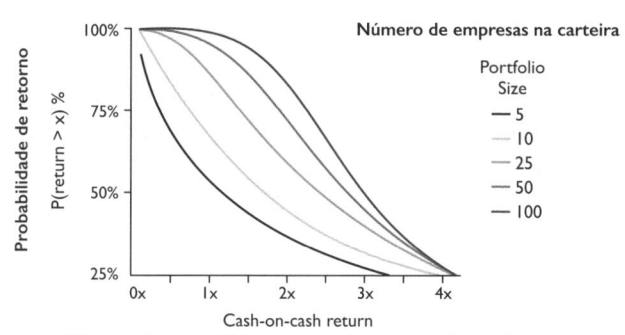

O Gráfico 43.1 mostra que, quanto mais você aumenta a quantidade de empresas em sua carteira, maior também será sua probabilidade de ter um retorno positivo.

Retorno mínimo de 2,25 vezes o valor investido em startups

As startups unicórnio são as raras empresas que, em pouco tempo, recebem uma avaliação de 1 bilhão de dólares. Lógico que você quer investir em um unicórnio, mas seja realista. Como você já sabe a esta altura da vida, na prática, esses animais não existem, mas já temos pelo menos seis empresas no Brasil deste tipo: iFood, Moville. 99, PagSeguro, Stone e Nubank.

44

Investindo em sua carreira

Início de conversa

- Entender que investir em você é o seu melhor investimento.
- Dicas de como otimizar sua carreira.

> *O melhor investimento que você pode fazer é um investimento em si mesmo.*
> *Quanto mais você aprende, mais você ganhará.*
> Warren Buffett

Quando se trata de carreira, nunca sabemos tudo o que podemos e devemos saber. Mas, se julgarmos que não nos falta nada a aprender, ficamos estagnados e acabamos fracassando.

Como dizia Sócrates, "só sei que nada sei". A humildade é um aspecto essencial nessa busca por aperfeiçoamento e crescimento. Muitas pessoas têm medo de se expor e admitir que não dominam determinado assunto. Não existe forma melhor para adquirir novos conhecimentos do que a troca de informações e experiências em uma conversa "desarmada".

Você pode e deve investir em sua carreira. Se você não acreditar em si mesmo, quem irá? Quem não investe na carreira não pode esperar a transformação de sonhos, ideias e metas em soluções, negócios e resultados.

Um pouco de história

O empresário norte-americano Steve Jobs (1955-2011), em um célebre discurso na Universidade de Stanford[1] para formandos, disse: "Mantenha-se faminto por coisas novas, mantenha-se certo de sua ignorância. Continue ávido por aprender, continue ingênuo e humilde para procurar. Tenha fome de vida, sede de descobrir. *Stay hungry, stay foolish*". ▶

---

1. O discurso está disponível em <https://www.youtube.com/watch?v=DgfodqUcNhI>, com legenda em português.

▶   Jobs não tinha diploma universitário, pois largou o vínculo formal com a instituição após o primeiro semestre, embora não tenha deixado o *campus*. Parece um contrassenso esse tipo de afirmação logo no início de uma palestra para jovens formandos, mas suas palavras mostram exatamente o contrário: configuram um valioso alerta à forma como se encara uma graduação, aos valores ocultos num ambiente educacional e ao tipo de lição que essa experiência pode oferecer.

Investir em você é o melhor investimento

O retorno sobre o investimento na carreira e o fato de melhorar a si mesmo é astronomicamente maior do que qualquer outra aplicação financeira que você possa fazer. Além de se proteger do desemprego e usufruir do crescimento pessoal e do sucesso profissional, aumentam também as oportunidades de trabalho e seu poder pessoal, pois a simpatia que advém do sucesso só atrai mais possibilidades de fazer amigos, fechar negócios e trabalhar com mais satisfação.

☆ **Dica**

De que adiantam cursos e investimentos em sua mente, se seu corpo não estiver saudável e preparado? *Mens sana in corpore sano.* Para que você esteja em seu melhor, é necessário também investir no seu corpo. Pratique exercícios físicos regularmente, tenha uma alimentação saudável e equilibrada e deixe de cultivar vícios nocivos, como fumar e beber. Caso se interesse, assista à minha palestra: "O melhor investimento da sua vida", disponível em: <http://www.traderbrasil.com/sobre/escola-investidores-eventos.php>.

Valorize a si mesmo

Elabore dois balanços para você. No primeiro, faça a lista de seus ativos e passivos financeiros. No segundo, liste habilidades, ideias, conhecimentos, habilidades, redes de contatos pessoais, paixões e capacidade de fazer as coisas acontecerem. Invista em sua segunda lista: é ela que aumentará seu patrimônio pessoal e é assim que você aumentará os ativos da sua primeira lista.

Você Mesmo Ltda.

Se você é o seu chefe, é óbvio você quem tem nas mãos a direção de sua carreira; então, seu trabalho deve ser direcionado para garantir que você não perca de vista seus próprios interesses e as oportunidades de sua área. Seu trabalho é voltado para alimentar seu crescimento e sua prosperidade.

Existe um momento certo para se começar a investir na carreira profissional?

Nunca é cedo – nem tarde demais – para começar. Mas existe uma fase ideal na vida, entre os 17 e 20 anos, quando você precisa decidir: o que quero ser? Qual é a minha vocação? Que desafios eu busco? O que tenho que fazer para chegar lá? O que eu conheço? O que eu sei fazer? Como, onde e com quem começar?

Alguns maneiras comprovadas e testadas pelo tempo incluem:

- **Aumente sua rede de contatos/*networking*:** algumas pessoas esperam para ter patrimônio social (sua rede de contatos) quando são demitidos ou estão realmente com fome de mudar de emprego. Tenha interesse no que os outros fazem para viver e aprenderá e crescerá com a experiência, mesmo se você escolher ficar com seu empregador atual ou em seu campo escolhido.
- **Certificar-se de que você continue aprendendo:** seja lendo livros de qualidade ou outras publicações, assistindo alguns cursos à distância ou noturnos ou especializando-se, fazendo faculdade, pós-graduação ou doutorado. Encontre formas de desenvolver sua base de conhecimento. Enfrente a realidade: no que se refere a construir a nossa própria vida, estamos sozinhos...
- **Considere o risco no *status quo* (da situação atual):** muitas pessoas são resistentes à mudança e ficam ansiosas com o que poderia dar errado quando se toma um novo risco. Às vezes, investir significa assumir um risco, mas esse é o preço de entrada para o sucesso e a felicidade.

Histórias do autor

Eu, por exemplo, troquei uma futura carreira brilhante de engenheiro civil para ser um financista. No meio da década de 1990, quando me formei, não havia obras. O Brasil só voltou a ter obras nos anos 2000. Eu ia ficar esperando? Eu não! Optei por algo com o qual eu me identificava e mudei de rumo. Confie no seu taco.

Explore sua criatividade

Sua criatividade pode alcançar limites muito além daquilo que você imagina. Para incentivá-la a se expandir, você pode aprender um novo idioma, fazer cursos diferentes da sua área de atuação, escrever um diário ou até mesmo um livro, viajar, escutar estilos diferentes de música, entre outras atividades.

O mundo é um lugar complexo: peça ajuda

Você precisa entender que não é possível saber tudo o que precisa, nem fazer tudo sozinho. Não se pode atingir seu melhor sem ajuda de alguém. Encontre e invista em quem pode ensiná-lo, mostrar-lhe o caminho e ajudá-lo a atingir seus objetivos.

Dez modos de proteger seu patrimônio

Início de conversa

- Entender por que proteger seu patrimônio.
- Saber quais os riscos que ele corre.
- Dicas de proteção de seu patrimônio.

A saúde é a maior dádiva, o contentamento a maior riqueza,
a fidelidade o melhor relacionamento.
Buda

Você quer proteger seu dinheiro, certo? Mas de qual risco? De quem? Do quê? E como fazer?

O primeiro passo é identificar quais são os riscos aos quais você está mais suscetível. Sim, porque todos estamos expostos a riscos, a pessoas interesseiras e gananciosas, mas não adianta pirar e viver preocupado e desconfiando de tudo e de todos.

A seguir, aponto os principais motivos que levam as pessoas a perder parte de seus bens e possíveis soluções.

Pedidos de parentes e amigos

Diante de uma situação como essa, ajude apenas se quiser, se você achar que tem que ajudar. Não quer? Diga não e seja feliz. Às vezes, a gente precisa falar não...

Se o que preocupa você é herdar dívidas de parentes, fique tranquilo! Nossa legislação limita o pagamento das dívidas do falecido ao valor transferido. Por exemplo, o patrimônio do falecido é de R\$ 200 mil, mas ele deixa uma dívida de R$ 300 mil. Você, na condição de herdeiro, não responderá com seu patrimônio pessoal pagando os R$ 100 mil restantes para quitar a dívida de seu parente. Na realidade, você pagará até o limite do valor da herança e pronto (R$ 200 mil). Cabe ao credor do *de cujos* "sentar e chorar". O máximo que pode acontecer é você não herdar nada.

Cobrança de dívidas

Se você chegou até este capítulo, já sabe os percentuais de juros cobrados por atrasos em cheques especiais, cartões de crédito e afins. De todo modo, fica a dica: organize suas contas e procure pagá-las rigorosamente em dia.

Dívidas trabalhistas

Tem empregados? Procure pagá-los corretamente, por mais que considere alto o custo de um. Você poderá arcar com valores realmente altos se esse empregado resolver entrar com uma ação trabalhista. Crédito do empregado, multa, despesas com advogado e processo podem lhe custar caro.

Acidentes de trânsito

Até o mais cauteloso no trânsito não está imune a acidentes, e você pode se deparar com uma ação de responsabilidade civil, pois, se de alguma forma você tiver contribuído para o evento, a vítima vai querer seu dinheiro. Para evitar essa despesa ou minimizá-la, considero de máxima importância ter uma boa apólice de seguro, dessas que cobrem danos a terceiros e em valores consideráveis, especialmente a título de danos materiais, morais e estéticos. Veja mais no Capítulo 36, que trata do tema seguros.

Processos em razão da atividade profissional

Existem profissões liberais, como médicos e engenheiros, que geram grandes riscos para seus patrimônios. Outras, como a de ministro da Economia, "lascam" a vida de todo mundo, mas eles têm sempre a desculpa de que é parte da política. Certo é que há uma enxurrada de ações contra médicos, por exemplo, no Judiciário, e só a contratação de um advogado para o defender já gera um prejuízo. Veja mais no Capítulo 36.

Escolha a sociedade correta para os negócios

Sócio é o cônjuge com o qual você não dorme junto. Ele sabe mais da sua vida do que seu cônjuge ou companheiro, pois fica o dia inteiro com você.

Mesmo que no começo a tendência seja trabalhar sozinho, sem parcerias, quando o negócio começa a expandir, o trabalho independente passa a ser uma forma de se expor a ataques judiciais eventuais. Escolher uma sociedade limitada, por exemplo, evita que em uma possível ação judicial haja exposição pessoal do empresário. Na prática, o empresário deixa de ser o proprietário e passa a ser sócio cotista, diluindo o impacto de tais eventos. Veja mais no Capítulo 41.

Mantenha as finanças pessoais em separado

A mistura das duas áreas pode levar a confusões de papéis a desempenhar, sugar energia demasiada nas ações e minimizar o potencial de crescimento. Evite também misturar a vida familiar ao contratar pessoas ligadas por parentesco. Busque a competência e a conquista meritória nas contratações.

Cerque-se de bons profissionais

Caso tenha uma empresa, a contratação de um advogado e de um contador é fundamental, na medida em que a análise de toda a situação jurídica e contábil da empresa será feita por esses profissionais.

Contrate o seguro adequado

Certifique-se de obter a apólice de seguro correta em instituições confiáveis. Seja para imóveis, lojas, escritórios ou outros bens, é importante que o seguro tenha o formato que contemple cada especificidade, dando o amparo legal e financeiro necessário em caso de imprevistos.

Veja mais no Capítulo 36 sobre seguros.

Casamento ruim ou divórcio

No Brasil, não existe seguro contra casamento ruim nem para divórcio. "Ah, Flávio, mas eu li em uma revista que tem". Tudo bem! O autor também leu e destrincha o assunto para você: uma empresa norte-americana inventou o tal "seguro divórcio", no qual os clientes pagam a partir de 16 dólares por mês por uma cobertura mínima de 1.250 dólares. No entanto, para ter direito a resgatar o dinheiro, o casal tem que ter contribuído por pelo menos quatro anos (porque, senão, a empresa iria à falência, não é mesmo?). Se conseguirem ficar esse período juntos, o casal ganha 250 dólares a mais por ano, o que quer dizer que, em dez anos, receberia 27,5 mil dólares ao se separar. Não é uma quantia que sirva de motivo para alguém se divorciar, mas talvez ajude a pagar algumas despesas – como os advogados.

Separação e estatísticas

As estatísticas oficiais apontam para uma tendência de os casais se separarem cada vez mais cedo. No país, o brasileiro passa em média 15 anos casado, mas, pela estatística, 20,8% dos casamentos não passam de quatro anos!

Gráfico 45.1 – Em quanto tempo as pessoas se divorciam?

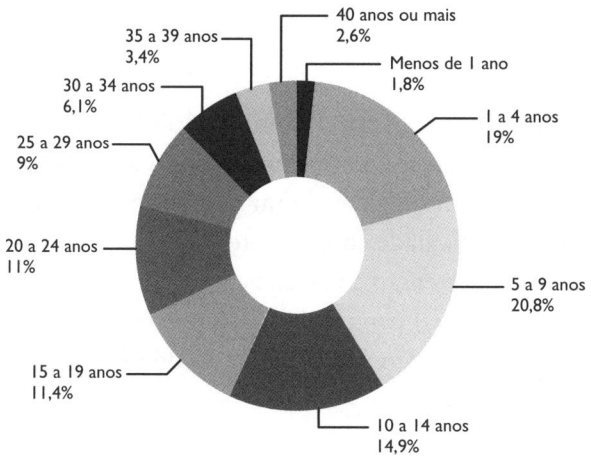

Fonte: IBGE. Relatório Estatísticas do Registro Civil[1].

De qualquer forma, para este caso específico, você deverá se casar nos Estados Unidos para conseguir um seguro deste. Vamos ver mais sobre este assunto no próximo capítulo.

---

1. Disponível em: <https://biblioteca.ibge.gov.br/visualizacao/periodicos/135/rc_2018_v45_informativo.pdf>. Acesso em: 1 jun. 2020.

46

Como se preparar para o casamento?

Início de conversa

- Dicas para planejar a vida financeira do casal.
- Quais providências tomar antes, durante e após o casamento.

Tão bom morrer de amor! E continuar vivendo...
Mario Quintana

Quando nos casamos – e aqui darei a minha opinião –, só o devemos fazer por amor e confiança no outro, por termos o sonho de constituir uma família. Contudo, precisamos saber que, em algum momento, teremos de ajustar algumas coisas em prol da felicidade conjunta, ter um diálogo aberto sempre, com muita sinceridade, compreensão e paciência.

Mesmo se você e seu(sua) parceiro(a) estiverem de acordo em grande parte de suas metas e estratégias financeiras, a gestão a dois é muito diferente do que a gestão individual.

Objetivos do casal

Muitos casais nunca falam sobre seus objetivos e seus planos antes do casamento, e não o fazer pode acabar com muitos casamentos. As finanças são apenas uma das muitas questões que você precisa discutir com seu cônjuge ou futuro cônjuge. Padres, pastores e rabinos muitas vezes oferecem aconselhamento pré-marital para ajudar a trazer à tona problemas e diferenças. Além destes, profissionais de finanças como o assessor de investimento e o planejador financeiro podem ajudar a organizar a vida financeira.

Um dos principais motivos da separação entre os casais é o ato de dividir o pagamento das contas e organizar as despesas. O motivo para que isso ocorra é porque quase 70% das famílias não conversam sobre os gastos e as receitas da casa.

Definição de metas conjuntas

Depois do casamento, você e seu cônjuge devem discutir metas pessoais e financeiras para os próximos anos. Quando você fala sobre aonde quer ir, isso ajuda a garantir que ambos estão remando juntos seu barco financeiro. A partir do momento em que o casal conversa e compartilha, de forma transparente, informações financeiras, como: salário, objetivo, planos e metas, eles conseguem traçar juntos a dinâmica e organização da renda – e, a partir disso, realizar os objetivos. Conforme o tempo for passando, é importante revisar os planos para ficar sempre alinhado. Isso ajuda a manter o foco e a executar o plano traçado.

Juntos, planejem o futuro e organizem as prioridades

Se não houver dinheiro para fazer tudo junto, definam o que terá de esperar. Esse planejamamento deve ser monitorado, pois mudará ao longo do tempo devido às circunstâncias que fogem ao controle de ambos.

O dinheiro do casal

Manter as finanças separadas ou gerenciá-las de forma conjunta?

Filosoficamente, eu gosto da ideia de unir as finanças do casal. Afinal, o casamento é uma parceria. Em alguns casamentos, no entanto, os cônjuges podem optar por manter algum dinheiro separado. Contanto que você esteja realizando em conjunto o que você precisa financeiramente, tudo bem. Há, porém, o ato de comprar algo escondido do parceiro, chamado de infidelidade financeira. A individualidade das pessoas não deve ser perdida em um relacionamento. Quando o espaço e vontades do outro é respeitada, isso evita problemas e a chamada infidelidade financeira. Para a saúde do seu casamento, não escondam dinheiro um do outro, e, se você é o cônjuge de maior renda, não assuma o poder e o controle sobre sua renda conjunta.

Coordenar e maximizar os benefícios dos empregadores

Se um ou ambos têm acesso a um pacote de benefícios de empregados por meio de um empregador, entenda a melhor forma de fazer uso desses benefícios. Coordenar e usar o melhor que cada pacote tem a oferecer é como ganhar um aumento de salário. Se ambos têm acesso a seguro de saúde, comparem e vejam qual tem os melhores benefícios.

Da mesma forma, um de vocês pode ter um plano de previdência melhor, um que combina e oferece opções de investimento superiores. A menos que você possa se dar ao luxo de poupar o máximo por meio de ambos os seus planos, poupar mais no melhor plano aumentará seus ativos combinados.

O dinheiro do orçamento é sagrado

"O combinado não sai caro." Respeite o combinado e evite "esquentar seus ouvidos" com discussões desnecessárias.

Economizar em casal é preciso

Para ter uma vida financeira segura não só no presente, mas também no futuro, é importante equilibrar as finanças sem prejudicar o estilo de vida, se valendo de algumas táticas para economizar. Em vez de jantar fora todo final de semana, faça mais refeições em casa. A cervejinha com amigos pode ser trocada por programas gratuitos ao ar livre, como um piquenique no parque. Os eletrodomésticos antigos podem ser substituídos por novos mais econômicos.

Não se esqueçam de criar uma reserva de emergência

Vimos no Capítulo 5 que o ideal é que a reserva de emergência corresponda a, pelo menos, três a seis meses de despesas do casal. Lembrem-se de colocar essa quantia em um investimento que ofereça liquidez e baixíssimo risco, como o título Tesouro Selic, já que poderão ter que sacar a quantia a qualquer momento.

Atenção! Se estiver preocupado com o que vai acontecer se você economizar mais em um de seus planos de aposentadoria e, então, você se divorciar, o dinheiro é considerado parte de seus bens comuns a serem divididos igualmente.

Protegendo seu dinheiro

Na vida real, nem todos são felizes para sempre. Se você quer dar uma chance ao amor e não liga para dinheiro, provavelmente nem está lendo com muita atenção a este capítulo! Logo, vamos ver como você pode proteger seu dinheiro antes ou depois de uma eventual separação.

O momento da escolha do regime de bens a ser adotado no casamento ou na união estável é, na maioria dos casos, cercado de incertezas do futuro casal.

Qual seria o regime de bens mais adequado a cada caso? Entendemos que não existe um regime que, por si só, seja considerado melhor do que os demais. Para escolher, deve-se levar em conta vários fatores, como patrimônio existente, renda auferida, projeto familiar, além de valores morais e pessoais.

Praticamente nos quatro regimes o casal possui patrimônio comum, sendo constituído de bens adquiridos pelo esforço comum ou não. Esse patrimônio comum pertence ao casal, sendo a metade para cada cônjuge.

Atenção! Morrendo um dos dois, a metade do viúvo se distingue da herança, não sendo transmitida aos herdeiros. É chamada *meação* do cônjuge supérstite. Meeiro é aquele que tem a metade de determinada coisa ou de certos bens: cada um dos cônjuges, relativamente ao patrimônio comum do casal. A outra metade que pertencia ao inventariado, esta, sim, compõe a herança, sendo transferida aos herdeiros, que pode ser o próprio cônjuge sobrevivo na falta de ascendentes e descendentes. Herdeiro, na linguagem jurídica atual, é toda pessoa que, a título universal, vier a suceder a pessoa falecida, seja por força de lei, o herdeiro legítimo, seja por testamento, o herdeiro testamentário.

Faça um testamento

Quando você se casa, deve fazer ou atualizar suas vontades. Ter vontade é potencialmente mais valioso quando você é casado, especialmente se quer deixar dinheiro para os outros, além dos herdeiros necessários. Sugiro que consulte a Parte IV deste livro, que aborda o planejamento sucessório.

Discutir necessidades de seguro de vida e de invalidez

Se você e seu cônjuge podem se virar sem a renda de cada um, você pode não precisar de nenhum tipo de seguro que garanta a renda. No entanto, se, como muitos maridos e esposas, vocês dependem dos rendimentos de cada um, ou se um de vocês depende totalmente ou em parte da renda do outro, podem precisar dessas apólices no longo prazo. Veja mais sobre o tema no Capítulo 36, que trata sobre seguros.

Reconsidere os beneficiários dos PGBL/VGBL e seguros de vida

Quando você se casa, provavelmente vai querer repensar seus beneficiários. No plano de previdência você pode alterar e indicar livremente quem serão os beneficiários e em quais proporções.

Pacto antenupcial

Poucas pessoas têm conhecimento de que é permitido aos noivos estipular um regime próprio e particular de bens, por meio do pacto antenupcial, desde que o acordo não viole a ordem pública e os princípios e os deveres do casamento (Art. 1.639). Neste contexto, os nubentes (noivos) podem estipular, por exemplo:

a) que serão excluídos da comunhão os frutos dos bens particulares, mas que se comunicarão os bens adquiridos na constância do casamento; ou

b) que determinados bens adquiridos durante o casamento não se comunicarão, mas outros, sim; ou

c) percentuais ou valores progressivos de comunicação do patrimônio dependendo do tempo de casamento etc.

Por fim, vale salientar que, nos termos do 2º parágrafo do Art. 1.639, é admissível a alteração do regime de bens, mediante autorização judicial em pedido motivado de ambos os cônjuges, apurada a procedência das razões invocadas e ressalvados os direitos de terceiros.

É muito importante que o casal tenha total conhecimento das opções e das alternativas existentes, quais são as principais regras e as consequências decorrentes da adoção ou continuidade do regime escolhido

As circunstâncias particulares definirão o regime mais apropriado ao casal, lembrando que se trata de decisão conjunta, mas que pode acarretar resultados individuais diversos durante o período de relacionamento e na dissolução do casamento ou da união estável.

Casamento ou união estável

O Código Civil estabelece quatro tipos de casamento e a união estável:

- união estável;
- comunhão parcial de bens;
- comunhão universal de bens;
- separação de bens;
- participação final nos aquestos.

União estável (Lei nº 9.278, de 10 de maio de 1996)

Tem o mesmo regime de bens de comunhão parcial (Art. 1.658 do Código Civil). Ocorre quando um casal vive junto sem se casar. Para que a união estável se configure e seja formalmente reconhecida, é preciso que apresente algumas características, devendo ser pública, contínua e duradoura, e que as partes tenham a intenção de constituir família.

A legislação não define prazo ou como comprovar a união estável; bastam alguns testemunhos, fotos ou outra coisa qualquer (mesmo que, muitas vezes, o casal apenas namore) para correr o risco de cair em união estável.

Se vocês forem conviventes, o companheiro é meeiro e herdeiro do patrimônio adquirido durante a constância da união.

Por unanimidade, a união homoafetiva foi reconhecida como um núcleo familiar como qualquer outro, ficando suscetível aos mesmos direitos e obrigações de casais formados por homens e mulheres.

O regime de bens pode ser modificado após o casamento mediante alvará judicial e acordo de ambos os cônjuges.

Minha sugestão: instituir um contrato de convivência, em cartório, estipulando o regime de separação total de bens e quando iniciou a união.

Casamento com regime de comunhão parcial de bens (art. 1.658)

Comunhão parcial de bens é a mais usada atualmente e, quando o casal não opta por nenhum regime, automaticamente é este que vigora. Todos os bens adquiridos após a data do casamento serão comuns ao casal. Todo o bem que cada um adquiriu quando solteiro continua sendo de propriedade individual do mesmo, ou seja, os bens que cada cônjuge possuir ao casar, e os que lhe sobrevierem, na constância do casamento, por doação ou sucessão, e os sub--rogados em seu lugar.

O cônjuge só é meeiro dos bens que forem adquiridos depois do casamento, exceto herança. No caso da morte, o cônjuge remanescente concorre com os descendentes (em primeiro lugar) no que se refere aos bens anteriores ao casamento. Por exemplo, um apartamento adquirido durante o casamento, mas com recursos pertencentes a um dos cônjuges antes do casamento. Neste caso, é importante que, no registro do imóvel, conste expressamente que o imóvel está sendo adquirido com recursos anteriores ao casamento, deixando expresso que se trata de bem particular, pois segundo o Art. 1.659, inciso II, do Código Civil, trata-se de bem adquirido com valor exclusivamente pertencente a um dos cônjuges.

Casamento com regime de comunhão universal de bens (Art. 1.667)

Não importa quando o bem foi adquirido, quanto custou ou quem comprou – tudo pertence ao casal, em iguais proporções. Quando um dos cônjuges falece, os herdeiros só podem dispor de metade dos bens, já que a outra metade pertence ao cônjuge sobrevivente. Os cônjuges são meeiros (e não herdeiros) de todo o patrimônio do casal.

Casamento com regime de separação de bens (Art. 1.672)

Este regime é o oposto da comunhão geral de bens. Nele, todos os bens, tanto os adquiridos antes do casamento como os adquiridos depois, pertencem exclusivamente àqueles que os adquiriram. Depende de pacto nupcial.

Existem alguns casos em que a separação de bens é obrigatória:

a) para noivos menores de 16 anos ou maiores de 60 anos;
b) para noivos que o contraírem com inobservância das causas suspensivas da celebração do casamento;
c) de todos os que dependerem, para casar, de autorização judicial.

Neste regime, não há meação do cônjuge sobrevivente, pois não existem bens comuns do casal. E os descendentes e os ascendentes herdam a totalidade dos bens. O cônjuge sobrevivente, assim, não concorre com os herdeiros. Em tese... Mas, vez por outra, surge a notícia de que Fulano, casado com separação total de bens, viúvo de Beltrano, está envolvido em uma dura batalha judicial com os filhos do falecido devido a disputas referentes à herança. "Como assim?" Para muita gente, a separação de bens é uma questão muito simples: o que é meu é meu, o que é seu é seu e acabou. Porém, à luz da legislação, o assunto não é tão simples assim.

Para começar, existem dois tipos diferentes de separação de bens: uma opcional (a separação total de bens) e outra obrigatória. Ambas são definidas pelo Código Civil, mas, só para complicar um pouquinho mais, há uma súmula editada pelo STF que altera algumas das disposições do Código Civil relativas à separação de bens. E há também uma decisão do STJ que pode abrir precedentes para outras interpretações.

Segundo o Código Civil, quem é casado pelo regime da separação obrigatória de bens só é herdeiro se o cônjuge falecido não tiver deixado descendentes (filhos, netos, bisnetos). Contudo, a Súmula nº 377 do STF abre a possibilidade de que os bens adquiridos ao longo do casamento sejam divididos pelos cônjuges em caso de divórcio. Mas isso não ocorre automaticamente. É necessário ingressar com uma ação judicial, cujo resultado dependerá do entendimento do juiz.

A 1ª Câmara Cível do Tribunal de Justiça de Minas Gerais (TJ/MG) deu provimento a agravo de instrumento de viúva contra decisão que indeferiu seu pedido de habilitação no inventário do marido, por ter se casado em separação total de bens. De acordo com a decisão, *"o cônjuge sobrevivente é herdeiro necessário, juntamente com os descendentes e ascendentes".*

Segundo o magistrado, o Art. 1829 do CC determina que o cônjuge tem direitos sucessórios em concorrência com os herdeiros do autor da herança e não pode ser afastado da sucessão pela simples vontade do sucedido, *"mas apenas se ocorrer causa de deserdação ou exclusão por indignidade".*

O relator determinou, então, que a viúva seja considerada como herdeira necessária do *de cujus* (falecido), em concorrência com os filhos dele, e seja habilitada nos autos do inventário.

Casamento com regime de participação final nos aquestos (art. 1.672)

No regime de participação final nos aquestos, cada cônjuge possui patrimônio próprio, consoante disposto no artigo seguinte, e lhe cabe, à época da dissolução da sociedade conjugal, direito à metade dos bens adquiridos pelo casal, a título oneroso, na constância do casamento.

Integram o patrimônio próprio os bens que cada cônjuge possuía ao casar e os por ele adquiridos, a qualquer título, na constância do casamento.

A administração desses bens é exclusiva de cada cônjuge, que os poderá livremente alienar, se forem móveis.

Na prática, depois de décadas de casamento, fica difícil provar quanto e onde cada um contribuiu financeiramente. E, na hora de separar, pode complicar.

47

Considerações importantes para quando se está divorciando

Início de conversa

- Quais providências tomar antes, durante e após o divórcio.

> *Sou uma ótima dona de casa: sempre que me divorcio, eu fico com a casa.*
> Zsa Zsa Gabor

Na maioria dos casamentos que não vão muito bem, ambos os cônjuges reconhecem os diversos sinais de alerta, mas, algumas vezes, o pedido de divórcio causa surpresa e espanto. Independentemente de o divórcio ser planejado ou inesperado, aqui estão algumas considerações importantes a serem observadas.

Consulte um advogado

Contratar um advogado para ajudar no processo de separação é algo importante. Quando você realmente firmar sua decisão, não importa se a ideia inicial foi sua ou de seu parceiro. Consulte um advogado, que o auxiliará com os procedimentos. Depois, coloque o "plano" em ação e discuta algumas questões com esse profissional, para que possa preparar o divórcio. Por exemplo:

- Como vocês farão para dividir os bens?
- Como vocês farão para dividir a custódia das crianças?
- Como farão para que as crianças não fiquem traumatizadas?

Jogo aberto com seu cônjuge

Caso vocês dois tenham decidido de forma conjunta que divórcio é a melhor opção, devem ser capazes de proceder com ele de forma amigável. Um divórcio amigável requer um tempo de diálogo, pois você deverá discutir com seu cônjuge os assuntos importantes. Isso não é impossível, mas, às vezes, pode ser bastante difícil.

Os filhos devem saber das coisas

Além disso, é importante manter o diálogo com os filhos, porque eles entendem o que está acontecendo e sofrem por isso. Quanto mais nova é a criança, mais fácil é a adaptação com os pais separados, já que sua memória da vida familiar não estará "cheia".

Separe emoções e finanças

Elabore uma lista de todos os ativos e passivos que você e seu cônjuge têm. Certifique-se de listar todos os fatos financeiros, inclusive registros de contas de investimento e declarações.

Empenhe-se pelo acordo

As vantagens de se firmar um acordo com o futuro ex-cônjuge são muitas: é um processo mais rápido, bem menos desgastante e mais barato. Mesmo em casos difíceis, que envolvam discussões e disputas judiciais pela guarda dos filhos ou por bens, é possível chegar a uma solução consensual que beneficie a todos os envolvidos. No entanto, procure ser o autor do consenso e, caso não consiga, procure um mediador de conflitos. A mediação é muito recomendável nesses casos, facilitando a compreensão entre os envolvidos.

Considere a dor do outro

Mesmo que o pedido do divórcio tenha partido de seu cônjuge, ele certamente não está confortável nessa condição; e, se partiu de você, pense o quanto isso o afetou. De qualquer forma, o momento de efetivar uma separação é angustiante. Busque compreender e legitimar também a dor do outro. Fixe no objetivo principal, que é um acordo favorável para ambas as partes, e compreenda se o outro tem mais dificuldade de lidar com a própria dor.

Descubra se é melhor proceder por conta própria

Algumas vezes, a conversa com seu parceiro começa de forma amigável, mas eventualmente torna-se pungente. Em alguns casos, a pessoa sabe que não é uma boa ideia conversar com ele. Se esse for seu caso, é totalmente aceitável preparar os procedimentos por conta própria, para avisá-lo somente quando já estiverem prontos.

Faça um planejamento com o divórcio

O importante não é o que fez com que você quisesse se divorciar, mas sim listar seus objetivos e desejos desde o início. Tente deixar suas emoções de lado e pensar cuidadosamente a respeito de como você quer que sua vida esteja quando o divórcio finalizar. Pense sobre o que ele irá afetar e, então, compartilhe as suas respostas com seu advogado.

- Onde você pretende viver depois que se divorciar?
- O que você acha que é importante manter depois do divórcio?
- Quais são os tópicos relacionados à custódia da criança que você acha mais relevantes?
- Como você irá se sustentar depois do divórcio?

Revise suas necessidades de seguro e contribuições da previdência

Aconselhe-se com um profissional, como um corretor de seguros ou planejador financeiro, e veja quais são os seguros mais indicados para você que é divorciado. Lembre-se de que isto pode variar caso tenha filhos ou não; da mesma forma, reveja o tipo de plano de previdenciário mais indicado em cada caso. Consulte a Parte IV deste livro.

Leia e estude sobre o assunto

Mudar de vida nem sempre é previsível. Sua capacidade de navegar com sucesso por meio dos diferentes desafios e se ajustar rapidamente às novas circunstâncias depende muito do seu grau de preparação.

 Na plataforma on-line da editora, você encontra algumas importantes dicas para superar o divórcio.

48

Mudança para o exterior

Início de conversa

- Como se planejar financeiramente para uma mudança de país.

> *O Brasil não é para principiantes.*
> Tom Jobim

Quem quer viver fora do país, seja em definitivo ou apenas por um tempo, precisa tomar algumas precauções e realizar o planejamento prévio adequado.

Conheça o lugar

A primeira coisa a se fazer é reunir o máximo de informações sobre o novo país, pois isso é muito importante para saber se você conseguirá se adaptar. Isso inclui fazer uma visita de alguns dias antes de sacramentar a mudança. É fundamental saber como é a cultura local, oportunidades de trabalho, economia, política, sistema de educação (quais são as chances de estudar, por exemplo), saúde, religião, clima, tradições e culinária.

Uma sugestão é viajar como turista e alugar um apartamento por um mês ou dois e, quando chegar à cidade, ir visitar outros para alugar da forma tradicional. Assim, você consegue ter uma ideia do que o aguarda e escolhe direitinho seu próximo lar.

Saindo da zona de conforto

Ao sairmos da nossa zona de conforto, estamos nos expondo a outras regras, outros costumes e, evidentemente, precisamos estar abertos ao novo e a aprender a conviver diariamente com as diferenças. Muitos sairão de casa para morar sozinhos pela primeira vez. Aceitar e respeitar quem pensa diferente e desenvolver as habilidades de tolerância, flexibilidade e adaptação é fundamental para sua sobrevivência no exterior. Interagir com os moradores locais ajuda a se adaptar à cultura do novo país mais rapidamente. Aprenda o idioma local e comunique-se.

Mudança na prática

Após definir o destino, consulte o site brasileiro do consulado do país escolhido (e o que mais for necessário) para saber qual é a documentação que você precisa providenciar para entrar e passar o período que pretende ali.

Alguns países pedem seguro de saúde com valor predefinido (como vimos no Capítulo 36, sobre seguros), enquanto outros pedem um visto específico, um comprovante de que você pode se sustentar, vacinas, passagem de volta já comprada etc. Embaixadas e consulados têm todos os detalhes sobre os requisitos de residência para as pessoas que pretendem mudar para o exterior.

Documentos

Leve toda papelada importante com você, ou seja, passaportes, vistos, certidões de nascimento, certidões de casamento, registros de vacinas, carteiras de motorista, documentos de adoção, documentos de cidadania, registros fiscais, registros médicos e dentários, históricos escolares, contratos de aluguel de casa e de trabalho, pois, um dia, pode ser que você precise com urgência – nunca se sabe.

Aposentadoria no exterior

Sabia que você pode se aposentar pelo INSS mesmo morando no exterior? Pois é, você tem esse direito e, dependendo de onde você está, pode receber duas aposentadorias: a do Brasil e a do país em que você está morando.

Você pode requerer aposentadoria no Brasil juntando o contrato de trabalho em que constem todas as informações sobre o seu trabalho realizado fora do território brasileiro.

Informação valiosa: só será possível reconhecer os períodos de atividade realizada no exterior no caso de países com os quais o Brasil tenha um Acordo Previdenciário Internacional (veja quais países no Capítulo 34).

É importante juntar ao seu requerimento o próprio Acordo Previdenciário entre o Brasil e o país em que você trabalhou, com o objetivo de demonstrar que você tem direito de reconhecer os períodos de trabalho realizados no exterior aqui no Brasil. É melhor pecar pelo excesso do que pela falta, concorda?

Concessão do visto

Em alguns países, você precisará tirar o visto. Nesse caso, procure a embaixada ou o consulado do país no qual você pretende residir. Cada nação tem sua regulamentação, e isso pode mudar drasticamente o valor de sua viagem.

Legalidade

Não entre de "gaiato no navio"; vá legalmente para o exterior. Por exemplo, nos Estados Unidos, veja em qual modalidade de visto você poderia se encaixar. É uma tarefa difícil, pois o visto de trabalho precisa ser patrocinado, por exemplo. O *Green Card* é ainda mais complicado e envolve questões tributárias mesmo se, no futuro, você decidir voltar ao Brasil. Na Europa, idem, exceto para brasileiros com dupla cidadania. Países do Mercado Comum do Sul (Mercosul), como o Uruguai, são mais tranquilos para quem não tem cidadania europeia ou residência americana pelos acordos governamentais.

Remédios e saúde

Não se esqueça: nem todo país possui saúde pública gratuita e universal. Caso tenha a necessidade de levar medicamentos para consumo próprio, busque informações sobre as normas e os procedimentos do país para o qual está viajando e – muito importante – não se esqueça de portar a receita médica para o medicamento ou o tratamento traduzida para o idioma do país de destino.

É sempre recomendável fazer um estoque dos remédios que você toma diariamente e levar alguns extras para problemas esporádicos, como gripe, alergia, alguma infecção etc. Você pode comprar no lugar de destino, claro, mas é sempre bom ter alguns para uma emergência até descobrir como conseguir o remédio que você toma no país em que você está.

Além disso, vale sempre fazer um seguro de saúde válido no exterior.

Vacinas

Pesquise sobre a situação de saúde no país para o qual pretende ir. Verifique se está havendo epidemias, doenças recorrentes e contínuas na população e quais são as medidas de prevenção adequadas para enfrentar essas situações.

Leve seu Certificado Internacional de Vacinação, fornecido pela Agência Nacional de Vigilância Sanitária (Anvisa), com postos nos portos, aeroportos e fronteiras. Leve-o junto com seus documentos, pois as autoridades sanitárias poderão exigi-lo quando você tentar ingressar no país. A vacinação contra a febre amarela é uma exigência internacional. No caso das crianças, é importante atualizar, antes da viagem, todas as vacinas que estiverem em atraso e portar a Carteira de Vacinação devidamente atualizada.

Celular

Para quem possui clientes brasileiros, é interessante manter seu número de celular funcionando. Para não gastar rios de dinheiro em roaming quando eles ligarem para você, existem algumas alternativas:

- mudar a conta de pós para pré-pago, assim você mantém seu número se voltar um dia;
- comprar um número fixo do Brasil pelo Skype ou VOIP e redirecionar todas as ligações do celular para esse número.

Quando conectados, qualquer pessoa pode falar com você ligando tanto para o número fixo do Brasil quanto para seu celular, e a ligação cai diretamente no seu Skype. Ao colocar crédito em sua conta do Skype, você poderá ligar para o Brasil de maneira bem mais em conta.

Trabalho remoto

O trabalho que você faz hoje pode ser feito remotamente? Se sim, ótimo, pois você não precisa deixar sua área de atuação e começar a trabalhar com algo para "quebrar um galho". Um amigo administrador de empresas foi carregar tijolo no Canadá; outro, que era médico, passou a trabalhar como bartender.

Antes de viajar, ainda no Brasil, você pode ficar de olho nas vagas de algumas empresas do país em que você quer morar e mandar currículo sempre que surgir alguma coisa com o seu perfil.

Contas bancárias

Se você tem clientes brasileiros e estrangeiros, é interessante deixar contas brasileiras para clientes do Brasil e receber por Paypal para clientes de fora. Fazer câmbio toda hora custa caro, pois o banco sempre vai cobrar um *spread* largo, além de uma taxa de remessa. O ideal é deixar acumular em uma conta virtual e, depois, transferir um montante maior, ou mesmo pagar o que der usando a própria conta do PayPal, pois diversos sites e aplicativos já o aceitam.

Cuidados em relação ao patrimônio que deixará no Brasil

Se o objetivo for passar um ano ou pouco mais fora do Brasil, vender imóveis não é a melhor opção, sendo válido pensar em um bom aluguel, com um contrato bem amarrado e, obviamente, um locatário de confiança e bom pagador.

O nome já diz: "i-móvel". Ou seja, não é fácil vender da noite para o dia por conta da falta de liquidez. A alienação somente vale a pena para quem vai morar definitivamente no exterior.

Qualquer bem que sofra depreciação tem de ser vendido imediatamente, como é o caso de automóveis.

Quanto aos investimentos, é interessante deixar uma parte no país em produtos conservadores com objetivo de longo prazo, como títulos do Tesouro Nacional indexados pela inflação. Você se beneficia da diversificação de riscos ao aplicar em mais de uma moeda e país, e da rentabilidade real dos títulos brasileiros. Fundos e ações brasileiros requerem mais atenção, não sendo indicados para quem quer viajar tranquilo.

Atenção! Mesmo longe, o leão da Receita Federal não te esquecerá. A tributação sobre os investimentos realizados deve ser levada em conta, pois é preciso verificar se o país possui acordo de bitributação. Na prática, isso significa que os impostos sobre as aplicações passam a ser cobrados segundo a legislação do local de destino. Com a mudança definitiva para outro país, quem tem aplicação no Brasil torna-se investidor estrangeiro.

Tributação de não residente

Caso você não vá mais morar no Brasil ou vá passar uma longa temporada fora, precisará informar o governo que não é mais um brasileiro residente. Só assim estará dispensado de continuar declarando o imposto de renda.

A Receita Federal considera que o brasileiro é não residente a partir do dia em que ele deixa o país com a intenção de permanecer no exterior por mais de um ano ou caso ele se ausente do Brasil, mesmo que em caráter temporário, mas complete 12 meses consecutivos de ausência. Caso contrário, os rendimentos recebidos tanto no Brasil quanto no exterior, durante os 12 primeiros meses após a saída, poderão ser tributados em ambos os países.

Você tem até o último dia útil de fevereiro do ano-calendário seguinte à saída para comunicar à Receita Federal a decisão, por meio de dois documentos: Comunicação de Saída Definitiva e Declaração de Saída Definitiva do país, em que constará, inclusive, sua situação patrimonial ao deixar o Brasil. Também deve comunicar formalmente a condição de não residente a todas as fontes pagadoras no país das quais receba rendimentos, para que estas realizem a retenção do imposto sobre a renda, na forma da legislação em vigor. Com tudo isso, caso mais tarde volte a residir permanentemente no Brasil, não terá problemas com o Fisco para justificar o ganho patrimonial.

Essas declarações podem ser preenchidas on-line pelo site ou aplicativo da receita.

A apresentação da Comunicação de Saída Definitiva do Brasil **não dispensa**:

- a apresentação da Declaração de Saída Definitiva do País, relativa ao período em que tenha permanecido na condição de residente no Brasil no ano-calendário da saída ou da caracterização da condição de não residente, do primeiro dia útil do mês de março até o último dia útil do mês de abril do ano-calendário subsequente ao da saída definitiva ou da caracterização da condição de não residente;
- a apresentação das declarações correspondentes aos anos-calendário anteriores, se obrigatórias e ainda não entregues;
- o recolhimento em quota única, até a data prevista para a apresentação dessas declarações, do imposto nelas apurado e dos demais créditos tributários ainda não quitados, cujos prazos para pagamento são considerados vencidos nesta data, se prazo menor não estiver estipulado na legislação tributária.

Dica _____

Brasileiros que vivem no exterior, mas não apresentaram saída definitiva do Brasil, ainda estão obrigados a declarar imposto de renda no Brasil. A apresentação da declaração e a quitação das obrigações fiscais ainda vigentes até o momento do pedido são requisitos obrigatórios para que ele esteja desobrigado a declarar quando for viver no exterior. ▶

▶ E brasileiros que deram saída definitiva do Brasil mas continuam mantendo rendimentos no país também estão obrigados a continuar realizando sua declaração anual. Neste caso, o processo para fazer a declaração do imposto de renda é simples e pode ser feito e entregue pela internet.

Se você se aposentou e vai morar em outro país, ainda é necessário realizar a declaração do imposto de renda. Os aposentados também se enquadram na categoria de brasileiros que não moram mais no país, mas ainda recebem rendimentos provenientes daqui. A Lei 13.315[1] trata dos aposentados que vivem fora do Brasil. Foi estipulado um desconto de 25% no imposto de renda para brasileiros que recebem benefício do INSS mas não vivem mais no Brasil. O cálculo é feito sobre o valor total do benefício.

Caso o contribuinte tenha se ausentado do país em condição temporária, por determinação legal adquire a condição de não residente para fins tributários no dia seguinte ao que completar 12 meses consecutivos de ausência, ainda que considere sua ausência temporária ou tenha ânimo de se reestabelecer no Brasil em momento futuro, e deve, da mesma forma, realizar os procedimentos de saída previstos na legislação tributária.

A exceção prevista para que um contribuinte que resida no exterior seja considerado residente no Brasil para fins tributários refere-se às pessoas físicas que se ausentem para prestar serviços como assalariadas a autarquias ou repartições do governo brasileiro situadas no exterior, exclusivamente pelo período de duração da missão. Os servidores que decidirem permanecer no exterior após encerrada a missão ou após se desligarem do quadro de ativos, e lá permaneçam em caráter permanente ou, se em caráter temporário, por período superior a 12 meses consecutivos, devem entregar a Declaração de Saída Definitiva do País e realizar os demais procedimentos de saída.

Quem mora fora e recebe rendimentos no Brasil

Os brasileiros que moram no exterior e já estão dispensados de entregar a Declaração de Ajuste Anual continuam sujeitos ao pagamento do imposto de renda quando recebem rendimentos de fontes situadas no Brasil, como a retenção do aluguel na fonte, recolhido pelo locatário, pois todos os rendimentos de fonte brasileira devem ser tributados no Brasil, mesmo quando o titular não for mais residente.

---

1. Disponível em: <http://www.planalto.gov.br/ccivil_03/_Ato2015-2018/2016/Lei/L13315.htm>. Acesso em: 3 jun. 2020.

Os rendimentos recebidos de fonte no Brasil por contribuinte não residente estão sujeitos à tributação de forma definitiva ou exclusiva na fonte. Assim, após a transmissão da Declaração de Saída Definitiva do País, o contribuinte não apresentará a Declaração de Ajuste Anual do Imposto sobre a Renda das Pessoas Físicas enquanto for não residente no Brasil.

A responsabilidade pelo cumprimento das obrigações tributárias recai tanto sobre o contribuinte como sobre a fonte pagadora que tenha sido comunicada da condição de não residente do beneficiário de rendimentos.

As alíquotas variam de 15% a 25% e a tributação é definitiva, isto é, ocorre exclusivamente na fonte, e os rendimentos não se somam à renda tributável do contribuinte.

A venda de bens e direitos situados no país realizada por não residentes também sofre tributação definitiva, à alíquota de 15% sobre o ganho de capital, como ocorre com os residentes no Brasil, mas sem as isenções e as reduções do imposto que se aplicam aos residentes.

Os rendimentos decorrentes do trabalho, com ou sem vínculo empregatício, são tributados na fonte à alíquota de 25%. As tributações dos demais tipos de rendimentos podem ser consultadas no site da Receita Federal.

A Declaração de Saída é muito semelhante à Declaração de Ajuste Anual, uma vez que ambas possuem as mesmas penalizações em caso de atraso e o preenchimento das fichas é praticamente igual. A diferença é que, na Declaração de Ajuste, o contribuinte declara todos os rendimentos de 1º de janeiro a 1º de dezembro do ano-calendário de referência, enquanto na Declaração de Saída ele declara apenas os rendimentos entre 1º de janeiro e o dia da saída do país.

Também é preciso informar na Declaração de Saída quem será o procurador que ficará responsável pelas remessas de valores recebidos no Brasil ao residente no exterior. Ele pode ser um familiar, amigo, advogado ou qualquer pessoa física habilitada a representar o não residente que não tenha restrições legais para isso. Já aquele saiu do país em caráter temporário, mas completou mais de 12 meses fora, deve entregar a Comunicação de Saída a partir da data de caracterização da condição de não residente (depois de 12 meses) ou até o último dia do mês de fevereiro do ano-calendário seguinte ao da saída.

Moro no exterior: preciso declarar meu imposto de renda?

De acordo com a Receita Federal, só os considerados cidadãos "não residentes" e que tenham apresentado a Declaração de Saída Definitiva do País não precisam declarar o IR.

Assim, consideram se os seguintes perfis de pessoa física "não residentes":

- indivíduo que não reside no Brasil permanentemente;
- estrangeiro com visto temporário ou que permaneça até 183 dias no país;
- indivíduo que não reside temporariamente fora do país a um tempo superior a 12 meses;
- estrangeiro que ingressou no Brasil como funcionário de um governo de outro país.

É importante também esclarecer o que é considerado pela Receita ser "residente" no Brasil. Trata-se da a pessoa física:

1. que resida no Brasil em caráter permanente;
2. que se ausente para prestar serviços como assalariada a autarquias ou repartições do Governo brasileiro situadas no exterior;
3. que ingresse no Brasil:
   a) com visto permanente, na data da chegada;
   b) com visto temporário:
   I. para trabalhar com vínculo empregatício ou atuar como médico bolsista no âmbito do Programa Mais Médicos de que trata a Lei nº 12.871, de 22 de outubro de 2013, na data da chegada;
   II. na data em que complete 184 dias, consecutivos ou não, de permanência no Brasil, dentro de um período de até 12 meses. (Caso, dentro de um período de 12 meses, a pessoa física não complete 184 dias, consecutivos ou não, de permanência no Brasil, novo período de até 12 meses será contado da data do ingresso seguinte àquele em que se iniciou a contagem anterior);
   III. na data da obtenção de visto permanente ou de vínculo empregatício, se ocorrida antes de completar 184 dias, consecutivos ou não, de permanência no Brasil, dentro de um período de até 12 meses.
4. brasileira que adquiriu a condição de não residente no Brasil e retorne ao país com ânimo definitivo, na data da chegada;
5. que se ausente do Brasil em caráter temporário ou se retire em caráter permanente do território nacional sem apresentar a Comunicação de Saída Definitiva do País durante os primeiros 12 meses consecutivos de ausência.

O que acontece se você esquecer de apresentar a Comunicação de Saída Definitiva do País ou a Declaração de Saída Definitiva do País?

Durante os primeiros 12 meses, contados a partir da data da saída, os rendimentos recebidos nesse período de ausência:

- quando oriundos de fontes situadas no Brasil, serão tributados como os rendimentos recebidos pelos demais residentes no Brasil;
- quando oriundos de fontes situadas no exterior, sujeitam-se à tributação no Brasil, ou seja, podem ser bitributados.

Após o décimo segundo mês da data de saída, os rendimentos recebidos sujeitam-se à tributação exclusiva na fonte ou, no caso de ganhos de capital, à tributação definitiva.

O que acontece com brasileiros que vivem no exterior e não declararam o imposto de renda?

Os brasileiros que vivem no exterior e não apresentaram saída definitiva ou brasileiros residentes que estão dentro das faixas estipuladas pela Receita Federal e não declaram o imposto de renda sofrem diversas punições. A primeira é a restrição do CPF (Cadastro de Pessoas Físicas).

Com o CPF bloqueado, a pessoa não poderá emitir passaporte, solicitar empréstimos, prestar concurso público ou até mesmo matricular-se em uma universidade. Se a situação não for regularizada, ela será considerada oficialmente um sonegador de impostos e poderá sofrer punições judiciais.

Além disso, quem perde o prazo estipulado pela Receita Federal ou deixa de enviar a declaração tem de pagar uma multa que vai de R$ 165,74 a até 20% do valor do imposto devido.

No retorno ao país

A Receita Federal volta a considerar como residente o brasileiro que retorna ao país e permanece aqui por mais de 184 dias, consecutivos ou não, dentro de um período de 12 meses. Se o brasileiro considerado não residente ficar um semestre aqui e os outros seis meses no exterior, ele manterá seu status de não residente, permanecendo desobrigado de apresentar a declaração.

No momento em que a pessoa física retorna ao Brasil em caráter definitivo, não é preciso apresentar qualquer declaração à Receita Federal. As informações à Receita só voltam a ser declaradas na próxima Declaração de Ajuste Anual.

Os bens que o contribuinte possuía voltam a ser declarados pelo mesmo valor informado no último formulário entregue. Contudo, se durante o período no exterior a pessoa física tiver comprado imóveis ou ações brasileiras, ela deverá informá-los pela primeira vez na sua Declaração de Ajuste Anual, informando os custos de aquisição do ano em que os bens passaram a fazer parte do seu patrimônio.

Estrangeiros também declaram rendimentos

A condição de residente para fins tributários é caracterizada, na maioria dos países, pela permanência durante mais de 183 dias, em um período de 12 meses, no território. O mesmo acontece com o estrangeiro que opta por morar no Brasil, podendo ser em prazo menor, dependendo do visto que tenha no país. Nesse caso, a declaração do estrangeiro residente é feita da mesma forma que a do brasileiro nato.

As pessoas físicas portadoras de visto permanente que, no curso do ano-calendário, transferirem residência para o território nacional e, nesse mesmo ano, receberem rendimentos tributáveis estão sujeitas ao imposto. São declarados os rendimentos e os ganhos de capital recebidos entre a data da chegada e o último dia do ano-calendário. Se o estrangeiro residente não tiver rendimentos, estará na faixa de isenção e não terá nada a ser tributado.

Pessoa física ausente no exterior a serviço do Brasil

A pessoa física que estiver no exterior a serviço do Brasil em autarquias ou em repartições do governo brasileiro situadas fora do país mantém a condição de residente no Brasil e sujeita-se à apresentação da Declaração de Ajuste Anual de acordo com as mesmas normas aplicáveis às demais pessoas físicas residentes no país.

Não se enquadra no conceito de ausente no exterior a serviço do Brasil o empregado de empresa pública ou de sociedade de economia mista, quando a serviço específico da empresa no exterior, bem como o contratado local de representações diplomáticas.

APÊNDICE
Planilha de orçamento pessoal

Este Apêndice apresenta uma tabela completa para você fazer seu orçamento, verificar quanto está poupando etc. Na nossa plataforma on-line, você encontra também uma versão eletrônica mais completa.

Nome: _____ Idade: _____ Data: ____/____/____

ORÇAMENTO MENSAL

Receitas	Mês	Ano	Realizado 1º mês
Salário			
Dividendos			
Aluguéis recebidos			
Total			

Despesas gerais	Mês	Ano	Realizado 1º mês
Alimentação – supermercado/padaria			
Aluguel			
Gás/água/luz			
Manutenção da casa – artigos de limpeza			
Transporte – passagens/despesas com veículo			
Roupas			
Cuidados pessoais – higiene/beleza			
Saúde e remédios			
Educação – material escolar			
Diversão			
Pessoais			
Pensão			
Total			

Despesas com dívidas	Mês	Ano	Realizado 1º mês
Cartão de crédito			
Cheque especial			

Financiamento			
Total			

Sobra/falta mensal	Mensal	Anual
Receitas − (Despesas gerais + Dívidas)		

Capacidade de poupança (%)	
Sobra / Receitas	

Comprometimento de renda (%)	
Dívidas / Receitas	

PATRIMÔNIO

Bens e investimentos	Valor	Dívidas (saldo devedor)	Valor
Imóvel			
Carro			
Aplicações financeiras			
Fundos de investimentos			
Previdência privada			
Total		Total	

Patrimônio líquido	
Bens e investimentos − dívidas	

Índice de endividamento (%)	
Dívidas / Bens e investimentos	

Reserva de emergência ATUAL	
Investimentos	

Reserva de emergência IDEAL	
Despesas × 6 meses	

Agradecimentos

Agradeço aos meus pais, Arthur e Sandra, que não pouparam esforços na minha educação.

Aos meus sócios Alan e Leandro, pelas discussões produtivas sobre a direção em que vão os preços dos imóveis e qual é a melhor maneira de comprá-los, além dos infindáveis aforismos econômicos.

À Saraiva Educação, que acreditou neste projeto pioneiro e por hastear a bandeira da educação financeira no Brasil.

A todos os meus alunos da Trader Brasil, que me incentivaram a escrever este livro.

Referências

ANDERSEN, H. C. *A roupa nova do imperador*. São Paulo: Cosac & Naify, 2012. 32 p.

BERNSTEIN, P. *Against the Gods*. Nova Jersey: John Wiley & Sons, 1998.

BRASIL BOLSA BALCÃO (B³). Disponível em: <http://www.b3.com.br/pt_br/>. Acesso em: 22 fev. 2020.

BRASIL. Agência Nacional de Vigilância Sanitária (ANVISA). *Orientações aos viajantes*. Disponível em: <http://portal.anvisa.gov.br/servicos/viajantes>. Acesso em: 24 maio 2020.

BRASIL. Agência Nacional do Petróleo, Gás Natural e Biocombustíveis (ANP). Disponível em: <http://www.anp.gov.br>. Acesso em: 22 fev. 2020.

BRASIL. Banco Central do Brasil. Disponível em: <https://www.bcb.gov.br>. Acesso em: 22 fev. 2020.

_____. Resolução nº 4.624, de 18 de janeiro de 2018. Disponível em: <https://www.bcb.gov.br/htms/normativ/Resolucao4624.pdf?r=1>.

BRASIL. Casa Civil. *Lei nº 1.521, de 26 de dezembro de 1951*. Altera dispositivos da legislação vigente sobre crimes contra a economia popular. Disponível em: <http://www.planalto.gov.br/ccivil_03/leis/l1521.htm>. Acesso em: 22 fev. 2020.

_____. *Lei nº 12.431, de 24 de junho de 2011*. Disponível em: <http://www.planalto.gov.br/ccivil_03/_Ato2011-2014/2011/Lei/L12431.htm>. Acesso em: 22 maio 2020.

_____. *Lei nº 13.315, de 20 de julho de 2016*. Disponível em: <http://www.planalto.gov.br/ccivil_03/_Ato2015-2018/2016/Lei/L13315.htm>. Acesso em: 22 maio 2020.

BRASIL. Comissão de Valores Mobiliários (CVM). Disponível em: <http://www.cvm.gov.br>. Acesso em: 22 fev. 2020.

BRASIL. Ministério da Economia. Secretaria de Previdência. Disponível em: <http://www.previdencia.gov.br>. Acesso em: 22 fev. 2020.

BRASIL. Instituto Brasileiro de Geografia e Estatística (IBGE). Disponível em: <https://www.ibge.gov.br/>. Acesso em: 22 fev. 2020.

BRASIL. Ministério da Economia. Secretaria de Previdência. *Meu INSS*. Disponível em: <https://meu.inss.gov.br>. Acesso em: 27 maio 2020.

_____. *Nova Previdência.* Disponível em: <https://www.brasil.gov.br/novaprevidencia/>. Acesso em: 27 maio 2020.

_____. Receita Federal. Disponível em: <http://receita.economia.gov.br/>. Acesso em: 27 maio 2020.

BRASIL. Superintendência de Seguros Privados (Susep). *Capitalização.* Disponível em: <http://www.susep.gov.br/menu/informacoes-ao-publico/planos-e-produtos/capitalizacao>. Acesso em: 17 abr. 2020.

_____. *Previdência complementar aberta.* Disponível em: <http://www.susep.gov.br/menu/informacoes-ao-publico/planos-e-produtos/previdencia-complementar-aberta>. Acesso em: 22 fev. 2020.

BRASIL. Superior Tribunal de Justiça (STJ). *STJ reconhece amplitude do conceito de consumidor em casos especiais.* Disponível em: <http://www.stj.jus.br/portal_stj/publicacao/engine.wsp?tmp.area=398&tmp.texto=98671>. Acesso em: 26 fev. 2020.

_____. *Recurso Especial n. 1.133.410.* Relator Ministro Massami Uyeda. Disponível em: <http://www.jusbrasil.com.br/jurisprudencia/9115355/recurso-especial-resp-1133410-rs-2009-0065220-8-stj/inteiro-teor>. Acesso em: 2 mar. 2013.

BUFFET, M.; CLARK, D. *O tao de Warren Buffett.* São Paulo: Sextante, 2007.

CETIP. *Cetip Certifica.* Disponível em: <https://www.cetip.com.br/cetipcertifica>. Acesso em: 22 fev. 2020.

CHARLES, H. W. *The money code: become a millionaire with the ancient Jewish Code.* Nova York: Paperback, 2012.

CORREA, C. *Sonho grande.* São Paulo: Sextante, 2013.

DAMODARAN, A. *Finanças corporativas: teoria e prática.* São Paulo: Bookman, 2004.

DIAS, C. "Hoje vivo de favor". *Revista AOL*, Rio de Janeiro, 2004. Disponível em: <http://www.puabase.com/forum/jorge-guinle-maior-playboy-brasileiro-t27480.html>. Acesso em: 22 fev. 2020.

DIMSON, E.; MARSH, P.; STAUNTON, M. *Credit Suisse Global Investment Returns Yearbook 2018.* Credit Suisse AG Research Institute, 2018.

EIZIRIK, M.; BERGMANN, D.; SIMON, B. "Ausência paterna e sua repercussão no desenvolvimento da criança e do adolescente: um relato de caso". *Rev. Psiquiatr. Rio*

Grande Sul, v. 26, n. 3, Porto Alegre/RS, set./dez. 2004. Disponível em: <http://www.scielo.br/scielo.php?script=sci_arttext&pid=S0101-81082004000300010>. Acesso em: 22 fev. 2020.

ESCOLA NACIONAL DE SEGUROS (ENS). Disponível em: <http://www.ens.edu.br>. Acesso em: 22 fev. 2020.

FOLHA DE S.PAULO. *Carro, táxi, Uber ou Zazcar: calculadora mostra o que vale a pena.* 23 nov. 2015. Disponível em: <https://www1.folha.uol.com.br/mercado/2015/11/1709388-saiba-como-utilizar-a-calculadora-que-projeta-valores--de-carro-taxi-ou-uber.shtml>. Acesso em: 22 fev. 2020.

GATES, B. *The road ahead.* Nova York: Penguin Group, 1996.

GRAHAM, B. *O investidor inteligente.* Rio de Janeiro: Harper Collins Brasil, 2016.

HIGUCHI, H. *Imposto de renda das empresas.* 41. ed. São Paulo: IR Publicações, 2016.

INVESTING.COM. Disponível em: <http://www.investing.com>. Acesso em: 11 abr. 2020.

JUER, M. *Matemática financeira: aplicações no mercado de títulos.* Rio de Janeiro: IBMEC, 1984.

KAHNEMAN, D. *Rápido e devagar: duas formas de pensar.* Rio de Janeiro: Objetiva, 2012.

KAHNEMAN, D.; TVERSKY, A. "Choices, values and frames". *American Psychologist,* v. 39, pp. 341-350, 1982.

_____. (Ed.). *Choices, values and frames.* Cambridge University Press, Nova York, 2000.

_____. "The psychology of preferences". *Scientific American,* v. 146, pp. 160-173, 1982.

_____. "Prospect theory: an analysis of decision under risk". *Econometrica,* v. 47, pp. 263-291, mar. 1979.

KOTLER, Phillip. *Administração de Marketing: análise, planejamento, implementação e controle.* 5. ed. São Paulo: Atlas, 1998.

LA FONTAINE, J. *A cigarra e a formiga.* São Paulo: Girassol, 2008. 32 p.

LEFEVRE, E. *Reminiscences of a Stock Operator.* Nova Jersey: John Wiley & Sons, 1994.

LEMOS, F. *Análise técnica clássica com as mais recentes estratégias da Expo Trader Brasil.* São Paulo: Saraiva, 2010.

_____. *Análise técnica dos mercados financeiros.* São Paulo: Saraiva, 2018.

LYNCH, P. *O jeito Peter Lynch de investir: as estratégias vencedoras de quem transformou Wall Street*. São Paulo: Benvirá, 2019.

MAISRETORNO. Disponível em: <https://maisretorno.com>. Acesso em: 11 abr. 2020.

PORTER, M. E. *Estratégia competitiva: técnicas para análise de indústrias e da concorrência*. 7. ed. Rio de Janeiro: Campus, 1986.

_____. *Vantagem competitiva: criando e sustentando um desempenho superior*. Rio de Janeiro: GEN Atlas, 1989.

RIO DE JANEIRO (Estado). Departamento Estadual de Trânsito do Rio de Janeiro (Detran-RJ). Disponível em: <http://www.detran.rj.gov.br>. Acesso em: 22 fev. 2020.

ROGERS, S. *Finanças e estratégias de negócios para empreendedores*. São Paulo: Bookman, 2011.

SÃO PAULO (Estado). Departamento Estadual de Trânsito de São Paulo (Detran-SP). Disponível em: <http://www.detran.sp.gov.br>. Acesso em: 22 fev. 2020.

SARAIVA (Org.). *Código Civil e Constituição Federal*. 65. ed. São Paulo: Saraiva Jur, 2014.

SHILLER, R. *Irrational Exuberance*. Nova York: Broadway Books, 2000.

SOROS, G. *A alquimia das finanças*. Rio de Janeiro: Nova Fronteira, 1996.

SOUSA, A. F. de; ROCHA, R. H.; TORRALVO, C. F. *Planejamento financeiro pessoal e gestão do patrimônio*. Coleção Fundamentos e Prática. São Paulo: Atlas, 2012.

TRADER BRASIL. *Blog*. Disponível em: <https://blog.traderbrasil.com>. Acesso em: 22 fev. 2020.

TUDO SOBRE SEGUROS. Disponível em: <http://www.tudosobreseguros.com.br>. Acesso em: 22 fev. 2020.

UNITED STATES OF AMERICA. U.S. Citizenship and Immigration Services. Disponível em: <https://www.uscis.gov>. Acesso em: 22 fev. 2020.

Para erratas, sugestões, críticas e discussões, acesse a página do livro: <https://www.facebook.com/dinheiromododeusaroficial>.